常熟文博论丛

（第二辑）

Changshu Archeology and Museology Review Volume Ⅱ

常熟博物馆　编

文物出版社

图书在版编目（CIP）数据

常熟文博论丛.第二辑/常熟博物馆编.--北京：
文物出版社，2024.12 -- ISBN 978-7-5010-8657-3

Ⅰ.K872.533.04-53；G269.275.33-53

中国国家版本馆 CIP 数据核字第 202458Y9Q3 号

常熟文博论丛（第二辑）
CHANGSHU WENBO LUNCONG（DI ER JI）

编　　者：常熟博物馆

封面题字：吕济民
封面设计：陶元骏
责任编辑：窦旭耀　张君秀
责任印制：王　芳

出版发行：文物出版社
社　　址：北京市东城区东直门内北小街 2 号楼
邮　　编：100007
网　　址：http:// www.wenwu.com
邮　　箱：wenwu1957@126.com
经　　销：新华书店
印　　刷：宝蕾元仁浩（天津）印刷有限公司
开　　本：880mm×1230mm　1/16
印　　张：16.25
版　　次：2024 年 12 月第 1 版
印　　次：2024 年 12 月第 1 次印刷
书　　号：ISBN 978-7-5010-8657-3
定　　价：160.00 元

目　　录

博物馆学研究

瓦砾斋考古笔记（一）

周公太*

内容提要：国家历史文化名城常熟历史悠久，文物遗存丰富。但由于时代的变迁，有许多文物古迹的信息缺失或错讹，造成误解。笔者以从事文物考古工作三十余年所获得的第一手资料和研究心得为基础，参考方志文献，将有关内容整理后以笔记条目形式发表，为文化遗产的保护和利用提供参考。

关键词：文物　考古　遗址　文化遗产研究

早在距今 6700—4300 年，常熟境内就有马家浜、崧泽、良渚文化先民在此繁衍生息；西周、春秋时期的石室土墩遗址遍布虞山；齐梁古刹、唐代石刻、南宋佛塔以及元明清时期的宅第、园林、桥梁、古井等建筑物和历代名人墓葬、文物遗存保留至今，数量众多，蔚为大观。但由于时代的变迁，有许多文物古迹湮没在历史的长河中，难免失其方位或未能备载。笔者以从事文物考古工作三十余年所获得的第一手资料和研究心得为基础，参考方志文献，将有关内容整理后以笔记条目形式发表，为文化遗产的保护和利用提供参考。

姑冯句鑃

清道光二年（1822）进士、体仁阁大学士、同治帝师翁心存《知止斋诗集》中《周句鑃歌并序》曰："乾隆戊申（1788）夏，吾邑翼京门外民锄地得古铜器一，俞新甫太守廷柏方家居，以万钱易之。其器椭圆，口径一尺九分，中洼旁耸，腹径一尺二分，底径九寸二分，深五寸四分，中高五寸五分，两旁高六寸五分。底中央有柄，长四寸，上方末锐，通高一尺五分。前后并镌篆铭四行，自右旋左，各二行，铭下皆雷纹环之，耸起锐头十八，底界横带一道雷纹，布满柄，近底处八分稍宽博，前后隆起乳各十八，左右乳各十二，底及柄皆有土蚀痕。容米一升六合，重五斤五两五钱，以今尺权量，准之如此。铭文凡三十九，

叔治鲍氏份释之曰：'惟王正月初吉丁亥，姑冯胡同之子，择乃吉金自作再右鑃，以乐宾客、叔季父族，子子孙孙永保用之。'"翁氏称此鑃出土后即为南门俞廷柏以万钱易得，后传于其子俞焯，今不知所终。据统计，自乾隆年间此鑃出土至 20 世纪 80 年代，在江、浙、皖三省共先后出土句鑃 50 余件，其出土地点均在吴越文化地理范围之内。按：句鑃又称勾鑃，系手持打击乐器，盛行于春秋至战国时期的吴越地区，为王室宴享之器。此为常熟历史上首次出土吴越铭文青铜器的记录，句鑃之名亦始见于此。自此句鑃出土 230 余年以来，众多金石学家进行过考释，有学者考证，姑冯句鑃的主人为越王勾践时的大夫舌庸。

齐女墓

据史料载，春秋末齐景公慑于吴国的强大武力，忍痛将爱女嫁给吴王阖闾长子波（亦称终累，夫差之兄）。齐女嫁到吴国后终日忧伤，不久成疾而殁。临终前请求葬于虞山之巅，以望齐国。吴王如其愿，遂葬之于虞山。早在汉代即有《越绝书》载："齐女思其国，死葬虞西山。"唐《艺文类聚》录南朝梁昭明太子萧统（一说简文帝）《虞山招真治碑记》曰："远望仲雍而高坟萧瑟，傍临齐女则哀垄苍茫。"唐陆广微《吴地记》载："仲雍、周章并葬虞山东岭上。阖闾三子，长曰终累，婚齐女，蚤亡，亦葬此山。"北宋《太平寰宇记》亦云："常熟虞山有仲雍、齐女冢。东是仲雍，西是齐女。"明清时期，邑人大都将虞山东岭辛峰亭址作为齐女所葬处，但亦有将虞山最高峰剑门旁的望海墩认作齐女墓者。民国年间，曾有"常熟县整理名胜委员会"拟在望海墩竖立齐女墓碑，后因邑中学者金鹤冲等竭力反对而作罢。然《越绝书》所云葬于虞西山的齐女墓究在何处，扑朔迷离，洵无定论。2000 年夏，常熟、苏州两地

* 周公太，常熟博物馆研究馆员，江苏省文物鉴定专家库成员。

博物馆联合发掘了虞山西麓最高峰的吴王点将台（祃祈墩）遗址，下有石室，全长26、高达8米，出土西周晚期至春秋时期陶瓷器93件，其中青瓷器即达89件，内涵极其丰富。唯其石室构造分前室及后室两部分，与吴地常见者迥异，而与齐鲁墓葬结构相近，抑或有齐女墓之可能？

招真治

原阜成门内有始建于南朝梁代之招真治。唐陆广微《吴地记》载："乾元观在县西一里虞山南岭下，梁天监五年（506）置。天师张裕于此山修道，白日上升，遂于观立碑。"北宋朱长文《吴郡图经续记》曰："乾元观，在常熟一里虞山下，梁天监五年，张裕先生来此山，栖遁十余载，梦神人告曰：'峰下之地，面势闲寂，可以卜居。'裕如教兴葺，号曰招真。昭明太子为之撰碑。简文帝尝赐玉案一面、钟一口、香百斤、烛百铤，陈供于此，其后改曰乾元。"而元《重修琴川志》云："今梁殿尚存，规模壮丽，材植雄伟。观西北岭上有凌虚堂，旁俯万瓦，下瞰平湖，先名望湖，不知创自何年，亦邑大夫寻胜行乐之地。宣和七年（1125），敕赐致道观。"毛晋《虞乡杂记》则称：张裕为汉天师十二代孙，建治号招真，创寥阳殿、虚皇坛。手植七桧，至明万历中犹存数枝，夭矫如龙，枝柯半成枯折，而尚坚如铁石，其三皆宋物也。清初犹及见三株，为支塘何白石所伐去（图一）。

南朝石龙

1976年3月22日，原福山公社林业队在殿山山麓植树造林，于大慈寺遗址挖掘出一件体量庞大的龙形石雕。常熟县文管会接报后即前往实地勘察，并予以征集。1990年，筹建常熟市碑刻博物馆，将该石龙置于新建的方塔后院"塔影潭"中（图二）。2017年，为防止其因露天放置而受到风化腐蚀，遂又从水池中移出，加装玻璃防护罩，陈列于常熟市碑刻博物馆院内。福山在东汉时为吴县南沙乡所置司盐都尉署驻地，后于东晋咸康七年（341）建南沙县。六朝时期佛教兴盛，据文献记载，南朝梁天监二年（503），有普明法师者择址于殿山西麓创法水禅院，初具规模。梁太清元年（547），法水禅院改名为大慈教寺，北宋大中祥符元年（1008），宋真宗赵恒赐"大慈教寺"额，遂成江南名刹。南朝时，因福山镇临江濒海，百姓长期受到水患侵扰，故普明法师延能工巧匠雕刻巨型石质蛟龙一条，置于寺院山门外以镇潮水。该石龙用整块石灰岩巨石雕刻而成，通长277、宽108厘米。龙为四爪，身体呈"S"形，覆有鳞片，长尾垂地，体态肥硕健壮，作昂首游动状，给人以力大无比之感，极其生动，古朴浑厚。其与国内已发现的南朝陵墓石刻相比较，无论在形态还是石质、雕工上均有异曲同工之妙。目前，存世的南北朝石刻雕件属凤毛麟角，而南朝大型石雕蛟龙更为稀少和珍贵。

图一　常熟虞山西城楼阁，1918年摄

图二　常熟福山大慈寺石龙

南朝卫将军墓志

中华书局 1979 年出版的张彦生著《善本碑帖录》第 61 页收录清代常熟沈氏师米斋藏南朝陈太建三年（571）《南沙陈故卫将军墓志铭》条目。余曾抄得其志文为："南沙陈故卫将军墓志铭并序。君讳和，卫姓，平陵人也。（突）兀避仇来南沙，遂家焉。君少孤耽敫，有胁力，抱风木之悲，裹马革之志。侯景窜鲧，（图）入海，君预毁港上船，不得渡，遂被检。司徒王僧辩知之，召为前锋将军。会高祖、僧辩不睦，知有变，称病归里，耕凿以终，年四十二。于太建三年岁次庚寅十一月，葬于河阳邨凤凰池上。铭曰：苍天不吊，靳与寿考。黄土无情，长埋忠孝。树兹硕德，终焉食报。"共 150 字。按：据传，卫和墓志出土地点为常熟河阳桥南凤凰池（浜）（今属张家港市）。南朝陈太建三年为公元 571 年，则该志当系目前所知常熟出土年代最早的墓志铭，极为珍贵。唯惜该志今不知流落何处。

言子故宅

位于古城区东言子巷，为春秋时孔子的南方弟子、被称为"南方夫子"的言偃的故宅，也是常熟有文献记载以来年代最早的名人旧居。唐陆广微《吴地记》载："常熟县北一百九十步有孔子弟子言偃宅，中有圣井，阔三尺，深十丈，旁有盟，盟北百步有浣纱石，可方四丈。"宋范成大《吴郡志》引《吴地志》《舆地志》云："宅有井，井边有洗衣石，周四尺，皆其故物。梁萧正德为郡太守，将石去，莫知所在。"元至元间黄缙《常熟州学田记》及大德间周驰《重修谯楼记》均载言子旧宅尚存。清初孔传铎撰记则称，明永乐初言子六十二世孙名信者，居谏垣，以言事得罪，簿录其家，而宅遂废。明宣德间副都御使吴讷、正统进士吴淳、万历初监察御史蒋以化、康熙间画家吴历等曾居住于言子旧宅旁。清乾隆言如泗《常昭合志》曰："国初洋人占为天主教堂，雍正二年（1724）奉旨逐归澳门。裔孙德坚请于抚藩复为故宅。"兹后，于乾隆三十八年（1773）、同治年间进行过修缮。2018 年，再次重修，今保存二轴线，东面依次为门厅、系园堂、学道堂、世恩堂、

后门；西面则为大门、弦歌馆、宝翰楼、碑廊及辅房，墨井位于学道堂后东侧天井内（图三）。综合多种文献史料及 1949 年后出土的墓志记载，言子故宅的位置自唐代以来始终未有任何变迁。

图三　常熟言子故宅的墨井

翟汝文寓居常熟

翟汝文（1076—1141），北宋哲宗元符三年（1100）进士，初为侍亲不仕，十年后出，除议礼局编修官。徽宗召对，除秘书郎。后历官著作佐郎、起居郎、中书舍人、给事中、宣州知州等。钦宗即位，召为翰林学士，知越州兼浙东安抚使。南宋高宗绍兴年间，除翰林学士兼侍讲、参知政事。后因与权相秦桧不和，为秦所劾罢。绍兴十一年（1141）卒，门人私谥忠惠。著有《忠惠集》三十卷，已佚，清四库馆臣据《永乐大典》辑为十卷。其传载《京口耆旧传》卷四、《宋史》卷三七二。翟在朝为著名直臣，以德政及制诰鸣于世。素奉俭约，深恶侈靡燕乐之风，尝言："德大于天子者然后可以食牛，德大于诸侯者然后可以食羊。"因以恶草招客来，引为同僚者戒。志载汝文风度出众，好古博雅，精于篆籀，善画道释人物及山水。尝从苏轼、黄庭坚、曾巩游，故所为文章尚有熙宁、元祐遗风，乾隆《三希堂法帖》收录其《与宣抚书帖》可证。翟之籍贯世系，各种人名词典均载为江苏丹阳人，似毋庸置疑，然其同常熟当有着密切的关系。如明清《常熟县志》皆以翟汝文为先贤，列入"人物志"，称其先润州丹阳人，后徙居常熟。南宋历史学家孙觌所撰其墓志

铭亦载"公以熙宁九年丙辰（1076）九月十一日戌时生，绍兴辛酉（1141）八月二十九日薨于平江府常熟县寓舍，享年六十有六。后由其长子耆年以殁之年十一月二十六日葬于润州之丹阳县九灵山"。据墓志铭，可确认翟汝文晚年定居于常熟。

元末白茆山歌

明代弘治间邑人桑瑜纂修的《常熟县志》中，录有元代民谣《白茆夫》一首，其歌词为："白茆夫，何蚩蚩，耕锄版锸二十万，尽是吴中一十二郡良家儿。道旁过客问夫事，但言将军有令开江堤。江堤延袤九十里，息肩弛担知何时？自从去年秋，迄今犹未归。层冰凿凿坠血指，北风猎猎吹单衣，父母不得见，儿寒妻啼饥。边烽入夜急，羽檄流星驰。纵劳里正裹粮食，长年苦役家亦瘝。黄伯帅师速如火，弱者已死壮者赢。白茆夫，良可悲。岂无新店猎，岂无赵光奇，天关隔下土，尔诉那由知。生男信是生女好，尔生不辰逢百罹。我歌白茆夫，将军静听之；君不闻，晋阳水，沉灶产蛙民弗离。又不闻，瓠子决天命，殆非人所为。水可航，山可梯，在德不在险，先言犹足规。承平之世，念未及此，况今四海皆疮痍。我愿将军心，推德怀庶黎，靖八荒，平四夷。上书太常旗，下立襄阳碑，男耕女织天下一，坐令百姓歌雍熙。"从其歌词内容和韵律看，此《白茆夫》民谣当为元末张士诚遣左丞相吕珍督浚白茆塘时民工所咏唱之白茆山歌，即今被列为国家级非物质文化遗产吴歌一脉的白茆山歌之代表性作品。

永济桥

永济桥位于常熟老城区南门外下塘街，跨元和塘。清乾隆年间言如泗《常昭合志》载："永济桥，康熙五十九年（1720）建，知县陈守创撰记。"陈守创《新建永济桥记》曰："督粮道马公捐俸为创，里民汪晋卿等捐资成之。工始于康熙四十六年（1707），成于五十九年。"按：自此桥开工建设至建成，竟历经13年之久，可谓工程浩大。马公即马逸姿，字隽伯，陕西武功人。承袭父马玠官爵，历任刑部员外郎、兵部郎中、苏松粮储道、江苏按察使、

安徽布政使等职。在江苏任内，鉴于浒墅关权务司频繁向盐商索派之积弊，果断取缔苛捐杂税，为商民所赞颂。虞山普仁寺原有其于康熙四十二年（1703）所撰碑记。永济桥系三孔拱形，全长43.8米。其拱圈采用纵联分节并列砌置式，小孔7节，中孔11节。桥北侧明柱上镌有楹联"风调雨顺，国泰民安"，南侧明柱上则镌"愿天常生好人，愿人常行好事"。拱梁上有"永济桥"额，石栏板上刻建桥捐资者姓氏等题记数十行，部分已漶。此桥气势宏壮，为常熟地区清代早期桥梁代表之一，亦是境内现存最长的三孔拱桥。

常熟虎迹

本邑处沿江平原，远离崇山峻岭，虞山亦只是一座丘陵，如言有猛兽出没，谁能相信？不过在古代，常熟确实多次发现老虎，并有史料可证。据宋元县志记载，五代后梁间虞山北麓兴福寺有高僧名彦偁，戒行清苦。一夜忽有猛虎中箭，投伏寺阁，偁悯之，徐为拔箭，虎舐血顾偁而去。猎人寻踪至，见偁所示矢镞，遂感悟罢猎。又据《宋史》记载"（至道）二年（996）九月苏州虎夜入福山砦，食卒四人"。时常熟县隶苏州，而福山在常熟西北境，故史官记其事为苏州非误。另余曾见故宫博物院所编《书画目录》中有明代"吴门四家"之一沈周于成化十五年（1479）所绘《西山虎图》，其题记称虎自尚湖跃入虞山，声震山谷云。清康熙、乾隆间，常熟又两次现虎，康熙年那一次未有文字叙述，后一次则道光间邑人郑光祖《一斑录》所记甚详。据称，乾隆二十四年（1759）夏麦熟前夕，某日中午邑东乡东周市突见一虎，全乡震骇。旋有无数村民敲锣而至，虎受惊逃窜至临江海堤上。翌日清晨，县民发现该虎自常熟北门外城壕中泅水，径往山上而去，县衙获报即派兵丁尾随追击，对峙到黄昏，虎忽然跃入剑门石窟之中，一兵遂壮胆往探，但见黑暗中虎之双眼如两道灯光射出，该兵即对准射击一枪，虎大吼，山石皆震，唯不见其出。旋再探视，亦无动静。等到天明，众再持刀入看，发现虎伏卧在悬岩边，已死去多时。自此之后，常熟似未闻再

有虎迹。

唐代二进士

1979 年 1 月 4 日，常熟大义乡小山村出土《唐故密州军事衙推试太常寺协律郎李公及夫人钱氏墓志铭》一通，青石质，由前婺州军事衙推、乡贡进士许杰撰文。载墓主李让，其先辈为陇西人。曾祖李仁裕，襄州国清县令。祖李济，进士出身，长安县令。父李宗立，襄州军事判官、试左武卫兵曹参军。夫人钱氏之祖钱光之，曾任沥阳县尉。父钱孝文，试太常奉礼郎。李让晚岁知浮生难保，静居园林，光启二年（886）四月十日终于私第，春秋七十有二。夫人则忧伤过度，未逾七日亦奄然而逝，年六十九。有男一人，幼名归老，应进士之试，属时不利，未成大名。逾月十二日，葬二老于常熟县敦行乡集善里笋村泾南。按：此志所记乡贡进士及进士出身者二人，可补邑志唐代进士之阙。此外，载墓主夫妇葬于敦行乡集善里笋村泾南，余据元代《重修琴川志》考证，其地望在今梅李境内，而该志却出土于大义乡小山村，故疑与二次迁葬有关。

元琵琶形白玉带钩

玉带钩，古代又称犀比，为勾连腰带之器，始见于新石器时代晚期，流行于春秋战国和秦汉时期，隋唐五代间却基本不见踪迹。至宋代，则以仿古器出现，多作为玩赏馈赠之物，并无实用价值。但自元代起，带钩却又重新出现并沿用。带钩质地主要有铜质和玉质两种，早期玉、铜并存，自元代起则以玉质为主，但传世数量极少。出土所见有元代早期无锡钱裕墓出土的镂雕春水纹白玉绦环及绦钩，西安市小寨瓦胡洞村出土的苍龙教子纹白玉带钩等，其腹上均有起凸纹样装饰。常熟博物馆藏元代白玉带钩一件，长 15.5 厘米，钩身作琵琶形，以龙首为钩，采用阳刻法深琢出两只细长形眼睛，粗眉上扬，阔鼻大嘴略张，露出牙齿，在宽额上阴刻一"王"字，以增加威势。头顶部位设双角向后伸展，并有三束毛发飘拂其间。其琵琶形腹上，则琢一对凸起的小螭龙，衔尾相接，神态生动有趣。腹背部雕有方孔形纽。该钩雕琢精湛，体形硕大，殊为罕见（图四）。

图四 元·琵琶形子母龙白玉带钩，常熟博物馆藏

缙绅收藏

明代，常熟为江南经济发达地区，因其山明水秀，气候宜人，历来为吴中士大夫雅集首选之地。他们常集会于私家园林中，除诗歌唱和之外，品鉴藏品亦成为一种时尚。缙绅们热衷于营造园林别墅，陈列书画古玩等藏品。如 1996 年 3 月虞山北麓舜过井畔出土正统九年（1444）《故处士周璇圹志铭》（常熟市碑刻博物馆藏），载志主"晚年惟爱恬静，家事一无所累，辟一室于居之东偏，花木环植，豆觞罗列，日优游于其中"。1957 年 11 月在常熟市北门大街西侧人民体育场出土的成化二十二年（1486）《明故义官劲斋陈公（穗）墓志铭》（常熟市碑刻博物馆藏）亦载："自营别墅，杂种花木，广蓄书画，以为娱亲游息之所。"前者所称的"豆觞罗列"之"豆觞"，当为钟鼎彝器一类；而后者的"广蓄书画"则印证了常熟之地元明书画家众多的景况（图五）。从志文看，以上二人当时只不过是雅尚诗礼的缙绅乡老，尚且如此崇尚收藏，则其他有功名、官职的人士更可推想而知。

王石谷亭

清道光间，画圣王翚六世孙王元钟于常熟镇江门内大街始迁祖宋代宁远军节度使忠壮公祠及玉翚所建来青阁旧址，附建石谷先生祠，并构亭一座。延请名工邵士贤将内廷供奉、写真大师禹之鼎所绘《石谷先生骑牛还山图》及诸家题跋摹勒于石，砌置壁间（图六）。按：海虞王氏以南宋淳熙间进士、宁远军节

图五　《明故义官劲斋陈公（穗）墓志铭》，纵49、横49、厚10厘米

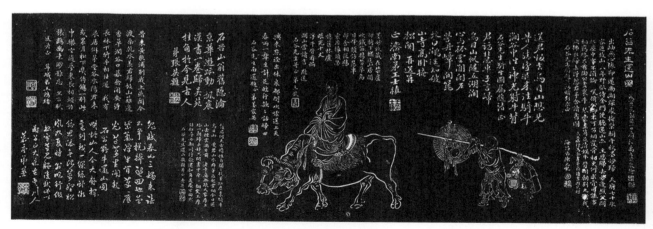

图六　清·《石谷先生骑牛还山图》石刻拓片（局部），常熟博物馆藏

度使、谥号"忠壮"之王坚为始祖。咸丰十年（1860），王忠壮祠、来青阁毁于太平天国兵燹，而石谷祠与碑亭幸存。1958年，碑刻曾移藏常熟县文管会，1973年又迁至虞山公园内。唯数十年间，诸石散佚，游人以为憾。2002年秋，园林部门诸同仁邀余议复故迹，余遂推荐常熟市碑刻博物馆王路明以清代拓本钩摹镌石补刻，并由汪瑞章先生书余所撰短跋数语，以述其由来。此组后补之碑石，今仍嵌于虞山公园山麓右侧近明代城垣处之"王石谷亭"壁间。

王半城

1995年9月，虞山西麓黄泥湾平整山地发现古墓葬，余闻讯后即至现场勘察，根据已出土的两合墓志及墓葬形制，判定该处为明代王氏家族墓群。据年长的山民告知，墓前原有牌坊、墓道、石人、石马等，在1958年"大炼钢铁"时悉遭毁坏，历代相传墓主为"王半城"云。因墓顶石盖板已全部揭开，无法就地保存，遂由常熟博物馆考古部进行了抢救性清理，历时数天，共出土各类文物40余件，其中有铜镜、牛角梳子、毛刷、圆形玉头饰、玉带扣、小银锭、金发簪、金佛挂件、金葫芦形耳环、银方胜、银戒指、银发簪、太平通宝钱币、木质买地券、青石墓志等（图七）。按：据邑志载，王鲁（1498—1563），字质夫，号山城，江苏常熟人，官至晋宁州同知。嘉靖三十三年（1554），授沅州判官，顺道还家，正值倭寇侵扰常熟，常熟知县王铁发动邑人重建城墙，因其家独任西城之工，"王半城"称呼遂由此而来。而出土墓志记述更详，曰："岁甲寅谒选，铨曹吏侍葛公得先生卷，大奇之，拔置高等，授沅州判官。便道抵家，会倭夷扇乱，邑城肇工巨室皆画地分筑。公家任西城，工费最巨。先生既有朝命，业且之官，不求苟免，倾资整筑，至称贷以继，城楼遂尔屹立，阻山带河，守者无恐。"王鲁家族对明嘉靖间重建城垣、抵御外敌入侵功不可没。

计元儒古琴

上海博物馆藏有常熟计元儒古琴，该琴通长121.7、肩宽18.5、尾宽13.3、厚5.9厘米。仲尼式

图七　明·坐佛金帽饰，1958年常熟虞山西麓王鲁家族墓出土

古琴，面板为桐木斫成，蚌徽，通体髹黑漆，琴面发蛇腹断纹，底面为行云流水纹（图八）。在琴背项下阴刻篆书"明计元儒先生遗琴，雨生得于白下"，池下方则刻篆书阳文方印"琴隐园"。雁足间阴刻楷书"延陵汤氏宝藏"，池内阴刻楷书"崇祯癸未张敬修制，古虞计元儒甫家藏"。此琴形制典雅，据刻款可知系明末苏州斫琴名家张敬修于崇祯十六年（1643）亲斫，后曾由清代常州画家汤贻汾等递藏。据查考，计儒，字元儒、原儒，又字古民，江苏常熟人。明崇祯末游寓浙江嘉善南门，喜弹琴，能诗画，擅篆刻，所制酒器及砚台有名于时。约五十岁后，咳血殁。子计平倩为雕刻家王叔远之婿，亦善篆刻。按：推崇常熟王叔远的微雕、作《核舟记》者魏学洢即为嘉善人，此当非偶然，应与计原儒寓居嘉善有较大的关系。另据清代《魏塘诗钞》称，计平倩于父去世后返归常熟，此后竟不知所终。

图八　明·计元儒古琴，上海博物馆藏

方塔井

南宋方塔东侧之古井，俗称方塔井，与方塔、银杏树同为塔院三宝。元代卢镇《重修琴川志》云："崇教兴福寺在县东稍北二百步，建炎四年（1130）建寺基，本沮洳池。"该井测深5.7米，上置以整块巨型青石所雕成之井栏。井栏俯视为正八角形，每边宽0.6、高0.52米，对角径达1.53米，重约数吨，古朴敦厚，端庄凝重（图九）。旁竖有湖石山子一座，上镌20世纪70年代重浚井时所书"南宋古井"四个篆字。余于1984年6月曾勘察发现其井壁临近底部处部分用砖，与塔基之砖相同，并见有模印"二层，陆贞甫造"等铭文。按：古代建造庙宇、桥梁，往往镌刻捐建者姓氏，陆贞甫或即系参与捐资建塔第二层的信士。因崇教兴福寺塔为高僧文用于建炎四年（1130）始建，功未半而文用卒。咸淳年间（1265—1274），僧法渊撤遗构重建，高九级。而垒井使用二层铭文塔砖，表明此井极可能与塔同时建，但早于塔建成之年代，应系寺僧为建塔取水而开凿。

图九　方塔古井，王惠文摄

汪状元

汪绎，字玉轮，号东山，江苏常熟人。其父汪锡爵曾任新都知县。据清乾隆间陶贞一《虞邑先民传略》、民国《重修常昭合志》等载，汪绎原于康熙三十六年（1697）丁丑科以第三名中式，正欲殿试，忽闻父病重，即星驰南还，及至家中，父已去世，绎泣血绝浆，哀毁特甚。追康熙三十九年（1700）庚辰，复补廷试，以一甲第一名及第，授翰林院修撰。志书称其"年少擢高第，名籍甚"。据传，传胪唱名日，其曾在马上占句云："归计讵谋千亩竹，浮生只办十年官。"足见其志当不在名利间。先后任翰林院修撰、癸未礼闱分校及纂修《朱子全书》官等，后因母思乡心切，遂向朝廷请假奉母归里，家居以诗书自娱。至乙酉年（1705），康熙南巡时复命绎与在籍翰林官十人校刊《全唐诗》于扬州。及诗刊成未久，绎旋卒，时人论为诗谶。史载其为翰林时，极敬重前辈，"谦退不矜，蕴藉多风韵"，人皆称贤。所撰文稿才思富赡，工诗，书学二王，著有《秋影楼诗集》行世（图一〇）。《虞乡志略》载，汪绎住宅在城区金驼子巷（即今金童子巷），至今犹称"汪厅"。

常熟历代进士人数

隋唐开科取士后，言子三十八世孙言大章即于唐咸亨年间（670—674）首领风骚，开常熟进士之先河。后有陆器大魁天下，成为常熟历史上第一个状元。两宋的进士数量远超唐代，提高了常熟文学之乡的知名度。明清时更是榜名高悬，盛况空前，涌现了大批举人和进士。但自唐至清，常熟共有多少名进士？查清代前邑志，虽大多列有选举一门，却详略不一，难窥全貌。如以现存最早的邑志宋《琴川志》查唐宋进士，仅寥寥数人。元明邑志中，辑录较详细的要数明万历间管一德《常熟文献志》，共收明初至万历三十八年（1610）历科进士172人，后科阙如。清《国朝虞阳科名录》是辑清朝科名的专著，但至同治而止。在所有资料中，当推民国间丁祖荫主纂的《重修常昭合志》最为详尽。该志广为搜罗考订，综合成《选举志》一卷，辑录进士471人，但不免仍有遗漏。今笔者据历代邑志、文献碑版

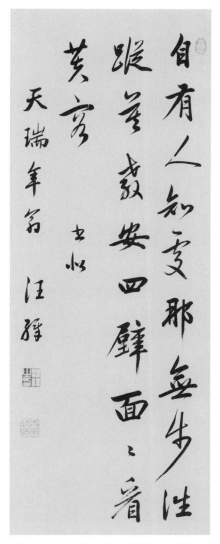

图一〇　清·汪绎行书韩愈诗轴，常熟博物馆藏

及出土墓志等资料不完全统计，常熟历代进士中唐 5 人、宋 83 人、明 235 人、清 163 人，总计 486 人。

画家杨柳谷

近代俞剑华《中国美术家人名辞典》载："杨柳谷，清，江苏常熟人。柳桥弟，画如其兄。"刘锡玲《韬养斋笔记》有："杨念伯，字柳谷，以字行。善画柳，设色参以西法，尤觉生动，山水清超绝俗，尤擅摹古。当为一人，附识备考。"又引《海上墨林》曰："杨柳桥，清，以字行，江苏常熟人。工画细柳，青溪碧山，自成一派。杨裕晖，字少谷，后以字行。柳谷子，善画，能继家法，稍逊乃翁。"所

记杨氏兄弟及子辈均善画，且以画柳闻名。按：近年来，国内外拍场屡有道光、咸丰间杨柳谷作品上拍且价格不俗，所附画家介绍亦无出以上文字。余甚为不解者，其画之落款，凡所见皆自署吴门或春申，而无琴川或虞山款识。邑中所辑艺术家史料如庞士龙《常熟书画史汇传》、翁瘦苍《常熟近代书画录》等则又均不载其名。其原因颇值得研究。

户部侍郎蒋赐棨

蒋赐棨，出生于官宦世家。据《清史稿》《常昭合志》等记载，其父蒋溥，为蒋廷锡长子，雍正八年（1730）二甲第一名进士，官至东阁大学士兼户部尚书。赐棨为蒋溥仲子，字戟门，幼喜读书，稍长即参与管理家政。乾隆间以父荫任云南楚雄知府，先后历官两淮盐运使、山东盐运使、仓场侍郎、户部右侍郎、顺天府尹、户部左侍郎等，并被授予世袭一等轻车都尉、赏戴花翎等荣誉。嘉庆六年（1801）又以世职派往乾隆皇帝的陵寝裕陵任守护官，旋丁母忧，恩命回籍守制，将行，卒于京邸，年六十有九。苏去疾为撰墓志铭。按：蒋赐棨古文词功底极深，乾隆皇帝为编纂《旧闻考》一书，曾于三十八年（1773）六月下谕曰："着福隆安、英廉、蒋赐棨、刘纯炜，将朱彝尊原书所载各条，逐一确核。凡方隅不符、记载失实，及承袭讹舛、遗漏未登者，悉行分类胪载，编为《日下旧闻考》。并着于敏中总成，每辑一门，以次进呈，候朕亲加鉴定。"

迎恩桥

迎恩桥位于城中旧县衙前县东街与河东街相交之琴川运河上。始建于宋，重建于明代。明嘉靖邓韨《常熟县志》载："迎恩桥，宋建中靖国元年（1101）道士李则正建，弘治九年（1496）知县杨子器修。"明崇祯龚立本《常熟县志》曰："嘉靖六年（1527）知县胡凤、十四年（1535）知县沈弘彝重修。接诏必由此，故名。"山东副使、藏书家杨仪《迎恩桥铭》云："嘉靖六年冬，黄梅胡侯凤以进士出令常熟。邑中有大桥曰迎恩，肇建自宋建中靖国元年十月十五日，乾元宫道士李则正以木石杂为之。至今四百六十年矣，栏楯崩坏，梁柱朽折。侯顺民志，相揆厥

功，易木以石……吏部进士杨仪居依桥左，状而铭。"此桥在清代及民国间屡修，今系单孔平桥，东西走向，墩基用青石，桥面以六根花岗石条并列架成。桥宽5、高2.6、全长10.35米，梁侧镌"迎恩桥"额，东埭金刚墙上嵌明代修桥碑记一通（图一一）。

图一一　常熟迎恩桥，张军摄

宫廷画家余省

本邑画家余省，字曾三，号鲁亭，擅花鸟虫鱼，尤善画蝶，亦工兰竹山水。经大学士蒋廷锡荐，入宫廷如意馆，在画苑三十年，告老归。其甚受乾隆皇帝青睐，在清宫档案中屡见谕令为余省旧画配囊匣重点保护之记载。如乾隆二十九年（1764）四月《清档·如意馆》记："二十三日接得郎中德魁、员外郎安泰、李文照押帖一件，内开本月十七日首领董五经交御笔藏经纸诗堂字一张、御笔《韶华生意》图画一张、御笔《无边风月之阁》字一张、御笔《岁寒三益》图画一张、余省画花卉册页一册，传旨将御笔《韶华生意图》用藏经纸字诗堂裱挂轴一轴，御笔《无边风月之阁》字并《岁寒三益》图画裱挂轴二轴，其余省画花卉册页配囊，钦此。"同年七月《清档·如意馆》又记："初十日接得郎中德魁等押帖一件，内开本月初五日首领董五经交御临苏轼字一张、郎世宁画《白海青》画一张、张照临董其昌《栖真志》字一张、余省画《海天群鹤》挂轴一轴，传旨将苏轼字、《栖真志》字、《白海青》画裱挂轴三轴，《海天群鹤》挂轴配囊，钦此。"（图一二）

图一二　清·余省梅花八哥图轴，常熟博物馆藏

钱谦益诗稿墨迹

常熟博物馆所藏钱谦益《与仲雪等唱和诗》长卷，1957年7月由常熟县红十字会捐赠县文管会，后移交常熟博物馆收藏。该卷纵22.2、横212厘米，为钱谦益在明崇祯元年（1628）与友人魏浣初等人唱和诗的稿本墨迹，共五段，装池成一卷，末附宗廷辅题跋一段。其中前四段为楷书，第五段为行书，书钱所作和诗五言古体一首、七律五首、七绝四首，共计十首。长卷上分别钤有"别花人""钱谦益印""牧斋老人""竹深堂""钱受之""别部司马"等印章（图一三）。余考诗卷中所涉及人物：仲雪为邑人魏浣初，明万历进士，广东参政；于王为邑人徐锡胤，

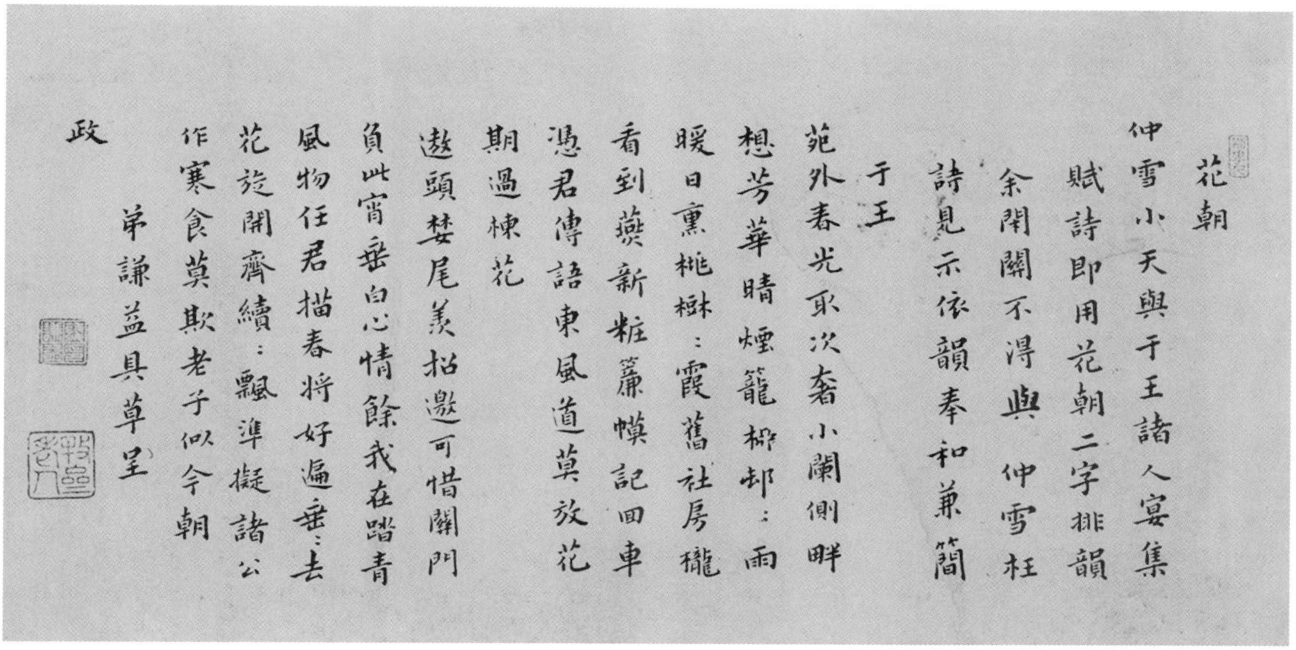

图一三　明·钱谦益楷书《与仲雪等唱和诗》卷（局部），常熟博物馆藏

陕西布政使徐待聘之子，诗人；僧弥为邵弥，苏州人，"画中九友"之一；叔维为邑人张维，画家；履之为钱谦贞，钱谦益从弟，诗人；薛云卿，名胤龙，号润宇，广西庆远知府薛志学长子，诗人，少有诗癖，著有《石门草》《春游草》《蝉响编》《醉花吟》等。此卷原为清代常熟收藏家宗源瀚（湘文）藏品，钤有"颐情馆藏"印。卷尾有清同治元年（1862）三月宗廷辅跋："诗作于崇祯初年，字学《曹娥碑》，笔笔严矜，晚岁则跌宕矣。"按：此墨迹与《有学集》可相互印证，当为钱诗作之初稿。因钱谦益殁后在乾隆年间被列入"贰臣"，其著作及墨迹皆遭禁毁，故该诗稿卷流传至今，弥足珍贵。

《中国大百科全书》所见常熟收藏

自宋代以降，常熟法书绘画及古籍版本的收藏家代有辈出，收藏传统连绵不绝。如1993年版《中国大百科全书·文物博物馆》分册之"历代文物收藏"类中，共收录自宋代米芾至现代赵万里26人，而常熟即有清代瞿镛1人。在"古绘画"类中，共收录自西汉《马王堆帛画》至清代罗聘《人物山水册》99件，常熟占3件：元代黄公望《富春山居图》卷、清代王翚《重江叠嶂图》卷、吴历《静深秋晓图》轴。在"古写本"类中，共收录自唐代写本《切韵》至清乾隆内府抄本《四库全书》计10种，而常熟则有明代赵用贤脉望馆抄校《古今杂剧二百四十种》（图一四）及清初毛氏汲古阁影宋抄本《东家杂记》2种。以此书来衡量，常熟在历史上号称江南收藏的半壁江山，似当之无愧。

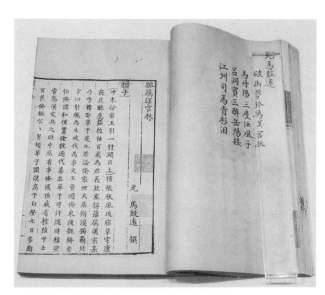

图一四　《脉望馆钞校本古今杂剧》

古代官衔

官衔指官员所担任职务或名誉职务的品级和称号。封建社会中，对官衔的称呼极有讲究，根据官职的不同，其称呼也五花八门，令人眼花缭乱。官衔的长短有时能体现出职务的高低及品级。明清时期官员为人撰写碑记、墓志铭等，落款时喜欢将自己历任职务、封号尽数署上，以示其地位及等级。在某种意义上，这其实也带有自夸和炫耀的成分。如李杰为明代吏部尚书，其于正德三年（1508）撰《明故敕封陆（润）安人马氏（素净）墓志铭》，署款为赐进士第、资善大夫、致礼部尚书政、前翰林学士、南京国子监祭酒、吏部尚书、经筵讲官兼东宫侍读、国史会典副总裁邑人李杰撰文。瞿景淳官至礼部左侍郎，于嘉靖四十五年（1566）撰《明故泰和令东洲缪公（宣）墓志铭》，署款为赐进士及第、通议大夫、南京吏部右侍郎、前太常寺管南京国子监祭酒事、翰林院掌院事、侍读学士、大典总校官、年生瞿景淳撰。天启元年（1621），钱谦益职位还不高，故其撰《明故文林郎、浙江温州府平阳令衷抑陆公（崇礼）墓志铭》，仅署赐进士及第、翰林院编修、文林郎、管理诰敕、纂修两朝实录、经筵展书官、彭城钱谦益撰（图一五）。至于清代蒋陈锡官至云贵总督，康熙五十五年（1716）为常熟城隍庙撰《新建寝宫记》，署款时居然将皇帝赐给他的物品统统写入："赐进士出身、诰授光禄大夫、总督云贵等处地方军务兼理粮饷、兵部右侍郎兼都察院右副都御史加六级、御赐弓矢鞍马五爪龙袍褂、邑人蒋陈锡熏沐拜撰。"署款长达62字，创邑人撰碑署衔之最。

以书法授官

1988年12月，余征集到虞山西麓维摩湾出土《明故西原马公室张硕人（秀桂）墓志铭》石刻一件，载志主张硕人讳秀桂，生于明正统十四年（1449），卒于嘉靖五年（1526）。称乃夫马西原之父马宗溥，曾以书法入仕应制文渊阁，为前所未闻。原文曰："西原父宗溥以楷书受知英庙，为翰林院秀才，应制文渊阁，将授中书，疾卒京邸。"该墓志铭由承德郎、北京刑部员外郎、邑人张凤来撰文，奉直大夫、北京前军都督府经历陆隆恩书丹，当为可信。无独有偶，常熟市碑刻博物馆亦藏有本地出土的明正统八年（1443）刻《故奉训大夫、济南府武定知州章君（民）墓志铭》，载有墓主以书法任职文渊阁事。文曰："君讳民，字民，姓章氏。苏之常熟人也。曾大父讳茂卿，大父讳道宁，父讳世荣，俱闭德不耀。母沈氏。君聪颖，读书邑庠，由邑庠贡于京师。修书文渊阁三年，出为山西大同府蔚州知州，在任六年，调山东济南武定州，仍补前职。"（图一六）二人均非科举出身，却以擅长书法选入文渊阁，甚至一人由此而历官知州，可见明代前期朝廷甚注重选拔人才，同时亦反映吾邑书法源远流长，人才辈出。

图一五　《明故文林郎、浙江温州府平阳令衷抑陆公（崇礼）墓志铭》（局部）

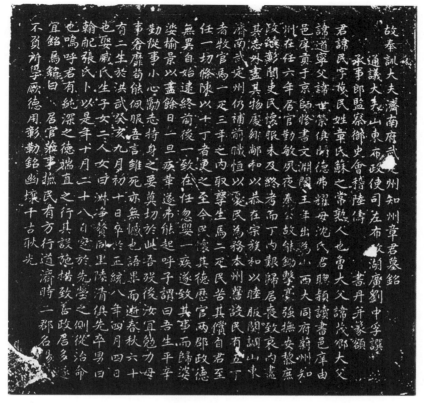

图一六　　《故奉训大夫、济南府武定知州章君（民）墓志铭》，常熟市碑刻博物馆藏

《梅花溪居士像传》石刻

虞山西麓小云栖寺（小石洞）中，旧有清道光二年（1822）所镌《梅花溪居士像传》石刻，上部为书法家钱泳所撰自传一篇，下部为吴江翁雒所画钱泳半身像。从自传中可知钱泳因所居宅边有小溪，植梅花百株，故自号梅花溪居士（图一七）。其平生淡泊功名，不求仕进，家贫，常负米以养父母。但好交游，遍历名山大川，寄情于箫鼓琴瑟、经卷书法之中。尝筑生圹并预立墓碑，上镌所与交游者姓名。其半身像以线刻结合局部减地浅浮雕而成，头戴笠帽，手握书卷，线条简练传神，跃然隐士之风。此石刻今藏常熟市碑刻博物馆。按：钱泳（1759—1844），字立群，号梅溪，原籍江苏金匮县（今无锡市）。五岁即能楷书，稍长工篆隶。年十七游吴门，后入毕沅幕，与孙星衍、洪亮吉诸人讲论金石学，学问乃大进。旋入国子监，为祭酒法式善所器重，复得成亲王永瑆、翁方纲指授，以书法鸣于世。后科场失利，遂于嘉庆七年（1802）携家自金匮县移居常熟钓渚渡，嘉庆十八年（1813）再迁翁家庄。自此，徜徉于钓渚、虞山间。此石刻是研究钱泳生平的重要实物。

图一七　清《梅花溪居士像传石刻》，常熟市碑刻博物馆藏

明代名宦朱召家世与生平考

刘 涛*

内容提要：朱召（1490—1554），江苏常熟人，历任漳浦县主簿、署漳平知县、益阳县丞等，卒于官。万历元年《漳州府志》、万历癸丑《漳州府志》、康熙《漳平县志》载其事略，《闽书》《皇明常熟文献志》及乾隆《龙岩州志》等均有传。本文结合文献和近年出土的朱氏家族墓志资料，对其家世和生平作考证研究。

关键词：明代 朱召 常熟 生平

朱召（1490—1554），字维翰（有些文献误作字武卿），号东河，南直隶苏州府常熟县人。为御史朱铉之孙，早年以孝著称，为其祖母叶氏旌表节妇而奔走。入泮而成岁贡，以国子监生出仕，担任漳州府漳浦县主簿，期间署漳平知县，后调任长沙府益阳县丞，卒于任上。其宦绩突出，深得民心，备受福建巡按御史金城称道。朱召博学多识，著述丰富，创修嘉靖《漳平县志》，并参与校勘。

目前，学术界关于明代名宦朱召的家世和生平的研究较为简略。元廷植述及朱召所刊嘉靖《漳平县志》，但未详考朱召漳平宦绩[1]；韩天引用漳平知县刘铸所撰《漳平县图说》述及嘉靖《漳平县志》绘制地图的意图，却未分析校勘该志的朱召未绘刻地图的原因[2]。近年常熟虞山南麓出土的《明故朱文卿墓志铭》《明故监察御史栗庵朱公贰室叶节妇墓志铭》（图一）揭示：朱召祖母叶氏是龙骧卫千户叶清之女，其父朱绅及其兄朱周同为县儒生生员，其母蒋氏是开化知县蒋洪勋之女，朱召先后娶唐氏、卢氏，朱召去世后，祔葬在朱铉与叶氏墓侧[3]。

朱召既是常熟名家子弟，又是闽南名宦，深入考察朱召家世、仕履、宦绩、交游等方面，将有助于管窥明代地方社会的变迁。鉴于此，本文搜集实录、登科录、地方志、文集等史料，通过考证史料来源，纠正史实错漏，还原其应有的历史地位，分析其成为名宦的原因、其未获祀名宦祠及缺载地方志的原因。

一 家世与生平史料来源

（一）家世

《皇明常熟文献志》载：

> 朱召，御史铉之孙，字维翰，号东河。初任漳浦县主簿，升益阳县丞，卒于官。年六十五。学问闳博，天性孝友。尝署漳平邑篆，因修《漳平志》。御史金双渠奖之有云："以文学饬吏治，以古道齐时宜。"盖实录也。祖母叶节妇，以妾媵不得旌，公为搜讨故实，上其事于朝，竟得旌典。自是朱氏姑妇双节并扬于世云。所著有《四书口授》《葩经日记》《东河文集》，藏于家。[4]

嘉靖《常熟县志》载朱召"字武卿"[5]，似乎与其兄朱周字文卿相对应。从文武兼备的寓意出发，取字武卿，实则与"连镶，字武卿"[6]相混淆。朱召号东河，源于其祖父朱铉"从京师还常熟，居东河里"[7]。朱铉之父朱亮在宣德初（1426）前往顺天府服徭役而入籍大兴县。《明故朱文卿墓志铭》称朱周"其曾祖克明"[8]，《明故监察御史栗庵朱公贰室叶节妇墓志铭》称"宣德初，栗庵之父明斋公，以材艺起取京师"[9]，嘉靖《常熟县志》称"朱亮，以子铉贵，封监察御史"[10]，《皇明常熟文献志》称朱铉"父亮，以徭役居京师，故公由顺天中式"[11]。康熙《常熟县志》载："赠监察御史朱亮，明永乐中，应徭役到京，占籍大兴。"[12]其名为"亮"，其字号

* 刘涛，肇庆学院经济社会与历史文化研究院（乡村振兴研究院）研究员。

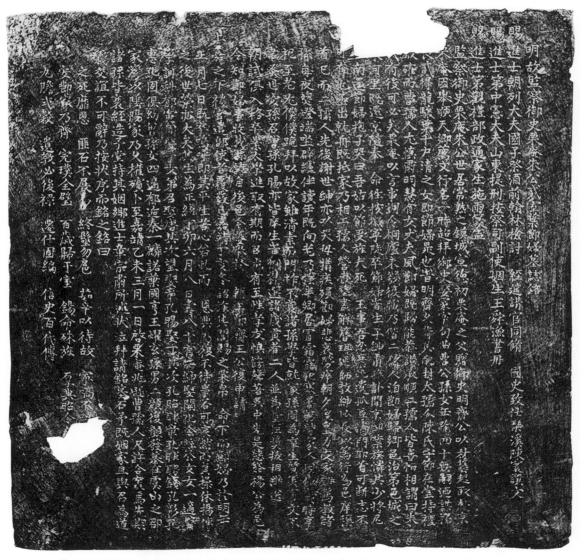

图一　《明故监察御史栗庵朱公贰室叶节妇墓志铭》，2019 年常熟虞山南麓宝岩山居湾 M3 出土

分别为"克明""明斋"，"以材艺起取京师"即"应徭役到京"，"居京师"即"占籍大兴"，其前往京师时间应以较早撰写的《明故监察御史栗庵朱公贰室叶节妇墓志铭》所载为是。朱亮早逝，朱铉尚幼，朱亮并非获"封"监察御史，而是后来获"赠"监察御史。

朱召六十五岁卒于益阳县丞任上，朱召继任者何仁嗣嘉靖"三十三年"[13]到任，朱召卒于嘉靖三十三年（1554），由此逆推其生年为弘治三年（1490）。《皇明常熟文献志》所载"漳平志"即嘉

靖《漳平县志》。"金双渠"所云采自漳州知府卢璧《书朱簿所呈县志事迹》："巡台双渠金公移檄特奖之，曰：……以文学饬吏治，以古道制时宜。"[14] "齐"字应改作"制"字。"盖实录"源自卢璧评语："盖县佐而与于此者，独一朱簿焉耳，召真循良哉。"[15]

"姑妇双节"指朱铉之母陈氏与朱铉侧室叶氏二人获旌表节妇。叶氏是"龙骧叶千户清之女"[16]，即龙骧卫千户叶清之女，其时军户社会地位较低，具有重视文教的传统。叶氏嫁入朱家后，重视儿孙

教育，使之既可诗礼传家，又能提高其子孙的宗族地位与社会地位。

朱召为叶氏旌表奔波，其原因有二：

其一，来自祖父朱铉的影响。朱铉为其母陈氏申请旌表[17]。

其二，与朱召生性孝顺有关。"召尤有至性，孝友慎伤，声著吴中"[18]。朱召于"嘉靖乙未三月一日"[19]，即嘉靖十四年（1535），请陈寰为叶氏撰墓志铭。陈寰自述："予既姻家，且与召为道义交，谊不可辞，乃按状序而铭之。"[20]叶氏去世，朱召时年三十九岁，深感叶氏守节不易。

朱孔旸系"召之侄"[21]，朱周有子朱槛与朱栱，朱孔旸父亲只能是朱召之弟朱望。朱召对朱孔旸产生了积极的影响。朱周于正德十年（1515）去世，翌年十二月二十四日下葬。下葬前，朱召请陈寰为朱周撰写墓志铭。陈寰记述："卜以殁之明年十二月二十四日葬……先是，其弟召寓书来请余铭。"[22]叶氏"次孙召……曾孙孔旸……二人并为台臣奖拔，相继送朝，试俱入格"[23]。朱孔旸"卒于官"[24]，其"子颜复"，按叶氏"玄孙男二：颜复"[25]，系朱孔旸长子，为"廪生"[26]。朱孔旸之孙朱曾唯亦考取"廪生"[27]。朱家自朱铉起，诗书传家，科甲联翩，朱召起到承上启下的作用。

（二）宦游地

万历元年《漳州府志》始载朱召事略：

> 朱召，直隶常熟人，监生。二十四年任。在邑以才守见称。署漳平，创修县志。知府卢璧为之序。[28]

此"县志"指嘉靖《漳平县志》。朱召入泮为庠生，继而成岁贡，而后入国子监读书，以国子监生出仕。叶氏"次孙召……亦皆庠生。时例精选诸岁贡者……相继送朝，试俱入格。卒业太学"[29]。万历癸丑《漳州府志》亦云："朱召，常熟人。监生。以才守见称。□□平，创修县志。"[30]此"□□"应为"署漳"二字，即"署漳平"。

康熙《漳平县志》另作朱召事略：

> 朱召，海虞人，为漳浦倅。嘉靖二十六年署邑，始与曾廓斋先生谋纂县志。百废具兴，重建漳南道署。廓斋谓："其权官一年，乃多复久废之公署，工用聿新，民不知费。因宜制用之，能随地自立之，掺两足觇云。"[31]

海虞是常熟古称，"漳浦倅"指漳浦县主簿，"署邑"指署任漳平知县。"曾廓斋先生"指曾汝檀，号廓斋。"廓斋谓"出自嘉靖《漳平县志》：

> 观者谓："权官一年，乃多复久废之公署。工用聿新，民不知费。因宜制用之，能随地自立之，操两足觇之。"[32]

该志系"赐进士中顺大夫、知南宁府事廓斋曾汝檀修"[33]，"观者谓"则反映漳平地方社会观感。康熙《漳平县志》将该志所载"操"字误作"掺"字，"觇之"误作"觇云"。

康熙《漳州府志》的记载大体沿用万历癸丑《漳州府志》，仅在"署漳平"后缀"县"字[34]。

乾隆《龙岩州志》为朱召立传：

> 朱召，江南常熟人。由监生授漳浦主簿，有才守称。署漳平篆年余，能得民心，多修建功，绝不以偶尔代庖稍泄视。平故未有志，召乃公余搜访，编茸成书。上之漳州太守卢公璧序之。巡台双渠金公谓为"科目遗才，佐贰巨擘"，良不虚也。（续传）[35]

"漳平篆"实则指署任漳平知县。"茸"字应作"葺"字。"漳州太守"即漳州知府。"续传"反映该志于州志层面始为朱召立传，源于漳平县雍正十二年（1734）由漳州府改隶龙岩直隶州。"署漳平篆年余"采自曾汝檀《书漳平县志后序》"视篆吾平才岁周"[36]。"多修建功"出自嘉靖《漳平县志》所载朱召事迹。"巡台双渠金公谓为科目遗才，佐贰巨璧"采自卢璧《书朱簿所呈县志事迹》所载："巡台双渠金公移檄特奖之曰：……科目之遗才，县佐之巨擘也。"[37] 该志删"科目"后缀"之"字，改"县佐"为"佐贰"，"良不虚"实则乾隆《龙岩州志》对朱召的评价。

道光《漳平县志》沿用乾隆《龙岩州志》记载：

> 朱召，常熟人。由监生授漳浦主簿。有才守，署漳平篆，能得民心。县故未有志，召乃公余搜访，编茸（茸）成书。上之漳州太守卢璧序之。巡台金双渠称之为"科目遗才，佐贰巨璧"，良不虚也。（《龙岩州志·续志》）[38]

此《龙岩州志》指乾隆《龙岩州志》。道光《漳平县志》既未考证"金御史"其人，又未根据卢璧评语的原文进行修订。

（三）仕宦时间

朱召历任漳浦县主簿、署漳平知县、益阳县丞，对其仕宦时间作如下考述。

正德《大明漳州府志》续增主簿"朱召，直隶苏州府常熟县人。由监生嘉靖二十四年八月来任"[39]。朱召嘉靖二十四年（1545）八月出仕，到任漳浦县主簿。万历元年《漳州府志》虽载朱召的继任者苏木"三十年任"[40]，但朱召并非在嘉靖三十年（1551）离任。同治《益阳县志》称县丞嘉靖"二十九年，朱召，常熟，监生"[41]。朱召嘉靖二十九年（1550）到任益阳县丞，实已离任漳浦县主簿，而苏木在嘉靖三十年（1551）到任。

朱召漳浦任内曾署任漳平知县。嘉靖《漳平县志》称"署县事、漳浦县主簿海虞朱召校刊"[42]。朱召获署漳平知县的时间有二说：

其一，嘉靖二十五年（1546）。嘉靖《漳平县志》录曾汝檀《〈漳平县志〉后序》自述："丁未改南宁，得便归。适常熟朱君召以苏名士栖枳于浦，视篆吾平才岁周。"[43] "丁未"指嘉靖二十六年（1547），"改南宁"指改任南宁知府，"得便归"指

曾汝檀顺道返回漳平故里。"苏名士"源于朱召里籍苏州府常熟县，"浦"指漳浦县，"吾平"是曾自称其故里漳平县，"岁周"指周年。曾汝檀嘉靖二十六年（1547）因改任南宁知府而回漳平省亲，朱召已署任漳平知县一年了，由此推算朱召获署漳平知县是嘉靖二十五年丙午（1546）。

其二，嘉靖二十六年（1547）。康熙《漳平县志》称朱召"嘉靖二十六年署邑"[44]，该志认为朱召是年开始署任漳平知县。

实际上应以较早刊行的嘉靖《漳平县志》所载为是，即朱召嘉靖二十五年（1546）署任漳平知县，并非嘉靖二十六年（1547）。康熙《漳平县志》之所以有此说，源于朱召嘉靖二十六年（1547）倡修嘉靖《漳平县志》，误以为他于是年获署漳平知县。

朱召何时离任漳平？嘉靖《漳平县志》所载漳平知县名单未提朱召到任时间，源于旧志不载署任官员的编写原则，导致朱召未被载入漳平知县名单。万历元年《漳州府志》称漳平知县"曾应璇……二十二年任"[45]，即嘉靖二十二年（1543）到任。曾应璇的继任"刘铸……二十八年任"[46]，即嘉靖二十八年（1549）到任。曾应璇嘉靖二十二年（1543）到任，由于朱召嘉靖二十五年（1546）始署漳平知县，曾应璇并非嘉靖二十八年（1549）离任，而是应在嘉靖二十五年（1546）离任，改由朱召署任漳平知县。朱召应在刘铸嘉靖二十八年（1549）到任漳平知县时，与之办理交接后，结束署任漳平知县，返回漳浦继续担任主簿。刘铸到任漳平知县，实则接替朱召，并非接替曾应璇。朱召署任漳平知县前后三载。卢璧《书朱簿所呈县志事迹》称朱召"署漳平篆，前后甚久"[47]，该序落款时间为"嘉靖二十七年戊申岁仲秋朔旦"[48]，朱召其时仍署漳平知县。

嘉靖二十四年到三十三年（1545—1554）朱召在外为官，前后十载。两次担任漳浦县主簿时间：其一，嘉靖二十四年到二十五年（1545—1546）；其二，嘉靖二十八年到二十九年（1549—1550）。嘉靖二十九年（1550）由漳浦县主簿升任益阳县丞，嘉

靖三十三年（1554）卒于任上，前后宦游益阳五载。

朱召五十六岁方才出仕，五十七岁获署知县，六十岁升任县丞，六十五岁卒于任上。朱召五十岁之后远赴福建为官，已属不易，任内又励精图治。花甲之年虽获升迁，却须远赴湖广，终因年迈卒于任上。

朱召宦绩主要体现在其漳州府漳浦、漳平二县任内，下文分述之。

二 宦绩

（一）漳州宦绩

朱召漳浦与漳平任内宦绩突出。卢璧《书朱簿所呈县志事迹》载：

> 吾未入漳时，有言漳浦朱簿之贤者，曰："沧海遗珠也。"吾以为此必能文之士尔。既至，则见其不华不俚，不激不懦，辨理精敏，承委辄效。人之所爱，彼独长之；人之所难，彼独易之。漳浦之人欲之而不可得，漳平之民惟恐其或去，乃叹曰："此循良吏也，其隐于朝市者乎？"[49]

"朱簿""漳浦朱簿"均指漳浦县主簿朱召，"未入漳"指卢璧尚未担任漳州知府，"既至"指卢璧到任漳州知府。

漳州知府"卢璧……二十五年任"[50]，即嘉靖二十五年（1546）出任漳州知府之前，已听闻朱召的漳浦宦绩。其时，朱召到任漳浦主簿仅一年，以贤能著称，被誉为"沧海遗珠"，卢璧见到朱召后大加赞许。朱召得到漳浦、漳平地方百姓的称道，有"循良吏"之称。万历元年《漳州府志》称漳浦主簿朱召"在邑以才守见称"[51]，此"邑"指漳浦县。万历癸丑《漳州府志》记朱召"以才守见称"[52]，《闽书》称朱召"由监生任簿。有才有守"[53]，康熙《漳浦县志》亦云主簿朱召"有才有守"[54]，实则都源于万历元年《漳州府志》记载。

朱召漳平宦绩，主要体现在以下三个方面：

其一，处理政务与诉讼颇有成效。曾汝檀《〈漳平县志〉后序》称朱召"视篆吾平才岁周，留心政体，一介不移，庶务叙兴，而乃心逮此。盖朱君凡务皆受成于郡侯玉田卢公"[55]。"朱君"指朱召，"郡侯玉田卢公"指漳州知府卢璧，号玉田。福建延平府推官杨枢《书〈漳平县志〉后》述，"余始治延平狱"，"兹以公事过漳平"[56]，认为"朱簿东河君，亦邑之循吏也"[57]，"朱簿东河君"指漳浦县主簿朱召，其时署任漳平知县，落款"明嘉靖二十六年重阳，华亭细林山人杨枢书"[58]。徐阶《明故江西临江府同知细林杨君墓志铭》称"君讳枢""别号细林山人"[59]，"甲辰谒选，得福建延平府推官，满三载"[60]，此"甲辰"指嘉靖二十三年（1544），其任职满三载，即嘉靖二十六年（1547）。

其二，修复公署，重视民生，发展文教。嘉靖《漳平县志》称漳平县城池"至二十六年，两坏尤甚，掌县漳浦主簿朱召修葺之"[61]，此时即嘉靖二十六年（1547）。漳平县治"谯楼损坏，掌县漳浦主簿朱召修复"[62]，布政分司"在县治之东……嘉靖二十六年，掌县漳浦主簿朱召修饰正堂东西，重建二轩"[63]，漳南道"在县治之东南……嘉靖二十六年，掌县漳浦主簿朱召重建如制"[64]。朱召重视民生，关注城市建设。迎恩桥，"在县东门外……今亭桥俱废。嘉靖二十七年，署县主簿朱召再择基址，拱卫县镇，功倍而民称便"[65]，万历元年《漳州府志》载朱召此举时在"嘉靖戊申"[66]，即嘉靖二十七年（1548）。漳平县儒学"东斋西庑坏，署县主簿朱召重新之，并修葺各舍损缺。时署县训导萧继光"[67]。萧继光是漳州府龙溪县儒学训导、署漳平县儒学训导，"广东保昌人，由监生嘉靖二十二年四月来任"[68]。朱召针对社学"各乡俱缺，民间自为家塾"[69]，计划改社庙为社学，"欲于永福等里社庙改为社学，成之亦民生教学之助"[70]。

其三，朱召嘉靖二十六年（1547）向漳平县土绅发起创修嘉靖《漳平县志》，亲自担任该志校刊，嘉靖二十七年（1548）修成后请漳州知府卢璧为之作序，最终在嘉靖二十八年（1549）九月刊行于世，此时朱召已离任。湛若水《漳平县新志序》称"志自朱簿倡之"[71]，刘铸《漳平县图说》载："漳浦倅朱东河君曩署县事，尝谋诸邑大夫。"[72]"漳浦倅"指漳浦县主簿，"朱东河君"指朱召；该序写作时间为"皇明己酉秋九月吉旦"[73]，即嘉靖二十八年（1549）。嘉靖二十六年（1547）朱召发起修志，而曾汝檀《〈漳平县志〉后序》落款时间为"嘉靖二十六年岁在丁未仲秋之吉"[74]。卢璧《书朱簿所呈县志事迹》载，朱召于"一日，以所修志虚其端而请予序。予因循未之许，盖恐其名实未孚，乃汲汲于稽古礼文之事，予又从而张之，不知者必谓郡守于簿真有所私耳"[75]。此"志"即嘉靖《漳平县志》，"郡守"指漳州知府卢璧，"簿"指漳浦县主簿朱召。卢璧《书朱簿所呈县志事迹》说："兹志之作，乃其政平、讼理之绪余，非徒加灾于金木已也。"[76]"兹志"指嘉靖《漳平县志》，"其"指朱召，卢璧认为朱召修志是在处理政务、诉讼以外的工作。

（二）获福建巡按御史金城称道

朱召请卢璧为嘉靖《漳平县志》作序之际，卢璧原本担心此举会被人误解他与朱召有私交，直至金姓福建巡按御史高度评价朱召，方才打消卢璧的疑虑。

朱召备受金姓福建巡按御史称道。卢璧《书朱簿所呈县志事迹》载：

> 迩者，巡台双渠金公移檄特奖之，曰："以文学饬吏治，以古道制时宜，风操有冰蘗之声，牧养有父母之实，科目之遗才，县佐之巨擘也。"[77]

"朱簿"指漳浦县主簿朱召。"巡台"指福建巡按御史，"双渠金公"的"金"为其姓，"双渠"是字号。此金姓御史，历来无考。《皇明常熟文献志》称"金双渠"[78]，乾隆《龙岩州志》作"巡台双渠金公"[79]，道光《漳平县志》称"巡台金双渠"[80]。此金姓御史实则为金城。

卢璧《书朱簿所呈县志事迹》落款写作时间为

"嘉靖二十七年戊申岁仲秋朔旦"[81]，即嘉靖二十七年（1548）八月初一日。其时福建巡按御史为金城。《明世宗实录》载，嘉靖二十七年八月辛未，"福建巡按御史金城"[82]。同年八月戊戌是八月初一日，由此推算八月辛未为八月二十九日[83]。"巡台双渠金公""金双渠"应是金城，卢璧以金城的别号相称。

金城是嘉靖十七年（1538）戊戌科进士，《嘉靖十七年进士登科录》载，金城"字邦衡"[84]，虽未载"双渠"，仍可推断"双渠"为其别号，明代登科录因体例限制而未载进士别号。

有关金城其人，《嘉靖十七年进士登科录》载：

> 金城，贯山东济南府历城县民籍，国子生，治《诗经》。字邦衡，行一，年四十，十一月二十八日生。曾祖：鼎，南京户部主事；祖：章，寿官；父：珮，训导。母李氏，严侍下，娶张氏，山东乡试第十一名，会试第四十九名。[85]

金城四十岁中进士，由此逆推其生年是弘治二年（1489），比朱召年长一岁。

崇祯《历城县志》载：

> 嘉靖戊戌科：金城，鼎之玄孙，佩之子，江西道御史、苏州知府，见《人物志》。[86]

该志《人物志》又称"金城，有诗集"[87]，但未为之立传。该志认为金城是金鼎的玄孙、金佩之子，实则有误。《嘉靖十七年进士登科录》却称金城"曾祖鼎""父珮"，该书资料由金城本人提供，应以该书所载为是。既然金城称金鼎为"曾祖"，那么金城是其曾孙，所谓"玄孙"应改作"曾孙"；"佩"字应改作"珮"字。金城治《诗经》，以诗学见长，故著有诗集。该志仅载金城曾任江西道御史，实则漏载其在福建任职情况，应补上"福建巡按御史"。金城又曾任苏州知府，乾隆《苏州府志》称"金城，历城人"[88]，虽未载其到任时间，仍可从其继任到任时间推算其大致宦游时间。金城苏州知府的继任"林懋举，闽县人，嘉靖二十二年，以南户科任"[89]，"南户科"指南京户科给事中，此"嘉靖二十二年"实则有误，林懋举至嘉靖二十三年（1544）方中进士，缘何在嘉靖二十二年（1543）已任苏州知府？《嘉靖二十三年登科录》称"林懋举，贯福建福州府怀安县民籍，闽县人"[90]。所谓"嘉靖二十二年"应改作"嘉靖三十二年"，即林懋举嘉靖三十二年（1553）出任苏州知府，与林懋举交接。金城担任福建巡按御史后，出任苏州知府，至嘉靖三十二年（1553）离任。朱召故里常熟县属苏州府，金城担任苏州知府期间，朱召仍在世。金城比朱召年长一岁，曾在福建与朱召共事，而后担任朱召故里的父母官。

金城宦绩突出。金城担任福建巡按御史期间，与海道副使柯乔成功抵御外敌的侵扰，并上奏弹劾受贿的武将与前任海道副使。嘉靖二十六年（1547）十一月癸巳，"佛郎机国夷人入掠福建漳州，海道副使柯乔御之，遁去。巡按御史金城以闻，且劾浯屿指挥丁桐及去任海道副使姚翔凤受金赎"[91]，"佛郎机国夷人"指葡萄牙人。

金城对朱召有深入了解，既与朱召宦绩卓著有关，又与金城和朱召的祖父朱铉同为名御史亦有一定联系。金城既知朱召的文学修养，又深知朱召的为人处世之道，对其清正廉洁作风与勤政爱民事迹均有深入考察。

三 结语

综上所述，得出以下三点结论。

第一，朱召是名副其实的地方名宦。朱召漳浦任内备受称道，却未获得漳浦地方志立传，又未获祀漳浦县名宦祠，实则阙载所致。朱召未获祀漳平县名宦祠，实与朱召署任漳平知县身份有关。直至康熙《漳平县志》打破惯例，将朱召列入，详载其署任漳平知县事迹，"署邑例不志，特志数公，异之于凡署邑者也"[92]，认为其事功"是不可以无

志"[93]。朱召益阳宦绩虽未见同治《益阳县志》记载，却可管窥一二。县丞"与主簿分掌粮马巡捕之事"[94]，此即朱召的分管职责范围。他应一如此前殚精竭虑，最终卒于任上。时任益阳知县刘激"缉获巨盗，四境晏然"[95]，"建土城，修学校，创建龙洲书院"[96]，"延蒋道林讲学，一时士林崇礼义，尚朴素，受其教为多"[97]。"蒋道林"即蒋信，号道林，是湛若水高足。朱召漳平任内曾请曾汝檀创修嘉靖《漳平县志》，并获曾汝檀恩师湛若水作序。刘激延请蒋信讲学，很可能是蒋信同门曾汝檀的挚友朱召为之牵线搭桥。刘激移风易俗、造福一方之举，朱召实亦功不可没。因此，朱召益阳任内并非乏善可陈，只因其仅任副职的县丞，导致其事功多被记于知县刘激名下。

第二，朱召成为地方名宦的原因，实则与其祖父朱铉密切相关。朱铉出身寒微，通过刻苦攻读而走上仕途，恪尽职守，虽遭仕途挫折，却问心无愧。天顺元年（1457）八月甲辰，"擢行人……朱铉……俱为两京试监察御史"[98]；天顺二年（1458）七月"丙午，命试监察御史……朱铉……俱实授监察御史"[99]；天顺七年（1463）五月"调监察御史朱铉为浙江桐庐县知县……铉等失纠劾，俱下狱，法司论赎杖还职，上特命调铉"[100]。成化元年（1465）四月，"六科给事中刘观、十三道监察御史朱铉等，劾奏户科都给事中童轩奉敕抚捕四川贼寇方命误事，乞明正其罪，命法司逮问"[101]。朱铉仕途折戟源于"铉会藩臣有入觐奏对失仪，铉当劾不即"[102]。朱召虽未与祖父朱铉谋面，却可通过其祖母叶氏深入了解朱铉生平事迹。受家风影响，朱召心系家国，经苦读成为饱学之士，出仕后又政绩突出，造福一方。

第三，对名门望族与历史名人研究的启示。既要回到历史现场，又要置身于更广阔的时空深入考察。应重点进行文本分析，还原文本的书写过程，仔细甄别文本记载的正误，注意新材料的发现和运用。

注释：

[1]〔韩〕元廷植：《明代福建新县和地区文化变迁——以公署和学校建设为中心》，中国明史学会编：《明史研究》第 14 辑，黄山书社，2014 年，第 59—75 页。

[2] 韩天：《明代方志中的地图及其作者考证》，南京师范大学硕士学位论文，2021 年。

[3] 谢金飞：《明监察御史朱铉家族墓志释读及研究》，常熟博物馆编：《常熟文博论丛》第 1 辑，文物出版社，2023 年，185—192 页。

[4]〔明〕管一德撰，常熟市地方志编纂委员会办公室、常熟市图书馆编：《皇明常熟文献志》卷八《贡生志》，第 4 册，广陵书社，2017 年，第 9 页 b—10 页 a。

[5]〔明〕冯汝弼修、〔明〕邓韨撰：《（嘉靖）常熟县志》卷三《选举志》，中国国家图书馆藏，善本书号：02293，明嘉靖十八年己亥（1539）刻本，第 50 页 a。

[6] 同 [5]。

[7]〔明〕管一德撰，常熟市地方志编纂委员会办公室、常熟市图书馆编：《皇明常熟文献志》卷四《科第志》，第 2 册，广陵书社，2017 年，第 13 页 b。

[8] 同 [3]。

[9] 同 [3]。

[10]〔明〕冯汝弼修、〔明〕邓韨撰：《（嘉靖）常熟县志》卷五《恩典志》，第 66 页 a。

[11] 同 [7]。

[12]〔清〕高士曦、杨振藻修，〔清〕钱陆灿等纂：《（康熙）常熟县志》卷十二《封赠志》，载《中国地方志集成·江苏府县志辑》第 21 册，江苏古籍出版社，1991 年，第 262 页。

[13]〔清〕姚念杨、〔清〕吕懋恒修：《（同治）益阳县志》卷十二《秩官志》，中国国家图书馆藏，索取号：地 270.229/38，清同治十三年（1874）刻本，第 43 页 a。

[14]〔明〕朱召校刊、〔明〕曾汝檀修：《（嘉靖）漳平县志》卷首《序》，《天一阁藏明代方志选刊续编》第 38 册，上海书店，1990 年，第 934—935 页。

[15] 同 [14]，第 936 页。

[16] 同 [3]。

[17] 同 [3]。

[18] 同 [3]。

[19] 同 [3]。

[20] 同 [3]。

[21] 同 [4]，第 11 页 a。

[22] 同 [3]。

[23] 同 [3]。

[24] 同 [21]。

[25] 同 [3]。

[26] 同 [21]。

[27] 同 [21]。

[28]〔明〕罗青霄修纂、福建省地方志编纂委员会整理：《漳州府志》卷十九《漳浦县上·秩官志》，厦门大学出版社，2010 年，上册，第 671 页。

[29] 同 [3]。

[30]〔明〕闵梦得修、中国人民政治协商会议福建省漳州市委员会整理：《（万历）漳州府志》卷十一《秩官志二》，厦门大学出版社，2012 年，上册，第 790 页。

[31]〔清〕查继纯修：《（康熙）漳平县志》卷三《秩官志》，中国国家图书馆藏，索取号：地 310.167/32，清康熙三十一年壬申（1692）

刻本，第 15 页 b。

［32］〔明〕朱召校、〔明〕曾汝檀修：《（嘉靖）漳平县志》卷二《创造》，第 992 页。

［33］〔明〕朱召校、〔明〕曾汝檀修：《（嘉靖）漳平县志》卷首《修志姓氏》，第 957 页。

［34］〔清〕魏荔彤修：《（康熙）漳州府志》卷十《秩官志下》，中国国家图书馆藏，索取号：地 310.87/132，清康熙五十四年（1715）刻本，第 12 页 b。

［35］龙岩市地方志编纂委员会整理：《龙岩州志》（清乾隆三年镌）卷五《秩官志》，载《福建地方志丛刊》，福建省地图出版社，1987年，第 167 页。

［36］〔明〕朱召校、〔明〕曾汝檀修：《（嘉靖）漳平县志》卷末《后序》，第 1175 页。

［37］同〔14〕，第 935—936 页。

［38］〔清〕蔡世钹修：《（道光）漳平县志》卷八《人物志》，中国国家图书馆藏，索取号：地 310.167/36，清道光十年（1830）刻本，第3 页 a。

［39］〔明〕陈洪谟修、中国人民政治协商会议福建省漳州市委员会整理：《（正德）大明漳州府志》卷四《历官志中》，厦门大学出版社，2012 年，上册，第 247 页。

［40］同〔28〕，上册，第 673 页。

［41］同〔13〕。

［42］〔明〕朱召校、〔明〕曾汝檀修：《（嘉靖）漳平县志》卷首《修纂姓氏》，第 957 页。

［43］同〔36〕。

［44］同〔31〕。

［45］同〔28〕，第 1066 页。

［46］同〔45〕。

［47］同〔14〕，第 934 页。

［48］同〔14〕，第 937—938 页。

［49］同〔14〕，第 933—934 页。

［50］同〔28〕，第 115 页。

［51］同〔28〕，第 671 页。

［52］同〔28〕，第 790 页。

［53］〔明〕何乔远编撰：《闽书》卷六十四《文莅志·漳州府·漳浦县（一）》，福建人民出版社，1994 年，第 2 册，第 1888 页。

［54］〔清〕陈汝咸修：《（康熙）漳浦县志》卷六《职官志》，中国国家图书馆藏，索取号：地 310.93/32，清康熙四十七年（1708）刻本，第 19 页 a。

［55］同〔36〕，第 1175—1176 页。

［56］同〔36〕，第 1179 页。

［57］同〔36〕，第 1181 页。

［58］同〔36〕，第 1182 页。

［59］〔明〕徐阶撰：《世经堂集》卷十七《墓志铭三》，中国国家图书馆藏，善本书号：19620，明万历年间（1573—1620）刻本，第 13 册，第 7 页 b。

［60］同〔59〕，第 8 页 a。

［61］同〔32〕，第 994 页。

［62］同〔32〕，第 990 页。

［63］同〔32〕，第 991 页。

［64］同〔32〕，第 991 页。

［65］同〔32〕，第 999 页。

［66］〔明〕罗青霄修纂、福建省地方志编纂委员会整理：《漳州府志》卷二十七《漳平县·规制志》，下册，第 1059 页。

[67]〔明〕朱召校、〔明〕曾汝檀修：《（嘉靖）漳平县志》卷六《学校》，第1077页。

[68] 同［39］，第230页。

[69] 同［67］，第1094页。

[70] 同［67］，第1094页。

[71] 同［14］，第923—924页。

[72] 同［14］，第939页。

[73] 同［14］，第942页。

[74] 同［14］，第1177—1178页。

[75] 同［14］。

[76] 同［14］，第936—937页。

[77] 同［14］，第935—936页。

[78] 同［4］，第10页a。

[79] 同［35］。

[80] 同［38］。

[81] 同［14］，第937—938页。

[82]〔明〕张溶监修：《明世宗实录》卷三三九，《明实录》第9册，台北"中研院"史语所校印，1962年，第6184页。

[83] 戴兴华编：《两千三百年中西历谱》，气象出版社，2008年，第96页。

[84]《明代登科录汇编》，载屈万里主编：《明代史籍汇刊》，台湾学生书局，1969年，第9册，第4525页。

[85] 同［84］。

[86]〔明〕宋祖法修：《（崇祯）历城县志》卷八《选举志》，明崇祯十三年（1640）庚辰刻本，第5页a。

[87]〔明〕宋祖法修：《（崇祯）历城县志》卷十《人物志》，第26页b。

[88]〔清〕雅尔哈善修：《（乾隆）苏州府志》卷三十二《职官志一》，中国国家图书馆藏，索取号：地220.175/134，清乾隆十三年（1748）刻本，第33页b。

[89] 同［88］。

[90] 同［84］，第10册，第5365页。

[91]〔明〕张溶监修：《明世宗实录》卷三三〇，《明实录》第9册，第6064—6065页。

[92] 同［31］，第16页a—b。

[93] 同［31］，第16页b。

[94] 同［13］，第39页a。

[95] 同［13］，第69页a。

[96] 同［13］，第68页b。

[97] 同［13］，第68页b—69页a。

[98]〔明〕孙继宗监修：《明英宗实录》卷二八一，《明实录》第5册，台北"中研院"史语所校印，1962年，第6036页。

[99] 同［98］，第6263页。

[100] 同［98］，第7061页。

[101]〔明〕张懋监修：《明宪宗实录》卷十六，《明实录》第6册，台北"中研院"史语所校印，1962年，第352页。

[102]〔明〕冯汝弼修、〔明〕邓韍撰：《（嘉靖）常熟县志》卷六《邑人志》，第26页a。

钱谦益老宅绣楼史事钩沉

李　烨*

内容提要：钱谦益老宅荣木楼是钱氏晚年重要居所，钱谦益与柳如是均殁于该处。后钱宅易手，房屋被昭文县衙、城隍庙占用，渐被人遗忘，关于钱宅绣楼产生了一些混淆与误传。本文从志书等地方文献入手，着重考证钱宅及周围之变迁，以还原一段真实的历史。

关键词：钱谦益　柳如是

清康熙三年（1664）五月廿四日，钱谦益走完了他83年的人生之路，溘然长逝。钱谦益去世不久，钱氏家族中以钱谦光、钱曾为首发难，逼柳如是交出三千两银子，并派出四艘船，搬空白茆红豆山庄的家具物件（图一）。无奈之中，柳如是写下遗书，于六月廿八日在钱谦益老宅荣木楼悬梁自尽，是为钱氏家难。家难的发生牵涉家族内部的恩怨和争斗，钱谦益之死宣告了钱氏奚浦支的衰落和鹿苑支的崛起。钱谦益后人从此默默无闻，渐渐消失在人们的视线中。

图一　清·瞿暹《红豆村庄》册页，常熟博物馆藏

康熙四年（1665），设在苏州的海防同知厅移至常熟，在常熟县城内坊桥与东门大街之间的严子禄手中购得园宅，此宅原为陆姓住宅。严子禄是何许人，暂时无法考证。严宅与钱宅一墙之隔，有一园门相通，方便进出。海防同知厅曾发生过一次火灾，海防同知与随从躲到钱宅大厅暂避。钱谦益子钱孙爱起初泡茶端水，热情接待，后问同知是何时考取功名的，同知一时语塞。随从连忙解释，同知乃旗人，非由功名入仕。钱孙爱脸色大变，拂袖而去，把同知晾在一旁，同知大忿。

雍正二年（1724），常熟区域分置常熟和昭文二县，同城而治，基本上是以河东街为分界线，西为常熟，东为昭文。但到醋库桥拐了个弯，穿过东言子巷，沿着如今的和平街、紫金街，再从辛峰巷灵公殿折向东，再到河东街，往北抵水北门。而琴川河的划分是南段到坊桥之间属常熟，坊桥以北属昭文。这样东门大街（县署前的一段路人们习惯称为新县前）的荣木楼在昭文县辖区，而半野堂隶属于常熟县。次年，海防同知厅被裁，改为县衙，并在此基础上向东扩建，其布局在《重修常昭合志》中有明确的记载。大致范围西边与河东街有后门相通，即原虞阳小学，东到原公安局，东、北侧与钱宅相接。昭文县设立后，要建城隍庙，此时钱宅已人去楼空，于是被收购后改造成城隍庙，其中茶厅、大厅成了城隍公馆，常熟、昭文二邑的百姓在此烧香求签保平安，也就是后来人们俗称的大仙堂。乾隆四十四年（1779），直隶大兴（今北京市大兴区）人王锦带着家眷来任昭文知县，原属钱宅的绣楼成为王知县与家属的居所。第二年初夏，王知县赴江宁出差，其间王知县的小妾与两个丫鬟某日晚上毫无征兆地吊死在绣楼中。诡异事件一出，全城轰动。王知县闻讯从江宁赶回，由时任常熟知县黄元燮来调查处理，经调查，三人没有被谋害的迹象，最后

* 李烨，常熟图书研究馆员。

以鬼作祟结案。惨剧发生后，绣楼成了凶宅，无人敢踏入一步，慢慢被人淡忘。后人误以为柳如是自缢在绣楼中，造成混淆。

乾隆五十三年（1788）三月，著名诗人袁枚到常熟拜访好友吴蔚光，在吴宅素修堂与陈声和、孙原湘夫妇等人把酒言欢，品诗论曲。由吴蔚光引荐，孙原湘夫妇投于袁门下。袁枚在聊天时得知柳如是的悲惨结局，惋惜之余感慨万千，于是把绣楼发生的故事作艺术加工，经过一番天马行空的发挥，演绎成柳如是阴魂不散，化作冤鬼，写了一篇夺人眼球的《柳如是为厉》，编入他的志怪小说《子不语》中。惩恶劝善、因果报应的故事有广泛的群众基础，容易引起人们的共鸣。

从此绣楼门窗紧锁，无人问津。历任昭文知县上任伊始，都要到楼下祭拜一番。嘉庆十二年（1807）九月，绍兴人谢培掌昭文县事。第二年春夏间，杭州人陈文述因事来常，租住在蒋园并将之作为行馆，到秋天时离开。该园到嘉庆十九年（1814）被蒋因培购得后才称作燕园。半野堂早已破败不堪，"绛云楼阁久成薪，万卷藏书委劫尘"。陈文述听孙原湘说起绣楼发生的故事，对传奇女子柳如是的才情倾心仰慕，也对其不幸遭遇嗟叹不已，于是与谢知县商量修葺绣楼，在楼中供奉柳如是牌位。陈文述还拿出收藏的画家吴履所绘柳如是初访半野堂小像，请在京城参加科举考试的邻居朱鹤年临摹一幅，悬挂绣楼堂中牌位之后。朱鹤年（1760—1844），字野云，号野堂、野云山人等，江苏泰州人。善画山水、人物、花卉和竹石，尤以山水、人物画著称，其作品尤其被朝鲜人推崇。陈文述还准备搜集柳如是遗诗刻石嵌在绣楼壁间，以传后世，不过这一工程最终并没有实施。此后，绣楼成为柳如是的纪念室。孙原湘《天真阁集》卷十九有《钱牧斋故宅吊柳夫人》诗，诗前小序叙述事情原委：

> 宅今为昭文署，斋东偏小楼柳夫人殉节所也。百余年来，人不敢居。新尹至，于门外拜祭，加局鐍焉。戊辰春，会稽谢君培宰斯邑，

适陈大令文述因事过虞，商之谢君，洁此楼以奉夫人祀，出所藏夫人初访半野堂小像，属海陵朱山人鹤年重抚，奉楼中。将求夫人遗诗镌诸乐石，纳楼壁以扬幽烈，而先征同人赋诗以识其事。[1]

嘉庆十四年（1809），陈文述来常熟主政。次年二月初春，陈文述利用闲暇，与来访的浙江籍好友查揆、高垲、孙均、方廷瑚等人在孙原湘陪同下探访久已荒芜的钱谦益、柳如是墓园。他们清除乱草，砍去杂树，累土堆砌，缅怀追思。陈文述撰《重修河东君墓记》记其经过，查揆撰墓碣，孙原湘撰后记。以上三篇文稿均收录在各自的文集中，并由书法家高垲书写，勒于条石之上，树在柳氏墓前。从二月寻访拂水山庄开始，到查揆撰文是六月，修墓立碑，历时四个月。同年八月，高垲又绘柳如是像立轴[2]（图二）。这一众浙江朋友在常熟停留了较长一段时间，帮助陈文述完成了心愿。陈文述所到一地，为女性修墓立碑，组织纪念活动，是他的一贯风格，此举也有功于常熟。

陈文述内兄龚凝祚在《西泠闺咏》序中提到由高垲书丹、吴履为图、陈鸿寿在卷首题"蘼芜香影"四字的长卷，由上石的原件装裱而成，卷后增加了席佩兰、屈秉筠、谢翠霞等人题咏。据考证，吴履（1740—1801），字旋吉，一字竹虚，号公之坦，一作公之它，别号瓦山野老、苦茶和尚、苦茶僧，浙江嘉兴人。工书法、篆刻，善绘事，工人物、花卉，尤长山水，造景幽异，可与黄易、奚冈相上下，士林称其有元人冷隽之趣。其时吴履已过世，但石刻画像用的是他的绘本。

丁祖荫纂《重修常昭合志·金石志》完稿于丁氏1930年去世之前，后经徐兆玮校订，于1933年单独排印出版。其中著录绣楼内唯一的石刻是昭文知县黄崞于嘉庆二十一年（1816）所刻钱谦益门生顾苓绘柳如是像、王文治题"河东君小像"、顾苓隶书撰写的柳如是传和黄树蓁的跋、黄崞撰的记文，镶嵌于楼壁间。《金石志》是根据拓片著录，注明原石

图二　清·高垲题《柳如是画像》轴，常熟博物馆藏

"已亡"，说明绣楼内的石刻在丁祖荫修志时已不知去向。所以1958年破除迷信铲除的石刻，是大仙堂内的城隍庙石碑。顾苓的真迹原件现收藏于辽宁省博物馆，作于柳如是去世不久的七月，是柳如是以儒生打扮于半野堂初访钱谦益这一版本的祖本，也有拓本流传。

就这样绣楼被当成了荣木楼，而后的常昭县志均受孙原湘误导，把昭文县署记录成钱宅。咸丰十年（1860），太平天国军队攻打常熟、昭文两县，昭文县衙被付之一炬，遭到彻底破坏。昭文县被清军收复后，在县衙东边建了几间房屋，权作办公之所。到民国，县衙大部分成为虞阳小学，绣楼用作常熟县政府钱粮处办公地，还保留了当年模样。戴逸先生全家租住在小步道巷，父亲戴良耜在绣楼办公，小时候的戴逸经常到楼中游玩，直至晚年仍对绣楼记忆深刻。抗战胜利后，在虞阳小学东边绣楼范围内建常熟新县前小学，绣楼经过几次重大改建，原有的木结构进行更换、加固以提高承重能力，相连的小间打通成大间，楼上是教室，楼下是礼堂，增加窗户的数量以提高室内亮度。尽管这样，人们对绣楼仍未摆脱阴森恐怖的心理阴影，学生们心有余悸，教室内空无一人时不敢独自进入。1958年，新县前小学并入塔前小学，逐步搬离。到1963年，县公安局迁入办公，绣楼在公安局大院内一直平安无事。而荣木楼何时消失已无人知晓。

有很多人把荣木楼与大仙堂画等号，也把绣楼与大仙堂等同，都是不正确的。

绣楼发生的变故被道光年间的郑光祖记录在他的著作《醒世一斑录》杂述第八卷中。郑光祖（1776—1866），字企先，号梅轩，常熟东张人。曾游历全国各地，见多识广，我国西沙群岛就是他最先命名的。《醒世一斑录》中记录了发生在常熟地方的政治、经济、文化和社会生活的各种事件、故事逸闻，以及天文地理、气候灾异等史料，被誉为百科全书式的一部笔记，其中好多是亲身经历，亲眼所见，可信度极高。在书中，郑光祖批评袁枚《子不语》"立品既失正，记事又无实。不独坏人心术，抑且误人闻见"。他驳斥《柳如是为厉》一文道听途说，"只采道路之言，全未据实"[4]，同时指出将昭文县署与钱谦益宅混为一谈的错误。笔者最近偶然翻阅该书才恍然大悟，早在乾隆晚期就已经产生误解，人们宁可信其真，是出于对柳如是的敬佩和怀念。

绣楼不是荣木楼，且经过彻底改造，已非本来面貌。萦绕着神秘色彩和传奇故事的绣楼，躲过了战火摧残和社会动乱，却消失在城市改造的过程中，令人惋惜。

1932 年，在昆山担任县长的邑人庞树森，到上海嘉定安亭镇游玩，走累了在震川书院停留休息，无意中发现卧在草地上的两块残石所刻的是陈文述、查揆所撰二文，而孙原湘文与柳如是画像石刻已佚失。出于对家乡文物的热爱，庞县长在惊喜之余速与书院交涉。震川书院属于嘉定、青浦、昆山三县教育局共管，须经三方一致同意。在庞树森努力下，此二残石运回常熟，存放在县立图书馆。本拟修复补刻后将残石放回柳墓原处，但此举并未实施。日寇占领常熟前，图书馆工作人员怕再次丢失，将碑石移至石梅读书台畔，掩埋在新建成的图书馆西侧的空地下，后再也没有掘出。据《嘉定县续志》附《前志补遗·金石志》著录，称河东君小像是道光三年（1823）三月陈文述妾管筠摹本[5]，此时陈文述在江都知县任上。估计原石刻画像已佚，后由管氏重绘补刻。

如今，绣楼已经不存，高垲所绘的柳如是像立轴珍藏于常熟博物馆，成为这段历史的重要见证。柳如是墓得到妥善保护，常有文人骚客前来凭吊。民国初年，著名诗人、画家白采旅居常熟，在柳墓前徘徊良久，绘画一幅，对柳如是一生有感而发，赋《摸鱼儿》词一首：

> 问前朝、几编青史？纷纷毁誉休数！紫袍乌髻曾相访，便抵卫公奇遇。时非主，算空老、庾郎萧瑟江南赋。归来闲住。胜吾谷霜林，尚湖烟艇，曾是共吟处。

> 千秋恨，都付绛云一炬！才人身后酸楚，新孀况遭逢豪族，一死尚书知否？空惜取，向荒径，蘼芜小冢传缣素。桃花低护，正夕阳铺红。东风袅翠，肠断更无语。[6]

注释：

[1] 〔清〕孙原湘著、王培军点校：《天真阁集》卷十九，人民文学出版社，2019 年，第 649 页。

[2] 钱珂：《美人亦如是——解读清代〈柳如是画像〉轴》，常熟博物馆编：《常熟文博论丛》第 1 辑，文物出版社，2023 年，第 102—106 页。

[3] 丁祖荫：《重修常昭合志·金石志》，1933 排印本，常熟图书馆藏。

[4] 郑光祖：《醒世一斑录·杂述卷八》，清道光刻本，常熟图书馆藏。

[5] 陈传德：《嘉定县续志》附《前志补遗》，1930 年刊本，常熟图书馆藏。

[6] 白采：《绝俗楼我辈语》，开明书店，1927 年，第 76 页。

新见恽寿平《纳妾生子札》墨迹考释

文祥磊 *

内容提要：《纳妾生子札》是新近发现的恽寿平墨迹真迹，其内容是恽氏向外甥兼女婿杨叔美解释在太仓纳妾之事，并述及生子后的喜悦与生活的窘迫等。本文通过对此札的考释，补证了恽寿平纳妾生子的时间与行迹，以其人生经历、表字变更为线索阐释了他在康熙二十年（1681）急迫纳妾生子的缘由。从中，重新梳理考证了恽寿平表字的变更与含义，纠正了前人研究之失。

关键词：恽寿平　书札　考释　表字

引　言

恽寿平（1633—1690），名格，字寿平，别号南田，是常州画派的开山鼻祖，其没骨花卉被尊为"写生正宗"，影响广泛且深远。今学界研究多侧重于他的书画艺术与交游，成果丰硕，然对其日常生活中的形象与心态探究因资料较少而难以开展。新近发现的恽寿平墨迹《纳妾生子札》[1]集中反映了一代艺术大家在家庭、内心情感、经济状况等方面鲜活的人物形象。

此札共计三开六页，是恽寿平致外甥兼女婿杨叔美的，内容为解释其在太仓纳妾之事，并述及生子后的喜悦与生活窘迫等情形。札尾钤白文方印"颐情馆印"，可知是晚清宗源瀚（1834—1897）的旧藏[2]。此札通篇行笔流畅，字体隽秀，一笔不苟，诚如启功先生所论，南田书札"取办于仓促之间，无意求工，却有自然流动的风致"[3]，为其成熟书风的典型面貌，为恽氏真迹无疑（图一至图三）。

恽寿平纳妾相关之事前人研究已有提及，吴企明引恽寿平《致王绥老札》中有"行年五十，方举一子"，将生子时间定为康熙二十一年（1682），纳妾时间推定为康熙二十年（1681）[4]，但并未提及明确证据。秦耕海在《恽南田先生年谱稿》中据《恽寿平致吕穗九札》的部分内容和《爱石山房帖·致外甥杨叔美札》的内容大意判断，恽寿平妾姓葛，恽氏本人对于纳妾事颇为主动，并非完全是太仓王氏诸昆所玉成。康熙二十一年（1682）孟冬（十月），他致信杨叔美述及在太仓生一男，并偕计归里[5]。秦氏所引用的《爱石山房帖·致外甥杨叔美札》收信人、月份及文意与《纳妾生子札》同，故可知此札曾被《爱石山房帖》收录。可惜该刻帖原石在咸丰庚申之劫后仅余三块，全拓早已极为难得[6]。另外《致外甥杨叔美札》曾被收入杭州人金荣刊《瓯香馆法帖》，然此帖是据《爱石山房帖》重镌[7]，摹刻失真，点画肥钝。前人编纂恽氏文集及研究涉及纳妾生子事的，均未见有收录全文者，故对其内心动机、语气措辞、行迹等具体情况都不甚清楚。今此札的出现，对弥补这方面的欠缺大有裨益。

一　《纳妾生子札》释文

娄东纳妾，实因太原王氏诸昆友苦相劝勉。自念马齿已长，不能刻待，聊强就之。归时欲言，未知汝岳母之意何如，故且讳而不言。比至夏间，汝岳母之意果出至诚，则娄东之举似为多事。此时心实感之，又不忍言，以伤其意。惟有善遣娄东之妾，以息他后日之争，意念已决。及至吴门当事署中，当事亦极言，两地照看非贫士所宜，与余意合。正思作书寄王氏诸昆，而娄东人士纷纷然遣信使来报喜音，妾已有娠，将及半身，亦知家中讳言，不敢寄音至常，恐有泄漏，或生他变。因我半载不相闻问，人人骇怪，此时又如半天落下一件大好事，从前意中之局顿尔改换，未免手忙脚乱。时当盛暑，

---

* 文祥磊，常州博物馆副研究馆员。

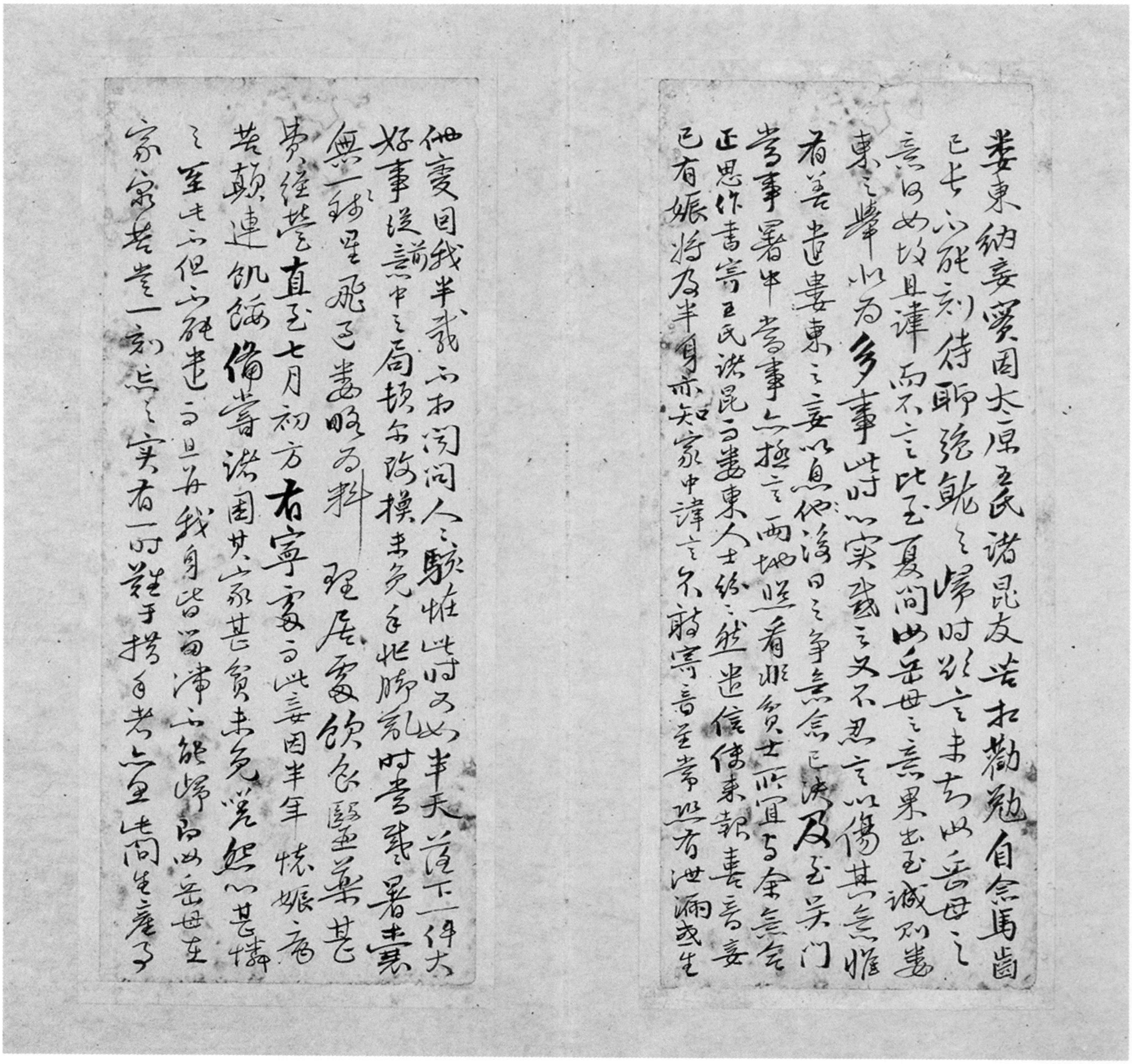

图一　清·恽寿平《纳妾生子札》之一

囊无一钱，星飞过娄，略为料理，居处、饮食、医药甚费经营。直至七月初，方有宁处。而此妾因半年怀娠病苦，颠连饥馁，备尝诸困，其家甚贫，未免嗟怨，心甚怜之。至此，不但不能遣，而且并我身皆留滞不能归。即汝岳母在家穷苦，岂一刻忘之？实有一时难于措手者。亦思此间生产事大，日夜盼望置妾生子，今忽从无意得之，即家中怨望，不能

复顾。非不顾也，审轻重以为缓急，且实人情艰难，赤手拮据，精力疲矣。两处嗷嗷待哺，左支右吾，实不得已，岂复作少年轻薄，恋异乡风月而为此耶？娄东王氏诸昆及诸素心同调人人知之，人人能言之，吾岂有是？即家乡中人言藉藉（籍籍），可不辨而自明矣。千言万语，总不必细说。所喜九月廿二酉时已生一男，至枕有奇骨丰起，姑为家言，四柱根深，易于

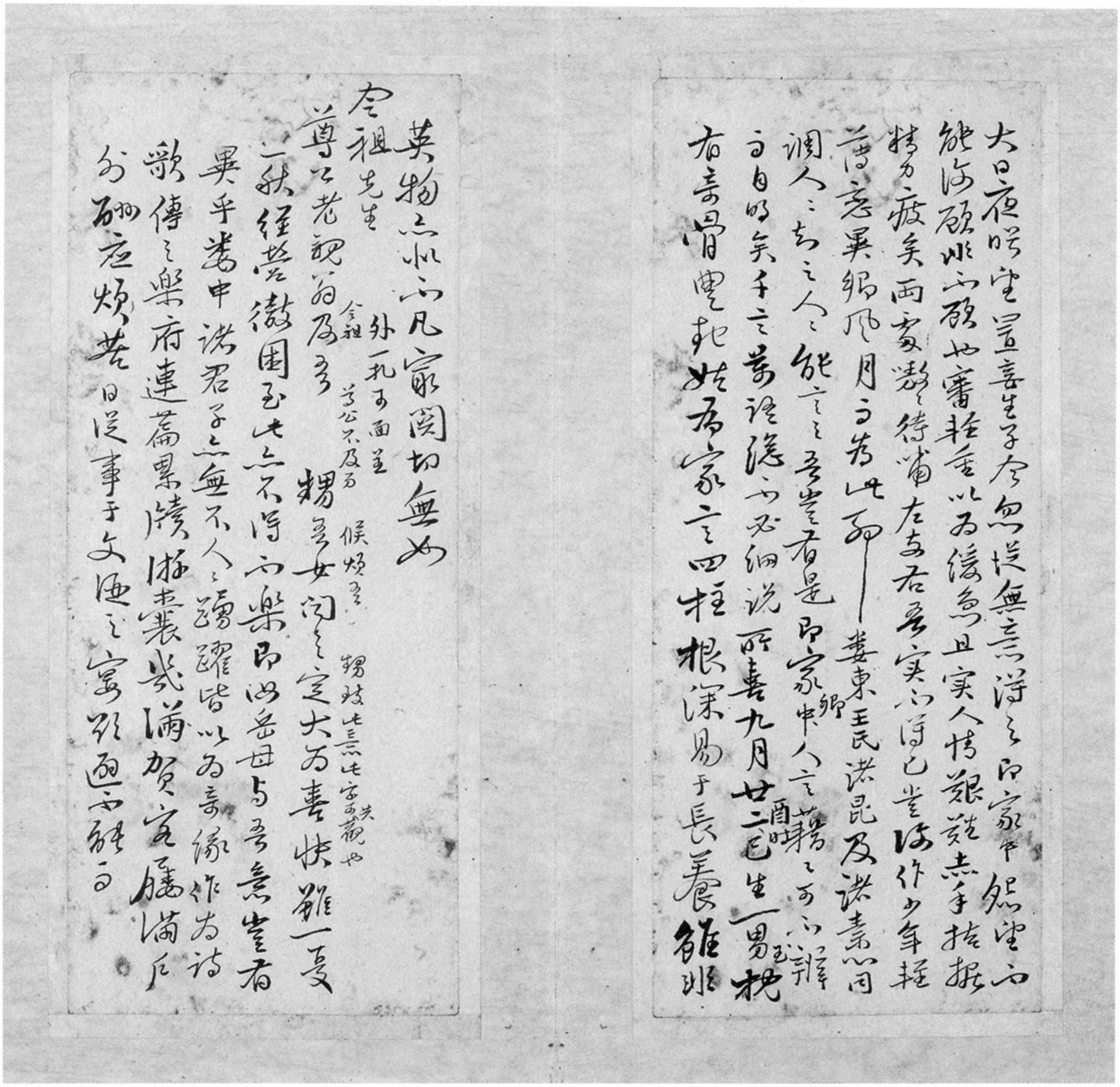

图二　清·恽寿平《纳妾生子札》之二

长养，虽非英物，亦似不凡。最关切无如令祖先生、尊公老亲翁及吾甥、吾女闻之定大为喜快。（外一札，可面呈令祖，尊公不及另候，烦吾甥致此意，此字可共观也。）虽一夏一秋，经营彻困，至此亦不得不乐。即汝岳母与吾意岂有异乎？娄中诸君子亦无不人人踊跃，皆以为奇缘，作为诗歌，传之乐府，连篇累牍，游囊几满。贺客屡满户外，酬应烦苦，日从事于文酒之宴，欲避不能。而吾乡人翻有喜谈乐道、腾口相讥议者，视娄中人士之欢欣鼓舞，闻之能无自愧存心之太薄耶？此月廿二为弥月之期，此间尚有一番称庆诸事。婴儿善啼，客寓多风，产母甚骎。尚须留此调度数日，弥月后即驰归，与吾

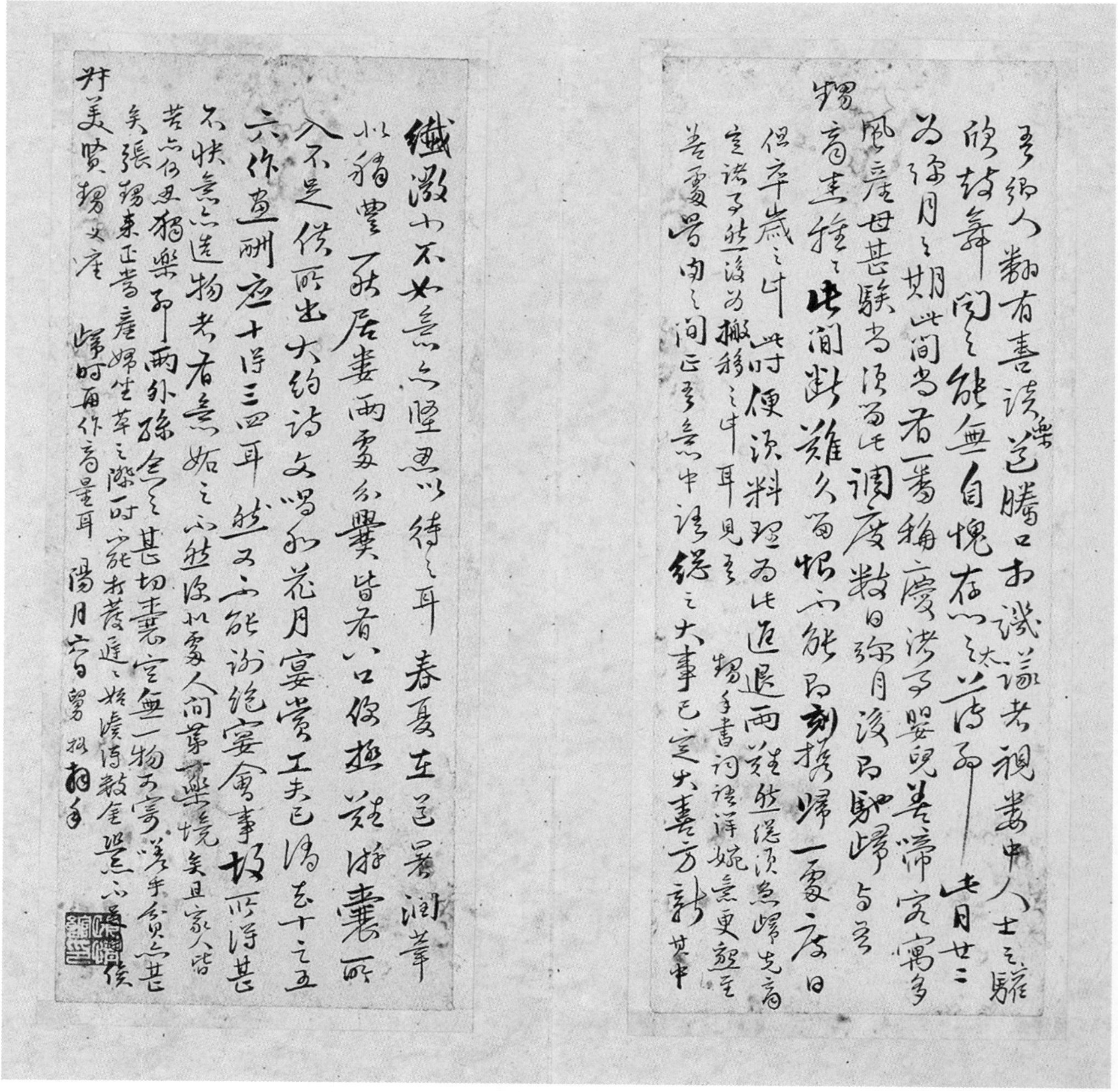

图三　清·恽寿平《纳妾生子札》之三

甥商悉种种。此间断难久留，恨不能即刻携归一处度日。但卒岁之计，此时便须料理，为此进退两难。然总须急归，先商定诸事，然后为搬移之计耳。见吾甥手书，词语详婉，意更恳至，善处骨肉之间，正吾意中语。总之，大事已定，大喜方新，其中纤微小不如意，亦坚忍以待之耳。春夏在道署，润笔似稍丰。一秋居娄，两处分爨，皆有八口，便极难。游囊所入，不足供所出。大约诗文唱和、花月宴赏，工夫已消去十之五六，作画酬应十得三四耳。然又不能谢绝宴会事，故所得甚不快意，亦造物者有意炉之，不然，便似处人间第一乐境矣。且家人皆苦，亦何忍独乐耶？两外孙念之甚切，囊空无一物可寄。

嗟乎！贫亦甚矣。张甥来，正当产妇坐草之际，一时不能打发，迟迟始凑得数金，恐亦不足用，俟归时再作商量耳。叔美贤甥文座。阳月六日，舅格拜手。

二 恽寿平纳妾生子的时间及行迹补证

恽寿平原配夫人薛氏（1637—1715）育有二女，并无子嗣，长女适副贡杨叔美，次女适五牧（在常州东南与无锡交界处）薛氏。杨叔美是恽寿平姐姐之子，故二人是舅甥兼翁婿的关系。恽寿平另有两姐，一适武进邹登峰，育有二子；一适武进张氏，其子张伟，字子畏[8]，传南田画法，札末所云"张甥来"应就是张伟。该札中透露出夫人薛氏对南田纳妾事不甚同意，故恽寿平致函杨叔美，似欲借杨氏之口向夫人详细解释纳妾之事的苦衷与无奈、生子的喜悦、生活的窘迫等等，行文婉转，又多用反问句，颇具感染力。

恽寿平在《致王绥老札》中说："年方五十，才举一子，今夏痘殇，触目叹诧……吾老矣，不复作维熊梦矣。"[9]而《纳妾生子札》中提到，"日夜盼望置妾生子，今忽从无意得之"，可知此子即康熙二十一年（1682）南田五十岁时所生的第一个儿子，出生的具体时间是九月廿二日酉时，亦可证《纳妾生子札》书写的时间为该年十月（阳月）六日。

上文提及吴企明以恽寿平生子的时间推断纳妾时间为康熙二十年（1681），其判断是否准确呢？恽寿平在此札伊始说道："归时欲言，未知汝岳母之意何如，故且讳而不言。比至夏间，汝岳母之意果出至诚，则娄东之举似为多事。"表明他在康熙二十一年（1682）夏季之前曾回过家乡常州，只是未敢向夫人言明纳妾之事，直到夏季才告知。此次恽氏返乡及康熙二十一年上半年具体行迹在诸恽寿平年谱中皆未提及，幸此札中言"及至吴门（苏州）当事署中，当事亦极言，两地照看非贫士所宜"，"春夏在道署"，则可证上半年他一直往返于吴门和太仓两地，未能返回常州。故推测他应该是康熙二十年末归家，在这年腊月曾为同乡曹湖绘制《岁寒三友图》

和《岁寒四友图》[10]，可作辅证。

恽寿平的父亲恽日初逝于康熙十七年（1678）秋[11]，按古人规制，丁忧三年（实为二十七个月）期间不可举行婚嫁之事推算，其纳妾时间可以确定是在康熙二十年（1681）。

《纳妾生子札》中恽寿平计划"弥月后即驰归"，但未能实现，是出于与家人"商定诸事"未果，还是幼子太小等原因已难以得知。其携眷属归家的确切时间已是康熙二十二年（1683）春三月[12]。可惜此子在本年仲夏夭折，恽寿平悲痛欲绝，他在《致王翚札》中诉说："至四月间，小儿病后出痘，神气未复，淹迟月余，竟不起，举家哀伤，触目痛心，无人生之乐……弟薄命如此，将焚笔砚作方外游。"[13]

约在康熙二十二年至二十三年（1683—1684）间，恽寿平又得一子，乳名燕儿，在七岁时失足坠沟而死。康熙二十五年（1686）五月十五日得子名"念祖"，因本年是虎年，故小名"文虎"，后长大成人。承名世认为恽寿平此三子应都是妾葛氏所生[14]，是可信的。

三 恽寿平晚年纳妾生子的缘由：以其人生经历与表字变更为线索的考察

恽寿平在《纳妾生子札》的开头即委婉而明确地交代了娄东纳妾的两个原因，一是"实因太原王氏诸昆友（王掞兄弟）苦相劝勉"，二是"自念马齿已长，不能刻待，聊强就之"。当然第一点托词的成分比较大，第二点个人因素无疑是最主要的，札中下文更直接说"日夜盼望置妾生子"。这也可与《致吕穗九札》相印证："顷又问葛家姬，日内将有捷足者取之，月老不早发符，事难凑泊。"[15]

康熙二十年（1681），恽寿平原配夫人薛氏已四十五岁，尚未有子嗣，极有可能已不能再生养。在封建社会，传宗接代是根深蒂固的观念，恽寿平有这方面的考虑也在情理之中。从《纳妾生子札》中可知恽家经济条件比较窘迫，加之日后若有嫡庶之争会导致家庭不宁，所以薛夫人可能从恽寿平的角度出发，对他私自纳妾之事持否定态度。恽寿平陷入了左右为难的境地，说道："比至夏间，汝岳母之意果出至诚，则娄东之举似为多事。此时心实感之，又不忍言，以伤其意。惟有善遣娄东之妾，以息他后日之争，意念已决。"言遣娄东之妾或亦是托词，但不管怎样该妾不久已有身孕，最终让恽寿平下定决心，"不但不能遣，而且并我身皆留滞不能归"。

那么，恽寿平为何要等到年近五十才着急纳妾生子？当时律例有规定，庶民年四十以上无子者方听娶妾[16]，他其实完全可以早作打算。而恽札中说"不忍言，以伤其（薛氏）意"，可推知更深的原因恐为薛氏所不理解，多说无益。在文献中鲜见恽氏欲延续家族血脉的直接记载，结合他的人生经历与境遇看，便可寻觅出其中缘由。特别是早年更改表字，其寓意就透露出他所要承担的家族责任，当然也包含追求子嗣兴旺。

恽寿平早岁曾随父兄抗清，先后参加了南明（福州）隆武政权和（广州）绍武政权，后又联合了郧西王朱常潮、王祈在福建建宁地区的抗清武装。顺治五年（1648），长兄恽桢在浦城之役兵败战死，随即闽浙总督陈锦与前总督张存仁率清军进攻建宁，战况十分惨烈，最终城破，恽寿平被俘，二哥恽桓失踪，父亲恽日初因外出请援而幸免于难。在清军牢营，恽寿平机缘巧合被陈锦夫人收为义子。顺治九年（1652），出家为僧的父亲在杭州灵隐寺具德和尚的帮助下，巧施妙计才得以父子团聚[17]。

顺治十一年（1654）十月，22岁的恽寿平随父从杭州返回家乡常州，那时他已改了表字。据承名世在《恽南田研究》中提到的唐宇肩（1648—1718）跋恽寿平《诗稿册》（上海博物馆藏）载："忆童年随先君谒逊庵恽（日初）先生，正叔侍侧。时正叔……名格，字惟大。辛丑（顺治十八年，1661）冬……尔时更字正叔，款书寿平，简札原名格，取'天寿平格'意也。"[18]恽寿平更字过程目前仅见这条文献，因太简略，容易引起混乱。承名世认为，南田原名格，字惟大，到二十九岁时才更字正叔，书画上题款用寿平，信札具名用格。承名世此说对"寿平"出现时间解释不清。现结合实际情况试分析如下。

第一，"尔时（1661年冬）更字正叔，款书寿平，简札原名格，取'天寿平格'意也"，说明恽南田本名格，源自《尚书·周书·君奭》："天寿平格，保乂有殷。"故长辈早在为他取名"格"的时候，已经定下了字"寿平"。恽敬《南田先生家传》载："先生讳格，字寿平，后以字行，改字正叔。"[19]其中虽未提到字惟大，但亦能佐证南田最初的字为"寿平"，后来以字为名，用在书画落款上。第二，唐宇肩比南田小15岁，故他童年随父拜访恽家，应当在南田随父归里后不久，那时恽寿平已经又取字"惟大"。古代男子年二十行加冠礼，由尊长取表字，故"惟大"当是南田成人之后，即在顺治九年（1652）与其父在灵隐寺相遇后，尊长为其另取字。第三，到1661年冬，"惟大"舍弃不用，又更字"正叔"。至此可明确，恽南田，名格，本字寿平，以字行，更字惟大，后再更字正叔。

需要说明的是，"尔时"并非一个确定的时间。南田1661年冬之前所作书画款题"寿平"的，因可靠作品流传罕见而难以检验确定。不过承名世在《恽南田研究》中提到曾在常州董绲庵处见到南田书《唐荆川先生传》墨迹照片，款书"惟大恽寿平敬书"[20]，此文作于更字"正叔"之前，说明"寿平"在字惟大时已经作为正式的又名在书画作品上使用了，同时也佐证了"寿平"是其最早的字。格作为原本正名，其实不只在1661年冬后才在简札中使用，如顺治十七年（1660）六月初七《致六侄书》款即署"叔格顿首"[21]。

关于"惟大"的意思，蔡星仪认为源自《孟子·离娄上》"不孝有三，无后惟（为）大"[22]；张玉霞在《恽寿平字号寓意考辨》中基本沿用蔡说，并根据字面意思详细分析，认为恽寿平已是家中独子，用以纪念在抗清斗争中战死或失踪的两位兄长，同时隐含着要其承担起孝亲的责任与义务的意思[23]。这种解释颇能符合当时恽家父子的境遇，但忽略了古人名与字之间的关联，从而得出想当然的结论。"格"有纠正、匡正之意，故"惟大"应源于《孟子·离娄上》中"惟大人为能格君心之非"这句话。

其中的"君"必不是指清帝，因为恽家父子与清廷有着家国深仇，作为遗民，恢复朱明王朝是他们的愿望，所以"惟大"首要的意思是希望恽寿平能够做一位道德操守高尚的人，等待机会匡复故国。

"正叔"的含义亦与"天寿平格"有关。孔颖达注疏曰："皇天赋命，寿此有平至之君，言有德者必寿考也。"[24] 所以"正"字应取自"平格"，意"公平至善之德"。"叔"是按兄弟间伯、仲、叔、季的排行顺序，恽寿平长兄恽桢字聿宁，仲兄恽桓字威文，表字皆未按排行，而他更字中用"叔"，颇有强调排行第三的意思，应为纪念两位抗清故去的兄长，同时意味着要独自承担起家族责任。沈受宏《赠毗陵恽正叔一百韵》中的记载可见他的至纯孝行："曾传训诫切，幸未蒙簪裾。旨甘且尽养，手自亲中厨。承欢二十年，奄忽终桑榆。"[25] 今有研究者认为"正"是"剩"的谐音，意指家中三兄弟如今只剩下自己，以纪念两兄[26]。此说虽亦缺乏证据，但也具有一定的合理成分。至于为何到1661年冬恽氏又更字"正叔"，则未见有明确记载，推测有两个原因：首先，本年十二月初，永历帝朱由榔在缅甸被吴三桂生擒，南明政权已完全倾覆，遗民志士最后的一点复明希望也丧失殆尽，"惟大人为能格君心之非"已基本无法再实现；其次，北上寻仲兄无果，仲兄失踪十三年之久，生还的希望已十分渺茫。

恽日初并无同胞兄弟，而恽寿平兄弟三人如今也只有他一人了，下一代只有长兄恽桢留有一子，他在《寄麟偓》中写道："汝父兄弟三人，惟我在；汝兄弟三人，惟汝在。吾与汝正昔人所谓相依为命者也。吾子留，毋远去。"[27] 情真意切，字字血泪，由此推知家族人丁稀少是恽氏萦绕于心的重要问题。他在顺治十八年（1661）四月初十所作《发愿文》中说："八愿现前眷属皆得圆满……复生俊异之子，为国大臣，护持三宝，广作佛事。"[28] 虽为本年冬更字"正叔"之前所作，但亦可窥见南田在子嗣方面的愿望。

因恽日初为明末大儒刘宗周高足，又为复社遗老，家中宾客往来应酬颇多，加上四处讲学游历，

家中开支较大，故恽寿平不得不奔波于苏州、无锡、扬州、杭州等地卖画以供家中用度。从顺治十一年（1654）恽寿平二十二岁归里，至康熙十七年（1678）秋父恽日初逝世，二十四年中恽寿平几乎每年都会出游，行无定踪，居无定所。他在《致兴老亲翁》（1677年作）中感慨道："视弟累月江关，夜落离家，花明未返，年年浪游，时时在客，真有不啻天壤相悬。而家贫累重，更不止为负米计者。回首茫茫，正无息肩之日。"[29] 同时，生活的压力让恽寿平的身体每况愈下，康熙十四年（1675）初秋他客居维扬，曾一度重病不起，有诗云："卧疴凛风帷，检身如枯木。须臾冰霜至，炮烙又见毒。"[30]

康熙十九年（1680）六月，恽寿平与王翚到太仓拜访病危中的王时敏，当月十七日时敏逝后，王氏子弟等诸友劝恽氏留住王家。太仓王家是名门望族，影响很大，可充当恽氏的艺术赞助人或介绍人。这让经济上一向不宽裕的恽寿平感到机不可失，遂留居太仓达三年，奔波流离多年的他迎来了人生中最稳定的一段时光。

至此，各项因素都已明晰，恽寿平承担着孝亲、延续家族血脉的重大责任，但是他因需要负担家中的各项开支而常年奔波在外，行囊也一直不甚宽裕，故在客居太仓前，客观条件并不允许他娶妾。居太仓后，在王氏子弟等诸友的关照下，恽氏生活趋于稳定，而此时他已年近五十，身体状况亦渐不佳，所以我们就不难理解为何在丁父忧期满后南田即迫不及待地纳妾生子了。

四 恽寿平贫困的真正原因

恽寿平的没骨花卉颇受社会各界的喜爱，其艺术赞助人、介绍人也颇多，赝其笔墨者或以致富，而恽氏却一生贫困，以致去世时家中都无钱为其料理后事，幸得友人董珙、王翚等襄助才得以安葬，不免令人费解。关于他贫困的原因，恽鹤生在《南田翁家传》中云："翁生性拓落，不事生产，不知握算称较铢两……游装每数百金，家人散漫，辄随手尽。"[31] 恽敬《南田先生家传》中则说："先生家甚贫，风雨常闭门饿，以画为生，然非其人不与

也。"[32]不事生产、家人散漫、非其人不与画可能是贫困的部分原因，但从《纳妾生子札》中所载来看，恐怕不是全部的原因。

前已言及此札是康熙二十一年（1682）恽氏居太仓生活较安定时所书，札中亦说"春夏在道署，润笔似稍丰"，然"一秋居娄，两处分爨，皆有八口，便极难。游囊所入，不足供所出"，在一定程度上反映出家庭用度巨大是致其贫困的原因之一。但下文接着说："大约诗文唱和、花月宴赏，工夫已消去十之五六，作画酬应十得三四耳。然又不能谢绝宴会事，故所得甚不快意。亦造物者有意妒之，不然，便似处人间第一乐境矣。"这种情况其实早在《致父亲书》中已有表达："与吴山诸子往来相接甚迩，多费时日……诗词应和，十常四五，而解衣磅磺，放笔作长笺大绢，索取一缣一字者，十无二三也。游囊枵然尘生。"[33]明确说明了他乐于与诸友诗文唱和、宴会雅集，而只有少部分时间用于作画，这才是恽氏贫困的主要原因。

结 语

恽寿平是中国绘画史上开宗立派的大家，同时也是一个有血有肉的人。《纳妾生子札》不仅有助于补证恽寿平的行迹和其贫困的真正原因，也可探知他很早便肩负起延续家族血脉的责任，而且这种责任是与国恨家仇相关联的。虽然这种关于生活琐事的信札不能直接与他的艺术历程相联系，但这类文献让我们对全面深入认识恽寿平的心态、生活与行迹颇有助益，进而也有助于加深对其艺术创作的理解。

注释：

[1] 此札为华艺国际（北京）2020秋季拍卖会拍品，为《恽氏父子书札》（拍品第0022号）中的一通。

[2] 宗源瀚，字湘文，上元（今江苏南京）人。早年累佐戎幕，荐保知府，历官浙江衢州、严州、嘉兴、湖州、温州等地知府。光绪二十年（1894），授浙江温处兵备道，卒于任。宗氏喜金石书画，富收藏，亦工诗文，著有《颐情馆集》《闻过集》《右文掌录》。其子宗舜年（1865—1933），字子戴（一作岱），号耿吾，为近代著名藏书家。

[3] 启功：《恽南田的书髓文心——记恽南田赠王石谷杂书册》，张志和编：《启功谈艺录：张志和学书笔记》，商务印书馆，2012年，第167页。

[4] 〔清〕恽寿平著、吴企明辑校：《恽寿平全集》下册，人民文学出版社，2015年，第963页。

[5] 〔清〕恽寿平著、秦耕海编纂：《恽南田文集》下册，中国文联出版社，2008年，第950页。按：此书中，秦耕海未提及纳妾时间。

[6] 《爱石山房帖》又称《爱石山房石刻》，为嘉庆七年（1802）新安王曰旦（入籍武进）与钱维乔、钱伯坰于王氏自藏和味闲主人珍赏的真迹中择其优者，倩毛湘渠摹勒上石，专收恽南田书法。相关内容参见秦耕海编纂：《恽南田文集》下册，中国文联出版社，2008年，第869页；吴企明辑校：《恽寿平全集》下册，人民文学出版社，2015年，第1072页。

[7] 同[4]，第1074页。

[8] 恽寿平家庭成员信息参见吴企明辑校：《恽寿平全集》下册，人民文学出版社，2015年，第804—806页。

[9] 吴企明辑校：《恽寿平全集》中册，人民文学出版社，2015年，第735页。

[10] 同[4]，第959页。

[11] 关于恽日初逝世具体月份，《恽氏家乘》无载，吴企明推考为秋季（见吴企明辑校：《恽寿平全集》下册，人民文学出版社，2015年，第934页）。

[12] 同[4]，第965页。

[13] 同[9]，第734页。

[14] 承名世：《恽南田研究》，上海博物馆集刊编辑委员会编：《上海博物馆集刊（1982）》，上海古籍出版社，1983年，第176页。

[15] 同[4]，第950页。

[16] 〔明〕舒化辑：《大明律附例》卷六，明嘉靖刻本。按：清初官民纳妾之规定承袭明代，至清乾隆五年（1740）颁布的《大清律例》

中才不禁纳妾。

［17］恽寿平抗清、寻父事迹详见蔡星仪：《恽寿平研究》，天津人民美术出版社，2000 年，第 2—4 页。

［18］同［14］，第 159 页。

［19］〔清〕恽寿平著、秦耕海编纂：《恽南田文集》上册，中国文联出版社，2008 年，第 7 页。

［20］因恽寿平使用"惟大"在早年且时间较短，彼时署此字的书画及其他文字流传又极少，故清代其他文献中鲜有提及。王霖认为，《唐荆川先生传》款署连用"惟大"与"寿平"两个字的可能性是没有的，属于孤例，故承氏所见墨迹可能是伪作（王霖：《恽南田事迹丛考（一)》，《新美术》2018 年第 9 期）。笔者认为，此观点未能结合实际情况，而对唐宇肩跋文的意思在理解上出现偏差，混淆了恽氏原字"寿平"，后以"格"和"寿平"作为名，另取字"惟大"，再更字"正叔"的关系。《唐荆川先生传》墨迹尚有刻帖传世（见胡海帆《恽南田墨刻：一部记录恽氏丰富人生的稀见法帖》，《书法研究》2020 年第 4 期）。承蒙北京大学胡海帆研究员见示《恽南田墨刻》全帖录文，得知此传后有道光元年（1821）赵怀玉跋 19 行，胡海帆云及原墨迹为汪恭（竹坪）所藏，与《文介公（孙慎行）传》合为一卷，《文介公传》后款署"后学恽寿平沐书"。另，这两个传的墨迹在端方《壬寅销夏录》（稿本）中亦曾著录。

［21］同［4］，第 771 页。

［22］蔡星仪将《孟子》原文"为大"误作"惟大"。蔡星仪：《恽寿平研究》，天津人民美术出版社，2000 年，第 6 页。

［23］张玉霞：《恽寿平字号寓意考辨》，《美术学报》2017 年第 3 期。

［24］〔汉〕孔安国传、〔唐〕孔颖达正义、黄怀信整理：《尚书正义》卷十六，上海古籍出版社，2007 年，第 650 页。

［25］〔清〕龙顾山人纂，卞孝萱、姚松点校：《十朝诗乘》，福建人民出版社 2000 年，第 98—99 页。

［26］同［21］。

［27］同［4］，第 771 页。

［28］同［9］，第 573 页。

［29］同［4］，第 764 页。

［30］同［19］，第 117 页。

［31］同［19］，第 6 页。

［32］同［19］，第 7 页。

［33］同［4］，第 761 页。

瞿子冶的朋友圈

王成兰*

内容提要： 清中期李廷敬主政上海，文化艺术繁荣，江浙士子争相奔赴李氏平远山房和李廷敬、李筠嘉共同营造的吾园文化空间。在一定程度上，频繁参与酬唱的瞿子冶因吾园雅集成就了其艺术修养和社会声望。而瞿子冶的朋友中也多有陈曼生的好友，他们品题吟咏、切磋论艺，这个交叠的朋友圈助推了瞿壶的产生。

关键词： 瞿子冶　平远山房　吾园　雅集　上海

后人知瞿子冶（1779—1850）之名，多因他创制出的紫砂壶，时人称"瞿壶"或"子冶壶"。这种壶以刻刀为笔，将书画、篆刻与紫砂艺术完美结合，成为中国茶文化史上继曼生壶之后茗壶艺术的又一高峰。瞿壶在当时即为人所重，同治、光绪年间传到日本，深受喜爱，日本明治时期的收藏家奥玄宝在所著《茗壶图录》中收录了32件中国茗壶，瞿壶就占了两件[1]。作为紫砂壶的经典器形，子冶石瓢壶至今仍被复刻和传承。

瞿子冶以其深厚的艺术修养造就了瞿壶，这离不开他"生于华膴"的家世，也离不开他与一些志同道合者的密切交往。笔者曾作《名齐与可竹，品亚曼生壶》[2]一文讨论了瞿子冶的家世、功名，以及他作为诗人、画家、鉴赏家、篆刻家的一面。限于篇幅，对瞿子冶的交往未展开论述。一个"艺术家"[3]早期的坚持或者他的某些交往对象，可能没有某种特定的目的，但是这些往往影响了这个艺术家的美学观念甚至艺术风格。有鉴于此，本文对瞿子冶的交游略作梳理，探究影响过瞿壶风格的那些人和事。

瞿子冶"少年即与郡中贤士大夫游，名藻吴淞"[4]，但他在科举之路上止步于秀才，后转求其他学问[5]。青年时期他倾力于诗词觞咏和书画，词作

出入李商隐、温庭筠之间，中年以后风格由绮丽转变为清苍老劲[6]。他与刘枢、改琦、张澹、金门诏、何书田等人的交往，提升了他的诗词创作和绘画艺术，他们于吾园雅集，挥洒性情，品题吟咏，而吾园接续了李廷敬平远山房的文酒风流，能诗词文章、精书善画、擅篆刻、能作散曲者齐聚于此，在这里瞿子冶扩大了朋友圈，结识了钮非石、冯承辉等精于篆刻的朋友。李廷敬、李筠嘉所开创的社会文化空间提高了瞿子冶的艺术修养，扩大了他能诗词善画竹的声名。

持续了廿年之久的吾园雅集见证了瞿子冶由青年向中年的过渡，此后，吾园荒废，好友零落，往日频繁的觞咏良会难觅踪迹。在空间上，瞿子冶的月壶斋成为吾园雅集的延续，晤对好友，谈艺论道，与本地士绅小聚，他们也都精于金石书画，"四面云山新画本，一堂金石老风流"[7]。而改琦、钮树玉、杨彭年、乔重禧等人也深交于陈曼生，这个交叠的朋友圈助推了"品亚曼生"的瞿壶的出现。

一　清中期上海的平远山房和吾园

道光十五年（1835）七月十八日，江苏巡抚林则徐上奏折申请奖励捐修上海城垣的地方官绅，奏折开头写道："窃照松江府属之上海县，为江苏海口要地，时有洋船出入，商贾辐辏，市廛稠密，且系苏松太道驻扎之所，库贮海关钱粮，尤为紧要。"[8]上海作为贸易口岸，商品经济兴旺，地位日益重要，这并不是道光时期才显现的。雍正八年（1730）上海成为分巡苏松道署的驻地，又特加"兵备"衔，称为"分巡苏松兵备道"，到乾隆元年（1736）太仓州也划入苏松道管辖范围，于是改称为"分巡苏松太兵备道"。乾隆五十七年（1792）开始，李廷敬担任苏松太兵备道，成为治理苏、松、太地区的最高

* 王成兰，上海市历史博物馆副研究馆员。

文武长官。

李廷敬（1743—1806），字味庄，号宁圃，河北沧州人。乾隆四十年（1775）进士，乾隆五十六年（1791）特调松江府知府[9]，翌年，又任苏松太兵备道。除政务、军务外，李廷敬还兼管这一地区的水利、渔业、关务。嘉庆四年（1799）起，兼任江苏布政使、按察使，常往来于苏、沪之间。李廷敬工诗文，擅书法，精鉴赏，而且"乐成义举，崇尚风雅，海内名流咸归之，于书画士尤多奖进"[10]。他在任职上海兵备道期间，将有诗、书、画一技之长的贤士都延纳至平远山房，开启了上海长达三十年诗酒风流、文化昌盛的局面。平远山房有可能是李廷敬的书斋名，李辑有《平远山房诗抄》，刻有《平远山房法帖》（图一），陆萼庭在《李廷敬和上海剧坛》中则认为平远山房是李氏官廨中的休憩之所[11]。平远山房的雅集活动持续至嘉庆十一年（1806）李廷敬去世。

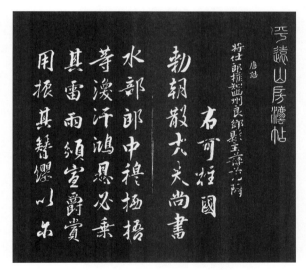

图一　平远山房法帖，上海市历史博物馆藏

聚集在李廷敬周围的，不仅有孙原湘、吴锡麒、洪亮吉、陆继辂、祝德麟、何琪、袁枚、陈廷庆、赵怀玉等有功名的士人，也有林镐、俞秋圃、改琦、陈竹士、王昙、康恺、褚华等科场失意者，后者多风骨崚嶒、不谐世俗，或擅诗文，或善书画，或精于乐器和戏曲，而客于李廷敬门下。陆继辂（1772—

1834）在一次与李廷敬和洪亮吉等人的雅集诗中云："访旧独泛吴淞舟，信陵青眼识公早（味庄先生）。不数张耳能封侯……客星似月清光开，郊岛籍湜纷纷来（谓文洲、七芗诸君）。"[12]将李廷敬比之为信陵君，而褚华、改琦等犹似孟郊、贾岛、王籍、皇甫湜等才子诗人。

李廷敬以才用人，他邀赵怀玉修《廿三史》，同修者有何琪、林镐，赵怀玉负责《宋史》[13]。与李廷敬交往甚笃的陈文述在李过世后有《过也是园吊李味庄观察》诗："曲池渐废古台倾，犹傍珠宫识旧名。谢傅林泉原托兴，卫公花木亦多情。江南坛坫何人继，海角旌旗几度更。留得敬容残客在，攀条犹为说平生。（原注：林远峰、俞秋圃、改七芗、家竹士皆观察旧客也，往来余幕中说公遗事。）"[14]他评价李廷敬是江南文坛的领袖，扛起海角旌旗者，几位门下客对李廷敬追怀感念不已。诗人王昙更是称他"鱼龙风冷失蛟豚，沪渎东南一柱尊。海样文章苏玉局，中原名师李龙门"[15]，言李廷敬声望之高堪比宋朝的苏轼。

李廷敬性情豁达，好客，爱士怜才，题襟投辖，从者如云[16]。加上他本人嗜书好古，他曾以其衙署"不思议斋"和"平远山房"之名辑刻过《天花精言》《二十二史纪传节要》《三通节要》《唐百家诗选》《列朝词选》等书籍[17]，而且还曾集历朝名人书迹，刻为《平远山房帖》，其中明代文氏一家的真迹尤富，被时人称为"艺林墨宝"[18]。李廷敬又能作散曲，善鼓琴。陆萼庭指出，在所有以李廷敬为中心的雅集中，不管是上海城南南园雅集，还是城西李筠嘉的吾园雅集，最有光彩也最有价值的应推李廷敬大力提倡的戏曲活动[19]。南园原为明代乔氏渡鹤楼旧址，李廷敬的好友吴锡麒来上海时多住此处，在吴锡麒看来，"（南园）极水木明瑟之趣，有鱼鸟聱耳之声。老石卧苔，时被云裹，杂花辞树，更随波泛。君（李廷敬）乃啸侣命俦，携尊挈榼，同赛霞裀"[20]。李廷敬将渡鹤楼旧址拓而新之，公务之余觞咏其间。由此可见，作为行政长官的李廷敬极富个人魅力，戏曲家舒位感怀他"回首龙门谒半春，书生骨相宰官身"[21]。在他主政上海期间提倡、开展的文学艺术活动，使平远山房和南园成为清中期上海的风雅之地。

嘉庆七年（1802）吾园建成后，雅集活动逐渐转移到吾园举办。吾园本是李筠嘉的私人园林。李筠嘉（1766—1828），字修林，号笋香，晚号近翁，松江（今上海市松江区）人。工书法，以例贡生救授征士郎，候补光禄寺典簿（图二）。他的先世是经营商业的，且拥有很多的资产，他除了在上海县城东拥有慈云楼藏书数万卷外，嘉庆四年（1799）又

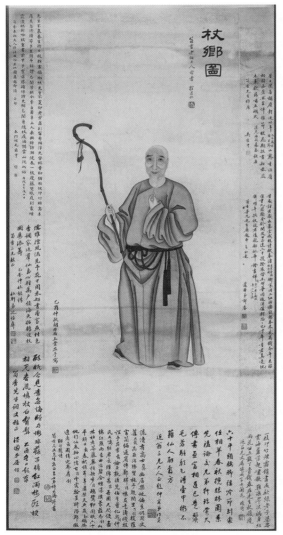

图二　李筠嘉六十岁时，胡维翰为其作《杖乡图》，徐渭仁、改琦、郭麐等题跋，上海市历史博物馆藏

购得上海城西南之隙地，建吾园，于嘉庆七年（1802）建成。吾园疏水为池，楼阁参差，有桃百株，有竹千竿，有鱼数千头，还养有两只鹤，环境幽邃，风景秀美，有绿波池、红雨楼、带锄山馆、春草堂、夕阳疏影回廊、幽篁里、春渚、清气轩、一苇杭、潇洒林溪屋等诸胜。李筠嘉与李廷敬相交甚笃，有吾园这样一个雅集佳地，李廷敬招致名流，觞咏其中，为一时风雅盛事。

李筠嘉收集其中的投赠唱酬之作，辑为《春雪集》六卷、诗余一卷[22]（图三）。根据《春雪集》中的记载，到吾园雅集并留有诗作的就有137人之多，包括官员、文人、女诗人、方外等。参与雅集没有留下诗作的有园主李筠嘉的儿子子木、弹琵琶的张星溪、和箫的梅林、弹筝的黄朗辉、对弹琵琶的鞠晚香和俞秋圃等；此外，女校书、歌伎、舞伎等也有十余位，她们在这些规模不等的聚会中，或歌或舞，或弹琵琶，或荡舟，或侑觞，或佐理笔砚，实际也应该纳入吾园雅集的群体中。即使不算后勤保障人员，参加过吾园雅集的也有一百五十六人之多。

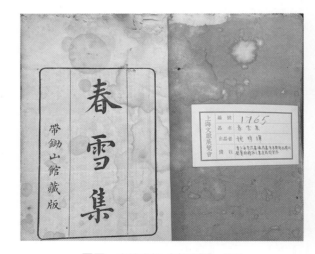

图三　李筠嘉辑《春雪集》书影

李筠嘉不仅为雅集提供场所，而且提供酒馔。"轩窗幽敞对水竹，长筵设置宜分曹。主人好客饬珍馔，脍切河鲤炮山羔。双成法曲侑觞酒，仿佛蓬阆同醮邀。"[23]此诗出自方外铁舟和尚之口，尤其凸显

了吾园聚会环境之幽敞、筵席之丰盛。每逢上巳节，或者桃、荷、菊花盛开之时，或者冬日消寒，或者是士大夫和青年士子的迎来送往，他们都喜欢到吾园欢会，在这里诗酒流连，切磋绘事，赌棋观剧，丝竹宴饮，"游吾园乐不可支，盖不在杯酒丝竹之悦耳适口，在乎相遇尽旧相识，任我打桨赌棋，而无拘碍也。又乐得主人不苦留，听其飘然来、飘然去也"[24]。吾园里举行的既是雅集文会，也像是士人飘然来去、无所拘束的精神狂欢。

吾园雅集活动从吾园建成的嘉庆七年（1802）开始，有可能持续到园主李筠嘉去世的1828年。雅集中有两个中心人物：一是苏松太道李廷敬，一是吾园主人李筠嘉。方楷在《吾园雅集记》中说："时观察李味庄先生爱士怜才，著声于江左，士以故多归之。嘉庆八年十月，余来沪城盘桓匝月，四方因观察至者亦数辈，皆一时知名士。沪城能诗词文章精书善画者，复不乏人，主宾款曲，欢极平生。"[25] 一语道出爱士怜才的李廷敬的核心影响力。嘉庆十一年（1806），李廷敬卒于苏松太兵备道任上，时年六十三岁。但他提倡的文坛风雅在吾园继续发扬光大，在二李的主持和影响下，吾园雅集持续廿年之久，极一时之盛。

这一时期，文字上暂时未见瞿子冶与李廷敬的直接交集。嘉庆九年（1804），名列乾隆时期诗坛"毗陵七子"的赵怀玉（1747—1823）来沪为苏松太道李廷敬删订宋史，在居沪的半年内，与改琦、瞿子冶等多有交往，赵有《七夕集香粟山仓》诗[26]。香粟山仓为瞿子冶的书斋名，该诗前面有《癸亥十月李观察廷敬以履勘江浙地界汛海至羊山归而作图，为补长歌纪事》诗，可见在瞿子冶的香粟山仓雅集可能是癸亥后一年，即嘉庆九年（1804）的七夕；赵怀玉于当年中秋后离开上海，又有《将去上海，瞿秀才（应绍）以诗赠行，占此志别》[27]。由此可推测，可能在嘉庆八年或九年，瞿子冶考中秀才。此前也许是因为声名未显，瞿子冶未能进入平远山房的雅集，而此后，瞿子冶则频频出现在吾园雅集的队伍中。

二　吾园中瞿子冶与改琦等人的交往

吾园位于上海老城西南，住在旧校场的瞿子冶经常收到园主李筠嘉的邀请，有时他应邀去看桃，"主人清晓来相招，招我看竹兼看桃"[28]；有时去喝酒，"含桃羞新红上筵，酒人几个流馋涎。忽闻芳讯侵晓传，结伴早已来尊前。修篁摇绿翠袖偏，柳花传雪迷前川。焦墨一瓮酒一船，如此佳会真良缘"[29]；有时去看兰蕙，"墨香一屋熏人醉，墨花万朵离离翠。兰花墨香进作诗，诗心幻出双兰枝。兰云冉冉飞难定，兰禽弄舌娇堪听。一片春声雨满川，还疑花里弹珠弦"[30]；有时去赋诗品茗，"不应换酒我无诗，为擘吟笺入座迟。闻道园林新过雨，已看水藻绿添池。银铛细瀹临茶帖，佳士招来唱竹枝。莫负清和好天气，桃糕迎夏泛金卮"[31]。春季赏桃看竹，上巳日修禊，夏季观荷，秋季观菊，冬日消寒……这些时令节庆里，吾园座无虚席，笙歌不断，留下了众多唱和诗篇和画作。李筠嘉《春雪集》中收录瞿子冶的诗作共十首，多为唱和之作，分别是《赠鹤篇为吾园主人寿》《吾园主人招同改七芗、鸿甫、少由饮桃花下，听星溪子木琵琶》《吾园席上次罨舟韵》《山中蕙草正开，藤花满架，玉壶仙史赠诗，次韵奉酬兼报吾园主人和琵琶之作》《送春后一日，罨舟招饮吾园作》《又次罨舟韵一首》《吾园集上次华洲韵》《吾园重集，简招未赴，即次主人桃字分韵报谢》《吾园观荷雅集，予适在郡城，归后赋此》《吾园赏桃分韵得竹字》。其中《吾园主人招同改七芗、鸿甫、少由饮桃花下，听星溪子木琵琶》写道：

> 吾园潇潇临溪屋，屋里桃花花里竹。
> 竹风吹桃花可怜，万竿玉夹桃花烟。
> 桃花缺处一亭补，四面红云绿云舞。
> 主人清晓来相招，招我看竹兼看桃。
> 看桃先度竹中径，竹里溪流花里听。
> 溪头列坐分千觞，竹醉扶花花不醒。
> 鸢肩公子花骨仙，筵上手拨琵琶弦。
> 丹山白凤夜叫天，玉盘错落琉璃钱。

桃花落水红咽泉，修竹漾碧秋婵娟。

是时西山正薄暮，夕阳箫鼓喧前渡。

客亦能弹大忽雷，琅玕迸击珊瑚树。

一种春情惹恨思，卫娘郑袖娇参差。

红楼梦破鹃啼血，金井秋阑蛮络丝。

声玲珑，花荡风，花枝飞上香弦红。

声妩媚，竹摇翠，竹香夜热明胶腻。

君不见石季伦十里锦障围花茵，琵琶声弄名园春。

又不见阮阿咸七贤左右列竹林，琵琶戛然传来今。

古来有花有竹无不有妙技，

不然此花此竹亦觉当世无知音。[32]

此诗于严格的声律、工整的对仗之外，又冲破形式的束缚，有点像白居易、李贺的"自由诗"，不受形式和音韵的限制，写出了吾园修竹临屋、桃花繁茂的美，写出了琵琶的声势与幽韵，写出了他们于桃花下命酒飞觞，自诩为花、竹之知音的场景。虽是酬唱之作，但无浮浪之语，这些情真意切的诗作记录了嘉道之交上海文人社会生活的一个片段。

瞿子冶诗作中提到的改七芗和玉壶仙史都是指改琦。改琦（1773—1828），字伯蕴，号七芗（又作七香），别号玉壶外史、横池渔父、横泖渔父、听雨词人，华亭（今上海市松江区）人。改琦多才艺，既是画家，善画人物仕女，又能吟咏倚声，词作在当时的江南一带颇负声望。《墨林今话》记载："沧州李味庄先生备兵沪上，平远山房坛坫之盛，海内所推。七芗时甫逾冠，受知最深。既而声誉日起，东南佳丽地，恒扁舟往返其间。贤士大夫，娴雅而好古者，莫不推襟揽袂，争定交焉。"[33] 因为李廷敬的知遇和赏识，改琦出入于海上名流之间，"声誉日起"，在上流社会中扩大了其艺术影响。娴雅而好古者，争相与他定交，瞿子冶即其中之一。另外，松江改、沈两家是通家世交，沈氏"田运阡陌，家有园池，所居静好，楼多聚法书名画"[34]，并有自家的刻书坊——来鹤楼，改琦与沈慈、沈恕相友善，

有时就寄居在沈家的古倪园中。沈恕、沈慈是沈达的从弟，而瞿子冶是沈达的女婿。因为这层社会关系，也许瞿、改二人在华亭也曾见过面。

改琦寓居吾园，为园主留下了《红楼梦图咏》，该图绘红楼梦小说人物五十人，每人一图，一图后有一家或者数家为之题诗，也有一家为数图题诗。"时光禄（李筠嘉）为风雅主盟东南，名宿咸来，止止文燕之盛，几同平津东阁。先生（改琦）在李氏所作卷册中，惟《红楼梦图》为生平杰作，其人物之工丽，布景之精雅，可与六如、章侯抗行。光禄珍秘特甚，每图请名流题咏。"[35] 这些名流包括姜皋、顾春福、孙坤、周绮、瞿子冶、徐渭仁、冯承辉、刘枢等数十人。瞿子冶为《红楼梦图咏》题有四首诗，分别题为宝玉、晴雯、惜春、小红[36]，其中三首（宝玉、晴雯、惜春）是在刘枢《红楼酒谱》中出现的，仅个别字词有区别（图四）。刘枢是瞿子冶好友，嗜读《红楼梦》，除为凌承枢《红楼梦百咏词》题词外，也曾为改琦《红楼梦图咏》题词（凡探春、紫鹃、碧痕、薛蝌四题），并撰《红楼酒谱二十四咏》。潘继安研究认为，刘枢《红楼酒谱》作于

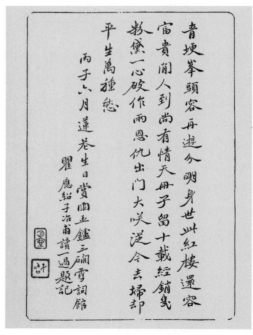

图四 瞿子冶题改琦绘《红楼梦图咏》之宝玉，清末扁玉版，日本东京艺术大学藏

嘉庆九年至十年间（1804—1805），而改琦作画、李筠嘉倩名流题咏的《红楼梦图咏》是在嘉庆二十一年（1816），且《月壶题画诗》未录三诗，所以瞿子冶应是采刘诗以题画册[37]。刘枢与瞿子冶交往三十年，二人诗文往来尤多，所以，未见于《月壶题画诗》的诗作就不能确定不是子冶所作，子冶是否采刘诗以题画册这个结论有待商榷，但从中可见刘枢与瞿子冶关系之紧密，他们经常一起切磋诗作，甚至不分彼此。

吕文翠研究认为，《红楼梦图咏》的绘画与小说、诗咏的对话空间，标志着嘉道年间海上文艺的卓越成就，但这些题咏对《红楼梦》人物的诠释水平高下不齐，借此可略窥改琦同时代的文人各自的观画反应与文化品位[38]。瞿子冶的题咏或者说是他与刘枢共同创作的题咏诗，反映出他对《红楼梦》中人物的认识和他的文化品位与刘枢是相近的。以咏宝玉诗为例：

> 青梗峰头容再游，分明身世此红楼。
> 还容富贵闲人到，尚有情天册子留。
> 十载经销几粉黛，一心破作两恩仇。
> 出门大笑从今去，扫却平生万种愁。
> 丙子六月莲花生日，赏雨玉炉三涧雪词馆，瞿应绍子冶甫读一过题记。

丙子年为嘉庆二十一年（1816），瞿子冶时年38岁。六月二十四莲花生日这天，江南本就有泛舟赏莲的习俗，但那一天落雨，瞿子冶也许是在他的玉炉三涧雪词馆招饮友人，一起看改琦画的《红楼梦图》，写下了这首带有年款的诗作，既为《红楼梦图咏》留下了确切纪年，也将他读书题记的场景留给了后人。就瞿子冶的题诗来看，他心目中的宝玉尽管多了些洒脱，倒也不负曹公笔下的宝玉形象，出门大笑，扫却万愁，不如说是瞿子冶自己内心的映照。

改琦还引荐和介绍其他人与瞿子冶相识，比如陈曼生朋友圈中的钮树玉等人，具体情况在本文第三部分详细叙述。

再说一说瞿子冶诗作中提到与他一起赴吾园之约的好友鸿甫。刘枢（1787—1862），字星旋，号鸿甫，上海人。嘉庆十八年（1813）中举人，考取咸安宫官学教习，道光十三年（1833）选任福建安溪知县[39]。刘枢诗画双工，与瞿子冶有共同的爱好。他说："余与子冶共晨夕前后几三十年，有作辄示余。"他清晰地知道瞿子冶三十岁以前与四十以后的诗作风格，"子冶之诗三十岁以前好为绮语，风格稍靡，四十以后一变为清苍老劲之作"；他也知道子冶后来因"家政渐纷，诗不多作"，"迨余服官与子冶别，去年（指为《月壶题画诗》写序的道光庚戌年之前一年，即1849年）引疾归，子冶虽老病，时见其作画题诗，兴复不浅"[40]。共晨夕前后近三十年，可见二人交契之厚。由上述《红楼梦题咏》可知，二人诗作风格相近，在酬唱过从中对彼此影响颇深。

后来，瞿子冶与刘枢之子也有交往。《清末民初书画艺术集》中录有一幅瞿子冶的《兰竹双清图》，右边第二幅题识有："仲恂世讲二兄属应绍画，竹中题字不可过多，盖空处皆画趣也……古人又以题字为能补书画之不足，两存其说，子冶又补。"[41]古代称朋友的后辈为世讲，子冶好友刘枢之子名烜，号仲恂[42]，兰竹图应是子冶为刘烜所画，可见瞿子冶与刘枢的交往延续至其子侄辈。

吾园之外，瞿子冶也常在自己的家中招饮同道好友，这种小聚像是吾园雅集空间的延伸。改琦有《玉壶山人词稿》一卷，词作不多，但其中就有一首《买陂塘·雨夜月壶招集赏菊，同书田、鸿甫、古然分韵》：

> 笑餐英、暮寒人瘦，剪灯同赏疏雨。一枝倒卧花先醉，觞影带飞秋句。帘卷处，伴座客眠琴，领略无弦趣。销金铸汝。剩一片心孤，三分骨傲，风味淡如许。
> 双鸥并，闲听溪堂夜语。云萍波上凉聚。萧萧客鬓斜簪帽，归路又随烟雾。君莫舞（谓书田），待十日还来，残菊谁能护。新词未谱，怕酒醒今宵，荒江鸿断，中有数声舻。[43]

月壶为瞿子冶，鸿甫即刘枢，书田为何其伟，古然是姚前枢。暮寒天气，三五知己，剪灯赏雨，溪堂夜话。改琦的这首词清润秀逸，如他的画作一样不染纤尘，同集吾园而工诗的沈向荣说他"风流杜牧能惊座"（原注："谓七芗"）[44]；同时，他还能歌，海宁祝垫在吾园雅集诗中言，"七芗兴豪，一歌有遏云绕梁之致，凄婉中弥复悲壮"[45]。这些人都工诗、善绘、通音律，志趣相投而交往弥多，而交游又会促进、提升他们诗词和绘画的创作。

改琦提到的书田即何其伟（1774—1837），字书田，松江（今上海市松江区）人。世承医业，医术精湛，又善诗文，工书法。31岁时得到父亲的财力支持，刊刻陈子龙的诗文为《陈忠裕诗文全集》。王芑孙曾题其诗集说："医术济于时，而诗传于后，有济于时，有传于后，士之愿毕矣。"何书田《斟山草堂小稿》也记载了应瞿子冶邀请赏菊之事：

> 去年赏红莲，今年赏黄菊。
> 同此良宴会，气候别寒燠。
> 燠往寒又来，花香酒亦热。
> 有客挂帆至，折简劳银鹿。
> 著屐暮造庐，旧雨手欣握。
> 就席面花丛，照影烂兰烛。
> 仿佛百陶公，历乱坐满屋。
> 杯茗话未终，开尊倒芳醁。
> 主人兴剧豪，觞政先余构。
> 借花快飞羽，罚数准金谷。
> 吟烟更啸雨，句句构如宿。
> （是夕余以菊字飞觞，七芗、古槎用雨、水、烟三字为令）[46]

赏菊是壬申年即嘉庆十七年（1812）之事，前一年他们还一起赏莲。寒暑往来，瞿子冶差仆人送书信给何其伟[47]，邀请他前来赏菊。何其伟乘船而来，日暮时方到。老朋友相见，十分高兴。他们还行酒令，飞觞醉月，无所拘束，诗作生动形象地记载了他们之间的欢宴。

何其伟与瞿子冶的交游得益于刘枢的引荐，二人订交于嘉庆庚午年（1810）夏。何书田《六月六日瞿子冶应绍属刘鸿甫枢以书招集，月壶赏荷，即席赋赠》诗中记载了二人交往的经过：

> 三载客海上，未遇一知己。
> 幸因刘长卿，获交子冶子。
> 子冶好书兼好画，纵横挥洒意自如。
> 子冶爱古更爱客，襧禳诣人恐见斥。
> 长卿忽遗双鲤鱼，言君招我看芙蕖。
> 月壶置酒渴一叙，雅集莫待斜阳初。
> 欣然脱炎氛，来就清凉地。
> 上阶花气袭衣裙，未饮醇醪已心醉。
> 况逢贤主今词豪，座中钱拜石李退甫亦故交。
> 藏钩赌盏兴增剧，尽开怀抱谈风骚。
> ……
> 松风未坠余韵在，嗣音合仗君与刘。
> 不然几社之后太寂寞，斯文几付申江流。[48]

因为刘长卿（即刘枢）的介绍，何书田三年客居海上，终于得交瞿子冶这个知己。子冶好书好画，爱古爱客，这与何书田自写冬日读书的自己多有相似之处："十年悔后惜分阴，爱日情兼爱古深。叶落树根才掩卷，雪明窗外又耽吟。"[49]何书田认为瞿子冶是词豪，几社之后的文坛振兴就仰赖于瞿、刘二人了，而在朋友的眼里，何书田的诗"或击钵以高歌，或凭栏而点笔，承袭云间之派，揆张几社之风"[50]，所以何书田将瞿子冶引为知己。当时瞿子冶座中客人还有何书田的故交钱拜石、李退甫，钱氏精铁笔，善山水画竹，俱清逸绝尘，为避名曾寓海上数年，豪于文酒[51]。从中也看出瞿、何二人的志趣相投，同气相求。

何其伟的从弟名何其超（1803—1871），字古心，二何与子冶、刘枢均有交往。刘枢《和何古心明经其超见赠原韵》：

明珠照灵渊，良玉辉空山。

抗心千载上，伯仲柴桑间。

古调戛戛弹，天籁生无弦。

高步出尘表，即之弥温然。

贱子遭多难，卯上甫定迁。

清风送我抱，泠泠在山泉。

贻诗奖且勉，一读一汗颜。

眉山有坡老（谓书田），早岁缔古欢。

气谊一何厚，名论膺拳拳。

斯人不可作，忽焉三十年。

旧交悲逝景，新知感奇篇。

岁寒益努力，勿作时世贤。[52]

诗中把何氏昆仲喻为明珠、良玉，赞赏他们高步出尘的丰姿。刘枢多病，仰赖何氏治愈。除此，他们之间还多有诗词唱和，刘枢视善诗的何书田为苏东坡，并说自己的诗不如何氏诗好，二人早岁即缔交古欢。他们常一起出入于瞿子冶家，刘枢《和古心题瞿子冶画竹》诗云："昔年我与何居士（谓哲兄书田），同作壶公座上人（子冶斋名月壶，自号壶公）。今日东山传绝学，海天俯仰独伤神。"[53]刘枢、何书田是瞿子冶月壶斋中座上常客，他们常常一起品题书画，相互激赏。

这些年纪相仿、风华正茂的年轻人经常举行这种欢会，改琦与何书田在松江早就相识相善。刘枢在道光十二年（1832）游闽之前，"与子冶共晨夕，前后几三十年"，频繁过从。刘枢在《西涧旧庐诗稿》中还提到，"我怀顾长康，三绝改生似。同醉贮月壶，尚有朱居士（顾栖梅。曩栖梅与朱桐生下榻于瞿子冶家，余同晨夕贮。月壶，子冶斋额）"[54]。顾栖梅，名隽，松江（今上海市松江区）人，工人物仕女，喜仿玉壶山人稿本，得意处几可乱真。但年未四十而卒[55]。从刘枢的诗来看，顾栖梅的"三绝"有可能指诗、书、画，均似改琦，由此也可见改琦对当时画坛之影响。他与朱桐生下榻于瞿子冶家时，刘枢也常过来同住[56]，加上改琦、何书田等，他们都处于一个共同的交游圈里，与瞿子冶过从频繁。

前引瞿子冶诗《听墨溪子木琵琶》中提到的"少由"即沈希辑，江苏宝山（今上海市宝山区）人，书法家沈希轼之弟。嘉庆二十三年（1818）举人，考授国子监学正，以亲老未受官。里中素无宾兴，其倡议集捐，士林德之，后徙居上海。道光年间与瞿子冶一起任职于上海同仁堂[57]。

华洲即毛振麒，上海本地士绅，后候选教谕，多在城墙修缮等地方事务中捐资出力。

张星溪，擅弹琵琶，常与李筠嘉之子子木合作。子木与妻黄承藻并善写兰，夫妇二人能以翰墨娱亲，时人以奉双亲隐居于寒山的赵宧光、陆卿子夫妇喻之[58]。

瞿子冶另外的唱和诗中多次提到羿舟。从李筠嘉《春雪集》来看，羿舟当为金门诏的字或者号。关于金门诏的记载较少，我们从某些资料中可以发现蛛丝马迹。2017年西泠印社秋季拍卖会中国书画古代作品专场曾拍卖一件《残荷听雨图》册页，编号2519，上有闵世情、邬俊、李筠嘉、杨石林、金门诏等多人的题跋。西泠印社拍卖会在介绍金门诏时，将他误认为是乾隆元年（1736）进士、字轶东、号东山的江苏江都县金门诏（1672—1751）[59]。金门诏在该册页上的跋语有二：

十年不见张平子，今日相逢两鬓丝。落拓青衫怜旧雨……癸酉仲夏月，香农大兄大人属题即求是正，古吴淞弟金门诏拜草。

钤印：石渠侍者（白文）、金门诏印（白文）。

四十今年欠二春，算来强半客中身。马蹄倦踏春明草……乙亥生日漫成一律，适香农大兄大人顾我书，以索和并政，生甫弟金门诏初稿。

钤印：生甫（朱文）。

因为错释了金门诏其人，所以西泠拍卖图录将其中提及的癸酉年误认为是 1693 年，若按照此年份，那他不可能与道光年间其他人一起雅集并作跋。

《杜集叙录》记载，《碧玉壶纂杜诗抄》三卷为清代金元恩撰，《叙录》根据晚清刘声木《苌楚斋续笔》卷一得知，金元恩一名德麟，字罪舟，江苏宝山（今上海市宝山区）人，嘉道间人[60]。清光绪年间宝山县知县王树荣修、潘履祥纂《罗店镇志·选举志》载："金元恩，附生，嘉庆戊辰举人，榜名门诏。嘉庆丁巳入学，咸丰丁巳重游。"[61]由此可以确定，金元恩，即金门诏，字罪舟，嘉庆丁巳年（嘉庆二年，1797）入学，嘉庆戊辰（嘉庆十三年，1808）举人。从"四十今年欠二春……"诗跋推测，他生于乾隆四十三年（1778）。《春雪集》中记载的雅集有一次由金门诏召集，改七芗、瞿子冶、刘鸿甫、顾春洲、杨石林、张星溪、唐鄂亭、褚文洲等应约而至。从《罪舟孝廉招同人饮吾园，次韵一首》等诗作，再结合前后诗作来看，此次雅集当为金门诏中举之后的第二年，即嘉庆十四年己巳（1809）四月间的事。金门诏借吾园招集同人小集，由此可知他与吾园主人的关系也不一般。所以在西泠印社拍卖会的《残荷听雨》册页中，他与李筠嘉一起出现在为张香农画像唱和的群体中。

金门诏、改琦之类的士子，大抵与瞿子冶年龄相仿，他们有些已取得秀才或举人的功名，有些则在求取功名的征程中。瞿子冶的青年时期，交往的朋友大多是在吾园遇到的人，吾园成为士大夫和青年士子的社交舞台。"作为一种社会活动，雅集也是一个时代政治稳定、经济繁荣、文化昌隆的写照。能够承办这样的雅集，往往需要有相当的经济基础或物质条件，比如相当规格的活动空间，一定档次的书画、碑帖、金石等藏品，等等。此外，还需要在士人交游圈有较强的文化号召力和社会凝聚力。对于士人而言，能够参与高规格的雅集，也是一种身份和荣誉的象征。"[62]经过吾园二十多年数十次雅集的瞿子冶，交往的是李筠嘉、改琦、刘枢、何书田、冯承辉、钱拜石等精于藏书、诗词、篆刻、书画、鉴古的朋友，其艺术修养、社会身份，无疑都有了很大程度的提升。

三 瞿子冶与陈曼生的朋友圈之间的交叠

改琦得到工诗文、擅书法、精鉴赏的苏松太道李廷敬的知遇和奖掖，画学精进，声誉日起。又因李廷敬而得到李筠嘉的赏识，在吾园中，结识洪亮吉、王昙、孙原湘、龚自珍等人。43 岁时，改琦客陈曼生溧阳县幕，成为陈曼生幕客中创造曼生壶的文人群体中的一员。陈曼生即陈鸿寿（1768—1822），字仲遵，后更字颂，又字子恭，号万生、曼生、种榆道人、阿曼陀室主人等，钱塘（今浙江杭州）人，诗、书、画、印、壶五绝，为后世所重。

改琦曾引荐陈曼生的朋友钮树玉游上海吾园。钮树玉（1760—1827），字蓝田，号匪石、非石，江苏吴县（今苏州）人。家道中落，弃学经商，多藏书，好校雠考订，著有《说文考异》《说文新附考》《段氏说文注订》；亦精通金石，通晓音律，能书善画，并能篆刻。梁章钜《钮山人墓志铭》载："山人力为学，家益贫，落落寡所合，惟钱塘陈曼生官溧阳时居最久，外此则阳湖孙渊如观察、桐城张古脿太守尤有周旋之雅者也。"[63]这落落寡合的钮树玉与改琦一样，以游幕为生，二人一起成为溧阳知县陈曼生桑连理馆的座上客。钮树玉《七芗改君引游吾园》记曰："昔我来此间，斯园实未有。转盼二十年，胜概开灵薮。园亭关盛衰，亦足志创守。清秋风日佳，导我得良友。"[64]这"良友"即钮氏在吾园结识的瞿子冶。根据钮树玉《匪石山人诗》以及李筠嘉《春雪集》的相关记载，钮树玉与瞿子冶订交的时间在嘉庆二十一年（1816）。钮树玉《瞿子冶印谱题辞》诗曰：

> 昔余游吴门，始与陈君遇（谓曼生）。
> 迄今将二纪，缱绻常依附。
> 太邱虽道广，最契唯金石。
> 遍搜钟鼎文，力摩篆籀迹。
> 海内数名流，卓然为巨擘。
> 瞿君臭味同，一往通幽邃。
> 当其奏刀初，即已中肯綮。

兹余来沪渎，邂逅不我弃。

尽出所著作，切磋商钝利。

嗟余少失学，中道成萍梗。

幸多君子交，狂谈任驰骋。

至显在积微，汲深借修绠。

千秋有绝艺，两美定合并。[65]

因为金石方面的共同爱好，钮树玉与陈曼生交往将近廿四年。钮氏与瞿子冶邂逅于上海，相谈甚欢，他认可瞿子冶的篆刻，认为瞿氏奏刀之初，即中肯綮，希望子冶积微至显，修绠汲深，假以时日，一定会成千秋绝艺。瞿子冶拿出所治印谱，与钮切磋，并请他为之题词。正是因为此诗，我们才知瞿氏篆刻小有成就，治印为数不少，且辑有印谱。

陈曼生的好友之一陈廷庆，也是瞿子冶的交游圈中为数不多的有官员身份者。陈廷庆（1754—1813），字兆同，号古华，又号桂堂，江苏奉贤（今上海市奉贤区）人。乾隆四十六年（1781）进士，历官翰林院编修、宸州知府等。工诗善画，性豪宕不羁，爱宾客。《春雪集》中嘉庆十七年（1812）的上巳日后三日和十日，因为陈廷庆的到访，吾园组织两次雅集：第一次是应吾园主人之邀观桃花，参与者有包括瞿子冶在内的十七人；第二次是吾园主人召集友人为陈廷庆饯别，子冶时在松江，未能赴约，但回来后仍分韵报谢主人[66]。但瞿子冶与身为其父辈的陈廷庆的交往，主要应该不是缘于陈氏的太守之职，更多是因为姻亲关系。王芑孙为瞿子冶岳父沈达撰写的墓志铭中提到，王芑孙与沈达的姊婿陈廷庆为旧友[67]，陈廷庆是瞿子冶妻子的姑丈，陈氏来沪，瞿子冶曾邀请陈廷庆至其家，这在刘枢的《西涧旧庐诗余》中有记："桂堂来海上三日，余未一见。八月望，月壶招集，余亦未至。留扇嘱余书，翌日倚声报之。"[68]

陈廷庆与陈鸿寿则在乾隆六十年（1795）即开始交游，他们曾同游宝石山，同集会于西湖第一楼，同出现在为阮元饯别的酒席上，同应黄丕烈之召在乐志堂雅集，并有诗词唱和[69]。陈曼生为陈廷庆弟

子，实际上两人更像友人[70]。陈廷庆有《岁暮怀人》组诗二十九首，共记所怀师友曾燠、阮元、舒位、伊秉绶、王芑孙、孙星衍、铁保、英和、曹振镛等三十人[71]，可见其交往之广。陈廷庆嗜古好客，身份与性情都有些像李廷敬，而他又是瞿子冶妻沈氏的姑丈，在陈鸿寿和瞿子冶之间，陈廷庆不知是否起过某种牵线作用。

除陈廷庆外，陈曼生朋友圈里的程邦宪也与瞿子冶有特殊关系。翰林院编修吴江程邦宪、娄县朱光纶与瞿子冶都是华亭沈达的女婿。程邦宪（1767—1833），字竹庵，号穆甫、拙存居士等，江苏吴江（今苏州市吴江区）人。嘉庆七年（1802）进士，官至鸿胪寺卿。性情恬淡，工书善画。他与陈鸿寿的交游早至乾隆五十六年（1791），陈鸿寿曾为他刻"程邦宪"印。

子冶与曼生的交游圈中重叠而最不能忽视的人物即杨彭年。杨彭年，字二泉，号大鹏，江苏宜兴（一说浙江桐乡）人。紫砂艺人，善制茗壶，首创捏嘴不用模子和掇暗嘴的工艺。嘉庆十六年（1811）陈鸿寿宰溧阳县，杨彭年与之始有交往，后客陈鸿寿幕，专制曼生壶[72]。郭麐《桑连理馆主客图记》中如是描述杨彭年："竹外茶烟，寸寸秋色，司茗具者抟植之工曰杨彭年，其制茗壶得龚时遗法，亦无使其无传也。"[73]杨彭年作为一个"司茗具者""抟植之工"，绝大多数的文字记载都是与陈曼生相关联的。由此，学者宋伯胤认为，"重名士、轻名工"的观点不可取，他主张名壶当以名工闻名[74]。但囿于古人重道轻艺的思想，对名工的记载少之又少。检诸文献，除《瀛壖杂志》和《前尘梦影录》外，对杨彭年的记载目前仅见于谢元淮《养默山房诗稿》：

赠杨彭年工制茗壶

阳羡有杨生，家贫技最精。

世人皆逐利，爱尔独能名。

仿古尊彝鼎，抟沙具性情。

蜀山三百户，列艇载瓶罂。[75]

谢元淮（1784—约1867），字钧绪，号默卿，湖北松滋人。嘉庆十四年（1809）任武进县典史，二十四年（1819）署荆溪县典史，道光五年（1825）调任苏州府太湖厅东山巡检，协助俞德渊试办海运，后随陶澍办理盐务。诗作于嘉庆己卯年（1819），时谢元淮任荆溪典史[76]，循吏俞德渊任知县，吏治清明，"讼庭萧寂懒排衙"，作为典史的谢元淮多数时间可能是"且将杯杓泛流霞"[77]。他对当地的风土人情已颇为了解："万岭嵯峨百淏环，临津风土最相关。谁将芥茗修唐贡，久爱陶壶贩蜀山。酿熟祝陵仙蝶醉，雪消洴湅野鸥闲。鹅笼倘共书生寄，愿把芸编住此间。"[78]他历数当地名胜，洴湅雪衰是荆溪名景，芥茶、陶壶、祝陵酒则是当地风物。"蜀山三百户，列艇载瓶罂"，更是道出了作为紫砂生产和销售中心的宜兴蜀山商贸兴旺的情况。谢元淮应该见过杨彭年，并对他有一定了解。杨彭年是阳羡人，家贫，但他没有走货利之途，而是以制作茗壶技艺精湛闻名于时。"抟沙具性情"是说杨彭年所制茗壶形制上多仿古尊彝鼎，但在形之外，有一种内在的神韵，这种评价类似于论诗者主张的"神韵"说，于笔墨之外自具性情，这应是对杨彭年的高度评价。

杨彭年不仅一人制壶，一家眷属皆善烧造，当时士大夫制壶皆委之。清末举人周肇祥（1880—1954）在《琉璃厂杂记》中说："彭年不止曼生一人，其家食此业亦数十年未歇，远近冒名者更无论矣。"[79]此论不假，因为声名在外，所以定有冒充彭年者，而杨彭年也不止与陈曼生一人合作，曼生殁后与瞿子冶的合作亦多。

从存世紫砂壶来看，与瞿子冶合作制壶而又与曼生朋友圈有交叠者还有乔重禧。民国时期《阳羡砂壶图考》载，乔重禧，字鹭洲，上海人。博学嗜古，工鉴别，书法得颜平原风骨，尤精小楷，与瞿子冶友善。家有宜园之胜。且乔氏茗壶与子冶壶式度相仿佛，"想必同时定制"。在"乔重禧"条下所载传器有碧山壶馆藏白泥粗砂刻梅壶，壶身一面镌行书"罗浮香影，鹭洲题"，壶底钤"吉壶"葫芦形印，銎下钤"彭年"小章，盖内有"宜园"小

章[80]。香港艺术馆藏匏瓜壶，底款为"吉壶"，壶身有曼生题铭："小谷仁兄过余瀼阳，适余倩彭年制壶，作此奉赠，聊志翰墨缘耳。"撰写此壶图录说明文字的黎淑仪认为，底款"吉壶"是乔重禧之印[81]。《中国紫砂茗壶珍赏》收录一把乳钉壶（也有称"乳瓯壶"者[82]），高9、宽12厘米，壶底钤印"吉壶"二字，把稍下有"彭年"小章，壶身刻梅枝。该书认为它应是杨彭年制、乔重禧刻铭，进一步总结认为，茗壶底钤"吉壶"、盖印"宜园"、署"鹭洲"或"宜园主人并书"款者均为乔氏之作品[83]。

上海博物馆藏杨彭年制、瞿子冶刻竹铭石瓢壶，高6.6、口径6.5厘米，壶身铭为："冬心先生，余藏其画竹研，研背有竹一枝，即取其意。板桥有此一纵一横，颇有逸情。子冶藏板桥画盖仿梅花盒者。仿梅道人，子冶自记。"壶盖铭"宜园"，盖印"吉壶"，把下印"彭年"[84]。重庆中国三峡博物馆藏瞿子冶款紫砂壶，通高5.2厘米，浅绛色，桥纽大盖，短直嘴，环形把。壶身上小下大，大平底下附三扁足着地。盖、身阴刻连枝梅花，壶身阴刻"疏影"二字，署"子冶"。底钤阳文"吉壶"葫芦形印，把根部钤阳文"彭年"小方印。盖内亦钤阳文篆书"宜园"[85]。李敏行根据香港茶具文物馆及私人藏家所藏之瞿应绍铭茗壶均有与此壶相同之"吉壶"底款，认为"吉壶"实为瞿应绍之印款[86]。

碧山壶馆藏刻梅壶、上海博物馆藏瞿子冶刻竹铭石瓢壶和重庆中国三峡博物馆瞿子冶疏影壶都是杨彭年制作，均有"吉壶""宜园"印文。如果"吉壶"为瞿子冶的印款，这类杨彭年制、瞿子冶刻铭的壶（碧山壶馆藏壶为乔重禧题铭）是为宜园主人乔重禧而做的吗？解开这个谜题，需要对乔重禧有更多的了解。

成书于1875年的《瀛壖杂志》对乔重禧记载最详。乔重禧为乾隆二年（1737）进士乔光烈的后人，学问渊博，精鉴赏，周鼎汉砖、法书名画入其目，真伪立辨。工书法，尤得颜平原风骨。善辞章之学，为陈文述的弟子，被魏源称为"近代通儒，一人而已"的李兆洛曾评判乔重禧的诗文合昌黎、少陵、

香山、眉山为一手。尝游京师，名公巨卿折节与交，有才子之誉。徘徊京师十余年，不能博得功名，遂南归奉母。后终因科场不得志，悒郁而死。其友徐渭仁醵金办理其丧事，并搜集其著述刊为《陔南池馆遗集》[87]。王韬的这些记述实际上完全因袭了《陔南池馆遗集》中咸丰元年（1851）徐渭仁所写的序[88]。这部遗集中收录了乔重禧出关门，往来燕代，经过古战场，吊郅支单于之旧迹，于关塞阨要拨剔讲论，《滦水说》《宣镇二长城说》更是发前人所未发。除此之外，乔重禧师从陈文述，曾为陈文述校订《颐道堂诗选》，乔重禧的《柿泽堂稿》稿本也多有陈文述的评语，而陈文述又是陈曼生的族弟。乔重禧不止一次地参与到郭麐、林镐、钱杜、王芑孙、吴锡麒、孙星衍、陈曼生、钮树玉、王昙等人齐聚的雅集唱和中[89]，这些名字正是曼生壶铭中反复出现并赋予了紫砂深厚文化内涵者。

从现存瞿子冶的作品来看，与他交游的还有徐渭仁、张澹、蒋和、姚燮等。王韬《衡华馆日记》记载，咸丰年间在文物收藏者与商贩间流传一句话：上海精于鉴别者有两个半人物，一为乔重禧，一为瞿应绍，其半即徐渭仁[90]。三人皆善鉴赏，且相友善。徐渭仁不仅受瞿子冶之子小春托付，为《月壶题画诗》题跋，乔重禧晚年贫困，后事亦由徐渭仁为之筹办。乔重禧死后，其《陔南池馆遗集》也由徐渭仁编刻[91]。徐渭仁（1788—1855），字文台，号紫珊，上海人，藏书家、金石学家、书画家。徐与瞿子冶同邑，十分熟悉，他概括瞿子冶的绘画、书法的特点和渊源："枝如作草杆如篆，画法原从书法通。若问壶公三昧诀，黄山谷与米南宫。"子冶以为知言[92]。

张澹，字耕云，号春水，江苏吴江（今苏州市吴江区）震泽镇人。贡生，嗜画入骨，精刻印。中年橐笔游武陵，一时才俊倾襟揽佩，唱酬无间。晚年客居上海，凭砚田以自给[93]。张澹著有《风雨茅堂集》，僧六舟《题张君春水〈风雨茅堂集〉》："得晤先生自恨迟，当年悔不去寻师。吴江佳句传千古，未必能如三绝奇。曾过南屏借竹床，推窗望月解行囊。新诗遗我偷闲读，绝胜梅花咀更香。"[94]可见对

其诗之推崇。张澹曾为汤贻汾幕僚，汤有《寄张春水澹》诗："家具琴床与药笼，眠餐只在水云中。对山突兀亭台阁，绕径芬敷紫翠红。泉石无非娱老物，神仙不过炼丹功。别来腰脚犹粗健，两耳惟于世事聋。"[95]张澹这样一个高蹈绝世的人，瞿子冶与之交情最深，倾谈移晷。

蒋和（1736—1795），字仲叔，号醉峰，江苏金坛人。工隶书，擅山水、人物，尤长墨竹。瞿子冶《墨兰图》题记曰："醉峰为余忘年交，近得其所刻竹谱，颇于此悟入画兰，乃知故人清风犹在。"[96]蒋和的《竹谱》曾启发了瞿子冶画兰。兰、竹画页的来往，实际上是画艺的交流、友情的见证。

瞿子冶还曾为梅伯作墨兰和墨竹图，其《墨竹图》册一开，题曰："此梅华庵主画法，画与画梅人恰宜。梅伯先生一笑，老冶。"（图五）画梅人即梅伯。姚燮，字复庄，一字梅伯，号野桥，又号大梅山民，江苏镇洋（今太仓）人，道光甲午年（1834）举人。于学无所不通，诗词尤佳，擅画梅花，兴酣落墨，媚态横生。姚燮其时游沪上[97]。从王韬《瀛壖杂志》的记载来看，姚燮游上海时，与松江胡公寿、蒋剑人及上海徐渭仁、瞿子冶等多有交往。瞿子冶《墨竹图》中的"画梅人"即梅伯姚燮，他用

图五　瞿子冶《墨竹图》册之一，上海市历史博物馆藏

梅华（花）庵主吴镇笔法绘墨竹赠予姚绶，从"老冶"的题记推测这两幅墨竹册页应是子冶晚年作品。这两幅册页既是切磋画技，又表明了二人的交往。

另一开图册题曰："画雨画风不知所宗，最所心折君家云东。子冶"（图六）。此处"云东"指姚云东（1423—1495），名绶，字公绶，号毂庵子，又号云东逸史，浙江嘉善人。天顺八年（1464）进士，官监察御史。成化初为永宁郡守，解官归，筑室曰丹丘，啸咏其中。工诗画，善画水墨竹石，师法吴镇。常携童仆二三，泛其"沧江虹月"舟于吴越之间，与友朋在船上饮酒作诗，书画赠答[98]。姚绶强调书法与画技之间的密切关系，认为："古人写竹如写字，枝叶皆从八法来。苦苦欲求形似者，清风安得扫尘埃。"[99]画节叠叶是墨竹之关键，叶片姿态的转侧低昂、雨打风翻各不一样，从"画雨画风不知所宗"的题跋而知，瞿子冶心折于姚云东的风竹雨竹，可能曾目睹其墨竹真迹。

图六 瞿子冶《墨竹图》册之二，上海市历史博物馆藏

能诗词、善篆刻、画竹写兰的瞿子冶，周围聚集了爱好相同的朋友，同时还有善制茗壶者。与瞿子冶同邑的晚生后辈王庆勋《答子冶丈》诗描述了瞿子冶这位上海名士的日常："娓娓谈金石，雕虫羞壮夫。名齐与可竹，品亚曼生壶（丈自制茶壶，分赠同人，

人以陈曼生司马为比）。雅契及开士，闲情同钓徒。渭川足千亩，自爱老江湖。"[100]诗中说瞿子冶制壶分赠同人，如今博物馆或收藏家手中多有子冶壶，例证颇多，如自在轩藏申锡制紫砂壶，盖上刻铭"若舟五兄先生清玩。子冶"；南京博物院藏子冶刻竹紫砂壶，壶盖刻行书铭"补笙茶具"[101]；瞿子冶曾制铭文为"一日不可无如此竹壶"的紫砂壶赠予香林。若舟、补笙、香林等也属于子冶的朋友圈，瞿氏赠壶行为这种不经意的传播将陈曼生以后的紫砂文化发扬光大。

四 余论

瞿子冶生活于清中期的上海，正值李廷敬主政上海，文化艺术兴盛，江浙士子争相奔赴李廷敬的平远山房和稍后李筠嘉的吾园，在这个由权力、财富和社会名望共同营造的社会文化空间中，携尊聚饮，分韵写诗，丹青题壁，鉴古品茗。除部分应酬和命题之作外，在这个空间里进行的诗画创作多是率性而为。参与雅集者被李廷敬、李筠嘉赏识或是经朋友介绍的，去留随意，他们并不是"为着绘画艺术的特殊目的而聚集起来的"[102]，二李所主导的雅集活动承袭宋代西园雅集以来假名园举文会的传统，不具有强烈的目的性，所以将平远山房、吾园雅集视为上海乃至全国最早的书画会的观点[103]有待商榷。

正如改琦、刘枢、何书田等许多士子一样，吾园雅集在一定程度上也成就了瞿子冶的艺术修养和社会声望。瞿子冶身边的这群志趣相投、才情斐然的朋友不以科举为志业，反而醉心于金石、书画等雕虫之技，其中的改琦、钮树玉、陈廷庆、杨彭年、乔重禧等人也深交于陈曼生，多少都受到过陈曼生的影响。与上海文化圈的长期交游，陶冶出瞿子冶深厚的艺术修养和超然物外的性情，这正是造就瞿壶的先决条件。子冶壶艺术以及瞿子冶的朋友圈，是清中期上海文化艺术繁荣发展的缩影，也可以看作晚清海派艺术的先声。

承上海市青浦博物馆张力华老师、香港中文大学柴梦原博士惠赐相关资料，谨致谢忱。

注释：

[1] 〔日〕奥玄宝：《茗壶图录》，高英姿选注：《紫砂名陶典籍》，浙江摄影出版社，2000年，第110—112页。

[2] 《名齐与可竹，品亚曼生壶——瞿子冶与瞿壶》一文收录于无锡博物馆编：《惠山茶会人文主题特展国际学术研讨会论文集》，古吴轩出版社，2023年。

[3] 《（同治）上海县志》将瞿子冶归为"艺术类"人物，见〔清〕应宝时修、俞樾等纂：《（同治）上海县志》卷二十二《艺术》，上海古籍出版社，2015年，第1897—1898页。瞿子冶擅诗词、绘画、篆刻、制壶，姑且称之为艺术家。

[4] 〔清〕王韬著、陈成国点校：《瀛壖杂志》卷三，岳麓书社，1988年，第97页。

[5] 〔清〕瞿应绍：《月壶题画诗》，张澹序，《丛书集成续编》第85册《子部》，上海书店出版社，1994年，第841页。

[6] 同[5]。

[7] 〔清〕王庆勋：《瞿子冶丈招同张春水、沈少由、乔鹭洲、金梅岑、朱春坪、郁泰峰诸丈暨任伯家孟小集》，王庆勋：《诒安堂诗稿·初稿》卷七《得闲集上》，清咸丰三年（1853）刻五年增修本。

[8] 林则徐：《上海捐修城垣工竣请奖出力官绅折》，林则徐全集编辑委员会编：《林则徐全集》第2册《奏折卷》，海峡文艺出版社，2002年，第34页。

[9] 《华亭县志》，"华亭县志纂辑衔名"主修人员一是"特简松江府知府任苏州府知府冯鼎高"，另一位就是"特调松江府知府李廷敬"，乾隆五十六年（1791），中国国家图书馆藏。

[10] 杨逸：《海上墨林》，上海古籍出版社，1989年，第58页。

[11] 陆萼庭：《李廷敬和上海剧坛》，见氏著《清代戏曲家丛考》，学林出版社，1995年，第260页。

[12] 〔清〕陆继辂：《李氏园消寒第三集送洪编修丈旋里》，《崇百药斋文集》卷四，清嘉庆二十五年（1820）刻本。

[13] 赵怀玉：《收庵居士自叙年谱略》，转引自王宏林：《乾嘉诗学研究》（下），百花洲文艺出版社，2017年，第478页。

[14] 〔清〕陈文述：《颐道堂集》之《诗选》十一《古今体诗》，清嘉庆十二年（1807）刻道光增修本。

[15] 〔清〕王昙：《奉上海李味庄观察并寄铁舟上人》，《烟霞万古楼诗选》卷一，清咸丰元年（1851）徐渭仁刻本。

[16] 〔清〕陶樑：《国朝畿辅诗传》卷四十八，清道光十九年（1839）红豆树馆刻本。

[17] 《（光绪）重修天津府志》卷四十四《传六·人物四》，清光绪二十五年（1899）刻本。

[18] 同[16]。

[19] 同[11]，第2259—2268页。

[20] 〔清〕吴锡麒：《李味庄同年诔》，《有正味斋集》之《骈体文续集》卷八，清嘉庆十三年（1808）刻有正味斋全集增修本。

[21] 〔清〕舒位：《沪上与香岩、远峰话旧，感怀李味庄先生》，《瓶水斋诗集》卷十三，清光绪十二年（1886）边保枢刻十七年增修本。

[22] 1936年上海通社记者胡怀琛从李筠嘉后人处得《李氏家乘》及《春雪集》，曾在当年《学术世界》二卷一期发表《上海藏书家李筠嘉传》一文，本文李筠嘉生平及吾园建造时间，均采自胡怀琛文。

[23] 〔清〕铁舟：《吾园即席次爱堂韵》，李筠嘉《春雪集》卷一，带锄山馆藏版，清道咸间刻本。

[24] 〔清〕曹洪志：《昨游吾园乐不可支，盖不在杯酒丝竹之悦耳适口，在乎相逢尽旧相识，任我打桨赌棋，而无拘碍也。又乐得主人不苦留，听其飘然来、飘然去也。归途口占一律，非誉园，盖纪实也》，李筠嘉：《春雪集》卷一，带锄山馆藏版，清道咸间刻本。

[25] 〔清〕方楷：《吾园雅集记》，李筠嘉：《春雪集》卷一。

[26] 〔清〕赵怀玉：《古今体诗》，《亦有生斋集》卷二十一，清道光元年（1821）刻本。

[27] 同[26]。

[28] 〔清〕瞿应绍：《吾园主人招同七芗、鸿甫、少由饮桃花下，听星溪、子木弹琵琶》，李筠嘉：《春雪集》卷三。

[29] 〔清〕瞿应绍：《吾园席上次羋舟韵》，李筠嘉：《春雪集》卷三。

[30] 〔清〕瞿应绍：《山中蕙草正开，藤花满架，玉壶仙史赠诗次韵奉酬兼报吾园主人和琵琶之作》，李筠嘉：《春雪集》卷三。

[31] 〔清〕瞿应绍：《送春后一日羋舟招饮吾园作》，李筠嘉：《春雪集》卷三。

[32] 〔清〕李筠嘉：《春雪集》卷三。

［33］〔清〕蒋宝龄：《墨林今话》卷十一《玉壶外史》，上海古籍出版社，2015 年，第 222 页。

［34］〔清〕王芑孙：《候选同知沈君继室曹宜人墓志铭》，《渊雅堂全集·惕甫未定稿》卷十四，清嘉庆刻本。

［35］《红楼梦图咏》淮浦居士序，清末扁玉版，日本东京艺术大学藏。

［36］〔清〕改琦绘：《红楼梦图咏》，清末扁玉版，日本东京艺术大学藏。

［37］潘继安：《关于刘枢的〈红楼酒谱〉》，《红楼梦研究集刊》第 7 辑，上海古籍出版社，1981 年，第 465—470 页。

［38］吕文翠：《改琦三画〈红楼梦〉——兼论清代嘉道时期海上"女性空间"艺文生态》，《红楼梦学刊》2020 年第 1 辑，第 131—151 页。

［39］〔清〕王韬著、陈成国点校：《瀛壖杂志》卷四，岳麓书社，1988 年，第 100 页；《（同治）上海县志》卷二十一《人物四》，第 1877 页；潘继安：《关于刘枢的〈红楼酒谱〉》，《红楼梦研究集刊》第 7 辑，上海古籍出版社，1981 年，第 465—470 页。

［40］同［5］。

［41］瞿子冶：《兰竹双清图》，转引自朱恒：《瞿子冶刻壶构图繁简对比研究及实践应用》，山东艺术学院硕士学位论文，2020 年，第 13—14 页。

［42］吴馨修、姚文楠纂：《上海县续志》卷十八《人物》，上海古籍出版社，2015 年，第 2551 页。

［43］〔清〕改琦：《玉壶山人词稿》，稿本，上海图书馆藏。

［44］〔清〕沈向荣：《五月二十六日偕景眉弟招同改七芗、褚文洲、唐爱堂诸子，集吾园小饮即事，次爱堂韵》，李筠嘉：《春雪集》卷二。

［45］〔清〕祝垫：《三月五日吾园桃花盛开，笋香主人招同林双树、褚文洲、改七芗、唐爱堂诸君小集，赋此为谢兼订后日看洛花之会》，李筠嘉《春雪集》卷二。

［46］〔清〕何书田：《申江雨泊，瞿子冶招同改七芗、姚古槎（前枢）、刘鸿甫，集双红豆轩赏菊，子冶出笺索咏，即席成十六韵》，《簳山草堂小稿》卷四，清嘉庆二十一年刻本。

［47］（唐）李肇：《唐国史补》卷上载"颜鲁公之在蔡州，再从侄岘家僮银鹿始终随之"，后以"银鹿"代称仆人。

［48］〔清〕何书田：《六月六日瞿子冶应绍属刘鸿甫枢以书招集月壶赏荷即席赋赠》，《簳山草堂小稿》卷四，清嘉庆二十一年（1816）刻本。

［49］〔清〕何书田：《冬读书》，《簳山草堂小稿》卷四，清嘉庆二十一年（1816）刻本。

［50］〔清〕何书田：《簳山草堂小稿》陈琮题后序，清嘉庆二十一年（1816）刻本。

［51］〔清〕蒋宝龄：《墨林今话》卷十三《拜石诗画》，上海古籍出版社，2015 年，第 288 页。

［52］〔清〕刘枢：《和何古心明经其超见赠原韵》，《西涧旧庐诗稿》卷三，清同治刊本。

［53］〔清〕刘枢：《和古心题瞿子冶画竹》，《西涧旧庐诗稿》卷三，清同治刊本。

［54］〔清〕刘枢：《廖菊屏都尉寿彭以催花雅集图嘱题，图中八人宿草过半，展卷枨触分系一诗》，《西涧旧庐诗稿》卷三，清同治刊本。

［55］〔清〕蒋宝龄：《墨林今话》续编一《仿玉壶山人稿本》，上海古籍出版社，2015 年，第 440 页。

［56］〔清〕梁章钜：《陈芝楣方伯招游定慧寺苏祠》，《退庵诗存》卷二十四，清道光刻本。

［57］《上海同仁堂征信录（道光十一年）》，上海市历史博物馆藏。

［58］〔清〕王韬著、陈成国点校：《瀛壖杂志》卷四，岳麓书社，1988 年，第 112 页。

［59］参见西泠印社 2017 年秋季拍卖会网页：http：//www.xlysauc.com/auction/detail/id/146312/keywords/% E6% AE% 8B% E8% 8D% B7% E5% 90% AC% E9% 9B% A8/order/auct_ start/sort/desc.html。

［60］张忠纲、赵睿才、孙微等：《杜集叙录》，齐鲁书社，2008 年，第 444—445 页。

［61］〔清〕潘履祥总纂、杨军益标点：《罗店镇志》卷四《选举志》，第 179 页。罗店镇为宝山西境巨镇，因练祁塘从镇中自西向东横亘而过，又名"罗溪"，本隶嘉定县，雍正二年（1724）析嘉定县东境为宝山县，遂隶宝山。

［62］梁建国：《朝堂之外：北宋东京士人交游》，中国社会科学出版社，2016 年，第 25 页。

［63］〔清〕梁章钜：《钮山人墓志铭》，闵尔昌《碑传集补》卷四十，《清代碑传全集》下册，上海古籍出版社，1987 年，第 1490 页。

［64］〔清〕钮树玉：《七芗改君引游吾园》，王云五主编《粤台征雅录及其他一种》，商务印书馆，1939 年，第 11—12 页。

［65］同［64］。

［66］〔清〕李筠嘉辑：《春雪集》卷四。

［67］〔清〕王芑孙：《署徽州府督粮通判候选同知沈君墓志铭》，《渊雅堂全集》之《惕甫未定稿》卷十四，清嘉庆刻本。

［68］〔清〕刘枢：《西涧旧庐诗余》，清同治刊本。

［69］萧建民：《陈曼生研究》，西泠印社出版社，2011 年，第 10、35 页。

［70］〔清〕李福：《己未九月十三日，陪陈古华太守廷庆及其弟子陈曼生（鸿寿）宴集士礼居，曼生即席作尧圃赏雨图，分得"瓢"字》，《花屿读书堂诗钞》卷一，清道光二十六年（1846）刊本，第 18 页。

［71］〔清〕陈廷庆：《谦受堂全集》卷十九，《清代诗文集汇编（439）》，上海古籍出版社，2010 年，第 652—656 页。

［72］〔清〕徐康：《前尘梦影录》卷下，清光绪二十三年（1897）江标刻本；萧建民：《陈曼生研究》，西泠印社出版社，2011 年，第 63 页。

［73］〔清〕郭麐：《桑连理馆主客图记》，转引自黄振辉：《曼生与曼生壶》，台北艺术家出版社，2013 年增订再版，第 153 页。

［74］宋伯胤：《名壶是以名工闻名》，载《紫砂苑学步》，1998 年，台北盈记唐人工艺出版社；转引自黄健亮：《是二是一 我佛无说——〈曼生与曼生壶〉序》，黄振辉：《曼生与曼生壶》，台北艺术家出版社，2013 年增订再版，第Ⅶ页。

［75］〔清〕谢元淮：《虾虎集·己卯》，《养默山房诗稿》卷十，清光绪元年（1875）刻本。

［76］〔清〕谢元淮：《后盐言二十二首并序》其二十二，《养默山房诗稿》卷三十二，自注："二十四年署荆溪县典史。"

［77］〔清〕谢元淮：《留别荆溪》其三，《养默山房诗稿》卷十《虾虎集·己卯》，清光绪元年（1875）刻本。

［78］〔清〕谢元淮：《留别荆溪》其五，《养默山房诗稿》卷十《虾虎集·己卯》，清光绪元年（1875）刻本。

［79］周肇祥：《琉璃厂杂记》，北京燕山出版社，1995 年，第 83—84 页。

［80］李景康、张虹编：《阳羡砂壶图考》，高英姿选注：《紫砂名陶典籍》，浙江摄影出版社，2000 年，第 202 页。

［81］黎淑仪主编：《书·画·印·壶：陈鸿寿的艺术》，香港中文大学文物馆，2005 年，第 282 页。

［82］刘黎平：《紫砂壶典》，湖北美术出版社，2014 年，第 554 页。

［83］韩其楼、夏俊伟主编：《中国紫砂茗壶珍赏》，上海科学技术出版社，2013 年，第 108 页。

［84］同［83］，第 102 页。

［85］申世放：《试论重庆博物馆藏紫砂茶具及其相关问题》，张之铸主编：《中国当代文博论著精编》，文物出版社，2006 年，第 286—288 页。

［86］李敏行：《曼生壶款识探索（上）》，《文物鉴定与鉴赏》2016 年第 11 期。

［87］同［4］，第 95—96 页。

［88］〔清〕乔重禧：《陔南池馆遗集》，徐渭仁咸丰元年（1851）序，咸丰刻本。

［89］〔清〕乔重禧：《天风阁最后放歌》，王庆勋：《可作集》卷四，清道光二十八年（1848）刻本。

［90］〔清〕王韬：《衡华馆日记》咸丰八年（1858）十二月二十八日，稿本，上海图书馆藏。

［91］同［88］。

［92］〔清〕瞿应绍：《月壶题画诗》徐渭仁跋，《丛书集成续编》第 85 册《子部》，第 851 页。

［93］〔清〕蒋宝龄：《墨林今话》卷十七《风雨茅屋》，上海古籍出版社，2015 年，第 395 页；〔清〕冯承辉：《印识五卷》，《国朝印识·近编》卷一，稿本，上海图书馆藏。

［94］〔清〕六舟撰、桑椹点校：《六舟集》，浙江古籍出版社，2015 年，第 130 页。

［95］〔清〕汤贻汾：《琴隐园诗集》卷三十六，清同治十三年（1874）刻本。

［96］《诗酒茶情：清代制壶名家遗珍》，香港大学美术博物馆，2006 年，第 110—111 页。

［97］〔清〕王韬著、陈成国点校：《瀛壖杂志》卷四，岳麓书社，1988 年，第 129 页；〔清〕李玉棻：《瓯钵罗室书画过目考》卷四，徐蜀编：《国家图书馆古籍艺术类编》第 4 册，北京图书馆出版社，2004 年，第 536 页。

［98］周林生主编：《中国名画名家赏析：明代绘画》，河北教育出版社，2012 年，第 60 页。

［99］卢辅圣主编：《中国山水画通史》（上），上海书画出版社，2014 年，第 350 页。

［100］〔清〕王庆勋：《答子冶丈》其二，《诒安堂诗稿》之《初稿》卷八《得闲集下》。

［101］北京大学赛克勒考古与艺术博物馆、北京大学公众考古与艺术中心编：《鸣鹤清赏：鸣鹤雅集会员藏珍》，荣宝斋出版社，2010 年，第 252—253 页；南京博物院、台湾成阳艺术文化基金会编：《紫玉暗香——2008 南京博物院紫砂珍品》，江苏文艺出版社，2008 年；《诗酒茶情：清代制壶名家遗珍》，香港大学美术博物馆，2006 年，第 102 页。

［102］乔志强：《中国近代绘画社团研究》，荣宝斋出版社，2009 年，第 12、23—26 页。

［103］朱伯雄、陈瑞林：《中国西画五十年 1898—1949》，人民美术出版社，1989 年，第 155—156 页。

沈石友生平及收藏略述

蔡耀国 *

内容提要：常熟人沈汝瑾（字石友）是清末民初的著名诗人、收藏家。沈氏逝世后家道衰落，其诗作和藏砚由其子和友人分别裒集出版《鸣坚白斋诗存》和《沈氏砚林》，但是其藏砚、诗稿和书画散佚甚多，去向不明。目前的沈氏研究甚为粗略，本文以常熟图书馆所藏《鸣坚白斋诗存》《虞阳沈氏宗谱》等文献和常熟博物馆所藏与沈氏相关的书画、藏砚为线索，结合人物采访、文献研究和田野调查，订正以往的一些讹误，以期对沈石友研究中存在的缺失进行补白。

关键词：沈石友　鸣坚白斋　诗存　沈氏砚林

沈汝瑾（1858—1917），江苏常熟人，字公周，号石友、钝居士等，晚年以号"石友"为名，室名有笛在月明楼、鸣坚白斋、月玲珑馆等。沈石友 26 岁成为江苏府学生员（诸生），但终生未仕。经历时势动荡、朝代更迭，石友一生颇为坎坷，留下了《沈氏砚林》四卷（以下简称《砚林》）、《鸣坚白斋诗存》十二卷、补遗一卷（图一）。

常熟图书馆藏有民国十年（1921）刻印的《鸣坚白斋诗存》十二卷、补遗一卷，沈寿祺编纂、宣统辛亥（1911）开雕的《虞阳沈氏宗谱》十二卷（邵松年、俞钟颖序）以及《钝居士尺牍》。2018年，广西师范大学出版社出版由徐国华点校的《鸣坚白斋诗存》（以下简称《诗存》），本文的引用以《诗存》为本）。常熟博物馆藏品中有沈石友藏明胡俨款神骥图砚，此砚虽未列入《砚林》，但沈氏甚为珍爱，逝后随葬于墓中[1]（图二）。常熟博物馆藏《荷花图》轴是难得一见的沈石友绘画真品，画上有沈氏自题诗："莲有君子称，瓜是故侯种。长夏消炎氛，山家足清供。"（图三）另外，与沈石友有关的书画藏品有清代许永《花鸟图》册（钤盖沈石友收

图一　沈石友先生遗像，1921 年王震绘，
采自《鸣坚白斋诗存》

藏印）、程廉《玉茗书屋图》轴（为沈石友所作）、翁同龢《斗牛图》卷（沈石友题跋）[2]、吴毂祥《尚湖春泛图》卷（沈石友题跋）、赵古泥《赵少游卖药图》卷（沈石友题跋）等。这些文物藏品为沈石友研究提供了一些线索和实证。

图二　明·胡俨款神骥图砚，沈石友旧藏

---

* 蔡耀国，常熟文史爱好者。

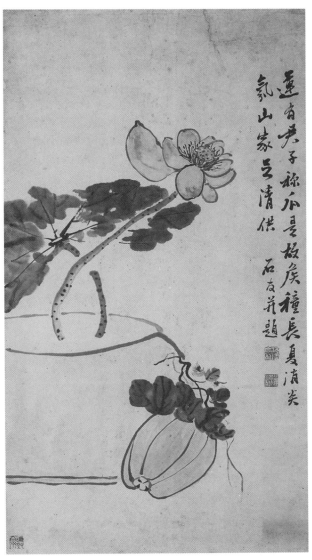

图三　清·沈石友《荷花图》轴，常熟博物馆藏

图四　清·沈珂《雨后放棹图》轴，常熟博物馆藏

一　家世和交游

（一）家世

1. 先辈：据《虞阳沈氏宗谱》和《虞阳沈氏支谱》（民国十二年常熟同文馆铅印本，上海图书馆藏）等资料载，沈石友属济夫公沈伟一支。父沈凤墀，母姚氏。胞弟沈珂（1860—1919），字玉珂，号稚敏，出嗣从父沈秀，为本邑画家。常熟博物馆藏有沈珂《雨后放棹图》轴，此图题款："鸠啼新雨后，放棹一湖烟。野水白吞岸，晓峰青接天。癸卯冬，虞南呵冻。"（图四）

2. 家人：发妻姚氏（沈石友表妹），继室张氏（清河）、瞿氏（再娶）。发妻姚氏生子沈谷斋，字若怀。继室张氏生四女：长适时氏（嘉树），石友1908年作《送女于归时氏》诗"送汝于归去，昆湖东复南"，此女早卒；次女适王氏（寿南），生一女，守寡；三女适张氏（毓幹），也早寡无后[3]；四女乳名五保，因喉疾卒于清光绪二十八年（1902），年仅4岁。五保甚得石友喜爱，在《诗存》卷五中有《哭女五保》《冬至忆亡女》等悼亡感怀诗。

沈若怀应生于1884年前（若怀母姚氏殁于1884

年），《诗存》中有 1886 年作《儿啼行》："儿无母，啼亦宜，西家小儿红锦衣。"若怀聘桑氏（未嫁而亡），后配黄韶绮。石友和若怀的父子关系中带着望子不成龙的失望，《诗存》中有多首诗提及沈若怀，如 1903 年作《至儿子书斋，见架上置〈史记〉，开卷乃〈赵奢传〉，戏作》："龙门史笔高千古，懒惰曾无展卷时。莫向人前嗤赵括，父书能读是佳儿。"1904 年作《遣闷》："儿顽不好学。"1905 年作《咏猫》："勤护残书驱黠鼠，怜渠解事胜痴儿。"1907 年作《古歌》："子妇莫娶胥吏家。"

3. 后人：沈若怀后人的情况颇为扑朔迷离，似未见史料记载。石友老人好友的后人、本邑文史研究者在提及沈氏后代时，只述及家道中落等只言片语，且讳莫如深。笔者一直在寻找石友后人的线索，但所获甚少。2022 年 5 月，得悉沈君度先生的电话号码，笔者便即刻通话；又几经辗转，先后多次和沈君山先生、沈凤娟女士联系询问，目前可知：沈同庚，系沈若怀之子、沈石友之孙（应出生于 1904 年后，因桑氏于 1902 年未嫁而亡，其为沈若怀继室黄韶绮生），1952 年参加上海华东化工学院（今华东理工大学）的组建，1956 年殁。沈同庚有三子：长子沈君度，1936 年生，现居西安，有女沈凤娟；次子沈君毅（1938 年生）、三子沈君山（1952 年生）均现居上海，为沈石友曾孙。沈氏后人在交流中都坦言对石友老人之事所知不多，且近一二十年间仅来过常熟一次。

4. 与家族有关的名人：

沈鹏（1870—1909），初名棣，字北山，江苏常熟人。沈石友族侄。光绪二十年（1894）进士，官翰林院编修。戊戌变法后，因痛恨荣禄、刚毅和李莲英谀媚弄权，上疏弹劾三人"党援误国"，请杀"三凶"，掌院徐桐不敢代奏，沈拂袖归乡。途经天津，将奏稿交《国闻报》发表，引起朝野震动。获罪被捕，两年后获释归里，后精神失常（图五）。

钱仲联（1908—2003），原名萼孙，号梦苕，江苏常熟人，祖籍浙江湖州，历任大夏大学、无锡国学专修学校、江苏师范学院、苏州大学教授，长期

图五 清·沈鹏行书七言联，常熟博物馆藏

致力于中国古典文学的教学和研究。沈石友为其堂舅，钱自述："我母亲是常熟人，是著名诗人沈汝瑾的从妹。"[4] 钱诗中经常有"石哥"出现，即沈石友[5]。

（二）交游

因为可以切磋学问艺事，识名士添声望，扩大朋友圈增长见识，交游成为古代文人生活的一部分，这种文化传统延续至今。介绍沈石友的不少资料都将"寡交"作为其性格特征，这种认识可能是源于沈石友《性直寡朋友，一首寄昌硕》《寡交》两首自述诗："性直寡朋友，长无乡曲誉"，"寡交本吾性，闭户养天真"。其实沈石友并非真正"寡交"，只是其交友有"往来无白丁"的自觉和"直、谅、多闻"的"三益"标准，因此给人带来了不善交友的错觉。

沈石友交往的大多是江南一带的官员、文人、书画家、收藏家。清代，以科举入仕为终极追求的学子在掌握大量的儒家典籍的同时，常浸淫于诗词、书画

的艺术氛围之中。沈石友《诗存》《砚林》所记载的交游人物多达 70 多人。大体可分为以下几类。

1. 外籍在常熟为官和致仕后居常熟的官员、文人：翁同龢、杨岘（藐翁）、俞钟颖（城南）、徐元霖（九石）、徐嘉（遯庵）、吴云（平斋）、宗舜年（耿吾）、丁祖荫（初我）、邵松年（息庵）、徐兆玮（虹隐）、殷芝阶、潘质之、陈丞等。

2. 同邑诗人、书画家：金鹤翔（病鹤）、金鹤翀（叔远）、萧蜕（中孚）、萧盅友（冲友）、俞钟銮（养浩）、赵石（古泥）、程廉（伯隅）、徐凤（仲翔）、蔡钟玮（朴盦）、徐大坤（芥龛）、赵宗建（非昔）、赵宽（止非）、庞树柏（檗子）、黄人（摩西）、张云锦（嗣初）、严吉士（剑北）、陈俊卿（沈石友塾师）、陈子昌、陈夑石、归天石、张水月、顾蕙南等。

3. 流寓常熟的文人、书画家：胡钁（匊邻）、胡松林（迂道人）、徐铭彝（砭士、东郭散人）、翁廉（铜士）、戈忠（朋云）、张熊（子祥）等。

4. 浙沪和苏州的书画文人：吴俊卿（昌硕）、吴毅祥（秋农）、顾潞（茶村）、蒲华（作英）、王一亭（梅花馆主）、赵云壑（泉梅老人）等。

5. 沈石友及继室多病，为其治病的医师：王医士、张再可、陈英。

6. 方外人士：药龛、息机、宗仰（黄浩舜）。

7. 族人姻亲：沈绥臣、沈煦孙（成伯）、沈养孙（彦民）、沈孟怡、姚磐盦、姚伯亨等。

交游，不仅仅是促膝对谈，还有诗歌唱和，更有日常的关切问候。在与沈石友交游的朋友中，有两个特别重要的人物：一是"清末海派四大家"之一的吴昌硕，自 1882 年与沈石友订交，三十多年间两人"磋磨最笃，情亦最厚，信札累计几近千通"[6]（图六）。沈石友《诗存》的《酬昌硕》诗中有"感君青札频频寄，十载相怜胜弟昆"之句。沈石友为吴昌硕点校《缶庐诗存》，经常酬唱，并为吴的题画诗代笔。据考证，知名的《西泠印社记》实为沈石友撰文[7]（图七）。《诗存》中共收录与吴昌硕相关的 107 首寄怀、送别、酬答诗。二是翁同龢外甥俞

钟銮，《诗存》共收录了沈石友与之"斗诗""和韵"日常关切、惦念的往来唱和之诗 127 首，那种心灵相通和精神默契为沈石友的人生提供了温暖。

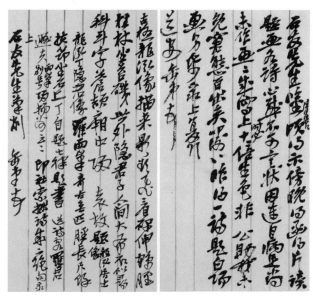

图六　吴昌硕致沈石友手札

还有那隔世的文字神交延续了永恒的情谊。沈石友题翁同龢《邹巷古藤图》《叶亭古迹图》《殿山访碑图》《纸鸢图》《墨兰》《紫藤》，那种亦师亦友的情感经由诗人的笔端得以表达，而悼念徐铭彝、张云锦的诗行也是情真意切。

二　《鸣坚白斋诗存》

沈石友斋号鸣坚白斋，"鸣坚白"出自《庄子·内篇·德充符》："天选子之形，子以坚白鸣。"

沈石友 1917 年殁，吴昌硕、俞钟銮等至交几经努力，《鸣坚白斋诗存》终于在 1921 年刊印。吴昌硕在序中说："石友既卒，萧君中孚囊其遗诗三巨册走海上，述其易箦遗言，嘱为点定，并为之序。"俞钟銮跋："石友既没，甫匝月，其友安吉吴君缶庐谋划刻石友诗，一再函致。銮为请其家，其家漫不省，敦迫数年，始出其稿。"《诗存》的面世得到了吴昌硕、萧蜕（中孚）、俞钟銮、王一亭等生前挚友和朱砚涛、刘翰怡、沈焜等未见面的神交之友的倾力之助。

《诗存》按创作年代时序排列，共收录 1300 多

图七 沈石友撰、吴昌硕书《西泠印社记》，浙江省博物馆藏

首体裁多样的律诗、绝句、古体、三四字短歌等，涉及国事民生、纪游咏物、题画题砚、应答酬唱、悼亡感怀等多个方面。沈石友传承了杜甫、王安石和陈师道的诗学源流，也精研《离骚》《国风》。其诗善用典，"楚人养狙""刘蕡下第""湘灵鼓瑟"等典故的运用为受格律限制的诗歌提供了深度和容量。而《诗存》中的那些断章、短句也成了宜于金石铭刻的文字。

石友诗歌成就之高，一般不为邑人所知，实为憾事。翁同龢称赞沈石友"笔端有金刚杵"。吴昌硕评价他"乐府鲍明远，诗城刘长卿"。钱仲联则说："吾虞近百年诗人，以沈石友汝瑾先生为第一。"[8]沈石友对自己的诗作亦有自我评价，有"五百年无入眼诗"（《倚树》）的自许，有"待月赋诗，诗成月出"（《甲午八月十五日夜雨，待月赋诗，诗成月出》）的得意，也有"诗才空慕杜韩笔"（《摹印不成戏作》）的失落。诗人总是处在矛盾之中，"我与我周旋"的常态和内心敏感成就了诗歌和诗人。

沈石友26岁成为江苏府学生员（诸生），但终生未仕。沈石友《有劝赴省试者答之》："文章变法总纷纭，久淡名心笔砚焚。虽有忧时万言策，不堪下第作刘蕡。"此诗解释了其终生不仕的原因。那个时代的家国板荡、人祸天灾、黎民艰苦在他的笔下有了直接、激情的表达，沈氏诗中有对"民风如草偃，世界待瓜分"的太息（《积弱》），有对"人穷俗陋圜法坏，民智不开年复年"的无奈（《中元》），有"华夷成混杂，家国共艰难"的惆怅（《艰难》）。

读沈诗犹如读史。《诗存》既是一部个人史、家庭史，也是一部近代社会史。沈石友虽然家境殷实，但是他对民瘼从不淡漠。沈氏《研拓装成题册首》中"安得煮为粮，天下人尽饱"之句，与杜甫"安得广厦"之思异曲同工。诗人可以吟风弄月，可以浪漫不羁，但真正的诗人对民间苦难具有感同身受的敏感。《苦热》《苦旱》《哭雨》是对天灾的诘问，《清赋谣》《纳粮谣》《下情》《重赋》是对苛政人祸的控诉，他的诗语更多的是"只为苍生说人话"。《一笑》《感怀》中所表达的思考表现出一个近代知

识分子的风范，甚至有一定的现代意识。

《诗存》用诗行串联起尚湖、剑门、拂水岩、坠石涧、玉蟹泉、赵园、半亩园、龙殿、中峰寺等诸多家乡名胜，用文字的吟唱标明了虞山尚湖的人文之路，为后人绘制了一幅常熟山水的诗歌地图。元旦、上巳、人日、花朝、寒食、端午、七夕、中元、中秋等节庆以及祭灶、展墓、祓禊、龙舟竞渡等民俗都在沈石友诗歌里生动呈现，为我们保留了那个时代的民间记忆。

除《诗存》所列诗文外，石友所著《杂文》《诗余》《今乐府》《新乐府》未见刊行，或已散佚。另有《沈石友题画诗留稿》14篇[9]及《蒲君（华）墓志铭》《故太学徐君（大坤）墓铭》两篇（图八）。《沈氏砚林》有26首题砚诗未列入《诗存》，另有为沈煦孙（成伯）作砚铭若干。

三 沈氏砚谱的编纂和藏砚的下落

砚，始于古代研磨器，为文房四宝之首。清代书法家伊秉绶曾有砚铭："惟砚作田，咸歌乐岁，墨稼有秋，笔耕无税。"砚，深受古代文人的喜爱。文人之砚，集诗文、书画、篆印、雕刻于一身，成为中国独有的文化艺术载体。据文献记载，砚谱最早出现在宋朝，而盛于清代。《沈氏砚林》和清代《西清砚谱》《高凤翰砚史》《阅微草堂砚谱》等组成了砚文化史上的砚谱大观，而《沈氏砚林》在历代砚谱中地位极高。

1.《沈氏砚林》

《砚林》是沈石友殁后六年，沈若怀对其158方藏砚整理拓印而成，成书于1923年。卷首依次有郑孝胥和吴昌硕题书名，郑孝胥题、吴昌硕绘画石砚图，吴昌硕题诗，孙雄序（图九）。孙雄序述及沈若怀托徐兆玮（虹隐）求请作序缘由："石友沈君既卒之六年，令子若怀以砚谱四卷，介徐虹隐前辈乞序于余。"卷末有其子沈若怀撰、媳黄绮韶书的跋文。

"诗可言志，砚以比德。石友藏砚，玩物益志。"《砚林》承载了一个诗人的精神寄托，记录了历代砚主人的思想和交游，也是一本由众多名家在石上钤印的经典印谱。

石友藏砚中，有杜甫像砚、玉溪生（李商隐）

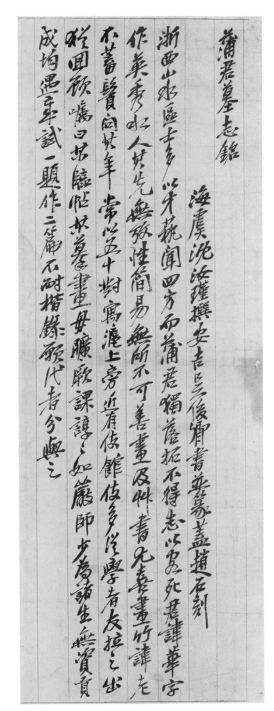

图八　沈石友撰、吴昌硕书《蒲作英墓志铭》稿本（局部）

像砚、黄文节公（黄庭坚）真像砚、李易安（李清照）像砚、文衡山（文徵明）篆谦卦砚、傅青主（傅山）真手砚、阮文达公（阮元）鹅群砚以及曾

图九　《沈氏砚林》之品砚图，郑孝胥题、吴昌硕绘

国藩、翁同龢等名人藏砚。

　　藏砚之名，缘于砚铭。沈石友的砚铭铭刻了藏砚的前世今生、因砚而生的情感和联想表达，成为一类独特的金石文献。砚铭大都由沈氏本人撰写诗文，书画家、篆刻家吴昌硕书写，赵古泥奏刀镌刻，还有少量砚铭为翁同龢、萧蜕、俞钟銮等名士题写。如方正平直砚铭以"方正平直，爱人之则"言说做人的圭臬。石破天惊砚因砚有破残，故铭以"石破天惊，我以诗鸣"，表达容忍残缺的审美大度。大同砚铭："文明大同，是为君子之风。"听松亭长课诗砚铭："是出河洛，秦火不焚。无文字处，中有至文。"龙蔽砚铭："有文无质，遑论学术。吁嗟乎龙蔽。"吕晚村藏砚铭："耕此石田，吃墨亦饱。何必重言，饿死事小。"对明末清初拒仕为僧的大儒吕留良作评价旌表（图一〇、一一）。

图一一　《沈氏砚林》之吕晚村藏砚

　　砚铭受可刻石面尺寸的限制，一般字数不多，但是微言大义，细细品读这些砚铭，能感受超乎物外的砚中之魂。

　　值得注意的是，1906年沈石友作《钝居士生圹志》，三年后再作《钝居士生圹后志》，他提前将墓志铭刻于两方石砚之上，这种形式十分罕见。简约的墓志文字有凄苦，有自豪，也透露出文人气节："殉无金玉，殉以平生之诗"；"人则尚智吾守愚，庶几完我清白躯"（图一二至一四）。

图一〇　《沈氏砚林》之方正平直砚

图一二　《沈氏砚林》之《钝居士生圹志》砚

图一三　《钝居士生圹后志》砚

图一四　沈石友《钝居士生圹后志》砚背铭文

2.《鸣坚白斋砚谱》

在《砚林》刊行之前，沈石友先有107方藏砚编成《石友砚谱》一册赠俞养浩，《诗存》十二卷有《书砚拓付俞氏甥》诗，其后又拓印少量《鸣坚白斋砚谱》（图一五）分赠友朋。2018年北京伍伦国际拍卖公司秋季拍卖会的拍品《鸣坚白斋砚谱》四卷即为常熟徐兆玮"虹隐楼"旧藏[10]。该砚谱为毛装本，常熟书画家、篆刻家孟引祥（1916—1994）题签"鸣坚白斋研谱，竹影书室珍藏"，每卷首页均

钤"虹隐楼鉴藏图籍印记"朱文印。徐兆玮（1867—1940）曾从历代文献和笔记中摘抄有关文人砚的内容，辑成《砚林》三卷、《砚林再续三续》一卷，其手稿现藏于常熟图书馆。

3.《沈氏砚林》的各种版本

经查，国内先后出版的《沈氏砚林》有上海书店1993年版、智汇观2010年版、北京图书馆出版社2011年版、人民美术出版社2021年版等版本，各版本质量不一。沈氏藏砚和《沈氏砚林》在日本影响甚巨，故而日本红白社于1970年、二玄社于1981年相继出版了《沈氏砚林》（图一六）。

4. 藏砚的下落

《沈氏砚林》所载158方藏砚的下落有几种说法。

一是出自《吴昌硕手札集册》（浙江省博物馆藏）中赵云壑[11]的题跋："惜诗人后裔贫困失恃，致将其所有旧藏古研书籍尽为变卖，岂非憾事？"（图一七）。

二是郑逸梅的《沈石友和吴昌硕》一文中所述："石友逝世后，所遗文物都被其子售卖一空。"[12]

三是日本坂东贯山《贯山夜话》[13]记载，沈石友去世后，家门衰败，后人迷上鸦片，家财万贯顷刻间化为虚无，只能将仅存家产变卖。时值中国内乱，藏砚一时找不到买主，辗转找到日本人武川右石买下，藏砚自常熟迁到上海三井仓库，准备运至日本，其间诸多变故，最终由日本书道名家桥本关雪通过一个林姓的中国人代买到这批沈氏藏砚，并运至日本，成为白沙村庄的藏品（图一八、一九）。这批砚台在日本经历了二战战火的洗礼，直到1945年桥本关雪去世，158方砚纷纷散落，大多不知所终。

四是日本井上研山的回忆录《沈氏砚林的归趋》[14]记载，1929年早春的一天，钱瘦铁（1897—1967，师从桥本关雪，流寓东京多年）和其友唐吉生到上海克明路福寿里六号坂东贯山家拜访，并带来《沈氏砚林》一函和约三百张诗笺，其中吴昌硕手迹两百张、沈石友手迹一百张。钱瘦铁是沈石友女婿若褒生的朋友，若褒生在数年前因投资银行的

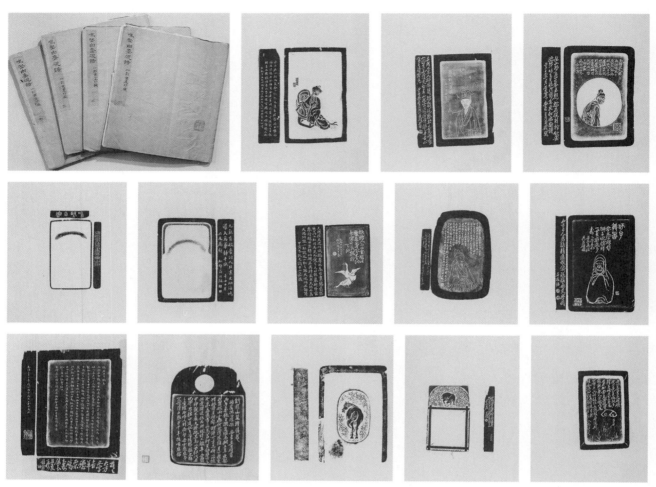

图一五　《鸣坚白斋砚谱》四卷，2018 年北京伍伦国际拍卖公司秋拍拍品

图一六　日本二玄社 1981 年版《沈氏砚林》

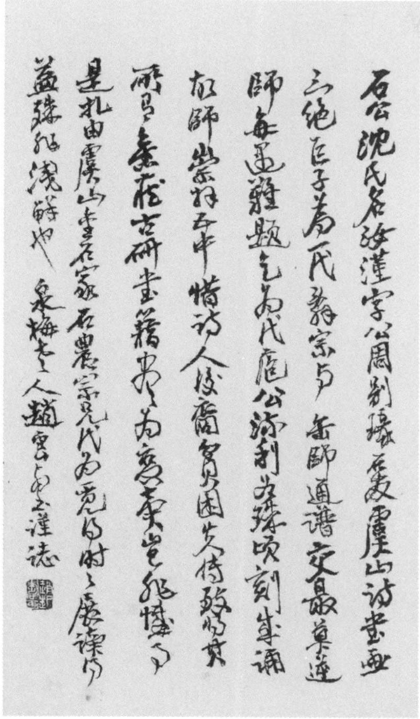

图一七　《吴昌硕手札集册》中赵云壑题跋，浙江省博物馆藏

图一八　桥本关雪

图一九　日本京都桥本关雪故居白沙村庄

交易失败，将《砚林》所载的158方砚台全部抵押给了横滨正金银行作融资，桥本关雪是抵押担保人。返还期限逾期两年多，仍不能还账，银行方面一再催促，从而陷入困境，若褒生与钱、唐两人商量，设法将这批藏砚折成资金还账，经保证人桥本关雪同意，来找坂东贯山商量藏砚售卖事宜。坂东贯山支付了定金，又从正金银行借出这批砚台查看。正巧日本政治家、砚台爱好者犬养毅来到上海，于是坂东贯山邀请犬养毅等人在虹口六三园鉴赏沈氏藏砚。其后过程同《贯山夜话》记载一致。

现在有关沈石友身故后藏砚下落的各种说法，均来源于这四个版本。按照常熟民间习俗，遗产传子不传婿，变卖沈氏藏砚者应不是其女婿若褒生，且从沈氏家乘中查找，沈石友之婿中均无"若褒生"之名，是否有一种可能是日人对沈若怀的称呼？由此，笔者对井上研山回忆录的有关说法存疑。

1981年台北故宫博物院出版的《兰千山馆名砚目录》中载有《砚林》砚六方，为旅居日本的中国台湾收藏家林熊光所藏，后让归兰千山馆林柏寿先生。日本书法界泰斗、西泠印社名誉顾问青山杉雨藏有八方沈氏砚，2008年恰逢西泠印社105年社庆，其子青山庆示将其中的一方吴昌硕题"石友书画之研"捐赠给西泠印社。

此外，还有部分沈氏藏砚从日本回流到国内，但相当数量的砚至今尚未露面。沈氏藏砚先后出现在国内外的拍卖会上，因其递藏清晰，加上名人效应，成交价格屡创新高。近二十年间，国内有杭州西泠印社、北京嘉德、北京中贸圣佳、北京保利、上海朵云轩、香港等拍卖会上出现过运斤成风砚、石破天惊砚、笛在月明楼砚、牧牛砚、夔龙砚、锄砚、圭璋砚、紫云砚、蕉绿樱红砚、宇宙砚、精卫衔残随形砚、天风海涛砚、周药坡蕉白砚、罗浮古春砚、达摩面壁砚、阮文达公鹅群砚、缶庐自写小像砚、墨池砚等（图二〇、二一）。在日本拍卖和展出过的有玉溪生像砚、鹅形端砚、《钝居士生圹志》砚、《生圹后志》砚、方坦庵藏砚、鱼戏砚等。

图二〇　宇宙砚拓片，吴昌硕铭，沈石友旧藏

图二一　运斤成风砚，吴昌硕铭，沈石友旧藏

四　笛在月明楼和玉茗书屋

背靠虞山的西泾河两岸，曾经聚居了翁氏家族、曾氏家族、赵烈文、丁祖荫、萧氏三兄弟等文化大家，形成了一个耀眼的文化群落。知止斋、能静居、环秀楼、缃素楼、笛在月明楼等藏书纳古之楼一时成为江南藏书的地标。

翁府前 38、40 号为沈石友旧居，建于清代早期，原属康熙年间刑部尚书翁叔元，共四进，现存前二进。从 40 号院内过道向北穿过几进房屋，便到

了西仓前下塘，此街的 13 号，主要建筑是一座歇山顶二层小楼，坐北朝南，就是笛在月明楼（图二二）。"笛在月明楼，烟云笔下收。"当年，这里是文人名士雅集鉴金石、品书画、阅藏书、诗词唱和的风流场域，楼主沈石友和翁同龢、杨岘、赵宗建父子、萧蜕三兄弟、金鹤翀昆仲、俞钟銮兄弟和海上名家吴昌硕、蒲华等共同演绎过一段文坛佳话。

图二二　笛在月明楼

"闲梦远，南国正清秋。千里江山寒色远，芦花深处泊孤舟，笛在月明楼。"南唐李煜《望江南》的吟唱，是对故国清幽的追忆，是月夜回荡的笛声。笛子和笛声的意象总带着些许幽怨哀伤和离愁别绪，以此冠名其庋藏之楼，契合了沈石友的诗人气质。

"年年笛在月明楼，倚栏看山沈隐侯。今日夕阳流水岸，薜萝延绿遍墙头。"这是近代常熟诗人萧麟征（谷士）所作《过沈石友书楼》诗。"悲秋屋冷书盈箧，感事歌凄笛一声。"吴昌硕也曾以诗《序沈石友诗集成，赋此当哭》来表达对挚友的悼亡。

图二三　清·吴穀祥《救虎阁图》卷，常熟博物馆藏

笛在月明楼建于何时无确切记载，最早见于清吴穀祥《救虎阁图》卷（常熟博物馆藏，图二三）的题款："光绪庚寅九月重阳后二日记于沈氏笛在月明楼。"即光绪十六年（1890），沈石友时年32岁。而《诗存》中《暴雨小楼看山》《登楼看桂花歌》等诗，就是记录了发生在"青山如友、黄叶当花"的笛在月明楼里的一次次诗意勃发。

常熟博物馆藏有画家程廉[15]于光绪二十一年（1895）为沈石友作《玉茗书屋图》轴（图二四）。图像、题画诗、题记题跋记录了该画轴五十年间流转的相关信息。诗堂为1944年萧蜕友的隶书题额"玉茗书屋图"和题记"此沈氏笛在月明楼旧物，今归企贤老友。原题恶札可厌，为更书易之，仍不能工也。甲申闰月蜕友记"。钤有"萧叔"朱文印、"冲居士"白文印各一枚。画面右上角有题记："予家玉茗数百年，花时爗烂，历百有余日，千葩万蕊，落而更吐。每恨庭宇稍隘，无奇石佐之。欲展地数弓，先人旧庐不忍更毁，又乏营造之资，辄恺恺不快。乙未（1895）仲春，玉茗盛开，伯隅程翁过访，对花小饮，为绘图如予意，拊掌叫绝。后之人或如斯图布置，未可知也。石友沈瑾记，嗣初书。"钤"云锦"白文印。裱边右侧有沈石友十年后的题诗三首：

　　程翁去访三株树，张子久为千古人。今日花前独看画，可怜花亦少精神。

　　烂漫依然玉茗开，更无人为看花来。春风寂寂闭庭院，谁共茅堂酒一杯。

　　眼昏沧海见扬尘，白发萧疏老病身。六十

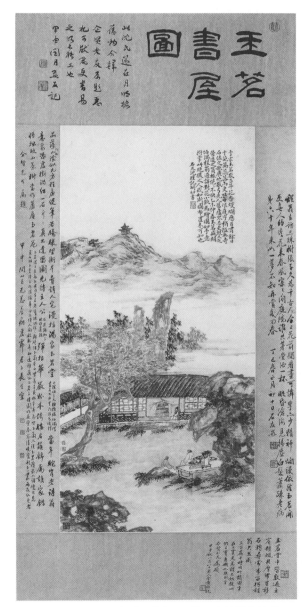

图二四　清·程廉《玉茗书屋图》，常熟博物馆藏

年来如一梦，不知再赏几回春。

　　丁巳（1905）春正月初十日，石友题。

此三首《检得〈玉茗花图〉感题三绝句》录入《诗存》第十二卷。裱边左侧有杨无恙的题诗和诗注：

　　品藻山阴似九方，程廉健笔若腾骧。望衡早卖诗人宅，漫指汤家玉茗堂。（山阴任立凡极推服伯隅，谓画名不出里门，深为惋惜。）

　　当年驼背老诗翁，意象凭虚树满红。一石斤斤真不达，留图先待主人公。（石友能知予，时作达语。）

　　弹指华严粉本夸，楼名簇锦属谁家。错将拙政山茶树，当作芦庵玉茗花。（玉茗谓白茶花，红者自有名，若宝珠、玛瑙之类。譬诸玉兰本白，紫为辛夷，称辛夷为紫玉兰亦误。"玉茗"读前人诗便可见，范石湖《玉茗》诗云：折得瑶华付与谁？人间铅粉弄妆迟。谢薖《咏玉茗》云：佳园昨夜变春容，清晓惊开玉一丛。无及红色者。）

　　甲申闰四月，无恙养疴虚廓君子长生室。

画轴地头有季厚焘（号今啬）题跋："玉茗堂中昔数过，主宾毡蜡共摩挲。星移石转寻常事，留得程翁尺五图。三百篇中时用叶韵，图字在七虞，无恙谓不妨援此，仍之，实老懒也。脱例字。企贤仁兄属题。甲申秋八月，八十老人今啬并记。"

玉茗花即白山茶花。沈石友有玉茗之爱，将其列作"岁寒三友"。《诗存》中有多首诗提及玉茗花。《玉茗花歌》：

　　予家有松柏、玉茗，皆数百年物。松柏昔已作歌，今又赋玉铭，号为岁寒三友，时戊申立春日也。

　　冰霜雪霰雾风雨，青青松柏侥春容。玉茗盘根大地中，花似美人双颊红。十月花开到三月，百卉低头称老佛。只有松柏如弟兄，一种贞心坚劲骨。此花约有五百年，兴亡见过沧海田。呼为三友同岁寒，宝惜远胜琳琅玕。月夜吟诗花下立，花魂月魄俱感泣。岁朝三日立春节，三友贺年对相揖。灵和殿柳董墓桃，怯雨摇风安敢匹。[16]

还有两首和俞钟銮的诗，《养浩示玉茗花诗，和韵》："我生千载后，结想千载前。想彼古美人，不过如花妍。所以坐花下，日夕手一编。故人枉驾至，相知在髫年。清言有隽味，何必烹小鲜。羞效世俗交，酒肉相周旋。惜难分此花，移植君墙边。"[17]《养浩来看玉茗赋长句见示，和韵答之》："三友相依度岁寒，春来差喜各平安。沧桑历劫同嘉树，金石论交结古欢。旧雨屡将佳句至，朝霞聊共落英餐。愿花长好人长寿，翠柏苍松一样看。"[18]

沈氏玉茗书屋今已无存，玉茗书屋和笛在月明楼的位置布局只能在心中想象了。

将《砚林》和《诗存》并读，我们可以从中获得沈石友的生平、事迹及交游的很多线索。石友老人已逝去百年，但是只要笛在月明楼、相关文献和文物藏品依然留存世间，一代诗人、书画家和收藏家的行迹和情怀就不会随着时间流逝而湮灭。

注释：

[1] 陶元骏：《常熟博物馆藏砚选介》，《常熟文博》（内部刊物）2019 年第 2 期。明胡俨款神骧图砚，常熟博物馆所藏，砚右侧刻砚铭："凿来神骧玉花骢，风首麟蹄万马雄。举世才无狂李白，万言欲试愧衰翁。丙午，胡俨。"砚左侧刻："不羡人骑御史骢，山林犹是气豪雄。万言未试年垂老，得失何须论塞翁。石友得此研，和韵。属吴昌硕书。甲寅十月。"《诗存》十二卷有《题神骧砚拓本》："端溪研刻千里驹，如见韩幹所画图。世间真有此神骧，骑踏沧海驱天吴。精良楮墨毡蜡拓，笳鼓不闻破阵乐。伏案犹钞黄石书，时望房星

降山岳。"

[2] 沈石友:《鸣坚白斋诗存》卷八《题翁同龢〈斗牛图〉》:"幸免太庙牺,争此芳草地。大物何庞然,戏墨有深意。卞庄刺两虎,因斗取之易。勿逞头角雄,旁人欲为利。"

[3] 《虞阳沈氏宗谱》,清宣统辛亥(1911)刻本,常熟图书馆藏。

[4] 钱仲联:《钱仲联自传》,巴蜀书社,1993年。

[5] 钱仲联:《梦苕庵诗词点将录合集》,华东师范大学出版社,2021年。

[6] 邹涛、沈乐平等编:《吴昌硕全集·篆刻、文献卷》,上海书画出版社,2022年。

[7] 邹涛:《吴昌硕〈西泠印社记〉疑为沈石友代作》,《中国书法》2008年第9期。

[8] 同[6]。

[9] 王立民、刘奉文:《〈沈石友题画诗留稿〉笺释》,《文献》2009年第4期。

[10] 北京伍伦国际拍卖有限公司网页http://www.wulunpaimai.com/auction_search.aspx?q=%E9%B8%A3%E5%9D%9A%E7%99%BD

[11] 赵云壑(1874—1955),字子云,改名起,号壑道人、泉梅老人等,江苏苏州人,为吴昌硕高足。《吴昌硕手札集册》(浙江省博物馆藏)赵云壑题:"石公沈氏名汝瑾,字公周,别璪石友。虞山诗书画三绝巨子,为一代辞宗。与缶师通谱交,最莫逆。师每遇难题,乞为代庖。公流利为珠,顷刻成诵,故师崇拜五中。惜诗人后裔贫困失恃,惊其所有旧藏古研书籍尽为变卖,岂非憾事?是札由虞山金石家石农宗兄代为觅得,时时展读,得益殊非浅鲜也。泉梅老人赵云壑谨志。"石农指篆刻家常熟赵古泥。

[12] 郑逸梅:《沈石友和吴昌硕》,朱孔芬编选:《郑逸梅笔下的书画名家》,上海书画出版社,2002年,第2页。

[13] [日]坂东贯山:《贯山夜话》,木耳社,2010年。

[14] [日]井上研山撰、邹涛译:《沈氏砚林的归趋》,《中国书法》2008年第9期,第151—155页。

[15] 程廉(1851—1896),字毓生,号伯隅,江苏常熟人。画家程百龄之子,承袭家学,山水笔意奔放。

[16] 沈石友著、徐国华点校:《鸣坚白斋诗存》,广西师范大学出版社,2018年,第218页。

[17] 同[16],第298页。

[18] 同[16],第355页。

常熟历代工匠及其匠心

蒋伟国 *

内容提要： 历史文化名城常熟自古以来产生了众多名人，其中就包括社会地位不高却以其制造之器物、营造之建筑、刻印之书籍等留名青史的工匠。本文从常熟历代工匠的类别着手分析，对常熟工匠的特点进行归纳总结，解读其中蕴含的追求卓越的工匠精神。

关键词： 古代　常熟　工匠　历史

襟江带湖的江南文化重镇常熟，历史悠久，文运昌盛，自古就有学道名邦美誉。长期以来，对文化的重视，养成了常熟人对文化人特有的尊重，进而影响到了书画创作、弦歌雅乐、吟诗作赋、书香传家等地方文化特色的形成和传播。

这方土地上，在认同儒家主流文化影响的同时，不少人并没有囿于"雕虫小技君子不为"的观念，对手工技艺心存鄙视，而是理性、客观地看待它们，在日常生活中既以此作为谋生的手段，更视其为展示聪明才智、创造能力的重要途径。由此，常熟历史上产生了一批名垂青史的能工巧匠，留下了一些令人赞叹的传世之作。

一　历史上常熟各类工匠层出不穷

历史上常熟工匠从事的手工艺门类不少，但因为社会上不同程度存在着看不起手工技艺从业者的心态，官修史书包括地方志对他们的记载，要么付诸阙如，要么语焉不详。这种情况一直延续到新中国成立之初，在一定程度上造成了对工匠历史叙述、分析文章的缺乏，对工匠作用总结、肯定文章的缺失，对工匠精神概括、提炼文章的缺位。

带着对默默奉献、善于创造的常熟工匠精神的敬意，笔者对其模糊的历史展开了追寻。从地方文献和碑刻墓志中片言只语的零星记录搜索出相关的资料，进行梳理、归类、分析，概述如下。

＊　蒋伟国，常熟市文体广电和旅游局主任科员。

（一）建筑工匠

此类人员涵盖面很广，包括木工、瓦工、石工、油漆工等不同工种。常熟历史上曾产生过大师级的建筑工匠——明代紫禁城的建筑设计师蔡思诚和各路工匠的总头领朱文铭。

蔡思诚是常熟工匠中具有代表性、影响力的人物。他生活于明代初期，以主持建造北京紫禁城著称于世。永乐初年，明成祖朱棣决定迁都，开始在北京筹划建造皇宫。时任太子少师的姚广孝是吴县人，对同为吴地之人的蔡思诚及其团队的营造技能、业务水平十分了解，就把他推荐给了正在选择营造团队的皇帝。朱棣将蔡召到便殿，询问他有关宫殿建造的制度、技艺，蔡侃侃而谈，对汉唐宋元以来的宫殿建造情况和变化作了详细说明，得到了皇帝的认可。基于此，蔡得到重用，担负起了设计、建造皇宫大内的重任。蔡培养了不少弟子，其中最有名的是吴县人蒯祥，他曾督造紫禁城承天门（天安门），业绩杰出。以他为开山祖师的"香山帮"，至今还在建筑领域产生重要影响。

与蔡思诚同时代的朱文铭，也是常熟工匠中的佼佼者。朱文铭出身石匠之家，其父朱华是一位擅长石雕石刻技艺的匠人。他从小随父学艺，打下了扎实的功底。明成祖朱棣营建北京皇宫时，集天下能工巧匠于京畿之地，要求各路工匠推荐一人担任总头领，众人一致推选朱文铭。永乐十八年（1420），北京紫禁城建成，皇帝十分满意，特授他为工部营缮所丞，并给予重赏。宣德五年（1430），他又被擢升为工部营缮所副阶修职郎。正统二年（1437），朱因积劳成疾，卒于京城靖恭坊居所。

蔡思诚、朱文铭之后，古代常熟建筑工匠的情况，各种书籍几乎全部失载。倒是原存于常熟县城西门外宝岩张氏祠堂内的明景泰七年（1456）《张氏预嘱》碑（图一），留下了明代匠人活动的一些蛛丝马迹。该碑的立碑人张世荣从小跟随父亲张文贵学习营造技艺，"幼颇能代父之劳"。之后长期在北京从事营造，每次一待就是五六年。父亲过世，他与义姑夫潘文旺一起以匠役营生，"常应役官府"。身衰体弱之年，他对包括义子吴添福在内的匠人提出要求，"匠役班次，轮流应当，毋得推调"[1]。

根据历史延续的情况分析，世代居住在宝岩的张世荣，或许是常熟"山前石匠"的开创者。这个群体的石雕作品遍布于江南的寺院道观、陵园墓地、私家园林。20 世纪 20 年代，"山前石匠"还应国民政府之召，赴南京参与中山陵的营造工程。

（二）雕刻工匠

这类匠人在常熟实属为数不少，按其雕琢材料质地的不同，可细分为从事石雕、木雕、砚雕、微雕等，但留名于史的可说是屈指可数。

砚雕是中国雕刻艺术中的奇葩，在常熟传统技艺中占有相当分量。早在明代，常熟就出现过一位名叫张寅（字省卿）的琢砚名家。其传世作品中有一方砚为清代藏砚家沈石友收藏，充满诗情画意。砚的背面镌刻江南田园景色，旁刻有"省卿"之印；一侧镌有徐俟斋的题诗："砚图似江南，满村黄叶树。如此好溪光，乃无一人住。清河是良工，刻此岂无故。要使举世人，勿为轩冕误。"

清末，虞山印派传人赵石不仅诗、书、画、印兼擅，在砚铭雕刻上也有较高造诣。沈石友的收藏中，有一方北宋诗妓苏阿翠像砚，砚雕内容与砚侧上明代诗妓马守贞的题诗，人称"二绝"。沈石友得到此砚后撰写铭文，由吴昌硕书写，再经赵石镌刻上砚（图二）。沈石友很多藏砚上的诗画佳作，也都是延请吴昌硕书丹、赵石雕刻合作完成的。

20 世纪前后，在砚雕领域诞生了制砚大家陈端友。他是常熟王市人，13 岁入私塾读书，父亲过世后，迫于生计，背井离乡到扬州问古斋碑帖店当学徒。1912 年，他跟随业师张太平到上海，在东新里所开设的店铺制砚。1917 年起，陈端友以制砚为业，

通过制砚、替人修理旧砚或雕刻印纽，勉强维持生计。他还参加了海上题襟馆金石书画会，结识了吴昌硕、贺天健等不少艺术名家。1936 年，他客居中医名家余伯陶家制砚，创作出了一些传世佳作。

常熟的微雕工匠，见诸古代史书记载的不多。仅有的叙述见于时人的笔记中，魏学洢《核舟记》在 20 世纪 80 年代以来被选入初中语文教材而广为传诵。这个传奇工匠就是《核舟记》中被赞叹为"奇巧人"的王叔远。

王叔远名毅，明代人，生卒年月不详。有关他的生平业绩，民间只有一些传说流传下来。相传他出生于常熟一个小商人家庭，满周岁时，家人为他准备了"抓周"的仪式，以预测他的前途和性情。从备选的物品中，王叔远抓住了一把小刀，家人很是纳闷。后来他的人生走向，表明他选择的目标不是横刀立马的将军，而是一名微雕匠人。

王叔远"能以径寸之木，为宫室、器皿、人物，以至鸟兽、木石，罔不因势象形，各具情态"。他曾创作微型木雕天封塔，精巧异常，然而其最有名的微雕艺术品当属用桃核雕刻的苏东坡泛舟游赤壁的小舟。核舟"首尾长约八分有奇，高可二黍许。中轩敞者为舱，箬篷覆之。旁开小窗，左右各四，共八扇……船头坐三人，中峨冠而多髯者为东坡，佛印居右，鲁直居左。苏、黄共阅一手卷。东坡右手执卷端，左手抚鲁直背。鲁直左手执卷末，右手指卷，如有所语……舟尾横卧一楫。楫左右舟子各一人……通计一舟，为人五，为窗八，为箬篷、为楫、为炉、为壶、为手卷、为念珠各一；对联、题名并篆文，为字共三十有四。而计其长，曾不盈寸"。无怪乎魏学洢对这件佳作惊呼："技亦灵怪矣哉！"[2]

（三）刻字工匠

自古以来，中国就有刻字于器物上的传统。常熟作为吴文化的发祥地之一，刻字的历史也是源远流长。由此，默默无闻的从业人员不绝如缕。他们中有刻字于碑碣、墓志上的，有刻字于木质书版上的，有刻字于印章上的，只是留下姓名者并不多。

第一类刻字于碑碣、墓志上的工匠，因为地位

图一　明景泰七年（1456）《张氏预嘱》碑，常熟市碑刻博物馆藏

图二　宋咸淳阿翠像砚拓片，采自《沈氏砚林》第82—83页（上海书店出版社，1993年）

低微，生平大都难以稽考，他们的名字，只有少数镌刻于碑尾而为人所知。有研究者统计，自唐代开始，常熟籍的碑碣、墓志刻工，有名有姓的计有49人，分别为唐代、宋代、元代各1人，明代24人，清代22人[3]。他们所刻的碑碣、墓志，部分现藏于常熟博物馆、常熟市碑刻博物馆，有的则已佚失或者仅存拓片。

第二类刻字于木质书版上的工匠，活跃于常熟各地的私家藏书楼中。常熟自古就有耕读传家的风尚，重视藏书及书本知识的学习。从宋代开始，常熟逐渐成为中国私家藏书的重要区域。明代嘉靖以后，常熟的私家藏书蔚然成风，极一时之盛，并由此形成了以"虞山"命名的藏书流派。虞山派藏书家，不仅收藏书籍数量多、质量精，而且重视传承，通过鉴别、抄录、校雠、装订等工序，把有价值的书籍刻印出来，传之后世。明代常熟有藏书家150

多名，其中的124名有刻书活动，还出现了当时全国乃至世界一流水平的私人刻书家毛晋。据统计，毛晋一生刻书600多种，刊书版片1万余片。钱泳《履园丛话》称，汲古阁后有楼9间，多藏书板，楼下两廊及前后为刻书匠所居。时人称其"行野樵夫皆拜赐，入门童仆尽抄书"。有专家指出，当时在毛晋刻印世俗书籍的工场、刻印《径山藏》的经坊中，先后雇了2000人进行编校、写样、刻印、装订，规模之大，无人能匹。到了清代，参与刻书活动的常熟藏书家依然多达125名，其所雇用的工匠应当是一个不小的数目。

第三类刻字于印章上的工匠，在常熟有着不小的群体，而且形成了独特的艺术流派——虞山印派，影响了清初以来三百多年。这一流派，由元代缪贞、戈汕等开其端绪，由清初林皋、沈鉥和王瑾正式创立。三人以相似的印作风格、扎实的创作功力、重要的艺林地位和影响，以及之后清晰的传承脉络、创作成就等载入中国篆刻史。林皋成为印坛的艺术巨匠、传世宗师，得益于他对前人传统的研习和取法，得益于他日积月累的艺术功底，更得益于他孜孜不倦的创新追求。他的篆刻作品或流畅、绵密，或沉稳、严谨，"无一字不合法，无一笔不灵动"，显示出他的大师风范。

（四）金银器工匠

常熟有着生产金银镶嵌工艺品的悠久历史。据《姑苏志》记载，"嵌银壶、瓶、香炉诸品出常熟"。明代龚立本《常熟县志》称当时的韩四郎从事金银工艺达到了"绝世之精镠"的境界。明代崇祯年间，梅李工匠吕国华所制的酒器，被誉为天下第一。制作酒器时，吕国华先在铜制器物表面雕凿花卉、虫鱼或书法文字，嵌上粗细不等的银丝，进行精心打磨；待其定型后，浸泡于自己配置的化学溶剂中，使之变黑，因此所嵌银丝色泽经久不变。他制作的酒器精致典雅、富贵奢华，大多为达官贵人购藏。他的艺名传遍大江南北，其儿子以家传手艺赴京应考，被选为铸印局儒士。

清代，常熟的金银镶嵌工艺发展到了新的阶段。以孙圣符为代表的匠人以錾花工艺为基础，在精巧的首饰、餐具、陈设品上，用名贵的珍珠宝石镶嵌出造型生动的花鸟虫草、飞禽走兽、人物仕女，成为官宦富户的喜爱之物。

清末民初，常熟有大小银楼20多家，镶嵌工匠200多人，梅李的陆志刚便是其中的佼佼者。陆志刚铜匠出身，擅长乌铜嵌银丝工艺。他以黄铜作坯，镶嵌银丝图案，制作成的错金银铜器，被人推为绝品，驰名江南。他制作的乌铜嵌银丝墨盒，在1915年举办的江苏省首届地方博览会上获得一等奖。

（五）花边织绣工匠

近代以来，常熟以制作花边有名于世，极盛时期，有"花边之都"的美称。常熟的花边，是本地女性在继承传统刺绣、编结工艺的基础上，吸收欧洲的抽纱工艺糅合而形成的特色工艺品。它的诞生，离不开世居浒浦居家大宅基的季根仙。1917年，季根仙去上海徐家汇探望亲戚，经介绍在圣母院向外国修女学起了欧式花边制作工艺。她本来有一手很好的针线活，三个月学习下来，就开始在教堂领取物料绣花。自沪上返回浒浦后，附近十里八乡的妇女慕名到她家观摩，并纷纷恳求她传授花边制作技艺。于是，她在浒浦白宕桥办起了花边传绣所。在此后的四五年间，经她直接传授绣花边技艺的妇女就有百余人，再经这些人转教而学会绣花边的不下千人。1921年，浒浦问村、白宕桥一带，有花边店不下20家。

稍晚于季氏在浒浦开展花边传习的，是常熟大义的妇女赵倪氏。1922年左右，她在上海徐家汇天主堂学会了一种不用布料绣花的花边工艺——俗称"纸头上花边"的万缕丝，并带回家乡进行传授，随后在常熟西乡传开。稍后，当地又有赵仲志、赵孟豪、赵晋卿三家，分别到上海采购绣线、拿绣样，然后通过将整幅纸样分成小块、印制外发、绣毕回收，再雇工把绣成的小块拼接加工成整套花边。

在常熟花边技艺传承的过程中，季氏、赵氏两种不同的花边工艺，相互渗透借鉴，并与地方民间刺绣工艺融合，形成了常熟花边独特的艺术个性。到1947年，常熟各地有花边商300多号，代发花边户600多家，洗烫花边作坊70家，以花边为业的妇女更是数以万计。

（六）木几组合创意设计工匠

此类艺人中，明代常熟人戈汕可称业界翘楚。戈汕，字庄乐，生于明万历十年（1582），卒年不详。他创制的蝶几（因几案之面多为斜角形，有如蝶翅，故名），陈设于其日常居所赖古室。他的脑海中每有新的蝶几设计思路，便让儿子戈横绘制图形，"积而成帙"，据此辑为《蝶几谱》，在万历四十五年（1617）编成一书，并于崇祯三年（1630）由其外甥毛晋之汲古阁刻版行世。

回溯历史，几案的出现，当不晚于唐代。据记载，当时人们已专门用燕几（"燕"通"宴"）宴请宾客。进入宋代，几案形制愈益多样，除了传统的凭几、燕几外，尚有茶几、花几、香几、榻几、炕几、桌几、书几、足几等。由此，市面上出现了由北宋文人黄伯思编撰的几案图集《燕几图》。

《燕几图》对宋元明时期硬木家具领域产生的影响，自然也会影响到十分关注几案设计、制作的戈汕。这位"能书善画，尝造蝶几，长短方圆，惟意自裁，垒者尤多，张者满室，自二三客至数十俱可用"的行家里手，从中受到启发，推出了由其创制的木几组合方式图集《蝶几谱》，为后世提供了一种具有文人气质的、颇具巧思的家具设计与制作案例（图三）。

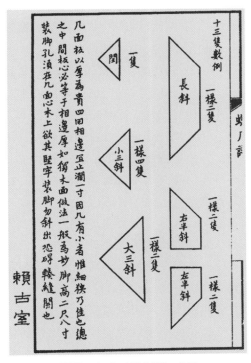

图三　戈汕《蝶几谱》书影

《蝶几谱》一书，首为戈汕自序。正文先用图案说明各几几面的形状、只数，下料用的纸样的画法、截法，加工时的工艺要求等，其后分类介绍拼凑组合的图例。蝶几以斜角形为基本形制，按几面形状及大小分为6种，其中"长斜"2只、"左半斜"和"右半斜"各2只、"小三斜"4只、"大三斜"2只、"闰"1只，总共13只几面，可组合成130多种形状的木几。

书中以29幅版面标示组合的几面形状，共分方、直（矩形）、曲（曲折形）、楞（六棱形）、空（中空）、象（象形）、全屋排（陈设）、杂（其他）八类。其中象形类如蝴蝶、轻燕、飞鸿、双鱼、桐叶、秋葵叶、女墙、曲池、茅亭、古鼎、短簋、野店等，甚似七巧板所拼形象。

由于戈汕所创之蝶几变化多样，可以"随意增损，聚散咸宜"，能够"时摊琴书而坐，亲朋至藉觞受柸"，在著名文物鉴赏家王世襄看来，在这种又名"奇巧桌"的绝妙组合之器物上，体现出的是明代文人不屑于达官巨贾用家具来炫奇斗富的俗气行为而别出机杼、展示自我的意趣和情怀。

除了上述各种工匠外，常熟还有盆景园艺、红木雕刻、书画装裱等能工巧匠，由于史籍记载较少，在此暂不作讨论。

二　历代常熟工匠的特点

普通的中国工匠在大部分历史时段往往都籍籍无名，后世之人既不知道他们生于何时、卒于何年，又不明了其具体的生平经历，但是他们对丰富民众生活和文化的传承发展发挥了重要的作用。

常熟工匠既有着其他地方工匠一样的共性，同时因地域文化的差异，他们又具有一定的个性色彩。

（一）在子承父业与选贤任能之间找到了合适的传承之道

历史上常熟的工匠之家有着子承父业的传统。作为父辈，自己辛辛苦苦创下的基业，总想要好好地传承下去；对于后辈来说，父辈辛勤奋斗打下的基础虽然仍需经过不断的努力才能巩固，但毕竟不是白手起家，纵然社会地位没有多大提高，这些"父荫"可使他们获得基本的生活保障，心无旁骛地做好自家的手工技艺。

查阅文献资料，常熟子承父业的工匠有石匠朱华、朱文铭父子，张文贵、张世荣及其养子吴添福一家三代，有从事碑碣、墓志雕刻的吕谦、吕臻、吕顺、吕泽、吕奎等吕氏家族人员等。因为长期以来人们对于工匠身份的偏见和歧视，还有不少常熟工匠家族湮没在了历史的长河之中，其事迹不为人所知。

子承父业的优势能否得到发挥，在于选人、用人得当与否。在中国古代传统家庭中，父亲的地位至高无上。不过，父辈的美好期望与子孙对人生之路的选择不可能完全匹配，而带有相当大的偶然性，如果传承不好，家族手艺只传了一二代就偃旗息鼓了。因此，常熟古代工匠在讲求自创家业、子承父业的同时，也重视对异姓人才的发现和培养。

明代建筑名匠蔡思诚带出了蒯祥等不少名徒，但史籍记载他的徒弟并无常熟人，更没有他们蔡家的人。近代篆刻大家赵古泥在传承技艺时，除了对女儿赵林耳提面命外，还收了上海邓散木、无锡汪大铁、松江唐俶等弟子。季根仙在上海学会了欧式花边制作工艺后，并没有独享资源，而是办起了花边传绣所，让更多的人学习到这种新技艺。常熟工匠以躬亲实践为技艺的传承和发扬做出了积极的贡献。

（二）在维持生计与打造精品之间抓住了立足的关键环节

人的生存，需要基本的谋生手段。中国古代社会重农轻商，对农业以外的营生大都持鄙视的眼光，因此不光选择手工技艺行业需要很大的勇气，能够坚持下来更是一种考验。

近代琢砚名家陈端友15岁时就因父亲早逝，离家远走扬州拜师学艺。因为深切感受到生活的艰辛，成为学徒后，他十分勤奋刻苦，几年下来学有所成，但琢砚所得，常常只能勉强度日。苦难能够消沉人的意志，也能激发人的创造热情。陈端友以其锲而不舍、精益求精的精神，成就了他海派砚雕开山宗师的地位。他十分注重作品的质量，从构思、选材、布局到初步雕刻、雕琢成形，每琢一砚，常常用时数年乃至十数年，所以历其一生，琢砚仅50余方。他的作品，不落动辄以梅兰竹菊、鸟语花香为主题的窠臼，别出机杼，让人耳目一新。他创作的兽面纹提梁卣端砚，以阳纹浅刻的方式，砚面周缘在回纹锦地上刻兽面纹和夔纹，砚背摹刻西周兽面纹提梁卣，层次分明，大大拓宽了砚台的表现领域。

出身贫寒的赵古泥自幼对书法、篆刻有着不同寻常的兴趣，为了避开夏夜的蚊虫叮咬，他把双脚伸在瓮中，兀自一心一意研习刻碑、刻印的章法。他的才气和勤奋，使他得到了邑内方家的肯定和指点，技艺不断长进。之后，他不甘心一辈子作刻字工匠，师从吴昌硕的入室弟子李钟学习篆刻。弱冠之年，赵古泥经沈石友介绍，得到吴昌硕的点拨指导。难能可贵的是，他不唯上、不唯师，不感情用事、不固守师训，带着理性去学习去思考，终于实现了由模仿、借鉴到升华、蜕变的跨越，成为新虞山印派的一代宗师。所以，他在临终前自信地对妻子金汝珍说："我刻印得微名，二百年后当有人知我名氏也。"

（三）在坚守传统与传承文化之间确立了理想的目标追求

绝活儿是任何时代工匠得以立足的根本。没有过人的技艺和才能，要想在行业中出人头地是不可能的。当然，想要练就人无我有、人有我优、人优我特的本事，绝非一年半载所能奏效，而要持之以恒，久久为功。

蔡思诚应召到北京负责建造皇家宫殿，他经常出入工地，把好工程建设的一道道关口。一天，明成祖经过刚刚造好的后殿，发现后檐偏了两尺，就说后檐建歪了。一旁的蔡思诚马上向皇帝解释说，这个地方北风劲大，不久后檐就会直立不偏。后来的情况，果然如蔡所预料的那样。蔡思诚的这种判断，不是信口开河，而是基于自身深厚的经验积累，并对地形、气候等因素加以综合考量，进行理性分析的结果。这就是他作为杰出工匠的绝活儿。他的这一判断得到验证后，现场一起从事营造的工匠们对他更加敬佩。

毛晋的汲古阁建有专门的刻书作坊，雇佣有数以百计的工匠。有研究者指出，在毛氏数量庞大的雇工中间，除了农工、校勘人员外，还有不少书工、刻工。有不少雇工可能是种田、刻书兼长的高手：农忙时节，拿起锄头种地；农闲时节，手执雕刀刻书。

当今社会已进入信息时代，电子阅读大行其道，人们对纸质图书的兴趣明显降低。然而，汲古阁的书工、刻工对书籍印行和文化传承做出的贡献不应被忘却。汲古阁的工匠，仅见于《神农本草经疏》版心的刻工有汪、吴、徐、台、范、杨六人；见于《径山藏》的书工有于起龙、于从龙、陈兆熊、黄

铭、魏邦泰、徐大任等，刻工有李如科、潘守城、杨可浍、李涣、范应时、徐应鹏等，他们在藏书楼主人毛晋等的率领下将"藏书不如读书，读书不如刻书""刻书可以泽人"的理念付诸行动，造就了"毛氏之书走天下""汲古之书走天下"的局面。

注释：

[1] 明景泰七年（1456）《张氏预嘱》碑，1949年后常熟市文物管理委员会征集，现藏于常熟市碑刻博物馆，碑文见常熟市碑刻博物馆编：《江南言子故里碑刻集·碑碣卷》，上海辞书出版社，2013年，第16—17页。
[2] 〔明〕魏学洢：《核舟记》，〔清〕张潮辑、王根林校点：《虞初新志》卷十，上海古籍出版社，2012年。
[3] 常利平、陆晋基、司马鸿：《常熟石刻考工录》，周公太主编：《新中国常熟考古资料集成》，广陵书社，2010年，第47页。

庞薰琹与莫斯科"中国工艺
美术展览会"的举办

夏　淳*

内容提要： 1954 年 11 月"中国工艺美术展览会"在莫斯科举办，以庞薰琹为首的访苏代表团在苏联开展了长达 100 多天的布展和考察工作。本文试图从该展览的起因、过程、作用及考察工作的内容、收获、影响等方面论述庞薰琹的苏联之行，为庞薰琹研究提供参考。

关键词： 庞薰琹　莫斯科　中国工艺美术展览会　考察工作

1954 年 11 月，"中国工艺美术展览会"在莫斯科举办，以庞薰琹为首的访苏代表团在苏联开展了长达 100 多天的布展和考察工作，成果丰硕。

一　以首届"全国民间美术工艺品展览会"为契机开启的大规模工艺美术出国展

新中国成立之初，各项事业百废待兴，中国的工艺美术发展面临新的历史机遇。面对新的国内外环境，贯彻毛泽东在延安文艺座谈会上的讲话精神以及落实《中国人民政治协商会议共同纲领》中加强各民族之间团结互助的规定，确立党和政府在工艺美术领域的领导权，保障了工艺美术切实为新中国建设服务。与此同时，手工业对国民经济发展的补益作用得到重视，工艺美术产业对解决就业、弥补大工业生产的作用和出口创汇的潜力被逐步认识。

1953 年 12 月 7 日，首届"全国民间美术工艺品展览会"在北京劳动人民文化宫举行，来自全国 20 多个省、市及 20 多个兄弟民族的近 3000 件陶瓷、染织品、刺绣、金属工艺品、漆器、编织品、雕塑品及木偶、年画、剪纸、玩具等美术工艺品参加展出[1]。在展览持续的 28 天时间内，接待观众 18.3 万余人。

尽管这一展览作为新中国成立之初由国家主导举办的规格最高、规模最大的全国性工艺美术展，体现出众人参与的特征，但实际负责人则是当时刚刚北上来到中央美术学院任教的庞薰琹。庞薰琹被任命为展览筹备会副主任，主持展览的总体策划和实施。他率领学院师生组成民间调查小组赴全国各地调研并收集相关工艺美术品。据曾担任庞薰琹秘书的刘守强记述："庞先生为这次展览会，从征集展品到展出的一切工作，自始至终，工作量很大。庞先生亲自去了江苏、安徽等地，每到一地，不但挖掘产品，还要访问艺人和群众，把搜集来的情况，写成文字资料。"[2] 展览期间，文化部还邀请了地方各界相关人员进行观摩，并组织他们与庞薰琹等人座谈，宣传国家工艺美术政策，听取各方意见，为各地工艺美术的恢复和发展提供参考。围绕此次展览，庞薰琹在《人民中国》《人民日报》《人民画报》陆续发表了《巩固民间美术工艺成就》《民间工艺介绍》《学习民间美术》等文章，并为后来出版的展览图册《民间雕塑工艺》《民间染织刺绣工艺》撰写了前言。

首届"全国民间美术工艺品展览会"的成功举办为此后的出国展奠定了基础。新中国成立初期，中国的工艺美术出国展成为首先面向社会主义国家的文化输出。1954 年 2 月，中国美术家协会接受中央人民政府政务院对外文化联络事务局委托，开始筹办 6 个大规模美术工艺品展览，计划送往苏联、东欧、东南亚等地[3]。而在此之前，被邀请至北京参加首届"全国民间美术工艺品展览会"和座谈会的各界人士，在回各省市后都积极准备出国展品，

---

* 夏淳，常熟市文化博览中心高级工艺美术师。

有些已经停产或失传的手工艺也逐步恢复。

当时出国展的策划与设计得到中央最高领导层的重视，很快按照上述计划，1954 年 6 月、10 月、11 月，中国在捷克斯洛伐克首都布拉格、匈牙利首都布达佩斯、波兰首都华沙、保加利亚首都索非亚、缅甸首都仰光陆续举办"中国工艺美术展览会"或"中国民间美术工艺品展览会"。自从 1950 年在莫斯科举办新中国成立后第一个大型展览"中国艺术展览会"后，在文化艺术领域较为重要的出国展包括"中国文化艺术展览会""中国年画展览会""中国工艺美术展览会""中国敦煌艺术展览会"等，而其中最有影响力的还是"中国工艺美术展览会"。

二 庞薰琹与莫斯科"中国工艺美术展览会"的举办及考察工作

1954 年，中苏友好协会和中国美术家协会向苏联提出在莫斯科举办"中国工艺美术展览会"的请求，并要求派遣专家组随同访问苏联。同年 10 月至 11 月间，由庞薰琹任团长，与丁井文、沈福文、高庄、曲月霞等人组成中国工艺美术访苏代表团分两批抵达莫斯科，为筹办莫斯科"中国工艺美术展览会"开展考察工作（图一、图二）。苏联文化部造型艺术事业管理局领导了展会的筹备工作。为扩大影

图一　庞薰琹在莫斯科红场，1954 年摄

图二　庞薰琹在莫斯科列宁格勒大旅馆，1954 年摄

响，经两国协商，确定苏联文化部、中华人民共和国文化部及中苏友好协会作为主办单位。中方代表团负责展览品分类和说明，苏联方面则安排了莫斯科大学历史系美术史科、列宁格勒冬宫美术馆等机构的专业人员承担展品清点、验收、编目、布置及展出后的解说、保管等工作。

1954 年 11 月 30 日，"中国工艺美术展览会"在莫斯科普希金美术馆开幕。中国驻苏联大使张闻天、苏联文化部部长亚历山德罗夫相继在开幕式上致辞，参加开幕式的人员有一千多人。展览共展出中国陶瓷、刺绣、织锦、丝绸、挑花、抽丝、雕刻、漆器、金属工艺、编织、扎花、剪纸等类别的工艺美术品 2000 余件。庞薰琹在描述展览现场时说："展览的布置效果在于色彩效果，利用了原来墙壁的颜色和混布的色彩把展品衬托出来，整个色调是调和的，整个布置是朴素的，显得很大方，同时很经济。"[4] 展览开幕后的前 20 天里，参观者就达到 93000 多人，240 多个团体，涵盖了苏联的各类学校、工厂、机关及合作社。展览原计划于 1955 年 1 月 30 日闭幕，因反响热烈，延迟了数日，并准备赴列宁格勒、基辅、里加进行巡展。

庞薰琹等代表团成员在苏联境内共停留 103 天（丁井文、高庄先行回国），除开展"中国工艺美术

展览会"的工作外，按照代表团提出的考察意见和苏方的补充内容，他们在莫斯科、列宁格勒、基辅参观了美术院校、工艺美术工厂、博物馆、艺术家工作室和著名建筑等，共计四十多处，如苏里科夫美术学院、列宾美术学院、莫希娜工艺美术学院，瓷器、玻璃、纺织、漆器工厂以及莫斯科历史博物馆、莫斯科民间美术馆、基辅历史博物馆、克里姆林宫、圣索菲亚教堂等。他们还观看了歌剧、芭蕾舞、民间歌舞、马戏表演、冰球比赛、电影、展览等四十多场，拜谒了列宁、斯大林墓，考察了莫斯科地铁、河运码头、运动场等公共设施，参加了十月革命红场观礼和枞树节等活动。庞薰琹等人除了与苏联各级领导进行会晤外，还与苏联艺术家进行了两次正式座谈。座谈会以苏方提问、中方回答的形式展开，主要涉及中国工艺美术的生产情况，中央美术学院与工艺美术工作的关系，工艺美术人才、干部的培养和中国瓷都景德镇等内容。

莫斯科"中国工艺美术展览会"的成功举办以及庞薰琹等代表团成员深入苏联文化艺术和社会现实的考察工作，充分显示了新中国成立初期中国展览外交的成果。

三 莫斯科"中国工艺美术展览会"对国家形象的宣传

新中国成立初期，中国的出国展固然肩负着争取对外贸易的使命，但由于当时很多国家对中国国家形象与新政权的陌生，出国展被认为更多地承载着展示中国成就和国家符号及融洽国际关系的外交责任。

莫斯科"中国工艺美术展览会"与首届"全国民间美术工艺品展览会"相比，在展品选择上更加严格。对于这次展览，《人民日报》曾指出："大家都认为这次所征集的展品，比去年全国工艺美展有重心。但是一个显著的缺点是在选品的标准上太着重于精细、贵重的东西，而忽略了工农大众所喜爱的普及的东西。"[5]这样的认识实际上在首届"全国民间美术工艺品展览会"举办时已经引起了人们对"工艺美术"概念的争论。关于这一问题，庞薰琹对陈之

佛说，"（日用品）收集的倒不少，就是不能展出，因为那些东西已经失去了中国的形式"[6]，而出国展更需要考虑这样的因素。由于出国展具有较强的政治和外交意义，展品遴选不仅要求达到最高的技术水平，接近或符合国际标准，而且需要具有民族艺术价值和争取外销的能力。按照这一标准，一些精美的特种工艺品自然成为主要选择对象。

从当时莫斯科"中国工艺美术展览会"的反响来看，多数苏联观众对展品精湛的工艺水平大加赞赏。苏联文化部部长亚历山德罗夫说："我除展览会开幕那天参观了展览外又去仔细看了两次，有个美术工作者告诉我，他看了其中的牙雕，就去买了一块尝试，但完全没有成功，这才晓得中国工艺的伟大。"[7]乌克兰文化部部长查哈洛维奇则说："无论如何乌克兰的工艺美术总还不及中国工艺美术那样精美，盼望这个展览会快快到乌克兰去。"[8]这些溢美之词或许带有外交礼节成分，但也有不少莫斯科文化部门、学校及工厂要求出版展览资料，并希望安排人员学习中国工艺美术品的制作。苏联方面不仅公开放映了该展览的新闻片，拍摄了展览的彩色纪录片，还付印了一套五十张彩色中国工艺美术品图片，编印了有关中国工艺美术的作品集。庞薰琹在国内为展览写的序言则发表在苏联对外文化协会的刊物上，他还与沈福文、高庄分别为苏联《文化报》撰写了介绍中国工艺美术的文章。他们为苏联观众准备的中国剪纸更被一抢而空。

在莫斯科"中国工艺美术展览会"举办的当月初，中央发布了《关于我主办各建交国电影、文工团演出招待会、展览等场合时悬挂国旗、领袖像的规定》，强调了外交活动中悬挂国旗和领袖像的具体规范。当庞薰琹看到苏联悬挂的毛泽东照片、油画多为不标准的旧图像时，他强烈建议国内"多多印刷一些新标准的照片、画像赠送给苏联"[9]。

与当时许多出国展览一样，莫斯科"中国工艺美术展览会"的举办，展示了中国利用外交展览宣传民族艺术和文化理念、彰显领袖与国家符号的多维方式。

四 莫斯科"中国工艺美术展览会"及考察工作的收获与影响

莫斯科"中国工艺美术展览会"及考察工作让庞薰琹感到收获颇丰。首先，在这一展览举办过程中，庞薰琹意识到国内在策划此类活动时的不足。例如，由于前期准备工作不充分，该展览没有详细的展品目录，当苏联文化部提出要编印一本精美的展品图册时，庞薰琹只能临时编写起来。苏联文化部无奈之下调来许多专家，对每件展品的名称、材料、价值进行鉴定确认。如木器用的是什么木料，在植物学上叫什么，又如玉器是新山玉还是老山玉，在矿物种类上叫什么，它的价值如何，等等。庞薰琹等人在描述苏联方面的布展工作时称赞说："组织工作者计划性很强，工作分工明确，步骤明确，目的明确，于是进行起来有条不紊，工作结合了干部的培养计划，于是像展品的验收、清点、编目、陈列、说明等工作，都成为科学研究工作中间的一部分，工作人员经过了这些工作，很快就掌握了关于中国工艺美术的基本知识。"[10]实际上，当时的中国无论是国内展还是出国展，在展览策划和设计方面学习苏联和东欧经验已成为主要途径。尤其是1954年10月，极具影响力的"苏联经济及文化建设成就展"在北京开幕时，人们普遍认识到中国在策划大型展览时于场馆设施、专业人才、布展手段和设计理念上的落后。

其次，庞薰琹等人在参观苏联各类美术院校后，了解到它们不仅有着明确的教育目标，且体系完整，分工明确，衔接紧密，特别注重学习与实践的结合。他还发现："苏联的博物馆在社会教育工作中是非常重要的部分，不论它的规模大小（例如莫斯科民间美术馆，也只有两间陈列室），都起到了很大作用。苏联各种博物馆的说明工作人员，一般文化水平很高，对于业务非常熟悉。在说明工作中表现了强烈的民族自豪感，启发群众热爱自己民族的文化、热爱祖国。"[11]而在提及苏联工艺美术工厂时，庞薰琹认为："设计工作的质量能不断地提高与改进和各工厂对设计人员的关怀是分不开的。设计人员每星期

有学习业务的时间，各工厂还派遣设计工作者到各加盟共和国去收集资料，尤其注意少数民族的工艺。在工艺美术生产中，非常重视手工，尤其在加工方面。但是在原料配制、器型制造等等方面能利用机器的部分则尽量利用机器来节省劳力和提高产量。"[12]

莫斯科"中国工艺美术展览会"及考察工作带给庞薰琹等人的启发，在当时学习苏联"老大哥"的热潮中逐渐强化，特别是当他们回国后投身于中央工艺美术学院的建设时愈发明显。尽管庞薰琹在1953年6月就已经撰写完成了《中央工艺美术学院筹备计划草案》，对学院设立进行了详细规划，但苏联经验还是让他对学院的建设面积、经费预算、历年招生、在校生规模、师资搭配和培养、教学设备、图书资料、实习工厂等进行了重新构思。此外，庞薰琹还根据国外了解到的信息，建议从中央到地方美术学院抽调一批优秀青年师生出国留学，以培养师资。从1954年至1956年，李葆年、王学东、白崇礼、邱承德、朱济辉等人先后前往苏联、捷克斯洛伐克、波兰等国学习。他们在20世纪60年代初陆续回国，绝大部分都留在了中央工艺美术学院，成为教学上的骨干力量。而没有出国深造的中青年教师也被有计划地安排到各地工厂、学校学习，了解行业情况，经过几年的锻炼成为学院的教学主力。

不过，需要指出的是，庞薰琹实际上并不完全认同苏联的工艺美术模式，他在晚年甚至略带情绪地说："我发现苏联文化部根本不了解工艺美术，因为在苏联工艺美术根本不属于文化部管。"[13]而在他访苏期间，苏联文化部也认为当时的中国已经注意到了工艺美术教育、研究、生产的全面发展，并安排人员向庞薰琹等人讨教经验。但是，就像有的学者指出的那样："工艺美术是什么？有1953年全国第一届民间美术工艺展览会的基础，有苏联的榜样，属于手工业管理已不言而喻。可是当时的欧洲，以包豪斯为代表的现代设计思想正在深入人心，世界的设计和装饰等实用美术领域，以及人们的日常生活，无论从观念、方法都在进行一场革命。"[14]在时代的压力下，庞薰琹最终只能无奈地作出妥协。

注释：

[1] 全国民间美术工艺品展览会筹备委员会编：《全国民间美术工艺品展览会说明书》，1953 年。

[2] 袁韵宜：《庞薰琹传》，北京工艺美术出版社，1995 年，第 162 页。

[3] 《中国美术家协会等单位筹办出国工艺美展》，《人民日报》1954 年 8 月 27 日。

[4] 庞薰琹美术馆馆藏档案：《庞薰琹及中国工艺美术代表团访问苏联记录》。

[5] 同 [3]。

[6] 张道一：《愿来者多思——写在庞薰琹先生逝世周年之际》，《艺术赤子的求索》，上海科学出版社，2003 年，第 131—132 页。

[7] 同 [4]。

[8] 同 [4]。

[9] 同 [4]。

[10] 同 [4]。

[11] 同 [4]。

[12] 同 [4]。

[13] 庞薰琹：《就是这样走过来的》，生活·读书·新知三联书店，1988 年，第 303 页。

[14] 杭间：《悲剧的前因——关于庞薰琹先生系列调研报告之一》，庞薰琹美术馆、常熟市庞薰琹研究会编：《艺术赤子的求索》，上海科学出版社，2003 年，第 91—92 页。

沦陷时期常熟城区话剧活动初探

金 晔*

内容提要：抗日战争的爆发彻底影响了中国话剧的艺术进程，无论是在解放区、国统区还是在沦陷区，话剧活动都得到了空前的发展。随着抗战进入相持阶段，沦陷中的常熟城区出现了比较正规的话剧团体，他们不畏政治高压，坚守文学品格和文化信仰，话剧演出比较频繁，创作了一些话剧剧本，大量的话剧剧评出现在地方报刊之上。长期以来，常熟沦陷区的话剧活动被忽视，通俗话剧演出资料也未得到系统的整理，更缺少正面评价。本文对常熟城区沦陷时期话剧运动的零散资料进行梳理，并作初步的考察和研究。

关键词：沦陷时期　常熟　话剧活动

一　常熟沦陷前话剧活动发展概况

常熟的话剧有较早的历史，早期出现过的几个业余剧社，演出的都是文明戏。第一个民间业余话剧团体正化社，由徐枕亚、李君磐、吴双热等人于1916年发起，排演文明戏形式的方言话剧，曾上演自编的《败叶催花记》，因内容接近生活真实，上演后轰动一时。1923年为募款救济天津水灾灾民，正化社编排《哀鸿泪》等剧上演，获得成功。此后，因该社一些主要成员离开常熟，加上经费不敷，该社遂无形解散。1929年春，由陈芝湘、唐瘦青、花韵声、张守一等发起成立民众剧社，仅在内部排练过一些剧目，未见公开演出过[1]。此后直至40年代初，常熟本地再无话剧团体。

1935年2月底，曾有莺声雅歌团来到常熟，于逍遥游演出文艺话剧《蝴蝶杯》《妹妹你爱我》《玉如意》《十美图》等[2]。所谓"文艺话剧"，不过是以话剧为幌子，实际是"独脚笑剧"（滑稽戏）、"雅歌平剧"（京剧）、魔术的混合演出。

"八一三"淞沪会战爆发后，上海救亡演剧队第三队由队长郑君里、副队长徐韬带队，曾来常熟演出街头剧。队员有王为一、赵丹、叶露茜、顾而已、舒绣文、伊明、朱今明、金乃华、余佩珊、田蔚、朱萍华、袁文殊、伊琳、徐子修、沙蒙、吕班、江玲玉、刘群、赵曙等。救亡演剧三队到达常熟城后，以虞山北麓的新公园作为宿营地，并没有住进旅社，演出的街头剧有《放下你的鞭子》《毒药》和《秋阳》。赵丹在独幕剧《秋阳》中饰演一位父亲，亲手打死了受日本人欺骗出卖义勇军的儿子。救亡演剧三队在常熟城区和城郊、梅李、珍门等地进行了七天的宣传和演剧活动[3]。

二　上海话剧运动的影响

从"孤岛"时期到沦陷时期，上海的话剧演出和创作极为繁荣，话剧演出效果、作家的创作热情和剧作数量，以及所达到的艺术水准，从中国现代话剧史来看，都是值得注目的独特存在。柯灵《衣带渐宽终不悔——上海沦陷期间戏剧文学管窥》一文指出："当时戏剧活动的规模，就上海一地而言，比过去和现在任何时候都更频繁和庞大。"[4]

在常熟，不管是游击区还是沦陷区的话剧活动，都深受上海话剧繁荣的影响，和上海话剧有着千丝万缕的关系。

1940年7月，上海的戏剧骨干姜旭、张芸石在常熟筹建大众剧团。姜旭原是上海剧艺社成员，在上海《文汇报》广告科从事美术工作，经由上海地下党安排，到达苏南东路地区。大众剧团先后隶属于中共常熟县委、新四军"江抗"指挥部。陆起是上海戏剧运动的积极参与者，他从上海来到大众剧团，增强了剧团业务领导力量。团员方均、庐沙是来自上海的青年学生、工人[5]。大众剧团演出剧目

* 金晔，常熟文史研究者。

有《盲哑恨》《中秋之夜》《流寇队长》《五个女同志》《童年》等[6]。开始是业余性质，后转为专业剧团，奔波于各村镇，进行抗日宣传演出。10月以后，大众剧团与江抗战地服务团合并，仍称大众剧团，团长由上海著名剧人金欣担任，副团长是姜旭，后随江抗东路指挥部前往澄锡虞地区，1941 年日伪“清乡”前夕北撤。留下成员与苏州县流动宣传团合并成立江南剧团[7]。

由于当时上海的话剧演出极为红火，影响非常大，于是一些外地话剧团来到常熟进行商业演出时，都冠以话剧团的名义。1942 年2 月25 日至3 月4 日，上海天宝剧团在京门新厅先后上演了《一碗饭》《死要面子活受罪》《活僵尸》《喜临门》等剧目，这些剧目在广告上都冠以“话剧”的名称。天宝剧团实际上是一个滑稽戏剧团，创始人杨天笑，主要上演滑稽戏和文明戏，自称方言话剧团、滑稽话剧团[8]。当时上海盛行喜剧类话剧和滑稽戏，仅在 1941 年绿宝剧场就先后举办了 5 次独幕喜剧联演，共 25 个剧目。天宝剧团上演的《一碗饭》，是一出讽刺“米蛀虫”万老板勾结官场，囤积居奇，从一夜暴富又沦为乞丐的大型讽刺剧，首演后轰动上海。

1942 年 4 月 27 日起到 5 月 9 日，上海秋秋剧团在京门新厅演出了话剧《雷雨》《家》《啼笑因缘》《随落夫人》《人肉市场》《姊妹花》《空谷兰》《梁十三小姐》《嫂嫂的心》《舞女皇后》《杨乃武》《欢喜冤家》《风流女贼》《好妹妹》《琴姑娘贤史》[9]。秋秋剧团负责人袁秋秋，早期上演文明戏，后专演话剧，尤以演出通俗话剧为主。常熟演出结束后，秋秋剧团前往无锡，因演出业务不好，袁秋秋出走，剧团面临解散，后与天宝剧团合并。

另外万芳歌舞话剧团在京门新厅演出了《按摩院》《黑暗家庭》《洞房花烛夜》。该团其实是歌舞团，但自称“歌舞话剧团”，所演剧目为“话剧歌舞”，其目的只是为了扩大宣传，招徕观众。在当时发行量最大的上海《申报》上，可以看到大量的以“通俗话剧”“高尚话剧”“洋装新戏”或“文明戏”为名的演出信息，万芳歌舞话剧团也在其中。

三 沦陷时期的常熟话剧团体

随着抗战进入相持阶段，日寇在中国战场上陷入战争的泥潭，战线漫长，战局更见委顿。日伪当局一方面在各沦陷区制定严酷的战时文化宣传政策，严格控制包括话剧在内的各种文艺活动；另一方面，当局也认识到话剧的娱乐和宣传作用，为了粉饰太平，在一定程度上默许和放宽了对话剧的控制，这给话剧的发展提供了契机。据不完全统计，1942 年上海的职业剧团已达 20 个，1943 和 1944 年更是进入繁荣期。话剧本身又具有娱乐性，为身陷战乱的民众提供了某种精神避难，因而话剧在沦陷区受到了普遍的欢迎。

常熟沦陷后，第一个成立的业余话剧团体是天风剧社，由本地爱好文艺的职业青年自发组成，发起人周永文、秦路、张起等。天风剧社于 1942 年 2 月 10 日举行第一次筹备成立会议，社址借用学前街 10 号电厂的一间平房作为办公地点[10]。2 月 12 日下午在会议室举行第一次筹备会议[11]，推举吴越（吴肇基，笔名苏呢喃）为会长。吴越在抗战前担任常熟县无线电实验室技术员，40 年代初在省立常熟中学工作，是一位热心话剧创作和演出的文艺青年。成立天风剧社的宗旨是“为张扬艺术及宣传中国固有文化起见，集合本邑青年界，组织天风剧社”（图一）。社员共有男女青年三十余人，多数是本邑中小学校的青年教师，也有部分上海话剧界的优秀分子加入合作。剧社共分总务、剧务两股，总务分会计、交际、宣传、文书等几部分，剧务分编剧、布置、灯光、道具、服装、提示等几部分[12]。

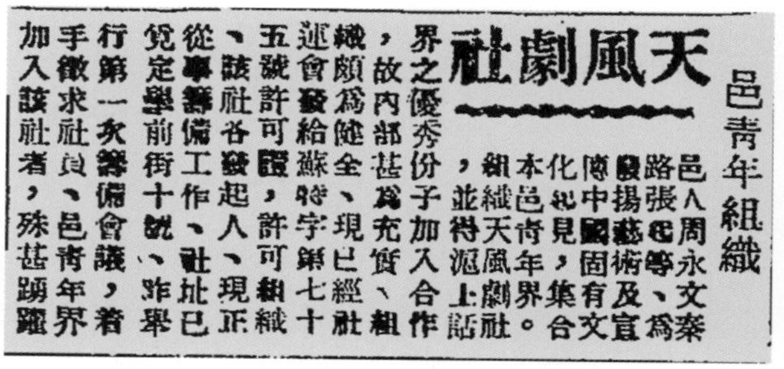

邑青年組織

天風劇社

邑人周永文、秦路、張起等，爲發揚藝術及宣傳中國固有文化起見，集合本邑青年界。組織天風劇社，並得滬上話界之優秀份子加入合作，故內部甚爲充實、組織頗爲健全、現已經社運會發給蘇特字第七十五號許可證，許可組織、該社各發起人、現正從事籌備工作、社址已覓定學前街十號、昨舉行第一次籌備會議，着手徵求社員、邑青年界加入該社者，殊甚踴躍

图一 《邑青年组织天风剧社》，《常熟日报》1942 年2 月11 日

天风剧社的社员利用业余时间研究剧本，进行排练。排练的第一个剧本是曹禺的名剧《雷雨》，璐萍（朱星梅）扮演四凤，民教馆辅导主任言钧如扮演鲁贵，尤寿桢扮演周朴园，秦路（邓镜蓉）扮演繁漪，张之仲扮演周冲，汤德扮演侍萍，黄镒扮演鲁大海，吴越任导演兼演周萍[13]。当时曾有记者专门采访了天风剧社，当天正在排练第四幕。吴越介绍剧社正在赶制布景，待布景完成，计划于7月初进行首场演出[14]。遗憾的是由于经济原因，《雷雨》始终未能与观众见面。

1942年10月间，天风剧社在和平街虞山大戏院演出独幕剧《天明》[15]。这部剧由吴越创作，原为二幕剧，描写一个青年受骗觉醒的故事。参加演出的有吴越、璐萍（朱星梅）、邓镜蓉等人。演出获得了成功，鼓舞了剧社的全体人员，坚定了他们搞话剧的信心（图二）。

当时在南京担任汪伪宣传部委员的剧作家陈大悲，为了迎接伪国民政府"还都南京"的周年庆典，特地创作排演了新剧目《花烛之后》，以达到粉饰太平的目的。因《花烛之后》演出效果"颇为轰动"，各地伪政府纷纷效法，设立话剧团，排演由汪伪宣传部炮制的"和运"剧本。1942年2月初，常熟伪县政府宣传科成立话剧组，并于4月25、26日分别在大华影院、京门戏院演出"和运"话剧《看你横行到几时》[16]。宣传科长张季如粉墨登场，参加演出的有宣传科人员程彬、王娟等，还有民德中学的学生钱廷玉及三位女生[17]，编剧是严保泰，张石溪监场。此后宣传科又排练过"和运"话剧《成功之路》《秋风落叶》[18]，未见有实际演出报道。宣传科上演的"和运"戏剧，是特定时期汪伪讨好日本侵略者、帮助其奴役沦陷区人民的工具。事实证明，这种献媚的话剧和演出注定会沦为历史的笑柄。

1942年冬天，天津剧人朱篱来到常熟，给常熟话剧活动带来了新的生气。朱篱原名钟实，又名钟晓雷，朱篱是常用笔名。朱篱十七岁起先后加入天津的非非话剧社、喇叭剧社、鹦鹉剧社、天津旅行职业剧社，后加入北京剧社，曾受到戏剧家熊佛西的指点，醉心于话剧艺术。他在北京剧社时扮演《原野》中的焦大星，"话剧皇帝"石挥饰演仇虎。他还曾演过《雷雨》中的周冲、周萍、鲁贵，《日出》中的方达生，李健吾名剧《这不过是春天》中的冯元平[19]，颇有话剧演出经验。朱篱到常熟后在伪县政府宣传科工作，致力于在宣传科成立新国民剧团。当时天风剧社的活动遇到了一些困难，朱篱和吴越结识之后一拍即合，立即招兵买马，旗鼓重装，并由吴越动员省立常熟中学（原民德中学）内爱好话剧活动的师生参加演出。

在朱篱、吴越等人进入后，新国民剧团实际上演变成了一个比较专业的话剧团，不演"和运"剧，只演文艺话剧。1942年12月8日，在京门戏院进行了首次演出[20]，演出剧目为高尔斯华绥的《鸳鸯劫》、莫里哀的《守财奴》及独幕剧《二对一》。《鸳鸯劫》是一出爱情悲剧，《守财奴》是一出讽刺喜剧。《二对一》的女主角由璐萍扮演，另外两剧参加演出的有言钧如、陈璐（陈宝玉）、周定、吴纯濂、吴越、徐韵薇、钱廷玉、沈国梁等。朱篱担任导演，

图二　慎子：《常熟剧坛的劲族：天风剧社访问记》，《常熟日报》1942年6月25日

并亲自出演守财奴一角。演出非常成功，当时报纸上称京门戏院被观众挤得“满坑满谷”。

1943 年 1 月 3 日，伪常熟县党部厚生委员会在北市心大华影院组织赈灾话剧义演[21]，日夜共演两场，演出剧目为独幕剧《征婚》《苏州夜话》《南归》。演出参加者来自天风剧社、伪县政府宣传科，还有省立常熟中学的学生及报慈、徐市两所小学的教师[22]。《征婚》是一出关于婚姻的讽刺喜剧，参加演出的有朱篱、吴越、黄沙、陈璐及常熟中学学生钱廷玉、周祥、周定等。《苏州夜话》的内容是讲述战争引发一个画师家庭妻离子散，五年后又在偶然中团圆，演尽了人世间的悲哀，参加演出的有朱篱、吴越、言基、黄沙、钱廷玉等。《南归》是一出爱情悲剧，参加演出的有黄沙、陈宝玉、吴越、周祥等。演出日场收取门票五元，夜场收取门票十元。

由于演出效果较好，新国民剧团筹划演出曹禺的名剧《雷雨》和《日出》[23]。计划于 1943 年 2 月 9 日演出《日出》[24]，演出地点为位于槐柳巷的虞中镇小学（原为北明慧小学，日伪时期改名虞中镇小学，今五爱小学前身）大礼堂。吴越扮演方达生，璐萍扮演陈白露，严伟扮演潘月亭，朱篱扮演李石清，陈璐扮演小东西。但是此后又决定改演《雷雨》，演出时间改为 1943 年 2 月 7、9 日，共演两场，黄沙扮演周朴园，朱灵扮演周萍，朱蕾扮演周冲，璐萍扮演繁漪，朱篱扮演鲁贵，唐琪扮演鲁妈，朱羽扮演鲁大海，小薇扮演四凤[25]。这次演出得到了常熟观众的肯定，“以少数的人力搬出这样的戏而有如此的成绩，不能不为之惊喜”[26]。演出完成后，剧团还计划于 2 月中旬前往梅李、大义、辛庄演出[27]（图三）。

新国民剧团成立后，伪县政府清乡委员会竖了一块“清乡俱乐部话剧团”的招牌，实际上是借用新国民剧团全套人马。1943 年 2 月 27、28 日，应汪伪国民党县党部主任委员张钰（张思尧）的邀请，在虞中镇小学的礼堂演出了李健吾的独幕剧《十三年》及田汉的《名优之死》。《十三年》以新国民剧团的名义演出，《名优之死》以清乡俱乐部话剧团的

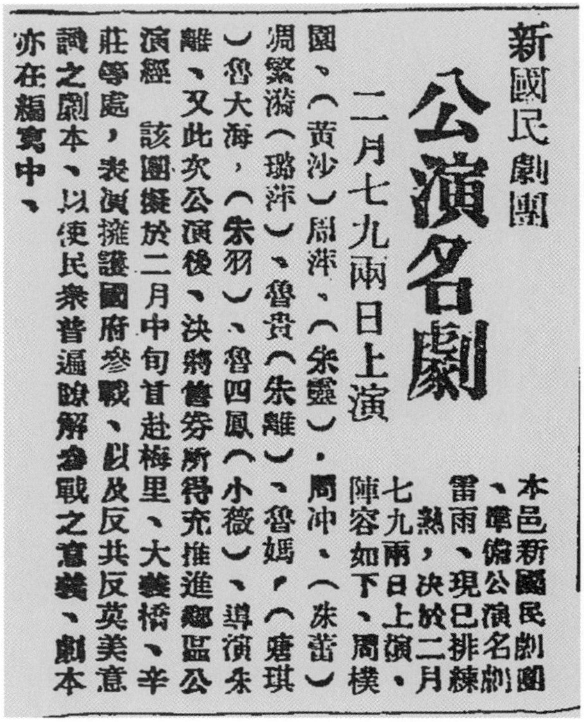
新國民劇團

公演名劇

二月七九兩日上演

本邑新國民劇團、準備公演名劇雷雨、現已排練熟，決於二月七九兩日上演、陣容如下、周樸園、（黃沙）周萍、（朱靈）、周冲、（朱蕾）周繁漪（璐萍）、魯貴（朱離）、魯媽，（唐琪）魯大海，（朱羽）、魯四鳳（小薇）、導演朱離、又此次公演後、決將售劵所得充推進鄉監公演經 該團擬於二月中旬首赴梅里、大義橋、辛莊等處，表演擁護國府參戰、以及反共反英美意識之劇本、以使民衆普遍瞭解參戰之意義、劇本亦在編寫中、

图三 《新国民剧团公演名剧》，《常熟日报》1943 年 2 月 1 日

名义演出。两剧导演均为吴越，参加演出的有言钧如、苏燕、陈璐、吴越、严伟、沈英、白萍、周影、杨华等[28]。演出对外售票，还采取了在伪县政府和新新商场预售戏券的销售方式。

田汉的《名优之死》写的是京剧演员的悲惨遭遇，有几场戏的场景是京剧院的后台，按剧情需要，要求在后台配上京剧演出的声音，因此邀请了常熟的京剧票友强德林参加配唱京剧《苏三起解》，由屈致和操琴[29]。这两台戏排练了两三个月，共演出了两天四场。在第二天晚场演出时，突然停电，舞台漆黑一团，由于没有准备汽油灯，出于无奈，在舞台上点燃了洋烛照明才把戏演完。过了十来天《常熟日报》刊出了一篇《三支洋烛——撑住阴阳怪气的场面》，对当晚的演出冷嘲热讽，后来在报纸上引发了一场笔战。

此后新国民剧团还曾决定排演曹禺的《原野》，但是受到人力物力财力的限制，最后取消了排练计划。

1942 年 2 月 23 日,伪县政府职员中爱好话剧者成立了业余剧艺社。最初排练的有独幕剧《压迫》《湖上悲剧》《未婚夫妻》《一幅喜神》[30],参加演出的演员有金家、李鑫、唐琪、唐娜、方基、沈琴芳、朱篱等[31]。4 月 18 日在虞中镇小学进行第二次公演,演出剧目有《刽子手》《求婚》《瞎了一只眼》。《刽子手》由朱篱、唐琪主演[32]。原定第二出剧是《求婚》,主要女演员方基演到一半,中途有事离开,许久不见回来,只能由另一女演员唱了三曲消磨时间[33],最后由朱篱临时男扮女装演完了《求婚》[34]。《瞎了一只眼》是一出低级趣味的喜剧,观众反应平平。这次演出除了朱篱以外,其他演员台词不熟练,表情生硬勉强,演出以失败告终。

另外有报道称筹备成立虞光艺术研究所,内设话剧研究小组,计划于 1943 年 5 月成立[35]。此后成立了虞光话剧研究会,负责人为郑剑魔,在京门戏院举行了首次演出,具体时间不详。首演剧目为《黎明》《罪魔》,导演甄在华。计划于 1944 年 2 月 13 日举行二次公演,剧目为《怒吼吧!中国》[36]。

此外,常熟县民教馆筹组了京话剧组,由辅导主任言钧如组织,3 月 10 日召开筹组会[37]。未见到演出活动报道。

四　话剧和《常熟日报》

伴随着常熟话剧活动的活跃,演出需要宣传和介绍,演员必须了解和掌握话剧演出的基本常识,观众渴望了解话剧的基础知识。当时常熟的主要报纸《常熟日报》为了顺应潮流和争取读者,开始刊登话剧常识介绍和剧评,并且在副刊连载话剧创作,尤其是注意刊登话剧新闻,捕捉演出前后的八卦新闻,以吸引读者。沉寂多年的话剧舞台变得活跃,也引起了文艺爱好者的注意。《常熟日报》副刊先后刊登了慎子的《常熟剧运》(1942 年 6 月 3 日),小萸的《献给剧坛》(1942 年 6 月 4 日)、《常熟剧坛的劲族:天风剧社访问记》(1942 年 6 月 25 日),逸子的《受赈话剧观后》(1943 年 1 月 7—8 日)等文章。话剧影响了报刊,报刊又将话剧的影响不断扩大,而报刊上发表的剧评是影响最大的。

副刊"织锦"上第一篇介绍话剧常识的文章是《话剧与对话》,作者严宝泰当时在伪县府宣传科工作。《话剧与对话》针对话剧剧本中对话的安排,提出对话要自然、明晰、经济、流利、逼真,不能等同于平常随便说话,要符合剧中人的性格[38]。吴越的《话剧与认识》分两期刊登,在文后注明"1942 年初夏写于天风社"。吴越提出话剧演员要理解剧中人,认知社会,扎根生活,体验生活。他指出,要把"贯通剧中人的情感表达出来",就要有相当的修养,为了提高修养,演员"更得把自己插入社会的每一个角落,每一个场合"[39]。湛峦的《话剧在艺术上之价值》,认为话剧在感动群众、表现人生的社会象征意义方面,比音乐、诗歌、小说更接近群众[40]。朱篱的《修养——话剧演员必要条件》,提出话剧演员要不被人当成"戏子",就要提高人格修养、学识修养、技能修养、意识修养等各种修养,这样才能造就人格高尚的演员[41]。

话剧演出的活跃必将带动创作。当时沦陷区的剧作家普遍回避政治问题,在创作中会选择社会生活作为题材,展现当时社会中普通民众的生活,对日伪政权虽不乏讽刺和批判,但是表达方式都很隐晦。《常熟日报》副刊曾先后刊登了吴越的二幕剧《天明》、朱篱的独幕剧《真情假意》、苏呢喃(吴越)的独幕剧《新路》,都是展现民众生活的剧作(图四、图五)。《天明》刊于 1942 年 6 月 2 日至 7 月 31 日,共连载 27 期。该剧讲述了一位意志薄弱、追求物质享受的青年女子,在被男子玩弄、抛弃后终于悔悟的故事。女主角有一段受骗后长达 260 字的独白,充满激情,在天风剧社演出该剧时颇能考验演员的演技。《真情假意》刊于 1943 年 3 月 10 日至 20 日,共连载 8 期。该剧讲述了一对青年男女互相爱慕,又不敢轻易表白,反而竞相做戏,假意试探,变成了互相伤害,但最终两人在吐露真相后获得了真爱。《新路》从 1944 年 12 月 14 日开始连载,当时副刊"织锦"已改版为"萤炬"。由于报纸资料有缺佚,目前已知该剧连载到当年 12 月 31 日,共 13 期。《新路》讲述了一个家境逐渐走向没落的家庭,父亲嗜酒，大儿子要求分家，小儿子不屑于在洋行里干一辈子，从剧情推断最后小儿子很有可能离家去找寻"新路"，因为作者苏呢喃（吴越）此时带着希望已离开常熟。他告别家乡的时候这样写道："我应该苏醒，我应该希望——所以，我离开此地了。"[42]

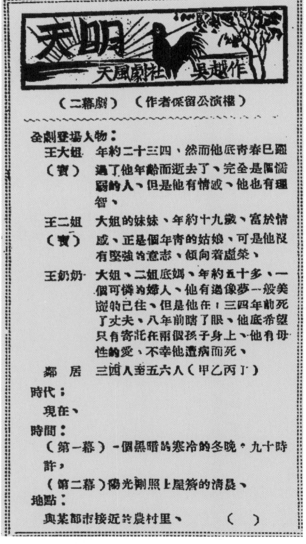

图四　吴越创作的二幕剧《天明》

常熟话剧的活跃为话剧演出前的介绍和话剧剧评的写作提供了条件。话剧演出之前的介绍数量繁多，常常在开演前连续几天进行报道，吸引观众，为演出推波助澜。以1943年2月3日的《常熟日

报》副刊为例，整版刊登了"新国民剧团公演特刊"，介绍公演筹备情况。"特刊"刊登了朱篱《〈雷雨〉演出的话》《我和〈雷雨〉》《谈曹禺三部曲〈雷雨〉〈日出〉〈原野〉》、璐萍《我对繁漪一角》、朱羽《我的话》、朱灵《我与周萍》、朱蕾《饰周冲的我》、小薇《我和四凤》等文章，引发了读者对《雷雨》演出的兴趣（图六）。

常熟的话剧剧评总体来说是就演出和剧本本身开展评论，但有的评论则充斥着剧评者的主观情绪。新国民剧团演出《名优之死》时突然停电，靠蜡烛照明才把戏演完。在现场观看的中学生舍人对此很不满，于1943年3月10日在《常熟日报》副刊刊登《三支洋烛——撑住阴阳怪气的场面》，攻击吴越"口齿不清"以致"引起观众的恶感"，指责白萍"没有表情"像木偶、陈璐"一点也没有情感"、言钧如对白不熟练，总之舍人认为演员"失真""阴阳怪气"，演员能力"太低下了"（图七）。舍人的批评导致剧团全体人员牢骚满腹。同时逸人在《虞中公演观后感》中提出演员人才不够，两个女演员不得不应付四个女角色的戏。吴越对逸人的批评感到委屈，他认为有些人错误地认为戏剧工作者是在"出风头而嫉妒，于是造出谣言来中伤戏剧工作者"[43]。

为了平息纷争，朱篱署名钟晓雷提出举行座谈会，"清除一切障碍，使话剧能在常熟欣欣向荣"[44]。4月4日下午，由《常熟日报》发刊牵头召集朱篱、吴越、严伟、平衡、白萍、舍人、毅君等，在新公园举行了一次茶话座谈会[45]。虽然朱篱、严伟居中调停、解释，但是座谈会后吴越与舍人依然就话剧的艺术问题争论不休，舍人先后发表了《化整为零——话剧组织新希望》（4月14日）、《自我的一点据理——答辩于吴越》（4月23—24日），吴越发表了《不得不说的几句闲话——给舍人君》（4月14—17日），两人的火气越来越旺，并且在争论中逐渐偏离话剧与艺术这一话题，抓住对方话语中的细枝末节争论不已。朱篱作为旁观者从常熟话剧活动的发展出发，劝吴越"不必多所强辩，自己努

图五　苏呢喃创作的独幕剧《新路》

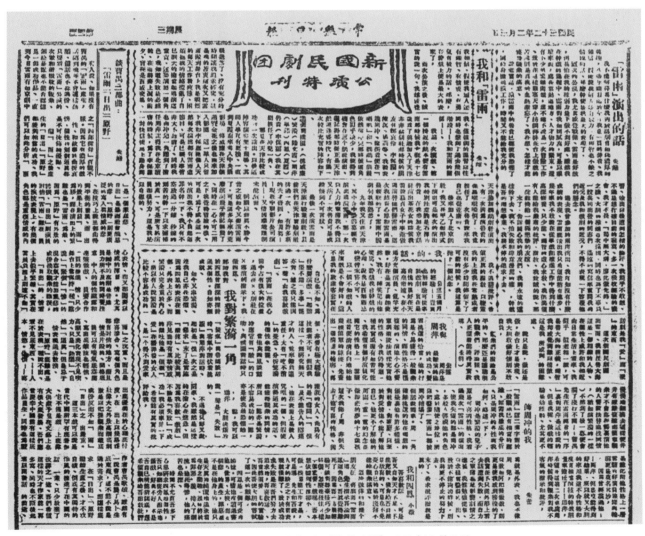

图六　新国民剧团公演特刊，《常熟日报》1943 年 2 月 3 日

图七　舍人：《三支洋烛——撑住阴阳怪气的场面》，《常熟日报》1943 年 3 月 10 日

力是真的"[46]，劝舍人不要每次评论抓住演出者的"一点劣点才甘心"[47]。针对吴越、舍人、朱篱的文章，倩子的《和平痛快——我的矛盾个性》（4 月 28 日）和副刊编辑毅君的《说几句不痛快的话》（5 月 2 日）提出了各自的意见，对演剧者和剧评者"唇枪舌剑""不能互相谅解"提出了批评。

这次由《三支洋烛——撑住阴阳怪气的场面》引发的争论，成为沦陷时期常熟话剧活动最后的活跃表现。随着话剧活动骨干朱篱和吴越分别于 1943 年年末、1944 年 3 月离开常熟，加上没有固定剧场、资金紧张、人才匮乏、观众不足[48]等困难，常熟话剧在沦陷时期终于趋于沉寂。虽然《常熟日报》在 1944 年年底连载了苏呢喃（吴越）的独幕剧《新路》，但该剧是苏呢喃在外埠所写，从现有资料来

看，也未引起任何反响。

沦陷时期的常熟话剧活动前后持续了两年时间，推动了话剧在常熟的发展，是常熟抗战时期文化的重要组成部分，也为抗战胜利之后常熟话剧活动的短暂复苏作了铺垫。但同时也要看到，部分剧目内容媚俗，布景简单潦草，演剧人员热情很高但总体水平一般，演出人员数量少，使得舞台艺术水准打了折扣。

了解常熟话剧在那段特殊环境中的拼搏与挣扎，不仅仅是为了还原历史真相，更是为了能够以史为鉴。正如英国历史学家 E. H. 卡尔所言："我们只有根据现在，才能理解过去；我们也只有借助于过去，才能理解现在。使人能够理解过去的社会，使人能够增加把握当今社会的力量，便是历史的双重功能。"[49]

注释：

[1] 孔萍、徐宝衡：《民国时期常熟话剧史话》，中国人民政治协商会议江苏省常熟市委员会文史资料委员会编：《常熟文史资料辑存》第 14 辑，1987 年，第 132—133 页。

[2] 上演时间分别见《新生报》1935 年 2 月 23 日、2 月 27 日。

［3］伊明：《救亡演剧通信：从常熟到武进》，《抗战周刊》1937 年第 1 卷第 7 期，第 11—12 页。

［4］柯灵：《昨夜西风》，黑龙江人民出版社，1999 年，第 66 页。

［5］姜旭：《参加苏南东路戏剧工作的回忆》，中共常熟市委党史工作委员会编：《常熟革命文史资料》第 4 辑，1987 年，第 198 页。

［6］刘宋斌：《中国共产党文化建设史》第 1 卷，黑龙江人民出版社，2019 年，第 538 页。

［7］中共常熟市委党史工作委员会编：《常熟人民革命斗争史》，中共党史资料出版社，1990 年，第 217 页。

［8］赵庚林：《杨天笑与天宝剧团》，《赵庚林文存》，中国戏剧出版社，2013 年，第 31 页。

［9］上演时间见《常熟日报》1942 年 4 月 30 日至 5 月 10 日。

［10］《邑青年组织天风剧社》，《常熟日报》1942 年 2 月 11 日第一版。

［11］《天风剧社筹备决定征求会员》，《常熟日报》1942 年 2 月 13 日第一版。

［12］慎子：《常熟剧坛的劲族：天风剧社访问记》，《常熟日报》1942 年 6 月 25 日第四版。

［13］吴肇基：《四十年代业余话剧活动》，中国人民政治协商会议江苏省常熟市委员会文史资料委员会编：《常熟文史资料辑存》第 14 辑，1987 年，第 136 页。

［14］同［12］。

［15］同［13］，第 137 页。

［16］《县宣科公演话剧，博得各界好评》，《常熟日报》1942 年 4 月 27 日第一版。

［17］章倩萍：《看你横行到几时》观后感，《常熟日报》1942 年 4 月 28—29 日第四版。

［18］《县宣传科筹备二次公演话剧》，《常熟日报》1942 年 5 月 17 日第二版。

［19］毅君：《如此朱篱（二）》，《常熟日报》1944 年 9 月 4 日第四版。

［20］钟晓雷：《推进常熟剧运的总检讨（上）》，《常熟日报》1943 年 3 月 23 日第四版。

［21］《厚生会筹募赈款，今日公演话剧》，《常熟日报》1943 年 1 月 3 日第一版。

［22］逸子：《冬赈话剧观后（上）》，《常熟日报》1943 年 1 月 7 日第四版。

［23］《县宣科新国民剧团准备再度公演》，《常熟日报》1943 年 1 月 24 日第一版。

［24］《公演名著〈日出〉，定期二月九日，座价暂定四元》，《常熟日报》1943 年 1 月 26 日第二版。

［25］《新国民剧团公演名剧》，《常熟日报》1943 年 2 月 1 日第三版。

［26］洪荒：《〈雷雨〉漫评》，《常熟日报》1943 年 2 月 11 日第四版。

［27］同［25］。

［28］《悲剧〈名优之死〉念七念八假座虞中镇小学》，《常熟日报》1943 年 2 月 18 日第二版。《话剧运动气象蓬勃》，《常熟日报》1943 年 2 月 27 日第三版。

［29］同［13］，第 137—138 页。

［30］《话剧运动气象蓬勃》，《常熟日报》1943 年 2 月 27 日第三版。

［31］《业余剧社将公演名剧》，《常熟日报》1943 年 3 月 5 日第三版。

［32］平衡：《业余剧团商业化：再度公演大失所望》，《常熟日报》1943 年 4 月 22 日第四版。

［33］《业余剧艺社昨二次公演》，《常熟日报》1943 年 4 月 19 日第二版。

［34］同［32］。

［35］《艺术同志组织研究社》，《常熟日报》1943 年 4 月 19 日第二版。

［36］《虞光话剧社筹备二次公演》，《常熟日报》1943 年 2 月 13 日第二版。

［37］同［31］。

［38］严宝泰：《话剧与对话》，《常熟日报》1942 年 5 月 27 日第四版。

［39］吴越：《话剧与认识（下）》，《常熟日报》1942 年 6 月 2 日第四版。

［40］湛鉴：《话剧在艺术上之价值》，《常熟日报》1942 年 6 月 16 日第四版。

［41］朱篱：《修养——话剧演员必要条件》，《常熟日报》1943 年 1 月 21 日第四版。

［42］苏呢喃：《小别虞山——给朋友们》，《常熟日报》1944 年 3 月 8 日第二版。

[43] 吴越：《读〈虞中公演观后感〉之感》，《常熟日报》1943 年 3 月 10 日第四版。

[44] 钟晓雷：《推进常熟剧运的总检讨（下）》，《常熟日报》1943 年 3 月 24 日第四版。

[45] 平衡：《记剧艺座谈》，《常熟日报》1943 年 4 月 13 日第四版。

[46] 朱篱：《说几句不艺术的话——致吴越和舍人（上）》，《常熟日报》1943 年 4 月 27 日第四版。

[47] 朱篱：《说几句不艺术的话——致吴越和舍人（下）》，《常熟日报》1943 年 4 月 28 日第四版。

[48] 根据舍人《三支洋烛——撑住阴阳怪气的场面》描述，《十三年》《名优之死》观众仅有十一二人。

[49] ［英］E. H. 卡尔著、陈恒译：《历史是什么?》，商务印书馆，2007 年，第 146 页。

从白茆山歌看常熟方言之美

张晓怡 *

内容提要：白茆山歌是流传在江苏常熟东境白茆塘流域的传统民歌，是国家级非物质文化遗产，堪称"吴地一绝"，有着很强的地域文化特色。白茆山歌的演唱内容以口耳相传的形式为主，在长期的流传过程中形成了丰富的口碑文献，是研究常熟方言的重要资料。本文以白茆山歌为切入点，通过分析用常熟方言演唱的白茆山歌所表现出的艺术美，让特殊的地方语言魅力以及生活风尚得到继承。

关键词：白茆山歌 吴歌 常熟方言 艺术风格

图一 20 世纪 70 年代白茆田头唱山歌场面，邹养鹤供图

"少小离家老大回，乡音无改鬓毛衰。"唐代大诗人贺知章《回乡偶书》成为脍炙人口的千古绝唱。乡音即方言，是一种交流方式，更是一个地方的文化符号。吴歌，是中国吴语方言地区劳动人民口头创作的、具有浓郁地方特色的民间韵文。国家级非物质文化遗产"白茆山歌"作为吴地民歌中最杰出的代表，就是用吴地常熟方言演唱的山歌，在白茆塘流域及周边流行千年，凝聚着当地劳动人民的精神追求和智慧，是具有地域特色的民间口头文学艺术。

一 白茆山歌概述

白茆山歌发源于常熟市古里镇白茆塘流域，源远流长，传唱千年，是当地劳动人民在长期劳作中积累的讴歌生活、抒发情感的民间口头文化，是吴地民歌中的杰出代表，其内容、形式、曲调在整个吴地民歌中独具特色、魅力无穷（图一）。

（一）白茆山歌的起源

4500 多年前，先民的一支从北方迁徙定居在今常熟白茆的坞坵山附近，与江南荆蛮土著部族文化相融合，形成了传承至今的古老吴地山歌嫡系支脉。白茆山歌，就在这个时候开始萌芽发展，与当地乡

民的生产、生活方式相联系，逐渐形成自己独特的风格。

在民间，至今还流传着汉相张良来白茆传授山歌的故事。"张良就是唱歌郎，坐着风筝教思乡"的山歌歌词，反映的就是这个传说，充满传奇色彩。尽管唐宋以来记载少，但是白茆山歌仍为一些古籍所记载。如明代钱谦益《国初群雄事略》卷七载，元至正二十四年（1364）冬，张士诚起兵，动用民夫十万开白茆塘，怨声载道，当时有谣曰："好条白茆塘，只是开不全，若与开得全，好与西帅歇战船。"这是我们能够落实到历史事件的比较早的一首白茆山歌，至今已有六百多年历史[1]。

（二）白茆山歌的分类

白茆山歌是吴地民歌中最杰出的代表，是江南农耕文化最自然和充沛的感情源泉。白茆山歌内容极其丰富，主要有引歌、盘歌、劳动歌、仪式歌、情歌、生活歌、传说故事歌、儿歌、时政歌、"小调"歌、新民歌 11 类[2]。白茆山歌表现形式上，不仅有三句头、四句头短歌，也有几十句甚至几百句的叙事长歌，其中尤以劳动歌和情歌最为丰富和广泛，如劳动歌就有种田歌、莳秧歌、车水歌、开河

* 张晓怡，常熟市文体广电和旅游局科员。

歌、张网歌、织布歌、绣花歌、采桑歌等十余种。白茆山歌曲调丰富多变，灵活柔丽，旋律典雅古朴，它所用的曲调包含大山歌、小山歌、四句头、"吭吭调"、春调、"三吆三环"、划龙船调、搭凉棚调等几十种曲调，其中最著名的是"三吆三环"。该调旋律音域宽、气息广，速度、调性有较大的变化，有多乐段的重复再现等多样组合，使山歌更具张力和艺术感染力。

（三）白茆山歌的文化艺术传承

唱山歌是常熟百姓的习俗，白茆山歌突出表现了常熟百姓的思想感情。白茆山歌能够代代流传，除了地域环境的影响外，还有一个重要原因在于它有着广泛的群众基础。最初音乐的产生源于劳作，形成源自乡俗文化，与当地的生产、生活方式紧密相连，渗透到百姓生活的方方面面。与各地乡土民歌一样，白茆山歌是当地百姓应景创作、有感而发、即兴讴歌的方言民歌，反映了世事百态，映衬了市井风情，歌颂了自然美景，传扬了民间传说，承载了民俗风情。

白茆山歌在传播方式上，主要以口耳传播、世代承袭、口口传唱为主，歌唱者既是创作者、表演者、传播人，又是听赏者和观众，但凡会唱白茆山歌的常熟人都会口传心授教给自家人。如今，常熟当地对白茆山歌的艺术传承也越发重视，白茆山歌馆建成、白茆山歌发展研究会成立、《中国·白茆山歌集》出版、白茆山歌艺术节举办、白茆山歌进校园……对白茆山歌的传承、保护、弘扬起到了重大的推动作用。

二 白茆山歌中体现的常熟方言之美

常熟方言是白茆山歌的载体，常熟方言的特殊性决定了白茆山歌的独特性。常熟话源自人们在劳作时的哼唱与交流。历史上，常熟方言吸纳了中原语言，比其他方言更富有特色。三千多年前，仲雍随兄泰伯让国南来，成为当时的"新常熟人"，他在带来先进中原农耕技术的同时，也将带有中原文化烙印的语言、语意、语音引到了常熟话中，使常熟话形成了至今仍保留八个声调和带有中原古音、古义与陕西乡音、组词的特点，这在其他方言中已很

难见到。此后常熟话在日常的口口相传中，又与时俱进地融入了不同时期的民风习俗元素，使常熟话既成为交流工具，更成为一种文化载体，极大地活跃和丰富了地方的文化生态[3]。

常熟方言是吴方言的重要一脉，质朴厚直，浑浊顿挫，词汇丰富，情感分明。在吴侬软语里，常熟话是一个另类的存在，男生说着铿锵有力，女生说起来温柔婉约。常熟方言特点鲜明，俗语数量多，动词、形容词词汇丰富，能够细致入微地反映世间万物、日常生活以及丰富的动作、感情；常熟方言词语生动形象，许多具有比喻、模拟性质。

（一）从方言词汇看艺术美

曾几何时，衣必吴妆，话必苏白，唱必吴歌。作为口头创作的山歌的形成，和所在地区的语言分不开。白茆山歌的语言依托是吴地文化背景，其歌唱艺术风格不仅与其题材、体裁相关联，更与其唱词语言和音乐音调相联系。语言文化、方言因素、题材内容、唱腔特点、音乐风格等各方面因素使白茆山歌形成了明显区别于其他声乐艺术形式和别地山歌艺术样式的独特艺术风格。常熟方言的风雅古朴、写意诗情、幽默诙谐、朗朗上口在白茆山歌的演唱中体现得淋漓尽致。

1. 常熟方言的古风味

作为语言的活化石，常熟话比较特殊，像极了隋唐时期的方言，有些发音甚至保存了魏晋古风，极具文化价值。从称呼上来看，古代称丈夫为夫君、官人、相公等，称妻子为夫人、娘子等，在这点上，常熟方言恰恰保留了浓浓的古风。丈夫在常熟话里叫"官人"或者"小官人"，妻子叫"家主婆"或"娘子"，男孩子为"猢狲"，女孩子为"囡囡"。在此举一首白茆山歌为例：

十采茶[4]

折月[5]里采茶是新春，新茶叶泡过剩茶湿。

剩茶湿，湿茶剩，新欢小姐剩[6]官人。

……

这首白茆山歌《十采茶》中，讲到新欢小姐把新茶留给"官人"，此处的官人便是丈夫的意思了。

2. 常熟方言的书卷气

常熟方言吴侬软语中藏着几分书卷气，透着古老的韵味、诗情的意境。如白茆山歌《落雪落雨狗欢喜》：

> 落雪落雨狗欢喜，
> 麻雀肚里腾腾气。

常熟人看见下雨下雪，叫"落雨""落雪"。下字略显直白，细品之下，一个"落"字便诗意了许多，或缓或急，或疏或密，无意间织就了烟雨意境。普通话一般说喜欢，而常熟方言则习惯说"欢喜"，除了喜欢之意，更带着喜悦、开心、兴奋之情。又如：

郎盘犁头妹盘针

> 郎盘犁头妹盘针，犁快针飞两情深。
> 一个耕田播片云，一个绣花表心真。
> 云头阵里雌雄雨，燕子窝里牡丹春。
> 鸳鸯挽个同心结，花里新房困新人。

普通话一般说打结，而常熟人则习惯说"挽结"，挽相对于打，更有徐徐缓缓之意，更能烘托整首山歌所要表达的绵绵情意。

（二）从修辞手法看艺术美

1. 常熟方言的含蓄表达

苏南地区长期流传着上海话嗲、苏州话糯、无锡话团、常州话礓、江阴话硬、常熟话土的说法。其实"土"，只是因为常熟话发音多重浊浑厚、少婉转悠扬。如果深入探析常熟方言，不难发现，听起来"土"的常熟话，不仅有古风、文气，还颇具幽默感，而且是含蓄中见幽默，可谓俗中见雅，雅俗共赏。能够用乡土语言含蓄地表达幽默情绪，这一点正是常熟方言的又一语言特色。

（1）双关

常熟方言的含蓄、幽默多体现在双关手法以及

歇后语。双关手法的使用使语言更加生动活泼、幽默诙谐。如：

小姐妮走路毕文文[7]

> 小姐妮走路毕文文[8]，
> 情哥郎碰碰恁勿要认真，
> 吾看恁灶山上茶叶[9]也勿是原壶头，
> 江西夏布只当恁假斜纹[10]。

这首歌采用的是隐喻双关的手法，是吴歌的一大特色。"假斜纹"是双关语，这里是装腔作势、假正经的意思。双关使语言表达得含蓄、幽默，而且能加深语意，给人以深刻印象。又如：

唱唱山歌散散心[11]

> 唱唱山歌散散心，恁笃[12]当吾快活人，
> 口含黄连心里苦啊，黄连树底下苦操琴[13]。

此处运用的是语素义双关，即通过后部核心语素的不同义项形成双关。"哑巴吃黄连——有苦说不出"，双关义主要体现在"苦"上。苦，指黄连的味苦；而全句的实际含义是指内心有苦楚，但不敢或不便向人诉说。

（2）比拟

比拟的辞格是将人比作物、将物比作人，或将甲物化为乙物。运用这种辞格或增添特有的情味，或把事物写得神形毕现，栩栩如生，抒发爱憎分明的感情。在白茆山歌中也多运用比拟的辞格。如：

哈巴狗[14]

> 黄狗[15]，黑狗[16]，都是哈巴狗。
> 见鬼子，摆摆尾，摇摇头。
> 见百姓，像疯狗，乱吼叫。

此处将汪伪的"和平军"比拟成"黄狗"，将

汪伪的警察比拟成"黑狗"，融入了常熟百姓丰富的想象力、鲜明的思想倾向以及浓烈的情感色彩，充分表达了对汪伪的"和平军"与警察的厌恶、不屑。通过歌者的演唱，让我们体会到了强烈的感情，感受到了鲜明的形象。

2. 常熟方言的灵动性

（1）比喻

比喻是一种常用的修辞手法，用跟甲事物有相似之点的乙事物来描写或说明甲事物，是修辞学的辞格之一。在白茆山歌中，比喻的手法多样，为了把事物表现得更加生动形象，多用比喻的手法。如：

告吾唱歌就唱歌（之二）

告吾唱歌就唱歌，吾年纪一大喉咙丑。
吾年轻辰光喉咙像琵琶竹板笙弦子，
现在喉咙好像劈开个毛竹筒。

这首山歌运用的是典型的明喻手法。本体是"喉咙"即嗓音、歌喉，分"年轻辰光喉咙"和"现在喉咙"，喻体分别是"琵琶竹板笙弦子"和"劈开个毛竹筒"，通过比喻的手法，将不同阶段的歌喉表现得更生动、形象和具体了。此外，暗喻、借喻等手法也比较常用，此处不多举例了，不管哪种比喻形式，都生动、传神、极具艺术性。

（2）象声

象声词，又叫拟声词、摹声词、状声词，是模仿自然声音构成的词。准确地使用象声词，将会使说话、作文的生动性、形象性大大增强。在白茆山歌中，有很多象声词的运用，一定程度上增强了山歌的灵动性。如：

拍拍背

拍拍背，三年勿咳嗽。
拍拍胸，三年勿伤风。
拍拍屁股有条缝，拍拍头皮咚咚咚。

此处"咚咚咚"即为象声词，象声词的运用，

使整首儿歌更加生动，充满童趣。

3. 常熟方言的音韵美

（1）衬字

"衬字"是曲牌所规定的格式之外另加的字。它的作用是补充正字语意的缺漏，使内容更加完整充实，语言更加周密丰富或生动，或者使字句与音乐旋律更加贴合。衬字的使用，可使句法灵活多样，增强口语化和形象化特点。白茆山歌中七言句式较多，衬词的使用，使得句式变化多样，语言婉转灵动。如：

一把芝麻撒上天[17]

一把芝麻撒上天，吾肚里山歌万万千，
南京唱到北京转，回来（末）再唱（仔）两三年。

这里末句"末""仔"在句子中就是另外加的字，是没有意义的。加了这几个衬字之后，整首山歌就充满了浓浓的常熟本地乡土气息，更具有音律美，增加了山歌的表现力与灵动性。

（2）叠音

常熟方言中的叠词较多，叠词并非简单的重复，它的恰当运用能和谐音律、丰富内容，收到较好的艺术效果，给人以美的享受。常熟方言叠词恰当地运用于白茆山歌之中，吴侬软语下，江南水乡的柔美以及悠闲的江南风韵便萦绕耳畔，迷醉心头。以下面两首白茆山歌为例：

做亲吃花烛喜话

先给新官人搛一块肉："满堂富贵"；
搛一块蛋："代代好"；
搛一块鱼："吉庆有余"；
搛一块鸡："扑扑飞"；
搛块肠："局局长"；
搛一块肚子："多子多孙"。

这里的"代代好"就是希望世世代代永葆安康，好事连连；"局局长"寓意着节节长，生活天天向

上。"代代"和"局局"两处都用到了叠词,属于量词的重叠。叠音词的多处运用,使整首山歌音感自然和谐、绵延曲折,有旋律美,又有形象性、联想性。如:

十采茶

正月采茶是新春,
采来新茶旧茶扔。
采新茶,旧茶扔,
穿起新衣服想起心上人。
……
九月里采茶菊花黄,
菊花筛酒待情郎。
浅浅筛来哥勿吃,
满满泛泛筛来凑成双。

十月里采茶茶籽圆,
妹摘下茶籽送给郎。
哥哥呀把茶籽种在边疆上,
就像妹妹伴在恁身边。

此处的"满满泛泛"使用了叠词效果,是形容词的重叠,而且是双音叠词,更加生动形象地描绘了酒斟得"满",字里行间让人深切地体会到满到溢出来的效果,而且读起来朗朗上口,听起来声声悦耳。

三 民歌演唱中保留方言的重要性

（一）有利于非物质文化遗产的保护

方言是保留传统文化的载体,运用方言演唱民歌有利于对非物质文化遗产进行保护。用方言演唱的戏曲、山歌,如昆曲、白茆山歌等,被列入国家级非物质文化遗产。2008年,国家有关部门将江苏省列为"中国语言资源有声数据库"建设工程的首个试点省,而江苏省确定的三个采样点,常熟就是其中之一。白茆山歌的主要特色就在于常熟方言,常熟方言使白茆山歌与生活紧密联系,使常熟地方特色更明显,使白茆山歌更加生动、便于流传,因

此,白茆山歌演唱中保留常熟方言,更是对非物质文化遗产的保护。

（二）有利于风土人情的呈现

民谣有"十里不同风,五里不同音""锣鼓不出乡,各是各的腔"等说法,这与地域文化特色尤其是丰富的方言文化分不开。各地方言反映了地方族群迁徙历程在内的诸多历史与文化内涵,承载着鲜明的地域和时代特色,许多话语中都浓缩和寄托着地方民众群体的智慧和情感。我国声乐语言的地域风格与民族风格紧密相连,地域环境、风土人情、地域方言的差异,通过民歌中方言声调和发音等细节体现出来。例如,用吴侬软语演唱的南方传统民歌行腔归调,表现出南方特有的细腻委婉、悠扬柔和,而高亢嘹亮、奔放豪迈的北方民歌则表现出粗犷奔放、刚劲流畅的风格,将当地的风土人情表现得淋漓尽致。

（三）有利于民歌艺术的表达

民歌的主要特色在于方言。传统民歌在形成发展、流传继承的过程中吸收、引用了诸多地域的方言,方言增强了传统民歌的艺术性、地域性与魅力价值,丰富了民歌的内容,协调了民歌的节奏。因此,传统民歌与方言有着水乳交融、唇齿相依的紧密联系。正是常熟方言的特殊性,使白茆山歌在唱词语言风格上表现出更加率真、朴素、直白、张扬的语言个性,在音调上偏向于更质朴、清新、自然、流畅的音乐格调,可以说,常熟方言是白茆山歌歌唱之根本、艺术个性之精髓。

四 结语

本文以白茆山歌为切入点,分析用常熟方言演唱的白茆山歌所表现出的文化艺术魅力。希望在常熟地区形成一种传承弘扬好白茆山歌、讲好"常熟闲话"的氛围,让特殊的地方语言魅力及生活风尚得到继承。热爱、使用方言是传承本土文化的途径,应该以开放积极的态度对待方言。掌握好常熟方言特点,唱好白茆山歌,把国家非物质文化遗产和地方特色方言传承并发扬光大,更是我们年轻一代尤其是文化旅游工作者的使命。

注释：

[1] 常熟市文化局、常熟市文化馆编：《中国·白茆山歌集》，上海文艺出版社，2002 年，第 1 页。

[2] 同［1］，凡例。

[3] 吴苇主编：《常熟闲话》，上海文化出版社，2015 年，自序。

[4] 同［1］，第 47 页。

[5] 折月，农历正月。

[6] 剩，留给。

[7] 同［1］，第 73 页。

[8] 毕文文，正经之意。

[9] 灶山上的茶叶，指泡过的茶叶，不是原泡的茶。

[10] 假斜纹，双关语，这里比喻装腔作势、假正经。

[11] 同［1］，第 3 页。

[12] 恁笃，常熟方言，你们。恁即你。

[13] 歇后语有"黄连树下操琴——苦中作乐"。

[14] 同［1］，第 364 页。

[15] 黄狗，指汪伪的"和平军"。

[16] 黑狗，指汪伪的警察。

[17] 同［1］，第 2 页。

冰瓯雪碗

——常熟博物馆藏水盂赏析

杨行操 *

内容提要：水盂是贮水的文房用具，在磨墨时可以向砚池注水。因为水盂小巧而雅致，能体现出文人雅士的审美情趣，所以兼具观赏陈设的功能。本文简要介绍常熟博物馆藏部分水盂文物精品，以便进一步研究。

关键词：水盂　文房　陶瓷　常熟

　　明代学者高濂《燕闲清赏笺》云："文房器具，非玩物等也。"[1]对中国文人雅士来说，营造一个优雅的读书环境，笔精墨良，再配以雅致的家具及文玩器物，随时赏玩，甚至比读书更让人愉悦。北宋欧阳修《试笔·学书为乐》曰："苏子美尝言：明窗净几，笔砚纸墨皆极精良，亦自是人生一乐。"[2]明清时期，江南苏州、杭州一带作为文人学士聚集的风雅之地，名士们更把经营一个兼具知性与美感的书斋世界作为重要的人生追求。

　　在常熟博物馆 2 万余件藏品中，笔墨纸砚及文玩雅物，各门各类，异彩纷呈。这类清雅小物有着深厚的历史与艺术底蕴。笔者撷取常熟博物馆藏部分水盂文物精品，略加评述，以备雅好之士进一步研究与赏鉴。

　　宋代赵希鹄《洞天清录集》载："晨起则磨墨，汁盈砚池，以供一日之用，墨尽复磨，故有水盂。"[3]近代学者许之衡在《饮流斋说瓷·说杂具第九》指出："凡作物形而贮水不多则名曰滴，不名曰盂。"[4]水盂，也叫水中丞、水丞，是文房四宝旁边贮水的物件。古人在磨墨之前有个研磨阶段，磨墨除了备砚和墨外，还需要舀水来磨出墨汁，水丞由此应运而生。水丞在古代是管理水利的官职，借用到文房之中，当然也是作管水之用，为读书人案头

必备的文房用品，虽盛水不过数滴，却有积水成渊的雅趣。明代《古今事通》中提到宋人的典故，杨徽之的诗被宋太宗选中，将其十联警句题写在御屏上，僧人文莹曾言："必以天池浩露，涤笔于冰瓯雪碗中，方与此诗相副。"这表明洗涤毛笔的冰瓯雪碗不仅有一种物理上的纯净，更象征着精神上的纯洁和高雅。

唐代长沙窑彩斑水盂

　　口径 2.5、腹径 3.2、高 3 厘米。敛口，丰肩，鼓腹，圈足。整体施黄釉，器身装饰绿色、褐色彩斑。1959 年 4 月，常熟市文物管理委员会工作人员从常熟望虞河工地徐市营征集。唐代，长沙窑是著名的瓷窑，制作的器物类型广泛，产量很大，且大量销往海外。1998 年在印尼勿里洞岛海域发现的唐代沉船"黑石号"装载的瓷器绝大部分就是长沙窑的产品，器类有碗、执壶、杯、盘、盂、盒、罐、熏炉等。长沙窑率先采用人物、花鸟、山水、云气等彩绘图案装饰，其绘画技法有写实，但更多的是采用简笔写意。长沙窑烧制的酱釉、褐釉、三彩釉水盂造型丰满，器身大多绘黄、蓝、褐彩。此件唐代长沙窑彩斑水盂器形小巧，纹饰简洁大方，颇具时代特点（图一）。

图一　唐·长沙窑彩斑水盂

---

* 杨行操，常熟博物馆馆员。

明代哥釉八棱形水盂

口径9.4、高3.2厘米。唇口，直壁，呈八棱形，平底，底部分布五个支钉痕，通体施炒米黄釉，配有紫檀底座。造型端庄古朴，釉色仿照宋代哥釉，釉层厚润犹如凝脂，宝光内蕴，周身遍布开片纹。冰裂纹片大小相间，深浅两色交织，遂成典雅美观的"金丝铁线"：一种是釉裂形成大开片的黑色纹路，俗称"铁线"；另一种是釉裂形成小开片的金黄色纹路，俗称"金丝"。其形成的原因是坯体与釉的膨胀系数不同，在窑内冷却的过程中釉因收缩率大而开裂（图二）。

该器物的釉色、开片纹理与故宫博物院所藏宋代哥窑葵花洗颇有相似之处。哥窑葵花洗为瓷质文房用器中的名品，自宋代以来备受文人雅士的青睐。晚明学者、画家文震亨在其名著《长物志》中指出："（笔洗）陶者有：官、哥葵花洗、磬口洗、四卷荷叶洗、卷口蔗段洗。"[5]可见彼时哥窑葵花洗深得士人推崇。此件哥釉水盂古朴典雅，为晚清重臣、同治光绪两朝帝师、著名书法家翁同龢的书房雅物，更显得弥足珍贵。

图二　明·哥釉八棱形水盂

明代青白玉三鼠水盂

口径1.8、宽6、高3.2厘米。该水盂以青白玉籽料雕琢而成，器壁外雕琢松鼠三只，姿态各异，并浮雕荔枝一枝作为辅助装饰，因材施艺，极具巧思。生肖鼠对应的地支为子，子五行属水，因此将鼠作为主要纹饰制作文房水丞，取其"五行属水"

之义。荔枝为中国南方的佳果，成熟之际，红艳喜人，味甘汁润。人们把成熟裂开的荔枝作为人生运道利势大开的象征。此外，荔枝还有利子、吉利、多利的含义，以荔枝为装饰主题的器物制作历史悠久（图三）。

图三　明·青白玉三鼠水盂

玉质水丞最早的文献记载见于宋代龙大渊《古玉图谱》。辽代亦使用玉质水丞，如1986年内蒙古通辽市奈曼旗陈国公主与驸马合葬墓曾出土一件白玉水丞，椭圆形口，作四出花瓣形，弧形，平底，素面，玉质纯净莹润，为皇室用品[6]。明代高濂《燕闲清赏笺》亦对当时玉质水丞有所记录："余有古玉中丞，半受血侵，元口瓮腹，下有三足，大如一拳，精美特甚，古人不知何用，近有陆（子冈）琢玉水中丞，其碾曾面锦地与古尊罍同，亦佳器也。"[7]此件明代青白玉三鼠水盂器形尤其小巧，雕琢精美，应为书房观赏器而非实用品，适合文人学者于指尖把玩。

清代白釉荷塘戏鸭纹雕瓷水盂

口径2.5、腹径5.3、高3.5厘米。敛口，鼓腹，折底，圈足，底部阳刻"乾隆年制"四字篆书款。腹部主体雕一白鸭嬉戏于荷塘水草间，雕工细致，造型小巧，画面立体逼真，静中有动。素胎施白釉，胎细密沉重，釉面润泽，胎釉结合紧密，体现出清代中期小件雕瓷文房用具制作的高超技艺（图四）。

雕瓷，是在陶瓷素坯上用雕刻、模印等技术手段来表现装饰题材的一种传统制瓷工艺。雕瓷与瓷塑同源，属瓷器圆雕艺术，形式多样，历史悠久。清代雕瓷工艺兴起于乾隆时期，盛于道光、同治年间，给日趋衰落的制瓷业注入了新的生命力。通过镂雕、圆雕、浮雕等雕刻技法在瓷器上刻出纹饰来凸显立体图案，并有素胎和色釉加彩之不同。品种从陈设品、小玩具、祭祀器皿、文房用具，到用于建筑的装饰部件等，应有尽有。雕刻题材也非常广泛，山水、人物、花鸟一应俱全。

图四 清·“乾隆年制”款白釉荷塘戏鹅纹雕瓷水盂

清乾隆绿釉双耳三足水盂

口径6.1、宽9.3、高6.2厘米。敛口，鼓腹，腹部两侧饰有双耳，下承三兽足，底部署“大清乾隆年制”款。器身外施绿釉，釉下密布开片，内壁施白釉，整体形似香炉，造型古朴大方，装饰简洁明快（图五）。此类尊罍形水盂文献有记载，明人高濂在其《燕闲清赏笺》中论及文房器具时曾这样描述：“铜有古小尊罍，其制有敞口、元腹、细足，高三寸许，墓中葬物，今用作水中丞者……但口敞可以贮水者，有元肚、束口、三足者，有古龙泉窑瓮肚周身细花纹者，有宣铜雨雪沙金制法古铜瓿者，样式美甚。”[8]可见此类小型三足炉形器物亦被时人纳作盛水雅物之用。

清乾隆炉钧釉水盂

口径4、腹径9、底径8.7、高7厘米。敛口，鼓腹，圈足。通体施蓝釉，施釉不到底。此件水盂整体呈蓝色，釉料中因掺了粉剂，釉色厚重无透明感，其结晶体呈现红中泛紫的色泽，被称为“高粱红”（图六）。

图五 清乾隆·绿釉三足水盂

图六 清乾隆·炉钧釉水盂

炉钧釉因低温炉内烧成仿宋钧釉而得名。创烧于清雍正年间，盛行于雍正、乾隆二朝，以这一时期的景德镇窑制品最精。清代张九钺《南窑笔记》中有记载：“炉钧一种，乃炉中所烧，颜色流淌中有红点为佳，青点次之。”[9]因炉钧釉中含有粉剂，故而釉厚不透明。釉面均开细小纹片，其结晶呈色多样，深浅不一，有红、蓝、紫、绿、月白等色（如同含铅器表面的反射光泽）并熔于一体。在器物釉面上形成长短不一的垂流条纹，有的弯曲，有的垂直，还有的似山岚云气与斑点交混在一起，布满器身，如同五彩缤纷的孔雀尾羽一样，整齐美丽。釉中的红色并不太艳，红中泛紫，犹如刚成熟的高粱穗色。蓝釉则如水波状，雍正年间的炉钧釉基本上保持这一特征。呈现紫红斑的仿钧窑低温颜色釉，有素炉钧釉与浑炉钧釉两种。素炉钧釉釉面呈蓝绿相间的麻点纹，在素坯上底喷翡翠（以氧化铜着色的粉彩颜料），面喷广翠（以氧化钴着色的粉彩颜料）；浑炉钧釉釉面呈红绿相间的麻点纹（红釉以胶体金着色），800℃左右烧成。

清代中期仿哥釉水盂

口径6、腹径9.5、足径5.8、高7.9厘米。敛口，鼓腹，卧足。器身内外均施透明釉，口沿、足端有酱色釉。此器为清中期仿宋哥釉水盂，通体釉色青中闪灰，胎细釉厚，光洁秀美，釉面自然开片，口、足处酱色釉为模仿宋代哥窑"紫口铁足"的效果，制作精美（图七）。

图七　清中期·仿哥釉水盂

清道光绿釉桃形水盂

最大径8.8、足径3.4、高4.3厘米。清代制器盛行仿拟植物之形，以荷叶、桃枝、瓜果类造型最为典型，为后人所称道，文房用品亦是如此。清道光年间绿釉桃形水盂外形模仿寿桃，仿生自然，釉色亮丽，青翠欲滴，兼具欣赏与实用功能。另附精致的铜质龙首小勺一枚，用于舀取涓滴之水（图八）。

清康熙后，绿釉产品颇为丰富，绿釉的色调有松黄绿、松石绿、湖水绿、秋葵绿、瓜皮绿等，器形以小型文房用具为多。此件水盂釉面伴有自然开片，釉色翠绿，色如碧玉，配有红木器盖、底座，器盖也做成桃形，虽然颜色不同，但是在形状上与翠绿色的水盂衔接自然，底座为中部掏空的盘曲的

图八　清道光·绿釉桃形水盂

树根形托架，颇有自然之趣。器盖、水盂、小勺和底座构成了和谐统一的整体，极具巧思。

清光绪青花缠枝莲纹水盂

口径2、底径6.4、高4.4厘米。水盂敛口，溜肩，内施白釉。外壁绘青花缠枝莲纹一组，圈足内施白釉。此器造型小巧秀美，青花色调纯正青翠，纹饰生动，是一件精美的文房用具（图九）。

图九　清光绪·青花缠枝莲纹水盂

"灼灼荷花瑞，亭亭出水中"，盛夏时节，水塘堤边都能看到荷花亭亭玉立的身影，寻几支插瓶，便得满室清雅。古人爱荷，不满足于诗词赞咏，不止步于空间点缀，更将其化作意象，融入生活日常，在诸多器物上予以呈现。而缠枝莲纹饰是缠枝纹的一种，为中国传统的吉祥纹样，因其图案花枝缠转不断，故称缠枝纹，明代称为"转枝"。缠枝纹在瓷器、铜器、玉器等工艺品上多有运用，并且广受欢迎，故宫博物

院馆藏重器——清乾隆各种釉彩大瓶周身遍布缠枝纹装饰，繁而不乱，显得富丽堂皇。

清代炉钧釉水盂

口径2.5、腹径6.6、高3.5厘米。唇口，折腹，圈足。釉面呈孔雀绿色，平整细腻，胎釉结合紧密，釉面开有细小的纹片。此器造型简练，整体以炉钧绿釉作装饰，器身小巧规整，可玩可摆设，为典型的"小器大样"品种，作为文房用具，陈设于案头，更添几分雅趣（图一〇）。

与广受瞩目的大件重器相比，文房清玩显得形微体轻，但这些案头之物却是一个个内涵丰富的文化艺术载体，如同点点星光散落在各个雅致的空间或角落，与古籍、书画、金石、碑帖等收藏品共同构筑起文人学者丰富多彩的精神家园。

图一〇　清·炉钧釉水盂

注释：

[1]〔明〕高濂撰、李嘉言点校：《燕闲清赏笺》，浙江人民美术出版社，2017年，第110页。

[2]〔宋〕欧阳修：《宋本欧阳文忠公集》，国家图书馆出版社，2019年。

[3]〔宋〕赵希鹄：《洞天清录集》，黄宾虹、邓实编：《美术丛书》初集第9辑，神州国光社，1928年。

[4]许之衡著、叶喆民译注：《〈饮流斋说瓷〉译注》，紫禁城出版社，2005年，第145页。

[5]〔明〕文震亨著、李瑞豪编著：《长物志》，中华书局，2012年，第168页。

[6]内蒙古文物考古研究所：《辽陈国公主驸马合葬墓发掘简报》，《文物》1987年第11期。

[7]同[1]，第114页。

[8]同[1]，第114—115页。

[9]〔清〕张九钺编撰、王婧点校：《南窑笔记》，广西师范大学出版社，2012年，第45页。

常熟缪氏与《山泾杂树图》考析

车旭东 *

内容提要：元代后期常熟的缪贞、缪侃和缪佚父子擅书画、富收藏，与当时文人名士广泛交游，也是玉山雅集的常客。根据文献材料，可梳理他们的生平、收藏、交游和书画艺术情况。虽然他们的书画作品鲜少流传，但其在艺术文化史上的地位不容忽视。尤其是明代画家马愈忠实临摹了缪佚的《山泾杂树图》，包括卷后 59 位元人和 21 位明代前期文人的题跋，题咏之多，堪称元代之最。通过此卷，我们可探知缪佚的画艺和当时江南文人唱和的盛况，进而探讨其对明代吴门画派的重要影响。

关键词：缪贞 缪侃 缪佚 山泾杂树图 马愈

常熟缪贞、缪侃和缪佚父子擅书画、富收藏，而且在元代后期的江南文人书画互动中较为活跃，是昆山顾瑛玉山雅集的座上宾，且交游广泛。而关于缪氏父子的生平与交游，前人没有专文研究。他们创作的书画几乎未能流传下来，但明代画家马愈忠实临摹了缪佚的《山泾杂树图》（故宫博物院藏），卷后 59 位元人和 21 位明代前期文人的题跋也被一一摹写。此图及其题跋对于研究缪氏的交游、绘画以及其对吴门画派的影响有着重要意义。

一 缪贞及其收藏

缪贞，字仲素，元末"吴中四杰"之一的高启为其撰《乌目山樵赞》[1]，可知他号"乌目山樵"。其生卒年暂无考，但他 1356 年以前在杭州担任江浙行省掾史（详见后文），知其主要活动于元末。《（嘉靖）常熟县志》记缪贞："好古博识，隐居不仕。吴中闻士皆礼重之。善八分，小篆追踪张有，正书尤高古。致道观'虞山福地'四篆字、《李烈士碑》隶书，其迹也，旁有正书题识，尤佳，为俗羽流断之，可惜。所著有《书学明辨》行于世。"[2]张有，

字谦中，北宋末吴兴人，隐于黄冠，善篆书，法甚古。钱谦益对缪贞书法评价甚高，言："吾乡艺苑多人，画家则子久，隶篆则缪仲素，词赋则桑民怿、徐昌国，今皆寥绝无。"[3]可惜缪贞书作未流传下来。

《海虞文征》收录元人林大同《缪仲素〈六书明辨〉序》，知该书有四卷，"明著字之义，与夫承舛之失，以便学者"[4]。同时张著、李还、倪瓒还为他作过序。序中赞赏缪贞："有得乎文敏赵公、邵庵虞公不传之妙，真积力久，充乎心，应乎手，取之左右，若逢其原，而承舛之失，荡然无余。至其摹印，则又以正为变，以变为正，极乎精微，夺乎天造，殆不可以形迹求也。"[5]说他书法传承赵孟𫖯（谥文敏）与虞集（号邵庵），又擅长篆刻。

元代名儒黄潜为缪贞作《述古堂记》，说他嗜好收藏古器物，重金求购，并收藏有"宋内府故藏绍兴丁巳邵谔所进《述古图》研"[6]，所以以"述古堂"为斋号。所谓《述古图》，是北宋李公麟仿效唐代李昭道用着色画法绘制的人物图，宋徽宗时画家郑天民曾作记，一一解读图中人物，分别是苏轼、黄鲁直、秦观、米芾、蔡肇、李之仪、张耒、晁无咎等人。其实此图即《西园雅集图》，而该砚台是一款刻此图的正圆形、中间隆起的端溪紫石。

另外，杨维桢又有《五湖宅记》，说缪贞有一艘大船，"列几格置琴书，其中笔床茶灶相左右，容客可数十人，时时遨湖海间"[7]，名为"五湖宅"，杨维桢曾与缪贞乘之游于太湖。文中赞赏了缪贞洒脱自得的心态，又言："物莫大于宇宙，而尤莫大于心。善论心者，谓之寸宅，拓寸而大，天地不能容，太虚吾室也，八荒吾庭也，日月吾牖也。"[8]认为心

---

* 车旭东，南京大学历史学院考古文物系助理研究员。

大于天地，能包容宇宙，正是从陆九渊"心即理"的理论发展而来。

杨维桢的《璞隐者传》也是为缪贞而作，以拟人化的手法为物作传，以抒发内心的不平和愤懑之气[9]。"璞隐者"是缪贞收藏的一块五代时蒲序制作的名为"荆璞"的古墨。此传寄托了杨、缪二人在乱世之中对出世与入世彷徨不定的感慨。其中言："自云缪公子称知己，缪筑轩居之，且以其姓姓轩，权贵人谐'蒲轩'。"[10]"蒲轩"也是缪贞的斋号。

图一　元·倪瓒《梧竹秀石图》，
故宫博物院藏

与缪贞交往的著名书画家还有倪瓒和张雨。倪瓒《梧竹秀石图》（图一）题："贞居道师将往常熟山中访王君章高士，余因写《梧竹秀石》奉寄仲素孝廉，并赋诗云：高梧疏竹溪南宅，五月溪声入坐寒。想得此时窗户暖，果园扑栗紫团团。倪瓒。"又有张雨题诗："青桐阴下一株石，回棹来看雪未消。展图仿佛云林影，肯向灯前玩楚腰。□□写此纸，附老仆至蒲轩，即景书图上。雨。""仲素孝廉"即缪贞，"贞居道师"即张雨。"王君章"为王珪，字君章，号中阳，常熟人，喜好岐黄，后归隐虞山，一心修道事医，医术高明，撰有《泰定养生主论》。张雨欲往常熟拜访王珪，倪瓒特作此图请张雨带给缪贞。题诗谈到"果园扑栗"，或许倪瓒怀念起了在缪家摘栗的情形，而栗子就是虞山特产，称"顶山栗"或"桂花栗子"，张雨还有诗颂之。

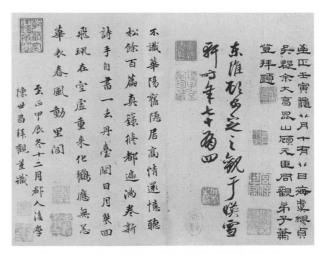

图二　元·张雨《自书诗册》（上海博物馆藏）后的
萧登题跋

明汪珂玉《珊瑚网》记一件"张贞居与袁子英诗手稿"[11]，后有跋曰："至正壬寅秋八月十又八日，海虞缪贞、吴郡余大亨、昆山顾元臣同观。弟子萧登拜题。"（图二）此册即张雨《自书诗册》，分藏于吉林省博物院和上海博物馆。该册当时为袁华收藏，知是袁华于至正壬寅（1362）邀请诸人鉴题。顾元臣即顾瑛子，因玉山雅集而与江南文人多有交往，萧登字从善，由此知为张雨弟子[12]。元末王行有《缪仲素真赞》："于其容，已见其天质之美；于其言，而知其读书之功。其守可尚，足表其所嗜之淡；其行可嘉，足验其所学之充。是所谓粹然之善士，可视为曜然之素翁耶。"[13]可见缪贞与这些人均有交往。

二 缪侃与缪佚

缪贞有缪侃、缪佚二子，清代《虞山画志》记："缪侃，字叔正。好蓄法书、古器。工诗，善楷、隶书，妙于山水。余家旧藏王元章墨桃花，叔正附跋，有'秀润如此，余不能逮'等语。于此见叔正又妙手于花卉。"[14]缪侃也常参与玉山雅集，顾瑛《玉山名胜集》记载1355年他与袁华、陆仁等雅集于顾瑛的可诗斋。次年又至顾瑛处，其时袁华、马晋、赵原、范基等人亦至，诸人唱和，顾瑛亲自作《口占诗序》，感慨乱世中这颇为难得的聚会。

当时人陈高有《望云图诗序》言："常熟缪侃叔正，世居海虞山之阳。至正丙申春二月，江城陷，叔正避地荒野，时父仲素君为掾江浙，故父及弟皆寓居杭。秋七月，寇犯杭城，二弟相继殁于兵若疾。叔正携妻子入杭省勤，居无何，三关有警，乃奉母渡浙江，侨居会稽之柯山。既而杭城克复，母氏复返父所。叔正方从事浙东帅府，縻于职守，弗获归侍，而仲素君于己亥岁丁大父忧，自杭归常熟之故里。明年庚子，叔正且自四明从君来温，去家千里，道途阻兵，父子相望，各天一涯。十余年间，其得在侍侧者，仅留杭数月耳。叔正每以不获奉温清进修随为恨，对人言之，则唏嘘太息。乃取唐狄梁公望白云思亲舍故事，俾洪元质画其故乡云山之景，及所居之室曰'猗猗堂'者，以为图，题曰'望云'，而士大夫之相知者又为赋诗，以述其志，并寓于上。叔正朝夕挂图寓所，想象白云亲舍之似。"[15]

由序可知1356年缪贞在杭州担任江浙行省掾史，但杭州被乱军（张士诚军）攻克，缪侃的两个弟弟去世（不知是否有缪佚在内）。而缪侃携妻子到杭州看望父亲，未果，随即奉母迁居绍兴柯山。后

杭州克复，其母归杭州，1359年缪侃被征入浙东帅府，其父则回常熟丁忧。1360年缪侃到温州任职，便与父亲分离，天各一方，于是取唐代狄仁杰望云思亲故事，请洪元质绘图，又征求诸人歌咏，以寄托思亲之情。洪元质应是时任温州教授的洪涛，惜画史无名。而缪贞的书画，仅有一件信札流传，即藏于常熟博物馆的《元明清名人尺牍》中的一开，上款"既翁五光先生爱下"，待考。

缪佚字叔民，"能诗，工山水，尝写《林塘图》，杨廉夫、倪云林、时太初皆有题咏"[16]。杨维桢有《题缪生佚写林塘图和倪元镇韵》，言其"年几冠读书，能画"[17]。时太初，字大本，常熟人，仕官浙江海宁，有惠政。此外顾瑛《玉山璞稿》有《自题缪叔民惠所画读书巢》。可见他与父兄一样，与杨维桢、倪瓒、顾瑛等人皆有交游。

此外，缪佚还有一件《山泾杂树图》，原作虽不传，但有明代马愈临本（图三）传世，藏于故宫博物院。该临本不仅临图画，还摹写卷后诗跋，自元代张简、陆广等，至明代的刘珏、谢缙，"前后作者通计七十八人，诗跋凡八十五首，图书亦临之，大小凡六十八章"，都一一根据每家的风格特点和位置临摹下来，神形兼似。刘九庵先生认为："这种书、画、印三者结合的巨制出自一人之手的临写，还是前所未见的，真可谓神乎其技矣。"[18]所以由这件临本，可探究缪佚的交游、画艺及其影响。

三 《山泾杂树图》的元人题咏

图中马愈落款："成化丙戌春正月人日，清痴道人马抑之。"即临于1466年。马愈字抑之，嘉定（今属上海）人，明天顺八年（1464）进士，官至刑部主事，"能诗善书……纵佚不羁，人号为马清痴"[19]。据正德《姑苏志》可知，马愈即明初宫廷画家马轼之子，关于其生平，前人已有详细探讨，并认为他是与杜琼、刘珏等人一样的吴门画派先驱之一[20]。

所临缪佚款言："四月初七日为本初先辈写山泾杂树，并赋诗云：山泾群树玉萧森，下压石堤春水深。一苇孤舟泊何许，绿荫多处听鸣禽。缪佚。"后

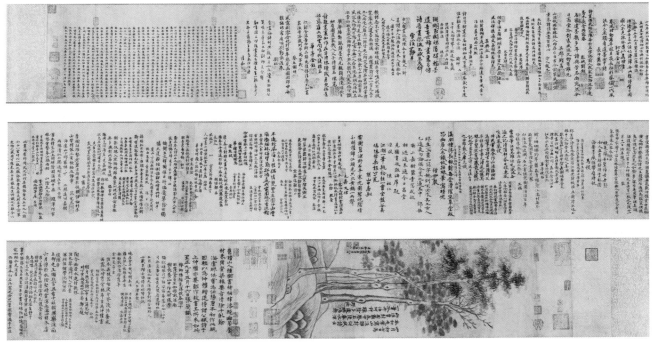

图三 明·马愈《临缪佚山泾杂树图》，故宫博物院藏

第一则题跋为张简题诗，并记："海虞缪佚尝为任阳唐本初作此纸，因辍以为仲权赠，遂得诸公赋诗于上，仲权亦要鄙作，故书其所来如此。至正九年五月十六日张简识。"题于 1349 年。张简，字仲简，号白羊山樵，吴县（今苏州）人，与张雨、顾瑛、杨维桢交游，洪武初召修元史，亦擅书画。后有缪佚于十一月十一日再题："任阳唐本初名所驾之舟曰'一苇航'，尝过予山泾书堂，征写所见杂树，荒秽无足观。仲权贡士遂装潢之，挂于斋阁，而诸先生题诗殆遍，此为鼷鼠抉机，良可愧也。忽然见之，如发梦寐，因再用笔补其疏陋，复题绝句一首于上，仲权先生必有以教之也。"

该图受画人是常熟任阳的唐本初，唐本初有舟名为"一苇杭"，曾过缪佚的山泾书堂，便请其绘书堂旁的杂树，但此图后被赠予"仲权"。顾瑛《草堂雅集》记："唐元，字本初，姑苏人，读书博雅，有船号'一苇杭'，图书古玩列离左右，浮游江湖，日哦诗其中，自号苇杭子。每过予溪上，必系舟柳下，终日谭笑。"[21] 符合缪佚题跋中的说法。这艘陈列图书古玩的"一苇杭"与缪贞的"五湖宅"一样，体

现了当时文人收藏家的生活方式。而袁华有《送唐本初之茅山》《唐本初西郊草堂》等诗作，说明唐元也是江南文人交游圈中的重要人物。而卷后就有唐元题跋曰："叔民尝为余作《山泾杂树》，辄为好事者持去，今因蒲轩父子移居壬阳，又得见之，观其珠玉粲然，有所感发，遂题以记之。时至正十三年元日后三日也。西郊散人唐元识。"题于 1353 年。

但该图未经唐元收藏，而是被"仲权贡士"拿走装潢，并征求张简等文人题跋，后缪佚再见之而作跋。此图是竖幅绘画，却被装裱成手卷展示，与宣和装的五代卫贤《高士图》一样。但与宋徽宗为了保藏作品不同，该作或是藏家出于征求诸人品鉴、唱和、题跋的心理而为之，元人风雅由此可见一斑。卷后元代的题咏者一共 59 人，依次为张简、张学、释照、天台僧至奂、西夏昂吉、永嘉周洪、俞端、郑元、陆广、蒋士权、四明朱庸、曹绍、缪佚、张田、马稷、袁华、越人姜渐、华亭倪枢、王临、唐元、顾瑛、聂镛、僧妙声、郯韶、陈祖仁、樊山申屠駉、永嘉文信、会稽赵偲、山阴殷奎、广信熊德进、高启、金华范显德、永嘉余尧臣、会稽余招文、

周砥，番阳释至仁，吴郡嗣可、卢熊，嘉兴钱昭、钱塘郑基、郑砥、郑金、杜正、俞献，长沙谭湘、相平、孙玄，淮海秦约，海昌贾祥凤，蓟丘李泽、张常明、丘民，豫章释恢复、啜霭山、范充大、岳榆，山阴王元裕、魏庄、吕恂。其中秦约落年款"至正庚子"为1360年，知该卷自1349年之前创作完成后不断被题咏，持续了十余年时间。

上列文人大多活动于江南的苏州、松江以及浙西一带。14世纪40年代开始，昆山顾瑛发起了声势浩大的玉山雅集，其参与人数之多、时间持续之长、诗画流传之广，在历史上实属罕见。上述不少文人都是玉山雅集的座上宾，除缪氏父子外，还有张田、张学、朱庸、袁华、聂镛、郑韶、文信、周砥、僧至奂、秦约、岳榆等人。有的文人生平简略，但被记入《玉山名胜》和《草堂雅集》中。其时杨维桢为东南文坛领袖，顾瑛、昂吉、聂镛、文信等人多与之游，而袁华、殷奎等又是其入室弟子。1356年张士诚在苏州建立吴政权，网罗人才、优待士人，四方文士多来归附，其中姜渐、余尧臣、周砥等人皆入张吴政权幕府。从画卷题跋者身份看，有的是文人官员，如申屠駉、陈祖仁等；有的是僧人，如文信、释照、僧至奂、僧妙声、释至仁等；还有画家，如陆广、周砥。尤其是高启、卢熊等，则是苏州的著名文人。

那么收藏此图的"仲权"是谁？上述文人有永嘉（今属温州）、会稽（今绍兴）、四明（今宁波）的，均属浙西一带，说明藏家与他们均有交往。而元末以"仲权"为字号者，应即倪可与（1323—1376），字仲权[22]。乌斯道为其作《处士倪君仲权墓表》[23]，知倪可与为庆元路（今浙江丽水）人，其父倪天泽为台州路黄岩州判官，常以自家园亭别业招揽文人贤士雅集其中。倪可与以名士为师，且有"履斋"藏书万卷，他在庆元北郭的宅邸中也常举办雅集活动，如刘仁本、迺闲、乌斯道等人是其座上宾，他们在此联句赋诗、翰墨交游。可见倪可与和顾瑛一样，为浙东地区的文人们提供了一处雅集宴游的理想场所。此外，对于占据浙东的方国珍，

倪可与并不曲意逢迎，这种高风亮节使他也得到了不少名士的赞许。而从这件作品可看出，他也与苏松地区的文人们保持着交游。

此图题咏之多，体现出元末文人们诗酒唱酬、鉴赏名迹和题跋歌咏达到了空前的繁盛境况。正如明代张丑言："晋唐名迹流传于世者，绝无品题等项。宣和、绍兴间，稍稍以标记，即跋语不过寥寥数言而已。独元人最尚题咏，而于画本尤甚，有多至三四十人者，故雅士云'画被元人题坏'，此殆有激之论也。余谓果出名手，如《水村》《听雨楼》《耕渔轩》诸作，不妨多多益善。"[24]这样的例子在元末屡见不鲜，如上文提及的张雨为袁华书于1345年的《杂诗册》有近三十名元末文人题跋，而王蒙为卢恒所作的1365年的《听雨楼图》有十八位文人题咏，王立中为刘易作于1366年的《破窗风雨图》有三十七人题咏。但这些题咏数量均未超过《山泾杂树图》59名元人题咏的盛况，此图应是目前所见元人题咏最多的书画作品。

四 《山泾杂树图》在明代的题咏及其影响

进入明代，该卷依次有庐山陈继、耻庵金问、长沙萧湘、彭城刘铉、吴郡钱昺、汴人赵忠、吴门陈绍先、草窗刘溥、太原王肄、吴兴丘吉、华亭陆润玉、钱坤、陈宗，雪溪苏平，东原杜琼（杜题于天顺改元，1457年）、张宥、陈宽、华亭金铉、葵丘谢缙、刘珏、马愈一共21人题跋。

陈继永乐十五年（1417）跋言："此画海虞缪叔民之作，其题咏者凡五十九人，诗六十一首……则吴中前辈文物之盛，固可想见矣……不知几易手，今卒归于沈均孟渊。"知其是在沈周祖父沈澄（字孟渊）手中见到此图并作跋。张宥永乐戊戌（1418）跋言："右题画诗六十一首，凡五十九人，而先人居其一，余皆先人所交友，仆在童卯时尝侍杖屦，不拜见者止数十人耳。"而他所提及的"先人"，据最后马愈跋言"诗中继孟乃张田先生之子，嗣初乃醒庵孟贤之父"。张宥，字继孟，可知他是张田之子。而陈宽（字孟贤）则是陈继（字嗣初）之子，均有题跋。

最后马愈长跋中言："天顺癸未，余自京师归，绲庵翁已谢世。有同斋先生为之子，有石田贤契为之孙，父子俱妙于画，又复深于赏鉴，故此画奕世相传，不流于他人矣。去岁冬，余过西庄，同斋先生出以示余，惟下方差空，前亦为刘金宪公所题，先生命余缀数言于后。余素有诗画癖，见而爱之，及遍阅诸公之作，大以为不可得，遂执笔书二绝于上。意欲钞临之，乃携归寓所，会新春雨中颇有佳思，为拾掇残纸数幅，而对临之。""绲庵翁"即沈澄（1375—1462），"同斋"为沈周之父沈恒，"石田"即沈周。马愈1465年过沈氏世代居住的"西庄"，从沈恒处得以寓目该图，并借走临摹。这时沈周方38岁，从此之后，马愈与吴门诸家如刘珏、杜琼、沈恒等交游渐多[25]。

上述题跋者皆是明初江南尤其是苏松一带的文人贤达，而题跋时间从陈继1417年直到马愈题跋的1466年，达五十年之久。如萧湘、钱昺、刘铉在永乐、宣德时期以擅书授中书舍人，刘溥、苏平并称"景泰十才子"，丘吉则是吴兴诗坛领袖，金问、赵忠、陈绍先则先后入朝为官。而陈继、陈宽父子及杜琼、刘珏、金铉、谢缙等人，皆擅画，与沈氏家族三代有交往，再加上马愈，对沈周及其吴门画派的开创有着深远影响，可称为"吴门先驱"[26]。

沈氏为吴门望族，而沈澄以诗书为业，常邀文友在其西庄聚会。钱谦益言其"好自标置，恒著道衣，逍遥池馆，海内名士，莫不造门。居相成之西庄，日治具待宾客，饮酒赋诗，或令人于溪上望客舟，唯恐不至，人以顾玉山拟之"[27]。可见沈澄延续了顾瑛玉山雅集的盛况，即"西庄雅集"。杜琼《西庄雅集图记》言："其预于斯会者，则有青城王文靖公、春官亚卿、耻庵金公、怡庵先生陈太史、梦庵张高士、中书舍人金尚素、葵丘翁谢孔昭、左绵苏太守、矅樵沈公济、吴山金惟则与孟渊氏，凡十人。其不至京者，梦庵、惟则二人而已。至若矅樵、葵丘虽不禄仕，亦皆抱其才艺，出入禁近，邀游公卿间。"提到的人即王璲（谥文靖）、金问（号

耻庵）、陈继（号怡庵）、张肎（号梦庵）、金铉（号尚素）、谢缙（字孔昭）、苏复（左绵知州）、沈遇（号矅樵）等，其中部分与《山泾杂树图》题跋者重合。所以笔者推断该图很可能是西庄雅集中沈澄向诸人展示，并征求诸家唱和题跋的重要作品，更是文人们追溯前辈、乡贤的重要媒介。

关于缪佚原作的画法传承，唐元题"云林笔法出王维，佚也风流每过之"，姜渐题"缪生妙得云林趣，爱写江南老树秋"，袁华题"南宫书画俱称绝，谁其继之缪海虞"，郯韶题"缪生写画如写字，趣到不必求其工"。在时人看来，缪佚主要学倪瓒，又传承米氏云山画法，具有书法笔意。而顾瑛题言："本初谓倪云林学摩诘，叔民又似之，余恐未然，倪过于清简，而失于烂漫。此幅树木森郁，坡石老苍，甚得董北苑墨法，故书是绝以评。本初乃善画善鉴者，将以予言为何如？"唐元认为缪佚学倪瓒，祖述王维水墨画法，而顾瑛认为缪佚除了倪瓒之外更是上溯董源。事实上无论王维、董源、米芾还是倪瓒，在后世尤其是董其昌看来，都是南宗文人画，具有明晰的传承脉络体系。前文已述，倪瓒曾题缪佚之图，而缪佚的年纪应比倪瓒小一些，据诸人描述，缪佚从其学画或绘画受其影响应无疑义。此图虽为马愈临本，笔墨确实较为精简，但比于倪瓒的干笔淡墨来说，更为湿润森郁，可见顾瑛所言不虚。所以缪佚学倪瓒而又有所不同，堪称常熟的代表画家，可惜其并无可靠作品传世。

综上可见，缪氏家族是元代后期常熟著名的文人世家和收藏世家，在书法、绘画和印学方面都有着较高成就。虽然文献记载较少，书画作品也少有流传，但丝毫不影响缪氏在文化史上的重要地位。而缪佚的《山泾杂树图》集一时题咏之盛，代表了当时文人崇尚书画题咏的风尚，亦是目前所见元人题咏最多的作品。明代沈氏家族收藏此图并请名士观赏题咏，对于此时期沈恒、刘珏、杜琼、马愈等文人画家传承元人传统，以及影响沈周开创吴门画派有着重要意义，而这也体现出一条鲜明的文艺地域传承脉络。

注释：

［1］〔元〕高启：《凫藻集》卷四，四部丛刊景明正统刊本。

［2］凤凰出版社编：《中国地方志集成·善本方志辑》第 1 编第 38 册《弘治常熟县志·嘉靖常熟县志·康熙宿迁县志》，凤凰出版社，2008
年，第 449 页。

［3］〔清〕王翚：《清晖赠言》卷八，中国书画全书编纂委员会编：《中国书画全书》第七册，上海书画出版社，1993 年，第 884 页。

［4］〔清〕邵松年辑：《海虞文征》卷三，鸿文书局石印本，常熟图书馆藏。

［5］同［4］。

［6］〔元〕黄溍著、王颋点校：《浙江文丛·黄溍集》第三集，浙江古籍出版社，2013 年，第 622 页。

［7］〔元〕杨维桢：《东维子集》，《文渊阁本四库全书》集部第一二二一册，上海古籍出版社，2014 年，第 600 页。

［8］同［7］。

［9］林芳：《论元代的假传》，俞樟华、潘德宝主编：《桃李集》，黑龙江人民出版社，2016 年，第 330 页。

［10］同［7］，第 685 页。

［11］〔明〕汪珂玉：《珊瑚网》卷十一，商务印书馆，1936 年，第 275 页。

［12］参考李方红：《〈张雨自书诗册〉题跋递藏考释——兼论元明之际吴中士人的交往》，《中国国家博物馆馆刊》2020 年第 4 期。

［13］〔明〕王行：《半轩集》，《文渊阁四库全书》第一二三一册，上海古籍出版社，2003 年，第 298 页。

［14］〔清〕郏抡逵：《虞山画志》，江苏省立苏州图书馆编纂委员会编：《吴中文献小丛书》下，广陵书社，2018 年，第 2 页。

［15］〔元〕陈高：《陈高集》，浙江古籍出版社，2014 年，第 137 页。

［16］同［14］。

［17］〔清〕钱谦益辑：《列朝诗集》甲集前编卷七上，清顺治九年（1652）毛氏汲古阁刻本。

［18］刘九庵：《明代法书选品简介》，《艺苑掇英》第十三期，上海人民美术出版社，1981 年，第 46 页。

［19］〔清〕钱谦益辑：《列朝诗集》乙集卷六，清顺治九年（1652）毛氏汲古阁刻本。

［20］凌利中：《元代文人画在明代与宫廷画派的交融与分流——以马轼父子为例暨〈畿甸观风图〉卷作者考》，苏州博物馆编：《梅景传
家：清代苏州吴氏的收藏》，译林出版社，2017 年，第 164—191 页。

［21］〔元〕顾瑛：《草堂雅集》卷十二，清文渊阁四库全书补配清文津阁四库全书本。

［22］参考陈波：《元代海运与滨海豪族》，李治安、宋涛主编：《马可波罗游历过的城市——Quinsay：元代杭州研究文集》，杭州出版社，
2012 年，第 183 页。

［23］〔元〕乌斯道：《春草斋集》卷十，民国四明丛书本。

［24］〔明〕张丑：《清河书画舫》卷十一，上海古籍出版社，2011 年，第 574 页。

［25］同［20］。

［26］同［20］。

［27］〔清〕钱谦益辑：《列朝诗集小传》乙集，上海古籍出版社，1983 年，第 217 页。

龚立本与崇祯《常熟县志》的修纂

王志强*

内容提要：常熟举人龚立本耗费六十余年，于崇祯十二年（1639）编纂成《常熟县志》，该志是明代最后一部常熟方志，也是明代常熟县志中的集大成者。本文依据相关资料，简要考证龚立本的生平事迹，并探讨崇祯《常熟县志》的编纂始末及其编纂特色。

关键词：龚立本　常熟　县志　修志

龚立本（1572—1644），字渊孟，江苏常熟人，万历四十三年（1615）举人，历官太平县教谕、福安知县、崇德知县，累官至南京刑部主事。明亡后，绝食殉国。《南明史》有简略的龚氏传记，常熟百姓将其列祀于乡贤祠中，岁岁祭祀。龚立本著有《松窗快笔》《烟艇永怀》《浪泊甲乙集》《北征日记》等，还独立修纂了崇祯《常熟县志》（以下简称崇祯志，图一）。崇祯志共十五卷，卷首有龚立本的自序，每卷第一页右下角有"邑人龚立本编次"的字样，该书于崇祯十二年（1639）编纂完后，并没有刊刻印行，仅有抄本传世，2021 年，凤凰出版社出版了常熟市地方志编纂委员会办公室组织人员完成的点校本。目前学界暂无专文细致讨论过崇祯志，崇祯志作为明代的最后一部常熟县志，保存了不少珍贵的史料，具有较高的文献价值和史料价值，"可视为集明代之前常熟县志之大成者"[1]。同时，这也是一部独具特色的私志，常熟县志的修纂在私志方面"则有龚立本、姚宗仪、陈三恪、冯复京四家"[2]。因此，笔者认为，有必要对龚立本与崇祯志的修纂做一番详细的讨论。

一　龚立本生平事迹简考

龚立本为官为人都颇有气度，深得时人的推重。目前学界有关龚立本的生平事迹较为零碎散乱，甚至有不少文献记载存在讹误。现依据地方志、文集

图一　龚立本编崇祯《常熟县志》（常熟图书馆藏）书影

等相关材料，对龚立本的生平事迹进行简要的考证。

明隆庆六年（1572），龚立本出生于常熟冶塘。他自幼聪颖，爱好学习，雍正《昭文县志》称他"才高负气，读书好古"[3]，深得时人的推重。康熙《常熟县志》说"杨忠烈（涟）、顾端文（宪成）、

---

* 王志强，南昌师范学院江右文化研究与传播中心副教授。

钱虞山（谦益）诸君子咸器重之"[4]。知县谭昌对他非常激赏，"夜半得余卷，不胜击节，校阅未竣，即定首名"[5]；续任知县詹向善亦非常欣赏龚立本的才学，龚立本曾回忆："余偃蹇名场，自顾形秽，而每晋谒阶墀，公辄上客遇之。"[6]

万历四十三年（1615），龚立本43岁，考中举人。龚立本困于场屋四十余年，郁郁不得志久矣，他在《烟艇永怀》的自序中说道："立本坎壈当世，有肠如弦，有口如溜，宜乎众之吐弃之矣。"[7]

天启元年（1621），龚立本49岁，担任安徽太平县教谕，任期至天启五年（1625）。清嘉庆《太平县志》卷五《职官》的"教谕"条曰："天启元年，龚立本，举人，常熟人。"[8]在任期间，龚立本积极有为，他重修倾颓的孔庙，修缮县学学宫，鼓励文风教化，表彰守节妇女，对当地的文化教育事业做出了有益的贡献。

天启五年（1625），龚立本53岁，升任福建福安县知县，任期至天启六年（1626）。崇祯《福安县志》的"知县"条曰："龚立本，南直常熟县人，乙卯举人，五年任，有政迹。"[9]在任期间，他严格执法，公平公正，《南明史》即曰："出冤狱数十人。"[10]天启六年（1626），龚立本回家奔丧，后丁忧守孝。

崇祯四年（1631），龚立本59岁，调任浙江崇德县知县，任期至崇祯七年（1634）。清嘉庆《石门县志》卷十一《职官》的"知县"条曰："龚立本，常熟举人，四年任，升兵马司。"[11]《倪文贞集》收录有一份倪元璐拟定的龚立本调任崇德县知县的诏敕："尔具官某，学成有用，体诣无尘，秉铎材蒸，分符瘁起，顷台使者觇缕上言，凡夫田畴子弟，琴舄童禽，形其至诚，敷为大象，亦既卓朗章于听观。朕用尔嘉，授尔阶文林郎。"[12]从此文可以一窥龚立本调任崇德知县的一些细节。在任期间，龚立本修缮沟渠，发展民生，清康熙《常熟县志》记载"增埤浚濠，尤加意于漕政，其政独冠浙西。"[13]《覆蒋少卿报解浙省杂饷并举劾有司疏》亦曰："仙居、崇德两县，向来多以地累不完，今唐梦鲲、龚立本独

能即于新任渐完，亦不得泯其劳勋者也。"[14]龚立本曾聘请黄宗羲为僚属，二人志趣相合，相得益彰。黄宗羲说，龚立本"慷慨喜事，知崇德县，余入其署中，谈时局甚悉"[15]。

龚立本对于权贵，不偏不倚，严格执法，因此得罪了内阁首辅温体仁。"时温体仁柄国，其子怙势骄纵，立本绳以法，乌程衔之。"[16]据明代文秉《烈皇小识》载，乌程知县张孙振对温体仁的家人百般照顾，也因此搭上了温体仁的线，后温体仁之子犯法，落在了龚立本手上，张孙振便劝说龚对温体仁之子网开一面，以求得升官，然而，"先是龚梦有人言，他日有张姓者邀与同事，慎勿预。至是，龚果辞张，遂由他途改换御史"[17]。龚立本崇德知县任职期满后，被考核为浙江第一，按照惯例应当擢升为监察御史，对龚立本怀恨在心的温体仁便准备调任龚立本到农民起义最为厉害的陕西道担任监察御史。龚前去京城报到时，又因为刚直的性格得罪了宦官，"有巨珰督部务，监司以下皆拜，立本不屈"，宦官感到失去了颜面，就和温体仁合谋，一起打击龚立本，"巨珰与乌程合谋，勒改工部主事，旋降南兵马指挥"[18]。

崇祯七年（1634），龚立本62岁，调任为南京五城兵马司指挥。据嘉庆《石门县志》载："郑滂，七年署，见名宦。"[19]接任龚立本任崇德知县的郑滂于崇祯七年到任，可知龚立本于当年调任为南京五城兵马司指挥。就职期间，龚立本审案缜密公正，救下不少被冤枉的百姓，康熙《常熟县志》曰："有其缚良民为奸细，俾鞫之，全活甚众。"[20]

因在兵马司任上的政绩，龚立本后升任南京刑部主事。明末，江南的农民起义此起彼伏，兵部每天都抓到上百的"奸细"，并告知刑部对这些"奸细"要处以极刑。龚立本经过细致的审问调查，发现很多百姓都是被冤枉的，他不顾上司范景文的怒喝，坚持将无辜的平民释放。"立本提牢奋笔，纵舍若干余人，狱上，吴桥范文贞大怒，立本跪告实：'民非贼。'乃解。岂非吴桥为立本座主，几殆然卒"。当时锦衣卫掌印"卫弁相讦"，官司打到了刑

部，龚立本说道："敕印不可持入狱，载在《会典》，释之于外，以是奉司官擅纵降调之旨也。"[21]又因此得罪了锦衣卫，龚立本被"轻降一级调用"，此时在崇祯十二年（1639）左右，龚立本被罢黜归家。

立本善于为文，"古文词初为六朝，晚效秦汉"。龚立本非常关心国事，孙承宗誓师辽东时，请求朝廷任命龚立本为监军，虽然"立本以亲在辞"，但忧心国事的龚立本，不久"条上疆场事宜，悉中窾要"[22]。他搜集有关辽东的资料，撰成《全辽图说》，雍正《昭文县志》称该书"说辽事类钞，边将知兵者无以过"[23]。

崇祯十七年（1644年），龚立本72岁。李自成大军攻入北京城后，崇祯帝自缢于煤山，史称"甲申国变"。龚立本得知消息后，"北向长号，不食而死，祀乡贤"。龚立本一生忠贞刚毅，陆符称："先生倜傥性成，抗志经世，虽在黉序，已岳然属天下之望。"[24]龚氏自杀殉国后，朋友们悲痛不已。"余闻渊孟立身如冰岳，其于择交也至慎，即今永怀伤逝。虽西州之痛，久而愈新；而山阳之泪，原不轻坠。"[25]

二 崇祯《常熟县志》的编纂始末与修纂缘由

作为一部私家纂修的方志，崇祯志的修纂历程十分复杂。崇祯志的修纂最早可以追溯到明万历八年（1580），龚立本在《崇祯县志》序中说道："万历辰巳间，予读书东海上，与何子季穆共商搜辑。"[26]因龚氏后说编纂的残卷放置了二十年，在他担任太平县教谕后才重新编纂，可知此"辰巳"当是万历庚辰年和辛巳年。龚氏见到"虞邑图志芜缺"，便准备与友人"何子季穆"共同来编纂家乡的志书。"何子季穆"即何允泓，江苏常熟人，康熙《常熟县志》说他"凡古今地理、官制、河漕、钱谷、兵农经纬毕贯，好谈三吴水利，访问三江故道及夏周疏浚遗迹"[27]；崇祯《常熟县志》称其"博雅抗脏，有经济才，郁郁不得志。逆阉煽祸，时惧为人所中，忧愤而卒"[28]；钱谦益则认为他可以与宋代的王自中相比，都是有着狷介刚直秉性的人。

然而因为要准备科举考试，巨大的压力让龚氏

编志一事不了了之。二十余年后，龚立本终于通过乡试，考中了举人。恰逢这时友人拿出他之前所编纂的县志残卷，"钱子受之、陈子旦融间出残编相示，概置尘篓垂二十年"[29]。"钱子受之"即著名的文学家、常熟人钱谦益（1582—1664）。"陈子旦融"即陈必谦，字益吾，号旦融，江苏常熟人，万历四十一年（1613）进士，历官监察御史、右佥都御史，累官至工部尚书。《南明史》称"必谦廉正，上尝书天下清官四人于屏，首文震孟，次即必谦，又次刘宗周、黄道周"[30]。得到两位家乡后起之秀的鼓励，龚立本对继续编纂县志有了信心。

就任太平县教谕时，龚立本在闲暇之余，开始整理曾经编纂的旧志："予署教宛陵，山斋无事，因发篓中藏，命童子誊成帙。"然而因为不久调任福建崇安知县，事务繁重，修志一事又被搁置。崇祯二年（1629），守孝在家的龚立本终于有了自由时间，于是着手对县志进行编次，编撰成书十五卷，"迨崇祯己巳，忧居敝庐，略加雠校，厘为一十五卷"。守孝期满后，龚立本再入仕途，县志的校订工作被耽搁了，"其后扬历艰辛，又复废弃"。直到从南京刑部主事任上被罢黜归家，龚立本才再次翻开编纂的县志，"今年夏，寻视旧册，不觉茫然"。可以看出，崇祯志的修纂，从万历八年（1580）一直到崇祯十二年（1639），历时六十年，其中的坎坷艰辛不言而喻。即便是书成后，立本亦是惶恐不已，认为自己编纂的志书不够精准，只能在家中流传，不适合付梓刊刻，以免见笑于方家，他认为："典故湮沦，耆宿凋谢，即欲考订，其孰从而讨之？传信传疑，仅存闻见之所及，要以供一家之诵览，非敢遍示人人也。"[31]

在修志时，为了获得相关的县志资料，龚立本四处搜罗，对于任何断简残篇都是孜孜以求，他曾感慨地说道："余之搜讨，不可谓不勤矣，感而记之。"[32]没有搜集到宣德《琴川新志》，龚氏失望不已，夜不能寐，"新志八卷，弘治、嘉靖纂修时盖皆见之。今遂遍搜不获，徒勤梦寐"[33]。得知邵麟武手头有宝祐《琴川志》，龚氏立刻借来抄录，说："予

从借观，兵部别以抄本相示，邑中好事，间为传写。"[34]他还搜罗到了至正《琴川志》，"刻本偶得之古寺中，此亦载籍之鲁灵光矣"[35]。这种对前代典籍的不懈搜求，极大程度提高了龚立本对文献资料的占有，使其在编纂方志时有了参同考异的空间，也有了正讹订误的可能。

龚立本之所以耗费如此大的精力来编纂崇祯志，与他浓郁的家乡情结有关。对于家乡常熟，龚立本深深地感到自豪，有着强烈的认同感，他在《琴川志总叙》说道："吾邑典故，兹为鲁灵光，兵部珍藏于昔，文学哀辑于今，俱可嘉尚。"[36]在《常熟县私志》序中，龚立本指出常熟不仅风景秀美，更是人文荟萃，有此自然与人文，不将其及时载录下来，那就是地方文人学者的失责："况自弘治己未迄今，百二十年间，人才之臧否、赋役制度之兴革，何所承受取信？虞之史述，竟若是草草乎？庸讵无愆猬拔俗若子厚其人者，一起而奋为之乎？"在龚立本看来，康海所编纂的一本《武功县志》让偏僻的武功县名扬四海："居平念武功僻壤，而康太史一志，擅名域中。"而处于江南繁华之地的常熟，却缺少一本内容翔实的志书，龚立本感到非常难过，感叹道："我虞望县也，而纪录阙焉无闻，意实耻之。"[37]在这种强烈的为家乡扬名的心态影响下，龚立本才不辞辛苦，矢志于编纂出一本质量上乘的志书。

崇祯志虽未刊刻发行，但却在当地广为传抄，具有较大的影响力。如《支溪小志·人物志》的"义传"，便是以龚立本所纂的崇祯志为底本进行抄录："义传，元志久亡，余从龚立本私志《虞宗齐传》补录。"[38]清康熙《常熟县志》在编纂时，很大程度上就参考了崇祯志，编写者曰："参考异同，讨论损益，则龚刑部立本、姚文学宗仪两家私志兼有资焉。"[39]而清光绪《苏州府志》对崇祯志的引用参考多达五十余处，几乎每一卷都对崇祯志有所引用。后世评价崇祯志时，亦以为是书资料翔实，内容丰富，陶贞一在《先民传》中说道："渊孟之书，取材甚富，其叙事核而持论允，粲然成一家言。"[40]到了清末，时人对该志的评价更高，如藏书家丁国钧曰：

"此志辨正前志之沿讹及记载之失实，最为精核，其学识似尚在邓志上，不第持论叙事之允核也。"[41]这些都反映了崇祯志的影响力。

三 崇祯《常熟县志》的编纂特色

崇祯志具有如此大的影响力，与其编纂特色有很大的关系。龚立本非常重视方志的体例，他在为姚宗仪所纂的《常熟县志》作序时即说："夫既知本末义例，用以勒成一家之言。"要想实现"通古今之变，成一家之言"和"守中秉直，垂示千载"的修志目标，就要坚持正确的体例。这个体例在龚立本看来就是实录，虽然"据事迹实录，则怨□乘之"，但"与其有初鲜终，不若委诸度外，其言有激，而其志大可悯矣"。龚立本对世人的认识是"怯于砥行，而横于骛名"。当面对这些现实诱惑的时候，修志者就要坚持自己的操守和原则，否则便是"摇唇掉吻之夫，巧造语言，凿空构立"[42]，有可能修纂出一部贻笑大方的志书。

龚立本认为："然则邑乘者，殆国史之一班也。于以逖稽，于以传信，图籍之所系，岂其微哉？"[43]据实直录是方志具有生命力的根源所在。他评价弘治《常熟县志》的体例是"书法质直"，在跋《宣德琴川新志》时，龚氏称赞该志"据所见闻，即成信史，其体例既一准宋志"[44]；在为万历《常熟县私志》作序时，龚氏再次强调道："设有县大夫于此辟置表人，明寄以笔削之任，无论文献不足，莫知幅程……求其强直不回，而书法一出于至公，斯已难矣。"[45]可以很明显地看出，以公心论事，以直笔书人，是龚立本的自觉追求。

龚立本在为姚宗仪所纂的《常熟县私志》作序时说："凤来之所谓私也，乃其所以公也。"[46]龚立本此言虽然在称赞姚宗仪，然实乃夫子自道。姚宗仪在编纂万历《常熟县私志》时，有意识地将其体例与官方所纂方志区分开来。姚氏在《凡例》中解释道："其曰私志何？凡修志，县公主之，币聘一时缙绅为总裁，聘诸名士。"封建时代的方志编纂普遍是由地方官府主持，地方乡绅集体合作而成，而姚宗仪以为自己所修的志书，乃是"一人之私笔也"，类似"坐青云楼分食王博士之膳"[47]。在体例安排上，姚宗仪效仿的是宋代宝祐《琴川志》，以叙县、叙山、叙水、叙学、叙神、叙族等名目来安排内容，迥异于明代官方主流修纂的方志，即姚志的一个表现。有趣的是，明清时期，私志修纂者普遍担忧修志有僭越之嫌，如明代高尚志在修纂万历澧县志时，就将其取名为《澧纪》，并解释说道："是纪者，志之变也。胪列厥目，其为方舆之书所无，而此特起者。"[48]高尚志便认为《澧纪》是《澧州志》的变体，因为只有郡县政府才有资格修纂志书，个人是没有权力去修纂志书的。清代杨端在编纂剑州方志时，也是将其所纂的志书题名为《剑阳存古录》，并解释道："惟是仿诸志体，详而纪之，庶几其无遗欤？故不以集名，而题曰《剑阳存古录》。"杨端还指出按照志书体裁去编纂有着僭越的危险："独是录中所载，一遵志体，其无乃僭而滋物议乎？"[49]而到了崇祯志中，龚氏虽然是在私修志书，但他却欲与官修志书相比肩。在龚立本看来，崇祯志虽然是私家修纂，但其史法史例却是处处向官修志书靠齐。如其类目的命名，即是赋役志、风俗志、官师表、选举表、列传等官修志书常见的类目。这种对"公"的追求在地图中反映得更加鲜明，地图唯有官府方才有权力绘制和收藏，唐鹤征在《万历常州府志》序中就说道："图籍，固朝廷之秘册也，是以宜及而莫之及也乎！"天下一旦有变，地图就会成为战略性资源，"天下有变，则敌之得失胜败，我之制变出奇，不下堂皇而决策矣，古人之贵图籍，必以是也"[50]，因此在私家纂修方志时，绘制地图乃是大忌，即使要绘制，亦多是绘制一些景观图。而龚立本在崇祯志中绘制了十三张地图，占据了二十三页之多，内容非常翔实，不仅有各乡镇以及道路的地理位置，还有县境旧图和县境新图等新旧地图的对比，这种对地图准确性与对比性的追求，可以看作是龚立本自发地将崇祯志比拟于官修志书。简言之，对"公"的追求亦促使龚立本在修纂时选择据实直录。

为了达到据实直录的目的，在修纂崇祯志时，龚立本大量使用"附录""按语""考"等。"附录"即增添与方志类目相关的内容，如《风俗》有"节序附录"，记录了常熟在各个节日期间的民风民俗；《兵防》有"军事附录"，记载了历代发生在常熟的战争；《赋役》有"赋役条例附录"，记录了常熟各种类别土地的亩数以及粮食的产量；《水利志》有"水议附录"，载录了赵霖的"相度之说"、郏亶奏的《六失六得》等水利内容。不仅如此，龚氏在崇祯志中还加上了不少按语，如卷一的《沿革》中，在记载常熟在汉代的郡县分属时，龚氏加上按语曰："按，《郡邑志》皆云本吴县之虞乡，孙权置虞农都尉于此。"而后再用双行小字引用经典典籍的论述："《文献通考》云：农都尉主屯田殖谷。杜氏《通典》所称司盐都尉署即此也。"[51]按语让读者阅读起来较为方便，不但能增加读者的知识储备，也能够提高方志的准确性。"考"则是对既有的文献进行考证，如在记载"高道山居"时，龚立本曰："考郡邑志所载，有光禄亭，有谷林，有周虎墓，今皆迷其处，惟露台尚余荒基。"[52]"附录""按语"和"考"的交替使用，令崇祯志的撰写方式多样化，增加了内容的可读性，同时也提高了方志的可信性。

对于方志版权的重视，亦是龚立本实录的一个表现。方志在正德年间开始在卷首设置修志姓氏，但并不会具体标明每一卷的修纂人员姓氏，到了清代才开始标明每卷的具体修志人员，"清代道光时期的方志开始在每卷内细述该卷的负责人员，征示着现代方志署名的先声"[53]。龚立本跋《弘治常熟县志》时就具体说明了各卷的负责人员："其实者儒四人分纂，地理属林傅，宫室属林儒，官治属蒋绮，人物属张尧民，搜讨辛勤，书法质直。"[54]从此也可以看出龚立本的实录精神。对于典籍资料，龚立本也不是无条件地选择相信，而是选择仔细考证和实地考察，以得出正确的结论。如在记录"陶山"时，龚立本说"此山宋志与郡志俱不载，真不足载也。桑志有茅家山、石家山、塔山，则共十山"，然经过实地考察，他说"予至江上所见凡七峰，陶山在东，余六峰参差错列，总在数里之内"[55]。另外需要注意的是，崇祯志在引用他文时都会详细地标明出处，方便后辈学人去核查，这些地方都反映出龚立本实事求是的态度。

需要注意的是，龚立本还在一些类目的结尾处加上了"论曰"，表达自己对这些内容的评价和认知，展现了私家修志的特色。在《水利志》的结尾，龚立本曰："予泊胥江，其上盖有忠靖、文襄祠，每晋谒，辄低回久之，及稽康和公遗迹，父老犹能抵掌。"[56]一些"论曰"的内容清晰地展现了龚立本对百姓的苦难的认知，在《赋役志》的"论曰"中，龚立本说道："居平诵《大东》之诗，辄凄然掩卷。"弥漫着强烈的感伤之意和对百姓深切的关怀。龚立本感叹道："维此哲人，谓我劬劳。维彼愚人，谓我宣骄。悲夫！"[57]他希望读志用志者对百姓能够

有更深层次的关怀："时幸承平，民壮相率负贩，所事事者，独司城门启闭及水路守汛耳，而盗辄充斥，并守汛之舟且朽腐矣。无已太康，职思其外，在事者可不稍动念乎？"[58]实际上，龚氏对于内容的点评，并不仅限于"论曰"一种形式，如在记录《列传》中的"施显"时，龚立本在结尾即说："郡邑志所载止此，余莫得而详焉，所传惟《丹阳道中》一绝。"[59]这种自由表达意见和议论的做法，即私家纂修方志的主要特点。

附记：本文为2024年浙江省方志文化研究与传承协同创新中心招标课题"明清浙江方志学家研究"的成果。

注释：

[1]〔明〕龚立本编次、常熟市地方志编纂委员会办公室点校：崇祯《常熟县志》卷首《序》，凤凰出版社，2021年，第2页。

[2]〔清〕劳必达修、陈祖范纂：雍正《昭文县志》卷首《凡例》，第8页。

[3]〔清〕劳必达修、陈祖范纂：雍正《昭文县志》卷六《列传》，第210页。

[4]〔清〕高士䇓、杨振藻修，钱陆灿纂：康熙《常熟县志》卷十八《邑人》，康熙二十六年（1687）刻本，第891页。

[5]〔明〕龚立本：《烟艇永怀》卷一，嘉庆十三年（1808）刻本，第11页。

[6]同［5］，第13页。

[7]〔明〕龚立本：《烟艇永怀》卷首《序》，嘉庆十三年（1808）刻本，第5页。

[8]〔清〕曹梦鹤等纂修：嘉庆《太平县志》卷五《职官》，光绪三十四年（1908）油印本，第177页。

[9]〔明〕巫三祝修、黄启仕纂：崇祯《福安县志》卷四《历官志》，康熙二十年（1681）刻本，第80页。

[10]钱海岳：《南明史》卷一百一《龚立本传》，中华书局，2016年，第4750页。

[11]〔清〕苏益馨、李汉谟修，梅峄纂：嘉庆《石门县志》卷十一《职官》，嘉庆二十三年（1818）刻本，第347页。

[12]〔明〕倪元璐：《倪文贞集》卷四《制诰》，四库全书本，第79页。

[13]同［4］。

[14]〔明〕毕自严：《度支奏议》卷十六，明崇祯刻本，第3332页。

[15]〔明〕黄宗羲著、吴光等校点：《思旧录·龚立本》，浙江古籍出版社，2012年11月，第339页。

[16]〔清〕王锦、杨继熊修，言如泗纂：乾隆《常昭合志》卷八《人物》，光绪二十四年（1898）活字本，第783页。

[17]〔明〕文秉：《烈皇小识》卷四，清抄本，第104页。

[18]同［16］。

[19]同［11］。

[20]同［4］。

[21]同［4］。

[22]同［16］。

［23］同［3］。

［24］同［7］，第6页。

［25］同［7］，第2页。

［26］同［1］。

［27］〔清〕高士骥、杨振藻修，钱陆灿纂：康熙《常熟县志》卷二十《文苑》，康熙二十六年（1687）刻本，第1011页。

［28］〔明〕龚立本编次、常熟市地方志编纂委员会办公室点校：崇祯《常熟县志》卷九《列传》，凤凰出版社，2021年，第275页。

［29］同［1］。

［30］同［10］，第4165页。

［31］同［1］。

［32］陈其弟辑注、苏州市地方志办公室编：《苏州旧志序跋汇编》，广陵书社，2018年，第133页。

［33］同［32］，第138页。

［34］同［32］。

［35］同［32］，第136页。

［36］同［32］。

［37］同［32］，第149页。

［38］〔清〕顾镇纂修、周昂增订：《支溪小志》卷三《人物志》，清抄本，第98页。

［39］〔清〕高士骥、杨振藻修，钱陆灿纂：康熙《常熟县志》卷首《凡例》，康熙二十六年（1687）刻本，第22页。

［40］常熟市地方志编纂委员会办公室点校：光绪《重修常昭合志》附录《历修邑志旧序》，凤凰出版社，2021年，第1516页。

［41］〔明〕龚立本编次、常熟市地方志编纂委员会办公室点校：崇祯《常熟县志》卷十五《遗遗》，凤凰出版社，2021年，第2页。

［42］同［37］。

［43］同［37］。

［44］同［33］。

［45］同［37］。

［46］同［37］。

［47］〔明〕姚宗仪修纂：万历《常熟县私志》卷首《凡例》，民国二十三年（1934）抄本，第23页。

［48］〔明〕高尚志纂、高坚续纂：万历《澧纪》卷首《凡例》，万历四十年（1612）刻本，

［49］〔清〕李梅宾修、杨端纂：雍正《剑州志》卷首《序》，第12页。

［50］〔明〕刘广生修、唐鹤征纂：万历《常州府志》卷首《序》，万历四十六年（1618）刻本，第8页。

［51］〔明〕龚立本编次、常熟市地方志编纂委员会办公室点校：崇祯《常熟县志》卷一《沿革》，凤凰出版社，2021年，第30页。

［52］〔明〕龚立本编次、常熟市地方志编纂委员会办公室点校：崇祯《常熟县志》卷二《山川》，凤凰出版社，2021年，第35页。

［53］王志强：《方志版权意识的兴起与"修志姓氏"的设置》，《中国地方志》2023年第5期。

［54］同［32］，第140页。

［55］同［52］，第38页。

［56］〔明〕龚立本编次、常熟市地方志编纂委员会办公室点校：崇祯《常熟县志》卷三《水利》，凤凰出版社，2021年，第84页。

［57］〔明〕龚立本编次、常熟市地方志编纂委员会办公室点校：崇祯《常熟县志》卷三《赋役》，凤凰出版社，2021年，第51页。

［58］〔明〕龚立本编次、常熟市地方志编纂委员会办公室点校：崇祯《常熟县志》卷三《兵防》，凤凰出版社，2021年，第77页。

［59］〔明〕龚立本编次、常熟市地方志编纂委员会办公室点校：崇祯《常熟县志》卷八《列传》，凤凰出版社，2021年，第235页。

明清之诗史

——钱谦益诗文集成书背景初探

顾秋红 *

内容提要：钱谦益富收藏，多著述，著有《牧斋初学集》《牧斋有学集》《投笔集》，并编辑了《列朝诗集》《吾炙集》等。身处明清易代之际，钱氏将自己复杂的人生经历和情感倾注在诗文集中。本文通过对常熟博物馆藏钱谦益诗文集的评述，初步分析其成书背景。

关键词：明末清初　钱谦益　诗文集　诗史

在明清易代之际的文学转变中，钱谦益以汲古通今的学力，集其大成的才气，出入各个文学流派的际遇，主盟文坛五十余年，被尊为"东南文宗"。钱谦益富收藏、多著述，在他的文学作品中，保留了大量明清时期历史、政治、文学等方面的内容，陈寅恪先生曾在《柳如是别传》中盛赞牧斋诗文为"明清之诗史"。

钱谦益（1582—1664），字受之，号牧斋，又号蒙叟、东涧遗老，别署绛云老人、虞山先生等，江苏常熟人（图一）。明万历三十八年（1610）中进士，名列探花，授翰林院编修，历官浙江乡试主考官、右春坊中允、詹事等，官至礼部右侍郎。南明弘光政权时任礼部尚书。入清后，任礼部右侍郎，充修明史副总裁。钱谦益富收藏，其绛云楼以收藏宋元古籍名闻海内，时人推为大江南北第一。自编有《绛云楼书目》，但并非牧斋藏书的完整书目，经后人统计，钱谦益藏书有3900多部。钱谦益藏书为读书，他涉猎广博，于书无所不读。又因家学深厚，天赋优异，终生勤学，所以对于经史百家、佛乘道藏，无所不通。钱谦益著述丰硕，主要著作有《牧斋初学集》《牧斋有学集》《投笔集》《钱牧斋笺注杜诗》《苦海集》等，另编有《列朝诗集》《吾炙集》等。钱谦益降清后，他的作品反映出强烈的反清思想，因此遭到了清朝政府的严酷打击。尤其在清代乾隆年间，钱谦益被乾隆帝点名列入《贰臣传》乙编，贬其为"可鄙可耻"，钱的著作和手迹等均遭到禁毁[1]。直到清末，钱谦益诗文集被重新翻刻，其蕴含的文学价值才重新被世人所认识和讨论。

图一　钱谦益画像

2020年8—11月，常熟博物馆策划组织了年度大展"钱谦益与虞山诗派文物特展"，并举办策展人导览、系列讲座等社教活动（图二），引起业界的关注。笔者试对该展览中展出的常熟博物馆藏五种钱谦益诗文集的成书背景作初步探讨。

钱谦益曾亲历明清朝代更迭，并身处政治旋涡，这也是影响他整个人生中文学成就的重要因素。他

＊ 顾秋红，常熟博物馆副研究馆员。

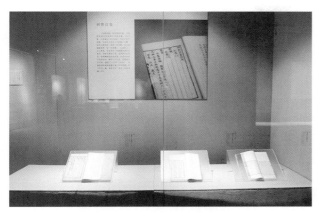

图二 2020 年常熟博物馆举办"钱谦益与虞山诗派文物特展"

将诗文集按照朝代一分为二，明朝时的作品收入《牧斋初学集》，明亡后清朝所写的作品收入《牧斋有学集》，通过这种独特的编排体例，以新旧两朝作品内容的区别将自己的内心世界传达给后世。

《牧斋初学集》一百十卷，清燕誉堂刻本（图三）

《牧斋初学集》是钱谦益刊印出版的首部诗文集，是他在明代所写的诗学理论和诗歌创作，也是他在明代刊印的唯一文集，是研究明代末期历史的重要参考文献。《初学集》的编纂由钱的门生瞿式耜发起，钱谦益亲自整理、删定作品并命名，最早刻

于明崇祯十六年（1643）。全集共一百一十卷，其中诗二十卷、文九十卷。

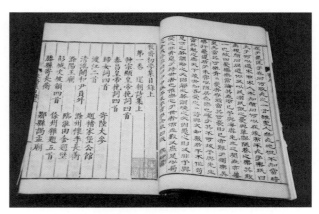

图三 《牧斋初学集》，清燕誉堂刻本，常熟博物馆藏

诗的部分按编年体编辑，具体内容见表一。文的部分则按体裁分编，计杂文七卷、序十三卷、记六卷、行状三卷、墓志铭十二卷、神道碑四卷、墓表二卷、塔铭二卷、传四卷、谱牒三卷、祭文一卷、哀辞一卷，启、帐词、书二卷，疏一卷，赞、偈一卷，题跋四卷，奏疏、议一卷，制科三卷、外制十卷；另附有《太祖实录辨证》五卷，反映钱谦益在史料考订方面的功底；《读杜小笺》三卷、《读杜二笺》二卷，则是他长期研治杜诗的成果[2]。

表一 《牧斋初学集》二十卷诗作编年表

卷数	诗集名称	创作时间
卷一、二	《还朝诗集》	泰昌元年（1620）还朝之后到天启五年（1625）削籍还乡之前作的诗
卷三至四	《归田诗集》	削籍还乡后到天启七年（1627）作的诗
卷五至十	《崇祯诗集》	崇祯元年（1628）至九年（1636）间所作的诗
卷十一	《桑林诗集》	作于崇祯十年（1637）
卷十二	《霖雨诗集》	作于崇祯十年（1637）
卷十三、十四	《试拈诗集》	作于崇祯十一年（1638）
卷十五、十六	《丙舍诗集》	作于崇祯十二年至十三年（1639—1640）
卷十七	《移居诗集》	作于崇祯十三年（1640）三月到十月
卷十八至二十	《东山诗集》	作于崇祯十三年至十六年末（1640—1643）

《牧斋有学集》五十卷，清康熙刻本（图四）

《牧斋有学集》由钱氏自订、门生邹镃编辑，最早刻于清康熙三年（1664）。此集是钱谦益入清后所作诗文，时间跨度从清顺治二年（1645）到康熙二年（1663），诗文数量超过了《初学集》。分为诗十三卷、文三十七卷。诗十三卷中有《苦海集》《夏五诗集》《高会堂诗集》《长干塔光诗集》各一卷，《东涧诗集》《红豆诗集》和《绛云余烬诗》各二卷，以及《秋槐诗集》三卷。他的诗歌处处以杜甫诗为圭臬，诗作多抒发怀念故国之情和不满清廷之怒，以及其抗清之事。文三十七卷中最重要的是书、序十一卷。

图四　《牧斋有学集》，清康熙刻本，常熟博物馆藏

《牧斋有学集》大量保存了南明时期的史料，从中可以看到钱谦益进行的抗清活动，也可以看到他对自己身仕两朝的悔悟和深刻责备。这些资料为我们了解钱谦益在经学、史学、子学、佛学、版本目录等方面的见解和成就，以及分析钱谦益晚年生活的复杂性，对其作出全面、公允的评价很有帮助。

《投笔集》二卷，清刻本（图五）

《投笔集》是钱谦益晚年最后一部诗集，均次杜甫《秋兴八首》之韵，共得七言律诗一百零八首[3]，创作起于清顺治十六年（1659），止于清康熙二年（1663）。《投笔集》是钱谦益晚年最具有诗史性质的一部作品，是反映明末清初时事的载体，也是钱牧斋曲折的心灵史。诗歌主要记述了南明水师抗清斗争的史实和钱谦益自身的所历所感，其中怀念故国、

斥责新朝的情感表露得尤为直率和强烈[4]。

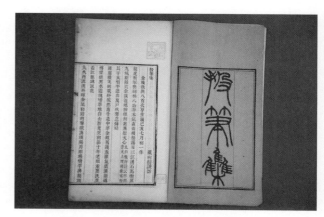

图五　《投笔集》，清刻本，常熟博物馆藏

全诗通过巧妙穿插典故进行叙事，主要以汉代典故隐喻反清复明运动，通过众多人物摹写表现随战势变化而起伏的心境，造就了一种深沉悲凉的叙述语调。《投笔集》中绝大多数典故出自《汉书》《后汉书》《史记》《晋书》《新唐书》等，钱谦益选择这些书用典的原因在于，中国封建社会第一个顶峰时代汉代与匈奴长达数百年的战与和，是一场中原正统和边疆蛮夷之争，而明末清军入关夺取政权，仍是一场中原与蛮夷的对抗。所以，相类似的历史以及汉最终的胜利使得钱谦益选取汉史典故创作《投笔集》[5]。钱谦益在此集中隐晦地叙述了反清运动的发展过程，并透露出自己也参与了整个运动。

在《投笔集》收篇的第二年，即康熙三年（1664），钱谦益就因病去世了。这个时候明室复国已彻底成为泡影，具有明显抗清复明内容的《投笔集》首当其冲成为时人的禁忌。藏有此书的人行事非常谨慎，一般都只在暗地里传抄流传，根本没有机会刊刻发行[6]。再加上钱谦益本人大节有失，以致人们对《投笔集》的成就与价值缺乏足够的认识。直到清朝末期，随着清政府对思想控制的逐渐放松，《投笔集》才慢慢现世。

有另外一位虞山诗派的代表人物，他是钱谦益族曾孙，弱冠时成为钱谦益的晚年弟子，两人是亲上加亲的关系，他就是钱曾。他笺注过钱谦益的以上

三种诗文集。钱曾（1629—1701），字遵王，号也是翁，别署篯后人，江苏常熟人。他也是一位藏书家，室名为述古堂、也是园，著有《怀园小集》《交庐言怨集》《今吾集》《判春集》和《读书敏求记》等。其中《读书敏求记》是我国古代目录学的经典之作，提出了较为科学的鉴定古籍版本的方法，同时也反映出钱谦益在治学上对他的重大影响。钱谦益很器重钱曾，授其诗法，不但鼓励他为自己的诗歌作注，还在临终前把《钱注杜诗》的未完稿、所辑的唐诗稿本和自己所有的诗文稿尽数托付给他。钱曾也不负所望，他为钱谦益作成了《初学集笺注二十卷》《有学集笺注十四卷》和《投笔集笺注二卷》。沈德潜谓其诗"得牧斋一体"。王应奎在《海虞诗苑》中评价："其（钱曾）为宗伯诗注，廋辞隐语悉发其覆，梵书道笈必溯其源，非亲炙而得其传者不能。"这三本笺注成为历史上较著名的诗歌注本。

《列朝诗集》八十一卷，清顺治九年（1652）汲古阁刻本（图六）

《列朝诗集》是钱谦益所辑的明代诗歌总集。钱谦益深知故老遗作在战火纷飞的动荡时代容易散佚，他在明天启年间（1621—1627）四十岁左右开始撰写《列朝诗集》，已做成三十家，后因事作罢。二十余年后，在清顺治三年（1646）钱谦益再次收集旧集，凭借前期准备工作，三年后即完成，共选录明代约两千位诗人的诗歌。他选诗的标准不仅仅依据

诗人的文字功底"采诗"，更主要是"庇史"，保存有明一代史迹。他仿照金代元好问《中州集》的体例纂集，将明代约两千位诗人的诗歌按时代顺序先后编排，并在各家诗前系以小传，简述作者生平，评论作品得失，因此其学术内容和史料价值远在一般选集之上。钱氏以《列朝诗集》之诗，备一朝典故，成明代之史，足称"诗史"[7]。

《列朝诗集》于康熙初年由钱氏绛云楼付梓，清初钱氏书遭禁毁，流传极少。至清宣统二年（1910）始据原版重新雕印。清康熙三十七年（1698）其族孙钱陆灿将集中诗人传记以《列朝诗集小传》单独汇编刊行。

《吾炙集》，清铅印本（图七）

钱谦益辑《吾炙集》，是关于同时代人的一部诗歌选本[8]，此集于清顺治十三年（1656）编定，收录从钱曾至许友共21人245首诗作。《列朝诗集》中没有选入清初遗民的诗，而《吾炙集》是钱谦益晚年编选时人诗作的诗集，专选清初的作品，算是对《列朝诗集》的一个补充。钱谦益器重钱曾，将他的《秋夜宿破山寺》列为《吾炙集》之首。此集所选诗人除龚鼎孳外，其余都是位卑名微的遗民作者。这些清初诗人都是受过钱谦益"亲近而熏炙"之人，因以"吾炙"命名。常熟博物馆所藏《吾炙集》，目录列二十一家，其中第十一家"皖僧幼光"与第十九家"西江半衲澄之"，同为钱澄之（幼光为其字），因此实际为二十人。

图六　《列朝诗集》，清顺治九年汲古阁刻本，
常熟博物馆藏

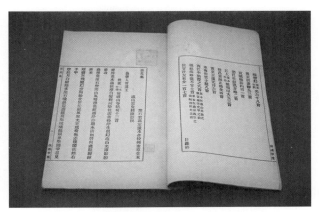

图七　《吾炙集》，清铅印本，常熟博物馆藏

《吾炙集》在钱谦益生前秘不示人，大概他自己也知道这是其个人情感的寄托，深知此集在内容上的"违禁"有可能给自己和家人带来祸端，故不愿使其流传。此书在他死后虽也以抄本流传，但仅限于其家乡很小区域，故得以逃过乾隆朝禁书之祸。自民国五年（1916）常熟丁氏将其刻入《虞山丛刻》，流布始广。

钱谦益的诗文作品具有高超的艺术手法，因此受到时人的广泛推崇。黄宗羲曾在悼念他的诗中写道："四海宗盟五十年，心期末后与谁传。"因其"贰臣"的身份，作品中又流露出对王朝更替的感慨和对前朝的怀念，他的诗文集一度遭到官方的禁毁。如今，我们可以较为客观地重新认识和评价钱谦益的诗文成就，并从中感受到中华优秀传统文化的无穷魅力。

注释：

[1] 钱文辉：《说钱谦益的几个问题》，常熟博物馆编：《常熟文博论丛》第一辑，文物出版社，2023 年，第 24 页。

[2] 李鸣、沈静：《钱谦益〈初学集〉编注问题略考》，《历史文献研究》总第 28 辑，华东师范大学出版社，2009 年。

[3] 孙之梅：《〈投笔集〉的结构艺术》，《山东大学学报》1989 年第 4 期。

[4] 龚艳：《〈投笔集〉研究》，暨南大学硕士学位论文，2006 年。

[5] 乌日根托亚：《钱谦益〈投笔集〉用典的叙事意义研究》，《北方文学》2017 年第 36 期。

[6] 同［4］。

[7] 孔爱峰：《钱谦益〈列朝诗集〉的编纂学研究》，苏州大学硕士学位论文，2005 年。

[8] 朱则杰、陈凯玲：《钱谦益〈吾炙集〉及其他》，《文艺研究》2008 年第 9 期。

苏州博物馆藏《秦淮八艳图咏》赏析

朱晋詠　邱少英*

内容提要：苏州博物馆藏《秦淮八艳图咏》，清光绪年间叶衍兰刊刻，图文并茂，展现了明末清初在南京秦淮河地区八位风月女子的画像和事迹。本文将《秦淮八艳图咏》的版本、图文内容作简要介绍，为后续的研究提供参考。

关键词：秦淮八艳　叶衍兰　刻本　古籍

苏州博物馆藏有一册清代光绪年间叶衍兰刊刻的《秦淮八艳图咏》（图一）。牌记页上印有"光绪十有八年岁在壬辰中冬之月刊于羊城越华讲馆"的篆书文字（图二），说明此书是词人、书画家叶衍兰于光绪十八年（1892）冬季在羊城广州的越华讲馆刊刻。

图一　清刻本《秦淮八艳图咏》扉页

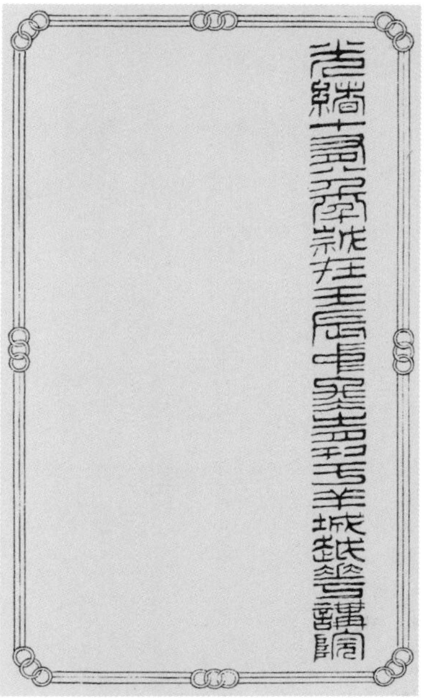

图二　清刻本《秦淮八艳图咏》牌记页

越华讲馆，即越华书院。清代乾隆年间，清初名臣范文程之孙范时纪在广东任盐运使，为培育盐商子弟，带领众多盐商集资购得广州布政司后街一所园林旧宅，创建了规模宏大的越华书院。越华书院延请名宿为山长，以培养"处则抱真学问，出则有真经济"之人才。光绪年间，叶衍兰担任越华书院山长。

叶衍兰（1823—1897），字南雪，号兰台，广东番禺人，进士出身，以诗词闻名，为清代词坛"粤东三家"之一，人称"南词正宗"。同时，叶衍兰也是知名书画家，善绘人物仕女，尤精摹写。叶衍兰的弟子和子孙辈名人辈出：弟子冒广生、潘飞声都是著名的学者文人；孙子叶恭绰保护中华文物厥功至伟，赫赫有名的西周毛公鼎和《鸭头丸帖》都经其努力得以保存下来。

* 朱晋詠，苏州博物馆副研究馆员。邱少英，苏州博物馆文博馆员。

《秦淮八艳图咏》刊刻于 1892 年，字体端庄秀丽，配图精良，每页板框为八环带栏。书中绘有九幅小像，并附文字，书末有叶衍兰、张景祁等人所作的唱和诗。全书将内容与设计排版巧妙融为一体，成为一件难能可贵的古籍珍品。

在古籍文献之中，最早提出"秦淮八艳"这一称谓的是明末文学家余怀所著的《板桥杂记》（图三）。余怀（1616—1696），字澹心，一字无怀，号曼翁，福建莆田人，侨居南京，因此自称江宁余怀、白下余怀。余怀与"秦淮八艳"是同时代人，又久居金陵，为秦淮河上的常客。

图三　余怀著《板桥杂记》

晚明时期，南京秦淮河地区的风月场所兴盛且高端，一来由于秦淮河连通长江，往来的客商旅人非常多，促成其"兴盛"；二来秦淮河畔是江南贡院，参加科举的都是有文化的读书人，促成其"高端"。故而秦淮河地区的风月女子大多国色天香且精通琴棋书画、诗词歌赋，以秦淮八艳最为突出，这些都是余怀亲眼所见。余怀在《板桥杂记》中记载董小宛、柳如是、陈圆圆、李香君、顾横波、马湘兰、寇白门、卞玉京八位居住在南京秦淮河一带富有才情的风月女子，是"秦淮八艳"之名的由来。

在没有照相摄影技术的古代，要把人像记录下来，只能靠画工绘制。《秦淮八艳图咏》是把画工绘成的"秦淮八艳"画像通过雕版印刷工艺制成版画，配以文字并刊印成书。以下对《秦淮八艳图咏》的八位主人公依次简要介绍。

马湘兰（1548—1604），南京人，本名马守真，因擅画兰竹，故雅号湘兰。所居小楼遍种兰花，名为"幽兰馆"。马湘兰为人仗义，周济无钱应试的书生、横遭变故的商人、老弱贫困的邻里。在《秦淮八艳图咏》中，马湘兰闲坐在椅子上，左手搭在靠背上方，右手拈花微笑，神情活泼（图四）。马湘兰生卒年较秦淮八艳中的其他七位都要早，结交的才子有文徵明的学生王穉登。王穉登（1535—1612），生于江阴，长于苏州，字伯谷，号松坛道士，明朝后期文学家、书法家。终因马湘兰风月女子的身份，两人没有成为眷属。

图四　《秦淮八艳图咏》马湘兰像

卞玉京（1623？—1665），南京人，本名卞赛，字云装，后自号"玉京道人"，故称卞玉京。1642年春，苏州吴继善即将离开苏州任成都知县，亲朋好友安排了酒宴为他饯行，邀请住在山塘的卞玉京参加。吴伟业（1609—1672）是吴继善的族弟，进士出身，是复社领袖张溥的学生，与卞玉京一见倾心，相谈甚欢，但未能修成正果。后来卞玉京躲避战乱，隐居无锡惠山，葬于惠山锦树林。因为卞玉京后出家修道，故而在《秦淮八艳图咏》中，她的小像手持拂尘，倚靠琴边，熏香环绕，神情静穆（图五）。

图五 《秦淮八艳图咏》卞玉京像

李香君（1624—1654），又名李香，原姓吴，苏州人。其父亲原是一位武官，系东林党成员，被魏忠贤阉党治罪后家道败落，她幼年随养母改吴姓为李。李香君是南京秣陵教坊名妓，歌喉圆润，丝竹琵琶、音律诗词亦无一不通。李香君十六岁遇侯方域（1618—1654），双方一见倾心，侯方域将象牙骨白绢面宫扇送给李香君作为定情之物。之后，南明权臣阮大铖欲霸占李香君，李香君坚决不从，一头撞在栏杆上，血溅在侯方域送她的扇子上，这段故事被孔尚任写成戏剧《桃花扇》而广为流传。在跌

宕的大时代背景下，李香君的人生饱含悲剧色彩，故而在《秦淮八艳图咏》中，宽袍大袖的李香君表情凝重、面容伤感，哀怨之情从眼神中汩汩流出，观者可能也会被这股浓浓的哀伤所打动（图六）。

图六 《秦淮八艳图咏》李香君像

柳如是（1618—1664），浙江嘉兴人，本名杨爱，字如是，又称河东君（柳姓郡望河东）。《秦淮八艳图咏》标明了柳如是人生的重要场合——"初访半野堂"，柳如是倾心于"东南文宗"、文学大家钱谦益（1582—1664），女扮男装登门拜访钱谦益居所半野堂（图七）。之后，柳如是嫁给了钱谦益，两人琴瑟和鸣。尔后清军入关，柳如是力劝钱谦益不为贰臣，甚至想要投水殉国，足见其壮烈的家国情怀，堪比李清照"生当作人杰，死亦为鬼雄。至今思项羽，不肯过江东"的气概。钱谦益去世后，柳如是不容于钱氏族人，未经数月便被逼自杀。如今，钱谦益和柳如是长眠在江苏常熟的虞山脚下，相距仅百米之遥，却只能相互眺望，没有实现"生则同衾，死则同穴"的愿望。

董小宛（1623—1651），苏州人，名白，别号青莲女史。作为琴棋书画皆通的秦淮名妓，赫然位列"中国古代十大名厨"，与易牙同列，创制虎皮肉、

图七　《秦淮八艳图咏》柳如是像

图八　《秦淮八艳图咏》董小宛像

灌香董糖、卷酥董糖。董小宛嫁给复社名士冒辟疆（1611—1693）为妾，明亡后随冒家逃难，同甘共苦。在《秦淮八艳图咏》中，董小宛倚窗而立，表情恬静，给人以宁静的感觉，应是遇到知心爱人冒辟疆后的心境（图八）。可惜红颜薄命，董小宛未及而立之年便去世，葬于如皋影梅庵。冒辟疆作《影梅庵忆语》，深情回忆他和董小宛在乱世颠沛流离和缠绵悱恻的爱情生活。因为董小宛名气太大，所以有野史记述董小宛入宫成为顺治帝的董鄂妃，顺治帝因董鄂妃去世而万念俱灰地出家为僧。这纯粹是野史穿凿附会而成，历史上的董鄂妃另有其人。

顾横波（1619—1664），南京人，原名顾媚，字眉生，号横波，名重一时，其居所"媚楼"几乎成为众多文人雅士的聚集地。《板桥杂记》的作者、侨居南京的余怀就曾猛烈追求顾横波，可惜未能如愿，顾横波嫁与"江左三大家"之一的龚鼎孳为妾。龚鼎孳（1616—1673），合肥人，字孝升，号芝麓。龚鼎孳少年得志，16岁中举，19岁中进士，出仕为官，自然颇受才女的垂青。顾横波婚后改名"徐善持"，表态跟过去风月女子的身份作彻底切割，慢慢地做一个善于持家的女人。后来龚鼎孳官至清廷礼部尚书，成为贰臣，顾横波被封为"一品诰命夫人"，也算得以善终。在《秦淮八艳图咏》中，顾横波倚梅而立，长袍随风，衣带飘然，一副丽人模样跃然纸上（图九）。

寇白门（1624—?），南京人，名湄，字白门。

图九　《秦淮八艳图咏》顾横波像

明崇祯十五年（1642），寇白门被保国公朱国弼赎身并娶为小妾。按风俗，从良者婚嫁一般在夜间举行，朱国弼为了显示隆重，特调来大批士兵手提大红灯笼在沿途分列两排，迎娶的花轿极为华美，一时称盛。朱国弼是南明弘光政权的重臣，南明败亡后被清廷囚禁，打算卖出包括寇白门在内的侍妾来赎命。寇白门得知后，便主动请缨为夫筹款，不到一月便筹得白银万两将朱国弼救出大牢，遂得"女侠"之名。此时，寇白门对朱国弼的薄情寡义已经痛彻心扉，既然两人互不相欠，她便从此离开了朱国弼，隐逸而终。在《秦淮八艳图咏》中，寇白门娴静地坐在石头上，目视前方，神情体现的是历经磨难后的从容豁达（图一〇）。

图一〇　《秦淮八艳图咏》寇白门像

陈圆圆（1623 —?），江苏武进（今常州）人，原姓邢，名沅，字圆圆，从小由姨妈收养，姨父姓陈，故改姓陈，居苏州城内桃花坞。崇祯年间，陈圆圆嫁于吴三桂（1612—1678）为妾。李自成攻破北京后，手下大将刘宗敏掳走陈圆圆，远在山海关前线抵抗清军的明将吴三桂知悉后"冲天一怒为红颜"，遂引清军入关。吴三桂跟随清军击退李自成，并在兵荒马乱中找到了陈圆圆。此后，陈圆圆一直

跟随吴三桂征战，直至平定云南后，入住平西王府。《秦淮八艳图咏》中，年轻的陈圆圆盘腿坐在木几之侧，焚香读书，一派优雅的样子（图一一）。由于不满康熙帝削藩的政策，吴三桂在康熙十二年（1673）起兵反清，三年后在衡州（今湖南衡阳）登基为皇帝，国号大周，建元昭武。陈圆圆似乎有先见之明，出家躲避，故而之后没有受到吴三桂败亡的牵连。《秦淮八艳图咏》中老年的陈圆圆盘坐在蒲团上，身穿袈裟，手持念珠，眼神慈爱安详，根本看不出这是一位曾改变历史走向的、倾国倾城的女子（图一二）。

图一一　《秦淮八艳图咏》陈圆圆像

"秦淮八艳"没有"商女不知亡国恨，隔江犹唱后庭花"，与才子、名士相交却富有深厚的家国情怀，在大明王朝风雨飘摇的时代，写下了卓尔不凡的人生篇章。正如叶衍兰在《秦淮八艳图咏》序言中所说，"至桃叶柳枝皆有威名，绝艺或以明慧著，或以节烈彰，或以豪侠倾动一时，或以禅悦忏修晚境，风尘沦贱之余，莲出淤泥而性仍高洁，其心其事均足千秋以视"。叶衍兰认为她们"风尘沦贱"，却能出淤泥而不染，保持心性高洁，值得后人去铭记。

图一二　《秦淮八艳图咏》陈圆圆僧服像

叶衍兰所处的晚清时期，内忧外患的社会环境和秦淮八艳所处的晚明十分相似，心怀爱国之心的士人皆忧国忧民，叶衍兰恰逢其时，可谓"天时"；广东是各国列强入侵中国的踏板和要冲，自从"三元里抗英"以后广东百姓深有切肤之痛，叶衍兰恰好身居粤地，可谓"地利"；越华书院人才济济，加之叶衍兰精通诗书画，完成文字和图像都游刃有余，可谓"人和"；所以由叶衍兰来刊刻图文并茂的《秦淮八艳图咏》，占据"天时、地利、人和"。正因如此，《秦淮八艳图咏》能传诸后世，让读者在淡淡书香里了解风月女子的传奇人生。

江苏省常熟市梅李镇何村遗址
马家浜文化时期墓葬发掘简报

苏州市考古研究所　常熟博物馆

内容提要：2020 年下半年，苏州市考古研究所对常熟市梅李镇何村遗址进行了考古发掘，发现了一批马家浜文化时期文化遗存，为环太湖地区史前文化研究提供了一批新材料，本文对其中马家浜文化时期墓葬进行简要报告。

关键词：苏州　常熟　梅李　何村遗址　马家浜文化　墓葬

　　为配合基本建设，苏州市考古研究所于 2020 年 8 月至 11 月间，对江苏省常熟市梅李镇何村遗址进行了考古发掘。何村遗址位于常熟市梅李镇周师线龙腾特钢 22 号门内，西临海洋泾，东临周师线，因遗址南侧原为何村（现已拆迁），故命名该遗址为何村遗址（图一）。

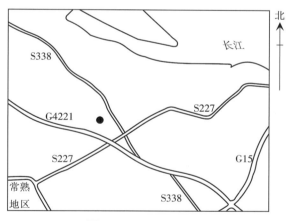

图一　遗址位置示意图

　　发掘工作采用探方法进行，各探方统一编号，合计工作面积 600 平方米，共发现文化层 10 层（分属马家浜文化时期、东周时期、宋代、明代、清代和现代），墓葬 38 座（马家浜文化时期墓葬 35 座、宋代墓葬 2 座、明代墓葬 1 座），灰坑 44 个（马家浜文化时期灰坑 36 个、东周时期灰坑 4 个、明代灰

坑 3 个、近现代灰坑 1 个），沟 8 条（马家浜文化时期沟 3 条、宋代沟 1 条、清代沟 2 条、近现代沟 2 条），柱洞 123 个（均为马家浜文化时期），红烧土墙 1 段（马家浜文化时期），井 3 口（马家浜文化时期水井 2 口、唐代水井 1 口）（图二）。出土不同材质文物 181 件（组），多数属于马家浜文化时期，以陶器和石器为主。

　　本文主要对此次考古发掘工作中新发现的马家浜文化时期墓葬进行报告。

一　地层堆积情况

　　发掘区共发现文化层 10 层，以 TN1E2 北壁剖面（图三）为例介绍如下。

　　①层：灰褐色黏土层，夹有锈斑，厚 5—30 厘米，为现代耕土层。

　　②层：灰黄色黏土层，夹小褐色斑点，厚 0—30 厘米，出土少量青花瓷片、釉陶片和青瓷片，为清代文化层。

　　③层：黄灰绿色黏土层，夹褐斑，厚 0—20 厘米，出土少量釉陶片和青瓷片，为明代文化层。

　　④层：黄灰色粉砂土层，夹褐斑，厚 0—30 厘米，出土少量青瓷片，为宋代文化层。

　　⑤层：黑灰色黏土层，夹褐斑，厚 0—20 厘米，出土 1 件原始瓷碗、1 件石铲以及少量砺石、石坯等，为东周时期文化层。

　　⑥层：青灰色黏土层，夹褐斑，厚 0—20 厘米，出土少量夹砂红陶片、夹砂褐陶片、泥质灰陶片和兽骨等，为马家浜文化时期文化层。

　　⑦层：红烧土层，厚 0—40 厘米，出土夹砂红陶片、泥质红陶片、泥质灰陶片和石料等，柱洞多发现于该层下，该红烧土堆积层很可能是房子倒塌后的废弃堆积，为马家浜文化时期文化层。

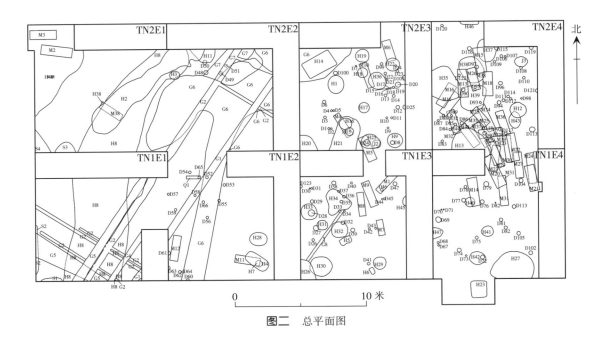

图二　总平面图

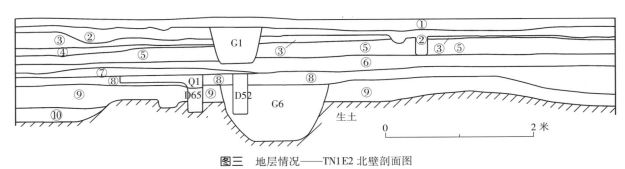

图三　地层情况——TN1E2 北壁剖面图

⑧层：黄红褐色黏土层，夹大块锈斑，厚 0—40 厘米，出土夹砂红陶片、夹砂灰陶片、泥质红陶片和砺石等，为马家浜文化时期文化层。

⑨层：灰褐黑色黏土层，夹少量红烧土颗粒和炭颗粒，厚约 0—30 厘米，出土夹砂红陶片、夹砂灰陶片、泥质红陶片和石料等，为马家浜文化时期文化层。

⑩层：灰褐色黏土层，夹锈斑，厚约 0—60 厘米，出土少量夹砂红陶片，为马家浜文化时期文化层。

生土，为黄色黏土，土质致密、纯净。

二　马家浜文化时期墓葬情况

此次工作共发掘马家浜文化时期墓葬 35 座（图四），均为竖穴土坑墓；多数墓葬平面呈长方形，长 1.8—2.2、宽 0.6—0.8 米；头向以北偏西为多；墓葬葬具无存；多数墓葬出土少量随葬品，以陶器为

主，个别墓葬出土少量小件玉器和成对鹿角靴形器。这批墓葬分别开口于⑨、⑧、⑦层之下，依层位关系，可分为三期，分别介绍如下：

（一）一期墓葬，均开口于⑨层下，共 15 座（图五）。

1. M7，位于 TN1E3 中部偏东，开口于⑨层下，打破生土，竖穴土坑墓，平面呈长方形，长 1.2、宽 0.5、深 0.24 米，头向 348° 或 168°，葬具、骨骸无存，出土泥质陶高圈足豆和泥质陶壶（图六）。

高圈足豆　1 件，M7∶1，出土于墓坑中部。泥质陶。豆盘内壁呈黑色，豆盘外壁及圈足呈红色。素面，轮制成型，敞口，圆唇，折沿，弧腹内收，圜底，下接弧壁喇叭形圈足。口径 27、底径 21、通高 22.6、壁厚 0.4—1.5 厘米，重 1207 克（图六 - 1）。

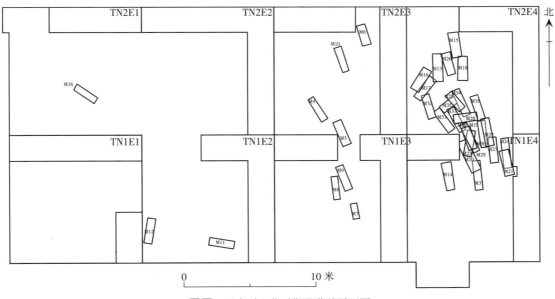

图四 马家浜文化时期墓葬总平面图

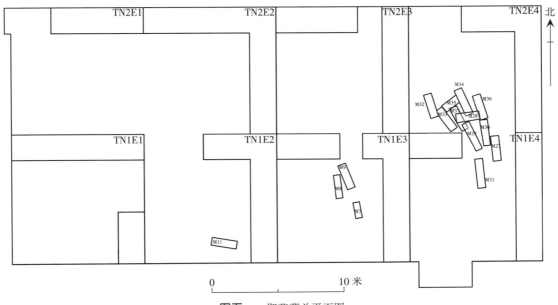

图五 一期墓葬总平面图

壶 1件，M7:2，出土于墓坑中部。泥质灰陶。素面，敛口，圆唇，溜肩，弧腹内收，平底，下腹部接一管状流，流上肩部接一耳，耳与流相连。口径10、最大腹径14.6、高9.5、壁厚0.5—0.8厘米，重484.4克（图六-2）。

2. M8，位于TN1E3中部偏北，开口于⑨层下，打破生土，竖穴土坑墓，平面呈长方形，长1.8、宽

0.52、深0.2米，头向353°或173°，葬具、骨骸无存，出土泥质陶豆盘（图七）。

豆盘 1件，M8:1，出土于墓坑北部。泥质陶。内壁呈灰黑色，外壁施红色陶衣。素面，轮制成型，直口，方唇，圆肩，斜腹内收，圈底，残存少许豆把，圈足缺失。口径23、豆把直径4.8、残高7.7、壁厚0.4—0.6厘米，重421克（图七-1）。

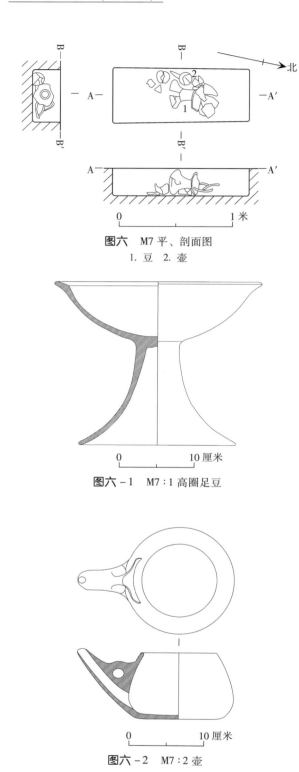

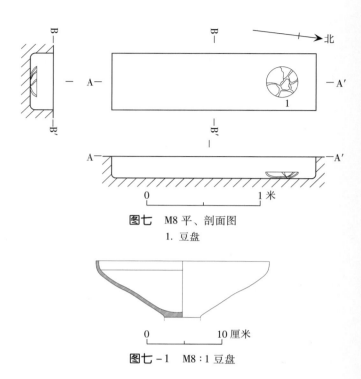

图六　M7 平、剖面图
1. 豆　2. 壶

图七　M8 平、剖面图
1. 豆盘

图六-1　M7：1 高圈足豆

图七-1　M8：1 豆盘

图六-2　M7：2 壶

泥质陶高圈足豆、泥质陶豆盘和泥质陶鼎（图八）。

高圈足豆　1 件，M9：1，出土于墓坑北部。泥质陶。豆盘内壁呈黑色，豆盘外壁及圈足施红色陶衣。素面，轮制成型，直口，方唇，束颈，圆肩，斜腹内收，圜底，下接弧壁喇叭形高圈足。圈足残存 14 个穿孔，多个穿孔位于裂缝两侧。口径 24.2、圈足径 18、高 21.4、壁厚 0.4—0.8 厘米，重 791.5 克（图八-1）。

豆盘　1 件，M9：2，出土于墓坑中部。泥质陶。豆盘内壁呈黑色，外壁施褐色陶衣。素面，轮制成型，敛口，圆唇，圆肩，弧腹内收，圜底，下接少许豆把，圈足残缺。口径 22.4、残高 10.4、壁厚 0.6—1.4 厘米，重 705 克（图八-2）。

鼎　1 件，M9：3，出土于墓坑南部。泥质灰褐陶。素面，轮制成型，敛口，圆唇，斜肩，肩部接两个对称鸡冠耳，鼓腹，下腹部接三个足，足均残存小部分，圜底，底部外侧粘一条泥条，泥条横截面呈半圆形。口径 16、最大腹径 19.4、残高 13.5、壁厚 0.9—1.4 厘米，重 1545.5 克（图八-3）。

3. M9，位于 TN1E3 中部偏北，开口于⑨层下，打破生土，竖穴土坑墓，平面呈长方形，长 2、宽 0.6、深 0.2 米，头向 340°或 160°，葬具、骨骸无存，出土

4. M11，位于 TN1E2 东南部，开口于⑨层下，打破生土，竖穴土坑墓，平面呈长方形，长 1.9、宽

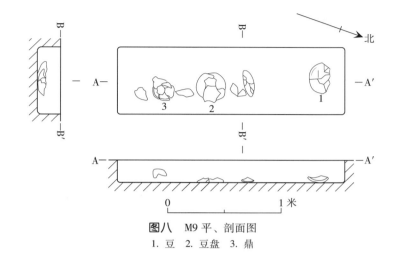

图八　M9 平、剖面图
1. 豆　2. 豆盘　3. 鼎

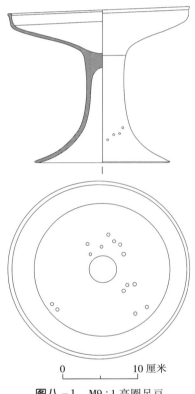

图八 – 1　M9：1 高圈足豆

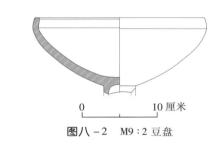

图八 – 2　M9：2 豆盘

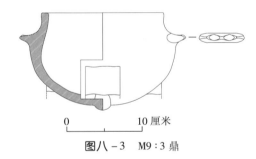

图八 – 3　M9：3 鼎

0.6、深 0.2 米，头向 279°或 99°，葬具无存，残存少量骨骸，无出土物（图九）。

5. M27，位于 TN1E4 东北部，开口于⑨层下，打破⑩层、生土，竖穴土坑墓，平面呈长方形，长 2、宽 0.62、深 0.24 米，头向 353°，葬具无存，残存少量骨骸，无出土物（图一〇）。

6. M28，位于 TN2E4 南部中间，开口于⑨层下，被 D118 打破，打破 M34、M36、M37、⑩层、生土，竖穴土坑墓，平面呈长方形，长 1.8、宽 0.64、深 0.2 米，头向 262°或 82°，葬具无存，残存少量骨骸，无出土物（图一一）。

7. M29，位于 TN2E4 南部中间，向南进入 TN1E4，开口于⑨层下，打破 M37、⑩层、生土，竖穴土坑墓，平面呈等腰梯形，长 2.4、宽 0.5—0.6、深 0.3 米，头向 335°，葬具无存，俯身直肢，出土泥质陶匜、泥质陶豆、鹿角靴形器（图一二）。

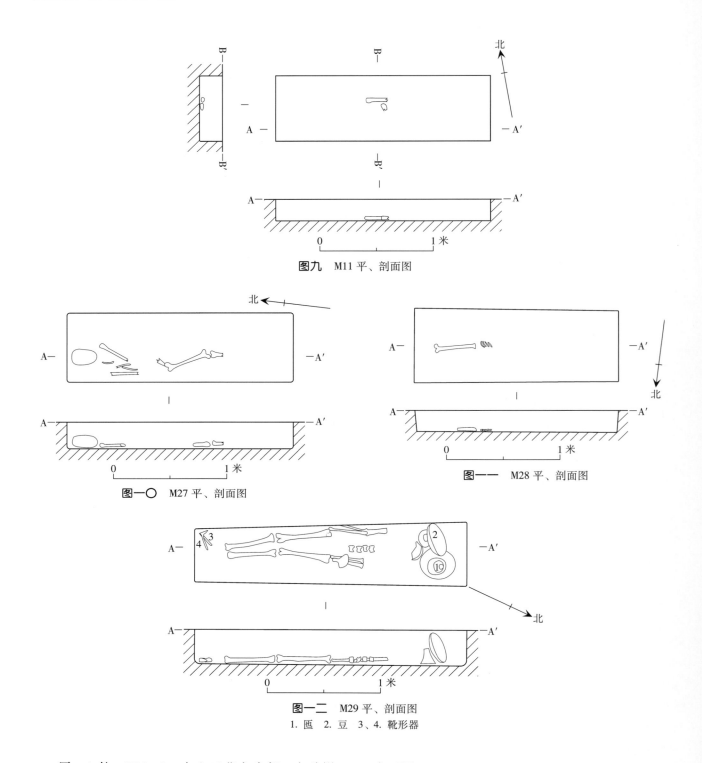

图九　M11 平、剖面图

图一〇　M27 平、剖面图

图一一　M28 平、剖面图

图一二　M29 平、剖面图
1. 匜　2. 豆　3、4. 靴形器

匜　1件，M29：1，出土于墓主头部。夹砂褐陶。素面，轮制成型，敛口，圆唇，口沿一侧有流，口沿上接二鸡冠耳，斜腹内收，平底。口径15.2、底径9.6、通高7.5、壁厚0.4—1.2厘米，重439.7

克（图一二－1）。

高圈足豆　1件，M29：3，出土于墓主头部。泥质灰陶，残存少量红色陶衣。素面，轮制成型，敞口，圆唇，弧腹内收，圜底，下接直壁喇叭形高圈

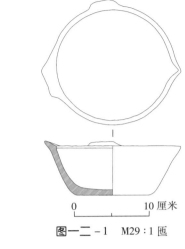

图一二-1　M29:1 匜

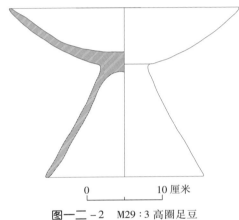

图一二-2　M29:3 高圈足豆

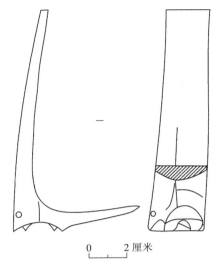

图一二-3　M29:4 鹿角靴形器

M29:5，形态与 M29:4 相仿且呈左右对称状，宽 3、通高 12.5、靴筒厚 0.1—0.8、靴脚长 6.6、靴脚高 1.5、靴脚宽 2.4 厘米；靴脚跟左侧有一圆形穿孔，孔径 0.3 厘米；靴脚跟部前排两齿间距 1、后排两齿间距 0.5、前后两排齿距 1.7—2.6、齿高约 0.5 厘米，重 38.3 克（图一二-4）。

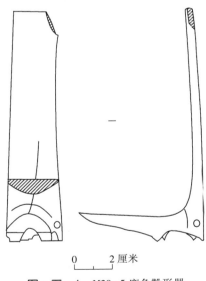

图一二-4　M29:5 鹿角靴形器

8. M30，位于 TN2E4 南部中间，向南进入 TN1E4，开口于⑨下，打破 M36、⑩、生土，竖穴土坑墓，平面呈梯形，长 2.1、宽 0.5—0.6、深 0.2 米，头向 353°，葬具无存，俯身直肢，出土玉管、

足。口径 30.4、圈足径 20.8、高 23.3、壁厚 0.6—2.7 厘米，重 1757.2 克（图一二-2）。

鹿角靴形器　2 件，均出土于墓主脚部。M29:4，宽 2.9、通高 12.1、靴筒厚 0.1—0.8、靴脚长 6.7、靴脚高 1.3、靴脚宽 2.3 厘米。由鹿角主枝和侧枝结合部分制得，分为靴筒和靴脚两部分，鹿角主枝纵向剖开，保留近侧枝部分成为靴筒，侧枝纵向剖开，保留近主枝部分成为靴脚，靴筒背面及靴脚底面为鹿角切面，中间均为蜂窝状孔；靴脚呈柳叶形，靴头上翘，靴头刃部光滑锋利，靴脚上面光滑，靴脚两侧留有鹿角原生骨钉和"苦瓜棱"；靴脚跟右侧有一圆形穿孔，孔径 0.3 厘米；靴脚底面光滑，靴脚跟底部有前后两排齿，似木屐底，前排两齿间距 0.8、后排两齿间距 0.7、前后两排齿距 1.5—2.7、齿高约 0.5 厘米，重 40.4 克（图一二-3）。

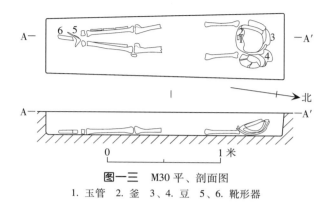

图一三　M30 平、剖面图

1. 玉管　2. 釜　3、4. 豆　5、6. 靴形器

夹砂陶釜、泥质陶豆、鹿角靴形器（图一三）。

玉管　1 件，M30：1，出土于墓主头部。软玉。青褐色，素面，管状，中部纵向穿孔，孔径均匀，纵剖面呈等腰梯形。长 1.6—2.5、直径 0.8—0.9、孔径 0.5 厘米，重 3.3 克（图一三－1）。

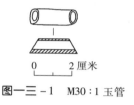

图一三－1　M30：1 玉管

釜　1 件，M30：2，出土于墓主头部。夹砂褐陶。素面，轮制成型，侈口，圆唇，卷沿，斜肩，鼓腹，腹部外接一圈腰沿，腰沿上接两个鸡冠耳，弧腹内收，圜底。口径 27.6、最大腹径 34.6、高 27.6、壁厚 0.6—1 厘米，重 3600 克（图一三－2）。

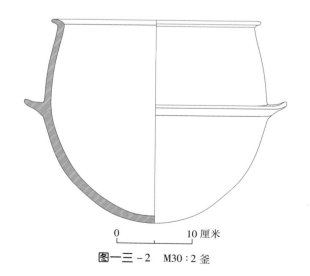

图一三－2　M30：2 釜

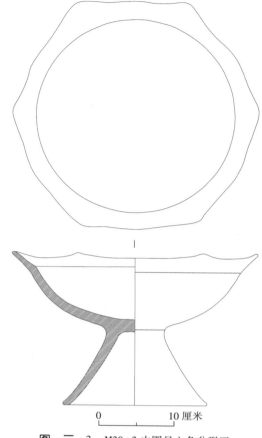

图一三－3　M30：3 中圈足六角盆形豆

中圈足六角盆形豆　1 件，M30：3，出土于墓主头部。泥质红陶。素面，豆盘俯视呈圆角六边形，轮制成型，侈口，圆唇，折沿，弧腹内收，圜底，下接直壁喇叭形中圈足。口径 32、底径 19、通高 20.9、壁厚 0.9—2.5 厘米，重 2428.5 克（图一三－3）。

中圈足盆形豆　1 件，M30：4，出土于墓主头部。泥质红陶。素面，手制成型，侈口，尖圆唇，斜腹内收，平底，下接直壁喇叭形中圈足。口径 20、底径 13、高 14、壁厚 0.3—1.0 厘米，重 745.5 克（图一三－4）。

鹿角靴形器　2 件，均出土于墓主脚部。M30：5，靴筒上端右侧及靴头右侧刃部残损。宽 2.5、通高 10.1、靴筒厚 0.1—0.7、靴脚长 4.3、靴脚高 1.4、靴脚宽 1.9 厘米；由鹿角主枝和侧枝结合部分制得，分为靴筒和靴脚两部分，鹿角主枝纵向剖开，保留近侧枝部分成为靴筒，侧枝纵向剖开，保留近

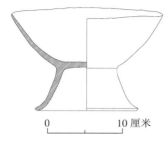

图一三-4　M30:4 中圈足盆形豆

主枝部分成为靴脚，靴筒背面及靴脚底面为切面，中间均存有蜂窝状孔；靴脚呈柳叶形，靴头上翘，靴面左侧留有部分鹿角原生骨钉；靴脚上面光滑；靴脚跟左侧有一圆形穿孔，孔径0.2厘米；靴脚底面光滑，靴脚跟底部有前后两排齿，前排右齿及后排两齿残损，前后两排齿距1.1—1.9、齿高约0.5厘米，重22.1克（图一三-5）。

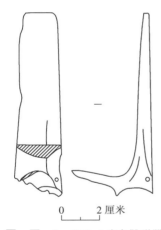

图一三-5　M30:5 鹿角靴形器

M30:6，形态与M30:5相仿且呈左右对称状，靴筒上端右侧及靴头左侧刃部残损。宽2.5、通高10、靴筒厚0.1—0.8、靴脚长4.3、靴脚高1.3、靴脚宽2厘米。靴脚跟右侧有一圆形穿孔，孔径0.2厘米；靴底前排两齿间距0.5厘米，前排右齿残损，后排两齿间距0.9厘米，后排左齿残损，前后两排齿距1.3—1.8厘米，齿高约0.5厘米，重23.1克（图一三-6）。

9. M31，位于TN1E4东北部，开口于⑨下，被M20打破，打破⑩、生土，竖穴土坑墓，平面呈长方形，长2.3、宽0.6、深0.3米，头向354°，葬具

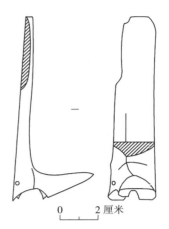

图一三-6　M30:6 鹿角靴形器

无存，俯身直肢，出土泥质陶匜、泥质陶豆、夹砂陶豆（图一四）。

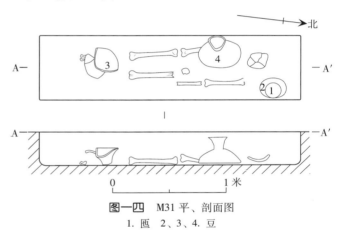

图一四　M31 平、剖面图
1. 匜　2、3、4. 豆

匜　1件，M31:1，出土于墓主头部。泥质红陶。素面，敛口，圆唇，平沿，口沿一侧有流，斜腹内收，平底。口径12、底径8、通高7.5、壁厚0.7—1.7厘米，重495.3克（图一四-1）。

矮圈足豆　1件，M31:2，出土于墓主头部。泥质红褐陶。素面，敞口，圆唇，斜弧腹内收，平底，下接弧壁喇叭形圈足。口径19.8、底径9.6、通高12、壁厚0.4—2.0厘米，重763克（图一四-2）。

中圈足豆　2件。M31:3，出土于墓主脚部。泥质红褐陶。素面，敞口，圆唇，斜腹内收，平底，下接直壁喇叭形圈足。口径30.4、底径23.6、通高20、壁厚0.6—3.2厘米，重1881.5克（图一四-3）。

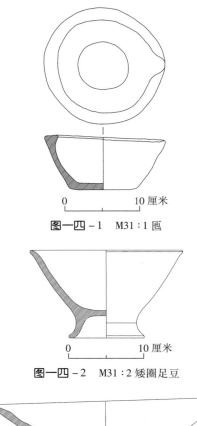

图一四 - 1　M31：1 匜

图一四 - 2　M31：2 矮圈足豆

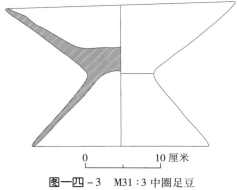

图一四 - 3　M31：3 中圈足豆

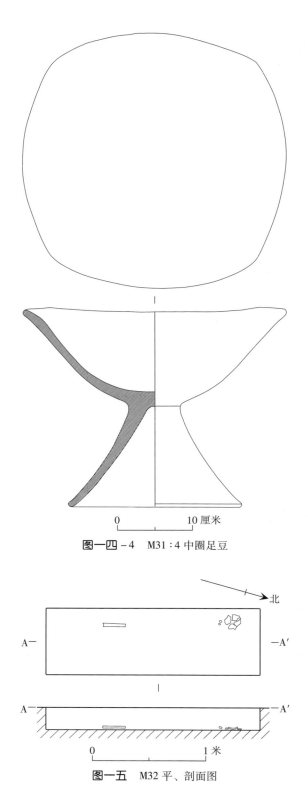

图一四 - 4　M31：4 中圈足豆

M31：4，出土于墓主背部。夹砂灰陶。素面，豆盘口呈圆角四边形，侈口，圆唇，斜弧腹，圈底，下接直壁喇叭形高圈足。口径 34.8、底径 22、通高 27.4、壁厚 0.9—2.5 厘米，重 2620.5 克（图一四 - 4）。

10. M32，位于 TN2E4 西南部，开口于⑨下，被 H44 打破，打破 M33、⑩、生土，竖穴土坑墓，平面呈长方形，长 1.9、宽 0.6、深 0.2 米，头向 344°或 164°，葬具无存，残存少量骨骸（图一五）。

11. M33，位于 TN2E4 南部偏西，开口于⑨下，被 M32 打破，打破⑩、生土，竖穴土坑墓，平面呈

图一五　M32 平、剖面图

长方形，长 2、宽 0.6、深 0.2 米，头向 324°，葬具无存，残存少量骨骸（图一六）。

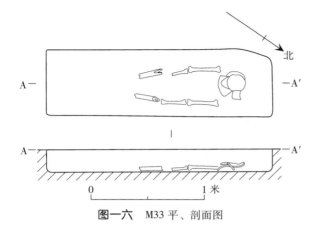

图一六　M33 平、剖面图

12. M34，位于 TN2E4 中部偏南，开口于⑨下，被 M28 打破，打破 M35、⑩、生土，竖穴土坑墓，平面呈长方形，长 2.2、宽 0.6、深 0.2 米，头向 336°，葬具无存，附身直肢，出土石锛、鹿角靴形器（图一七）。

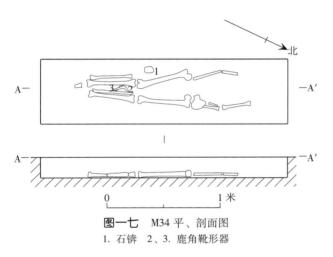

图一七　M34 平、剖面图
1. 石锛　2、3. 鹿角靴形器

石锛　1 件，M34：1，出土于墓坑中部、墓主左侧。青灰石质。素面，长方形，顶面方平，背呈弧形，单边刃，通体磨光。长 4.5、宽 3.2、厚 1.3 厘米，重 45.9 克（图一七－1）。

图一七－1　M34：1 石锛

鹿角靴形器　2 件，均出土于墓主小腿间。M34：2，靴筒上端及两侧残损、靴脚跟右侧残损，残高 8.5、残宽 2.2、靴筒厚 0.1—0.7、靴脚残长 3.9、靴脚高 1.3、靴脚残宽 2 厘米。由鹿角主枝和侧枝结合部分制得，分为靴筒和靴脚两部分，鹿角主枝纵向剖开，保留近侧枝部分成为靴筒，侧枝纵向剖开，保留近主枝部分成为靴脚，靴筒背面及靴脚底面为切面，中间均存有蜂窝状孔；靴脚呈柳叶形，靴头上翘，靴面左侧光滑，靴面右侧留有部分鹿角原生骨钉和"苦瓜棱"；靴底光滑，靴跟底部为木屐底，左前齿残损，右后齿残损，前后两排齿残距 1.8、齿高约 0.5 厘米，重 12.2 克（图一七－2）。

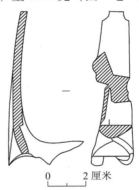

图一七－2　M34：2 鹿角靴形器

M34：3，靴脚残缺，仅存靴筒，靴筒上端残损，残宽 2.3、残高 10.5、靴筒厚 0.1—0.7 厘米。靴筒形态与 M34：2 靴筒相仿且呈左右对称状，靴脚跟左侧有上下排列二圆形穿孔，孔径 0.3 厘米，重 13.9 克（图一七－3）。

图一七－3　M34：3 鹿角靴形器

13. M35，位于 TN2E4 西南部，开口于⑨下，被 M34 打破，打破 M37、⑩，竖穴土坑墓，平面呈长方形，残长 1.4、宽 0.6、深 0.2 米，头向 231° 或 51°，葬具无存，残存少量骨骸，出土石锛、石凿（图一八）。

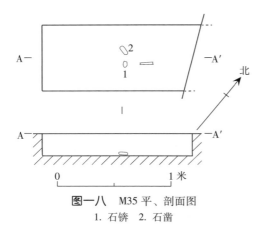

图一八　M35 平、剖面图
1. 石锛　2. 石凿

有段石锛　1 件，M35：1，出土于墓坑中部。青灰石质。素面，通体磨光。圆角梯形，顶面残缺，背呈弧形，有段，单面刃，刃部略残。长 4.5、宽 5、厚 1.6 厘米，重 54.8 克（图一八－1）。

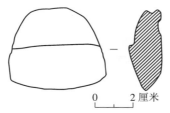

图一八－1　M35：1 有段石锛

石凿　1 件，M35：2，出土于墓坑中部。青灰石质。素面，通体磨光。圆角长方形，横截面呈圆角菱形，顶部、尖部残缺。长 8.8、宽 4.2、厚 3.2 厘米，重 187.5 克（图一八－2）。

14. M36，位于 TN2E4 中部偏南，开口于⑨下，被 D117、M28、M30 打破，打破⑩、生土，竖穴土坑墓，平面呈长方形，长 2、宽 0.6、深 0.2 米，头向 342°，葬具无存，残存少量骨骸，出土泥质陶杯、泥质陶盆、玉管（图一九）。

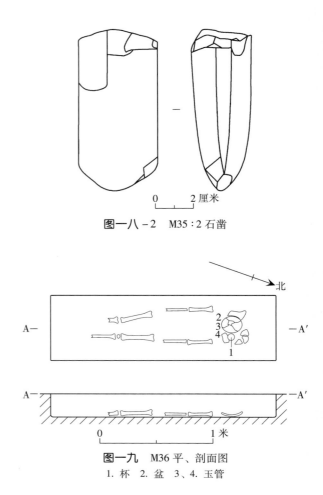

图一八－2　M35：2 石凿

图一九　M36 平、剖面图
1. 杯　2. 盆　3、4. 玉管

杯　1 件，M36：1，出土于墓主头部。泥质灰陶。素面，敞口，尖圆唇，束颈，圆肩，弧腹内收，圈底，下接弧壁喇叭形圈足，上腹部接左右对称 2 个桥形耳。口径 5、底径 5、通高 8.4、壁厚 0.4—2.2 厘米，重 149.4 克（图一九－1）。

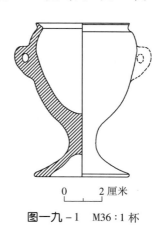

图一九－1　M36：1 杯

盆 1件，M36：2，出土于墓主头部。泥质黄褐陶，施褐色陶衣。素面，轮制成型，敛口，圆唇，斜肩，折腹，接左右对称2个鸡冠耳，内收，圜底。口径22.4、最大腹径23.2、高8.7、壁厚0.6—1.2厘米，重618.5克（图一九-2）。

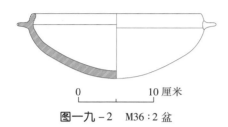

图一九-2 M36：2盆

玉管 2件。M36：3，出土于墓主头部。软玉质。黄褐色，微透明。素面，管状，上下端磨平，中间钻孔，微残。长2.2、直径1.3、孔径0.4厘米，重5.8克（图一九-3）。

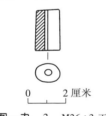

图一九-3 M36：3玉管

M36：4，出土于墓主头部。软玉质。黄褐色，微透明。素面，管状，上下端磨平，中间钻孔，略残。长2.3、外径1.3、内径0.4厘米，重6.1克（图一九-4）。

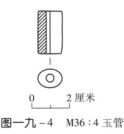

图一九-4 M36：4玉管

15. M37，位于TN2E4南部偏西，开口于⑨下，被D118、M28、M29、M35打破，打破⑩、生土，竖穴土坑墓，长2、宽0.6、深0.2米，头向333°，葬具无存，残存少量骨骸，出土泥质陶钵、泥质陶圈足、泥质陶匜（图二〇）。

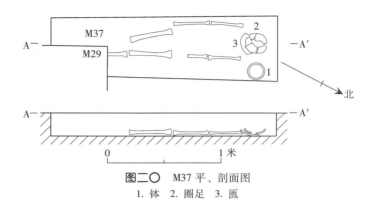

图二〇 M37平、剖面图
1. 钵 2. 圈足 3. 匜

钵 1件，M37：1，出土于墓主头部。泥质黄褐陶，施褐色陶衣。素面，轮制成型，敛口，圆唇，圆肩，弧腹内收，平底微凹。口径12.4、最大腹径16.4、底径9.8、高6.8—7.2、壁厚0.6—1厘米，重449.7克（图二〇-1）。

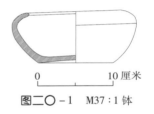

图二〇-1 M37：1钵

直壁喇叭形圈足 1件，M37：2，出土于墓主头部。泥质橙黄陶，施灰色陶衣。素面，轮制成型，直壁外撇。底径27、残高13.3、壁厚0.4—0.6厘米，重697.0克（图二〇-2）。

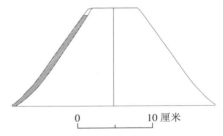

图二〇-2 M37：2直壁喇叭形圈足

匜 1件，M37：3，出土于墓主头部。泥质灰褐陶。素面，轮制成型，敛口，圆唇，口沿有一流，圆肩，残存一牛鼻耳，鼓腹内收，平底，微凹。口径14、最大腹径17.8、底径10.4、高7、壁厚0.6—0.8厘米，重413.1克（图二〇-3）。

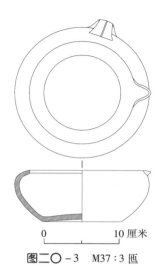

图二〇－3　M37：3 匜

（二）二期墓葬，均开口于⑧下，共 14 座（图二一）。

1. M4，位于 TN2E3 南部中间，开口于⑧下，被 H15、H16、H21 打破，打破⑨、⑩，竖穴土坑墓，平面呈梯形，长 2、宽 0.5—0.56、深 0.22 米，头向 328°，葬具无存，残存少量骨骸，出土玉玦、泥质陶豆盘、泥质陶钵（图二二）。

玉玦　1 件，M4：1，出土于墓主头部。软玉质，呈黄褐色，微透明。素面，扁圆形，中间有一对钻穿孔，一侧有一道缺口。直径 2.2、孔径 0.8、高 1 厘米，重 8.8 克（图二二－1）。

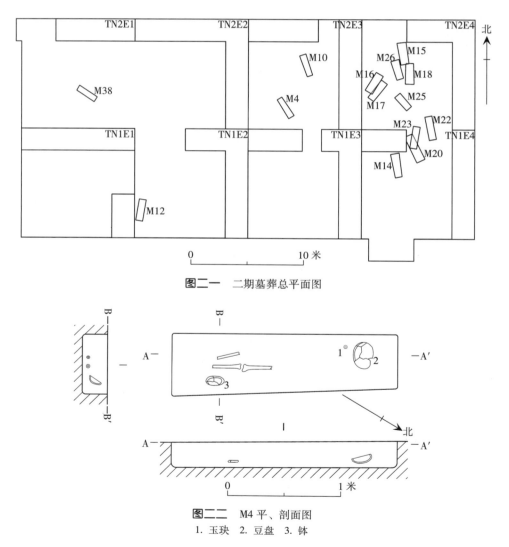

图二一　二期墓葬总平面图

图二二　M4 平、剖面图
1. 玉玦　2. 豆盘　3. 钵

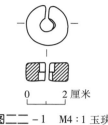

图二二 - 1 M4:1 玉玦

豆盘 1件，M4:2，出土于墓主头部。泥质红陶，外红里黑。素面，直口，圆唇，鼓腹内收，圈底，下接豆座缺失。口径22、残高7.7、壁厚0.3—1.3厘米，重631克（图二二 - 2）。

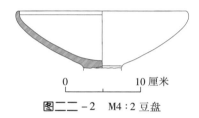

图二二 - 2 M4:2 豆盘

钵 1件，M4:3，出土于墓主脚部。泥质灰陶，外红里灰。素面，敛口，方圆唇，弧腹内收，平底。口径18.6、底径7、高6.7、壁厚0.4—0.8厘米，重360.7克（图二二 - 3）。

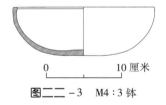

图二二 - 3 M4:3 钵

2. M10，位于TN2E3中部，开口于⑧下，被H18、H36打破，打破⑨、⑩，竖穴土坑墓，平面呈梯形，长2、宽0.52—0.6、深0.3米，头向342°，葬具无存，俯身直肢，出土泥质陶豆、泥质陶豆盘（图二三）。

高圈足豆 1件，M10:1，出土于墓主腿部。泥质红陶，外红内黑。素面，轮制成型，敛口，圆唇，折沿，弧腹内收，圈底，下接弧壁喇叭形圈足。口径32、底径28.8、高24.5、壁厚0.4—2厘米，重2584.5克（图二三 - 1）。

豆 1件，M10:2，出土于墓主头部。泥质红

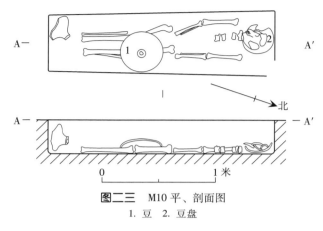

图二三 M10平、剖面图
1. 豆 2. 豆盘

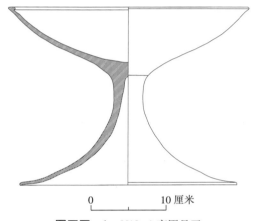

图二三 - 1 M10:1 高圈足豆

陶。素面，轮制成型，直口，圆唇，斜腹内收，圈底，仅存豆盘。口径22.6、高7、壁厚0.3—1.3厘米，重529克（图二三 - 2）。

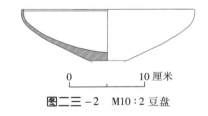

图二三 - 2 M10:2 豆盘

3. M12，位于TN1E2西南部，开口于⑧下，打破⑩、生土，竖穴土坑墓，平面呈长方形，长2、宽0.6、深0.4米，头向9°，葬具无存，仅存一颗牙齿，出土泥质陶豆盘（图二四）。

豆盘 1件，M12:1，出土于墓主头部。泥质红陶，施褐色陶衣，豆盘内壁为灰黑色。素面，直口，方唇，斜腹内收，圈底。口径23.6、残高8.6、

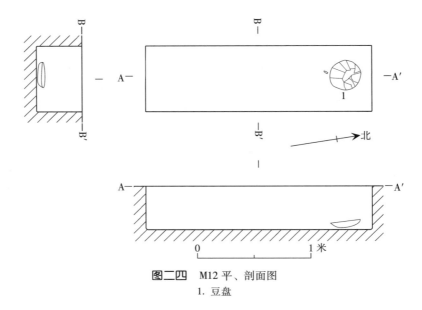

图二四　M12 平、剖面图
1. 豆盘

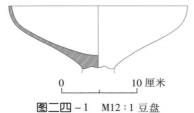

图二四－1　M12：1 豆盘

壁厚 0.4—1.4 厘米，重 476.0 克（图二四－1）。

4. M14，位于 TN1E4 北部偏西，开口于⑧下，打破⑨、H40，竖穴土坑墓，平面呈梯形，长2.2、宽 0.6—0.8、深 0.4 米，头向 350°，葬具无存，残存少量骨骸，出土泥质陶豆、泥质陶罐（图二五）。

六角形中圈足豆　1 件，M14：1，出土于墓主头部。泥质红陶，豆盘内壁为灰色。素面，豆盘口呈圆角六边形，敞口，圆唇，弧腹内收，圜底，下接直壁喇叭形圈足。口径 33、底径 19、高 17、壁厚0.5—1.8 厘米，重 1741.5 克（图二五－1）。

矮圈足豆　1 件，M14：2，出土于墓主头部。泥质红陶。素面，手制成型，敞口，卷沿，圆唇，斜腹内收，圜底，下接圈足。口径 18.4、底径 8.6、高9.6、壁厚 0.9—1.1 厘米，重 751 克（图二五－2）。

罐　1 件，M14：3，出土于墓主头部。泥质红陶。素面，敞口，圆唇，束颈，圆肩，鼓腹内收，

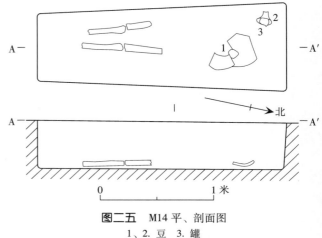

图二五　M14 平、剖面图
1、2. 豆　3. 罐

平底，微凹。口径 10、底径 6.2、高 10.1、壁厚0.3—1.4 厘米，重 408.7 克（图二五－3）。

5. M15，位于 TN2E4 北部中间，开口于⑧下，被 D97 打破，打破⑨、H37、H38、M18，竖穴土坑墓，平面呈长方形，长 2、宽 0.8、深 0.4 米，头向351°或 171°，葬具、骨骸无存，出土泥质陶豆、泥质陶盆（图二六）。

高圈足豆　1 件，M15：1，出土于墓坑中部。泥质红陶，豆盘内壁黑色。素面，轮制成型，侈口，圆唇，弧腹内收，圜底，下接弧壁喇叭形高圈足。口径 24、底径 21.4、高 22.2、壁厚 0.4—2 厘米，重922.5 克（图二六－1）。

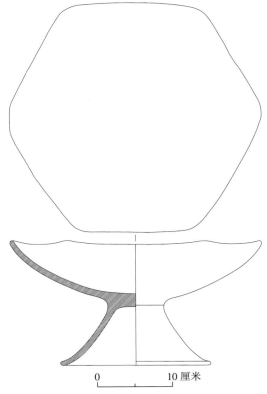

图二五 - 1　M14：1 六角形中圈足豆

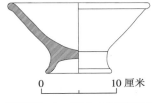

图二五 - 2　M14：2 矮圈足豆

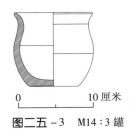

图二五 - 3　M14：3 罐

盆　1 件，M15：2，出土于墓坑北部。泥质红陶，施褐色陶衣。素面，轮制成型，侈口，圆唇，束颈，弧腹内收，平底。口径 25.8、底径 9.4、高8、壁厚 0.6—0.8 厘米，重 639 克（图二六 -2）。

6. M16，位于 TN2E4 中部偏西，开口于⑧下，

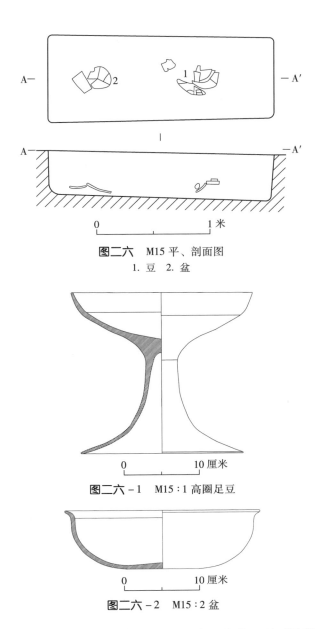

图二六　M15 平、剖面图
1. 豆　2. 盆

图二六 - 1　M15：1 高圈足豆

图二六 - 2　M15：2 盆

被 H35 打破，打破⑨、M17，竖穴土坑墓，平面呈梯形，长 1.9、宽 0.7—0.8、深 0.46 米，头向 31°或211°，葬具、骨骸无存，出土夹砂陶釜、泥质陶豆、泥质陶盆（图二七）。

釜　1 件，M16：1，出土于墓室中部。夹砂红陶。腰沿外周饰指捏纹。直口，圆唇，折沿，弧腹内收，圜底。口径 24.4、高 20、壁厚 1—1.4 厘米，重 2340 克（图二七 -1）。

高圈足豆　1 件，M16：2，出土于墓室中部偏北。泥质红陶。素面，直口，圆唇，弧腹内收，圜底，下

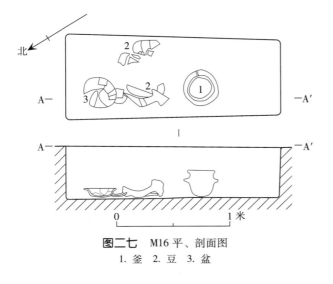

图二七　M16平、剖面图
1. 釜　2. 豆　3. 盆

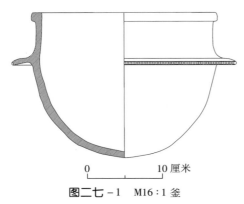

图二七-1　M16：1釜

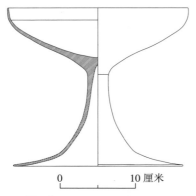

图二七-2　M16：2高圈足豆

接弧壁喇叭形圈足。口径24、底径22.4、高21.6、壁厚0.2—1厘米，重751克（图二七-2）。

盆　1件，M16：3，出土于墓室北部。泥质灰褐陶。素面，敞口，圆唇，卷沿，弧腹内收，圈底。

口径23.6、高8.5、壁厚0.7—1厘米，重824.5克（图二七-3）。

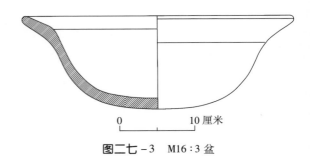

图二七-3　M16：3盆

7. M17，位于TN2E4中部偏西，开口于⑧下，被H35、M16打破，打破⑨、H39，竖穴土坑墓，平面呈梯形，长2、宽0.6—0.66、深0.4米，头向37°或217°，葬具、骨骸无存，出土泥质陶钵（图二八）。

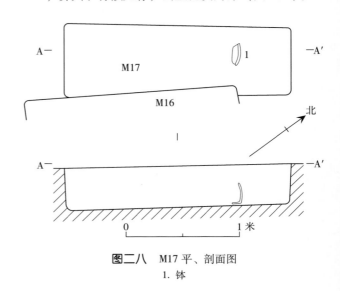

图二八　M17平、剖面图
1. 钵

双耳钵　1件，M17：1，出土于墓坑北部。泥质红褐陶，施红褐色陶衣。素面，轮制成型，敛口，圆唇，圆肩，鼓腹内收，平底，腹部接两只对称舌形耳。口径16.4、最大腹径19、底径8.6、高9.6、壁厚0.6—0.8厘米，重582克（图二八-1）。

8. M18，位于TN2E4中部，开口于⑧下，被M15打破，打破⑨、H38、H39，竖穴土坑墓，平面呈梯形，长2、宽0.68—0.8、深0.4米，头向178°或358°，葬具无存，残存少量骨骸，出土泥质陶豆（图二九）。

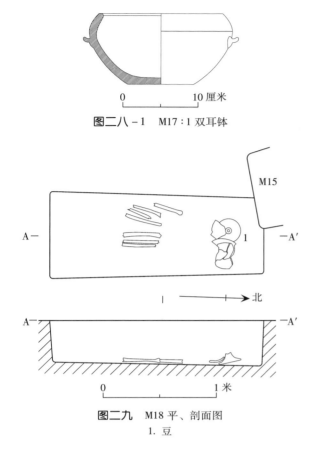

图二八 - 1　M17:1 双耳钵

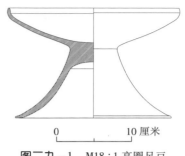

图二九 - 1　M18:1 高圈足豆

图二九　M18 平、剖面图
1. 豆

高圈足豆　1件，M18:1，出土于墓坑北部。泥质灰陶。素面，直口，圆唇，鼓腹内收，圜底，下接弧壁喇叭形圈足。口径22.6、最大腹径22.8、底径

20.6、高15、壁厚0.7—1.1厘米，重1087.5克（图二九 - 1）。

9. M20，位于TN1E4中部偏北，开口于⑧下，被M19、M23打破，打破⑨、⑩、M31，竖穴土坑墓，平面呈长方形，长2.6、宽0.8、深0.44米，头向155°或335°，葬具、骨骸无存，出土玉璜（图三〇）。

玉璜　1件，M20:1，出土于墓坑中部偏南。青玉质。通体磨光，素面。片状，弧形，边缘较薄，一端有一圆形穿孔，另一端有2个穿孔，其一完好，另一残损。长5.7、宽1.9、厚0.2厘米，重9.6克（图三〇 - 1）。

10. M22，位于TN2E4东南部，向南进入TN1E4，开口于⑧下，打破⑨，竖穴土坑墓，平面呈长方形，长2.2、宽0.6、深0.3米，头向350°，葬具无存，俯身直肢（图三一）。

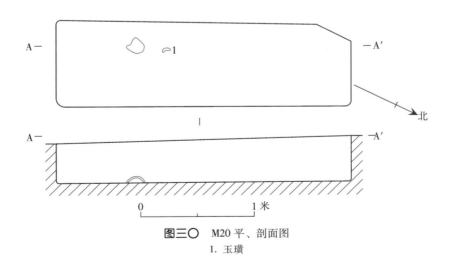

图三〇　M20 平、剖面图
1. 玉璜

图三〇-1 M20:1 玉璜

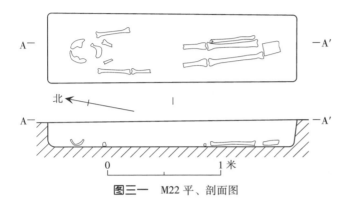

图三一 M22 平、剖面图

11. M23，位于 TN2E4 南部中间，向南进入
TN1E4，开口于⑧下，被 M19 打破，打破 M20、⑨，
竖穴土坑墓，平面呈长方形，长 2.2、宽 0.6、深
0.3 米，头向 9°或 189°，葬具无存，残存少量骨骸，
出土泥质陶盆、泥质陶豆（图三二）。

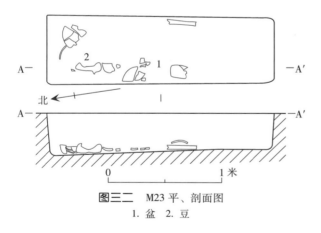

图三二 M23 平、剖面图
1. 盆 2. 豆

盆 1 件，M23:1，出土于墓坑中部。泥质红
陶。近口沿处有两个穿孔，素面。敞口，圆唇，斜
弧腹，内收，平底。口径 24.4、底径 5、高 6.5、壁
厚 0.4—0.6 厘米，重 375.6 克（图三二-1）。

高圈足豆 1 件，M23:2，出土于墓坑北部。泥
质红陶，豆盘内壁黑灰色。素面，轮制成型，豆盘
口沿残缺，弧腹，内收，圜底，下接弧壁喇叭形圈

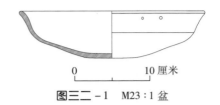

图三二-1 M23:1 盆

足。口径 23.4、底径 20.2、残高 23、壁厚 0.3—1 厘
米，重 714.5 克（图三二-2）。

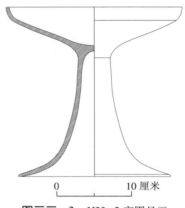

图三二-2 M23:2 高圈足豆

12. M25，位于 TN2E4 中部偏南，开口于⑧下，
打破⑨、H39，竖穴土坑墓，平面呈长方形，长 1.6、
宽 0.6、深 0.4 米，头向 140°或 320°，葬具、骨骸无
存，出土泥质陶壶、泥质陶豆（图三三）。

带盖双耳壶 1 组，M25:1，由盖和双耳壶组
成，出土于墓坑南部。泥质红褐陶。素面。通高
15.7 厘米，重 421.6 克（图三三-1）。

M25:1-1，壶盖，呈斗笠形，侈口，圆唇，弧

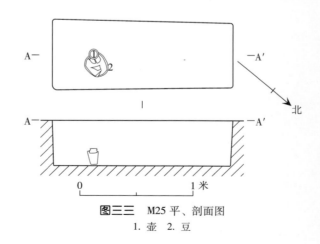

图三三 M25 平、剖面图
1. 壶 2. 豆

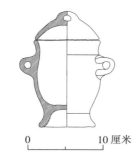

图三三 - 1　M25：1带盖双耳壶

腹，圜顶，桥形纽。高3.8、口径8.4、纽高1.3、壁厚0.4—0.9厘米。

M25：1 - 2，双耳壶，侈口，圆唇，束颈，肩部左右对称牛鼻双耳，鼓腹，内收，平底，圈足外撇。口径8.4、底径7.4、高11.9、壁厚0.5—1.3厘米。

高圈足豆　1件，M25：2，出土于墓坑南部。泥质红褐陶。素面，侈口，圆唇，卷沿，内收，折腹，平底，下接直壁喇叭形高圈足，圈足下端外撇。口径20、底径19.2、高23.2、壁厚0.8—4.2厘米，重1163克（图三三 - 2）。

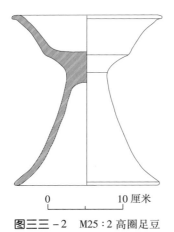

图三三 - 2　M25：2高圈足豆

13. M26，位于TN2E4中部，开口于⑧下，被D95打破，打破⑨、H38、H39，竖穴土坑墓，平面呈不规则长方形，长1.8、宽0.6—0.7、深0.3米，头向164°或344°，葬具无存，残存少量骨骸（图三四）。

14. M38，位于TN2E1中部，开口于⑧下，打破H8、⑩，竖穴土坑墓，平面长方形，长1.9、宽0.5、深0.2米，头向120°或304°，葬具无存，残存少量骨骸（图三五）。

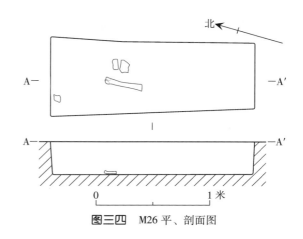

图三四　M26平、剖面图

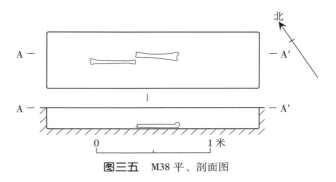

图三五　M38平、剖面图

（三）三期墓葬，均开口于⑦下，共6座（图三六）。

1. M5，位于TN2E3南部中间，向南进入TN1E3，开口于⑦下，被H24、H25打破，打破⑧、⑨、⑩，竖穴土坑墓，平面呈长方形，长2、宽0.72、深0.4米，头向336°，葬具无存，残存少量腿骨，俯身直肢，出土泥质陶豆和豆盘（图三七）。

中圈足豆　1件，M5：1，出土于墓坑中部。泥质红陶，豆盘外壁红色，内壁黑灰色。素面，敛口，圆唇，斜肩，鼓腹内收，圜底，下接弧壁喇叭形圈足，圈足下部有2个穿孔。口径21.6、底径18、高18、壁厚0.6—2厘米，重1190克（图三七 - 1）。

豆盘　1件，M5：2，出土于墓坑北部。泥质褐陶，豆盘外壁褐色，内壁灰色。素面，侈口，方圆唇，斜弧腹内收，圜底，豆把缺失。口径25、残高7.4、壁厚0.6—1.5厘米，重691克（图三七 - 2）。

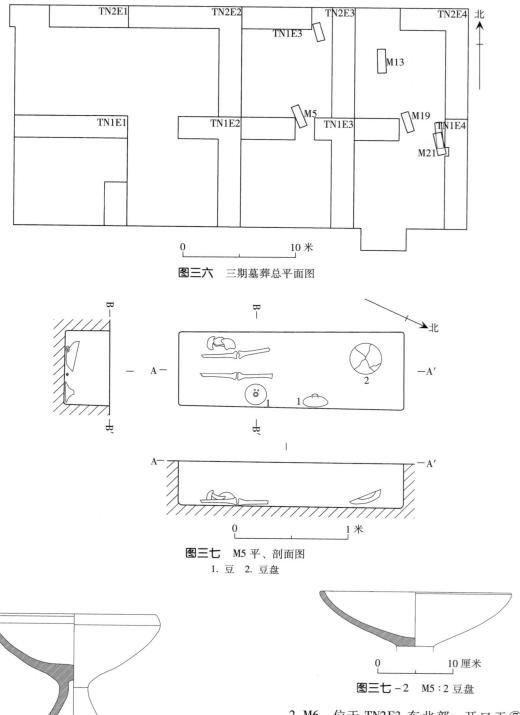

图三六 三期墓葬总平面图

图三七 M5 平、剖面图
1. 豆 2. 豆盘

图三七－1 M5：1 中圈足豆

图三七－2 M5：2 豆盘

2. M6，位于 TN2E3 东北部，开口于⑦（红烧土）下，被 H22 打破，打破⑨、⑩，竖穴土坑墓，平面呈长方形，长 2、宽 0.7、深 0.4 米，头向 344°，葬具无存，残存少量骨骸，出土泥质陶豆、豆盘（图三八）。

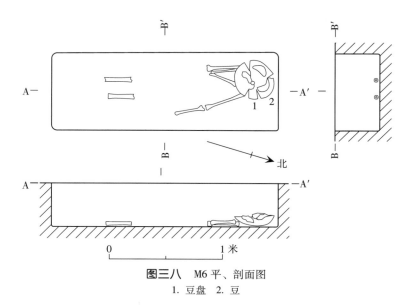

图三八 M6 平、剖面图
1. 豆盘 2. 豆

豆盘 1件，M6∶1，出土于墓坑北部。泥质红陶。素面，侈口，圆唇，弧腹内收，圜底，豆座缺失。口径 28.4、底径 3、通高 8、壁厚 0.8—0.9 厘米，重 1387.5 克（图三八 – 1）。

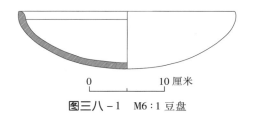

图三八 – 1 M6∶1 豆盘

高圈足豆 1件，M6∶2，出土于墓坑北部。泥质红褐陶，施褐色陶衣。素面，豆柄中部有 2 个穿孔。轮制成型，直口微敞，圆唇，束颈，弧腹内收，圈足。口径 25.8、底径 19.4、高 24、壁厚 0.6—0.8 厘米，重 1083.5 克（图三八 – 2）。

3. M13，位于 TN2E4 中部偏西，开口于⑦（红烧土）下，被 D90、D122 打破，打破⑧、H35，竖穴土坑墓，平面呈长方形，长 2.2、宽 0.76、深 0.4 米，头向 357°，葬具、骨骸无存，出土泥质陶豆、豆座（图三九）。

矮圈足豆 1件，M13∶1，出土于墓坑中部偏南。泥质红褐陶，施褐色陶衣。素面，圈足残存 3 个穿孔。轮制成型，直口，圆唇，束颈，折腹内收，

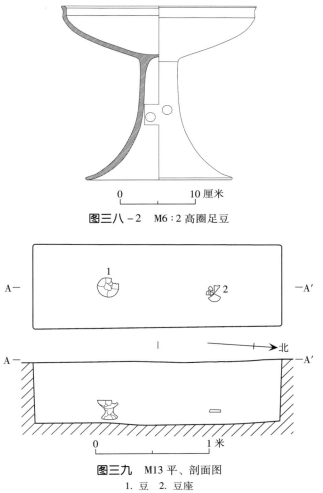

图三八 – 2 M6∶2 高圈足豆

图三九 M13 平、剖面图
1. 豆 2. 豆座

下接喇叭形矮圈足；高 11.5—12.2、口径 20、最大腹径 20.4、圈足口径 14.6、壁厚 0.5—2.1 厘米，重 839.5 克（图三九－1）。

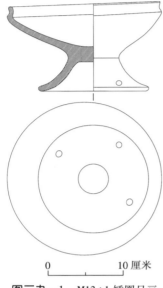

图三九－1　M13∶1 矮圈足豆

豆座　1 件，M13∶2，出土于墓坑中部偏北。泥质褐陶，施褐色陶衣。素面，轮制成型，豆柄及以上部分缺失，斜肩，折腹，外撇，侈口，圆唇。底径 18.2、残高 5.2、壁厚 0.6—1 厘米，重 329.6 克（图三九－2）。

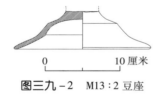

图三九－2　M13∶2 豆座

4. M19，位于 TN1E4 北部中间，向北进入 TN2E4，开口于⑦（红烧土）下，被 H13 打破，打破⑧、⑨、M20、M23，竖穴土坑墓，平面呈长方形，长 1.8、宽 0.62、深 0.4 米，头向 345°或 165°，葬具、骨骸无存，出土夹砂陶钵、泥质陶豆盘（图四〇）。

钵　1 件，M19∶1，出土于墓坑中部偏南。夹砂灰陶。素面，侈口，圆唇，斜弧腹，平底。口径 16.2、底径 9、高 8、壁厚 0.5—1.7 厘米，重 778.5 克（图四〇－1）。

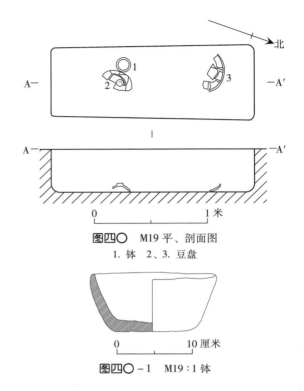

图四〇　M19 平、剖面图
1. 钵　2、3. 豆盘

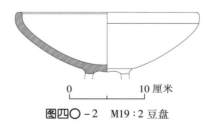

图四〇－1　M19∶1 钵

豆盘　2 件。M19∶2，出土于墓坑中部偏南。泥质灰陶。素面，轮制成型，直口，圆唇，弧腹内收，残存少许豆把，豆把断口磨光。口径 24.4、残高 8.4、壁厚 0.8—1 厘米，重 856.5 克（图四〇－2）。

图四〇－2　M19∶2 豆盘

M19∶3，出土于墓坑北部。泥质灰陶。素面，仅存豆盘，敛口，圆唇，斜弧腹内收，圜底，豆把缺失。口径 30、残高 8、壁厚 0.6—0.8 厘米，重 1068.5 克（图四〇－3）。

5. M21，位于 TN1E4 东北角，开口于⑦（红烧土）下，打破⑧、⑨、⑩、M24，竖穴土坑墓，平面呈长方形，长 2、宽 0.72、深 0.34 米，头向 345°，葬具无存，残存少量骨骸，出土泥质陶钵、泥质陶豆、夹砂陶盆、泥质陶壶（图四一）。

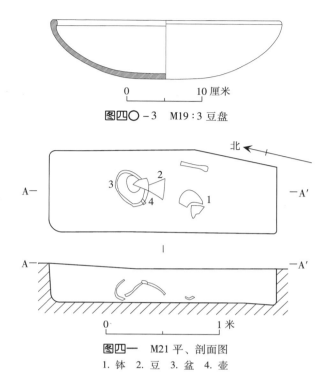

图四〇－3　M19：3 豆盘

图四一 M21 平、剖面图
1. 钵　2. 豆　3. 盆　4. 壶

钵　1件，M21：1，出土于墓坑中部偏南。泥质灰陶。素面，敞口，圆唇，斜弧腹，平底。口径17.6、底径7.2、高5.8、壁厚0.7—1.1厘米，重403.9克（图四一－1）。

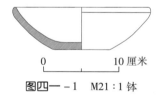

图四一－1　M21：1 钵

高圈足豆　1件，M21：2，出土于墓坑中部。泥质灰陶。素面，敞口，圆唇，斜弧腹内收，圜底，下接喇叭形圈足。口径20、底径18、高18.8、壁厚0.9—2.0厘米，重963克（图四一－2）。

盆　1件，M21：3，出土于墓坑中部。夹砂橙黄陶，外施灰色陶衣。素面，轮制成型，敞口，圆唇，口沿上有一残缺鸡冠形耳，斜腹内收，平底，内凹。口径23.4、底径9.5、高8.4、壁厚1—1.3厘米，重958克（图四一－3）。

带盖双耳壶　1件，M21：4，出土于墓坑中部。由盖和双耳壶组成，泥质红褐陶。素面。通高13.8

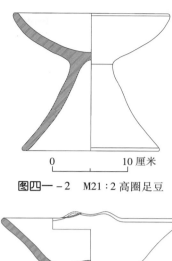

图四一－2　M21：2 高圈足豆

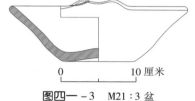

图四一－3　M21：3 盆

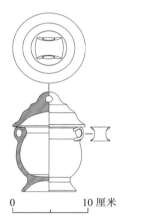

图四一－4　M21：4 带盖双耳壶

厘米，重447.1克（图四一－4）。

M21：4－1，壶盖，手制成型。侈口，圆唇，束颈，弧腹内收，圜顶，桥形纽。口径9.7、纽高1.2、高4.8、壁厚0.8—1.4厘米。

M21：4－2，双耳壶，手制成型。侈口，圆唇，束颈，圆肩，弧腹内收，圜底，圈足外撇，口沿至肩部接左右对称牛鼻耳2个。口径7.6、最大腹径9.2、底径7、高9、壁厚0.6—0.8厘米。

6. M24，位于 TN1E4 东北角，开口于⑦（红烧土）下，被 M21 打破，打破⑨、⑩、生土，葬具、骨骸无存，出土泥质陶豆（图四二）。

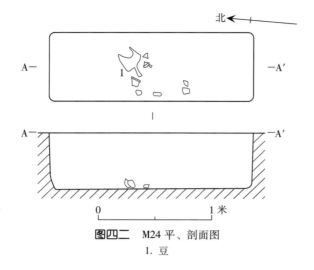

图四二　M24 平、剖面图
1. 豆

中圈足豆 1 件，M24：2，出土于墓坑中部偏北。泥质红陶，外红内黑。素面，圈足中部有 6 个穿孔。敛口，尖圆唇，斜肩，鼓腹内收，圜底，下接喇叭形圈足。口径 24.2、底径 17、高 20、壁厚 0.6—1.7 厘米，重 1279 克（图四二 -1）。

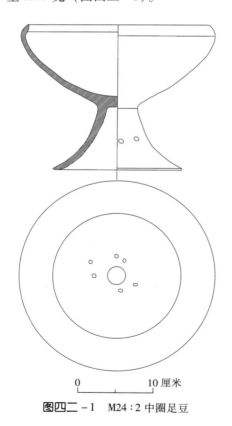

图四二 -1　M24：2 中圈足豆

第三期墓葬在形制、方向、葬式、随葬品等方面与一期、二期墓葬基本相同，只是未出土玉器，且数量较少，第三期墓葬处于该墓地的尾声阶段。

三　结语

1. 何村遗址此次发掘马家浜文化时期墓葬依开口层位不同分为三期，这三期墓葬情况比较接近：均为竖穴土坑墓，方向多向北，多为俯身直肢。随葬品数量差异不大，以陶器、石器等生产生活用具为主。陶器主要为炊器和盛器，分为夹砂陶和泥质陶两类，以红褐色泥质陶为主。陶器器类主要有豆、釜、壶、匜、盆、钵、罐、杯、鼎等，在各个器类中以豆为最多，豆盘多为圆形，出土少量圆角方形陶豆和六角形陶豆。个别墓内出土小件玉器和鹿角靴形器。这些现象说明何村遗址马家浜文化时期群体成员间贫富差异尚不明显，当已有身份差异和社会分工。

2. 为得到何村遗址马家浜文化时期墓葬的精确年代，考古队曾提取墓葬内残存人骨做加速器质谱（AMS）碳 - 14 测试，遗憾的是因遗址所在地地下水位较高，人骨长期浸泡于水中，胶原蛋白流失殆尽，因而无法做碳 - 14 测试。后来，北京大学考古文博学院科技考古实验室对 M24 出土的炭颗粒进行了加速器质谱（AMS）碳 - 14 测试，树轮校正后年代为距今 6738 至 6508 年。炭颗粒来源有多种可能性，若用炭粒测年结果来确定遗址年代有失严谨，但可作为重要参考。一般认为马家浜文化时期所处年代大约在距今 7000—5800 年[1]，据此可以推断何村遗址马家浜文化时期墓葬不会早于马家浜文化中期。

陶器因其易碎，更替节奏较快，比较适合作为断代依据。遗址出土圆形豆 M15：1 与浙江嘉兴吴家浜遗址 M12：1 相似[2]；六角沿陶豆 M30：3、M14：1 与嘉兴马家浜遗址第二次发掘出土的 M26：1[3]、M27：1[4] 相似；陶釜是马家浜文化时期的典型器物，遗址出土陶釜 M16：1 与江苏吴江梅堰遗

址出土浅腹釜较为相似[5]。据此，笔者认为何村遗址
马家浜文化时期墓葬大约处于马家浜文化中、晚期。

项目负责人：张铁军

发　　　掘：彭　飞　江国超　张猛猛

器物修复：彭　飞

整　　　理：江国超　彭　飞　张猛猛
　　　　　　张铁军　朱晋訹　杨　莹

执　　　笔：张铁军　朱晋訹　杨　莹

注释：

[1] 王斌：《马家浜文化研究》，上海大学博士学位论文，2019 年。

[2] 浙江省文物考古研究所、嘉兴市博物馆：《浙江嘉兴吴家浜遗址发掘简报》，《文物》2005 年第 3 期。

[3] 浙江省文物考古研究所、嘉兴博物馆编：《马家浜》，文物出版社，2019 年，第 117 页。

[4] 同［3］，第 120 页。

[5] 江苏省文物工作队：《江苏吴江梅堰新石器时代遗址》，《考古》1963 年第 6 期。

常熟市经开区赵桥古墓葬发掘简报

苏州市考古研究所　常熟博物馆

内容提要：2021年9月至10月，为配合地方基本经济建设，苏州市考古研究所根据前期考古调查、勘探情况，在常熟市经济技术开发区赵桥村东地块内发掘了25座古墓葬和2个灰坑，累计出土陶罐、银簪、玉簪和铜钱等各类文物标本80余件（组）。本次发掘古墓葬的形制均为小型竖穴土坑墓，初步推测为以家庭为单位集中埋葬的一般平民墓葬。这些发现为梳理认识常熟乃至江南地区清代中期社会下层平民的墓葬形制结构和丧葬习俗及其演变等提供了新的一批实物材料，具有一定的研究价值。

关键词：常熟　清中期　平民　墓葬

赵桥古墓葬位于苏州市常熟市经济技术开发区赵桥村东，东至兴业路、西至烨辉路地块内（图一）。

2021年6月，为配合常熟经济技术开发区烨辉路以东一宗地块顺利出让，苏州市考古研究所组织专业技术人员对常熟市经济技术开发区东至兴业路、西至烨辉路、南至华丰橡胶有限公司、北至常熟市耀福玻璃有限公司地块进行了考古调查、勘探，并在这一地块内发现古代遗迹20余处，初步研判有古墓葬和灰坑等。

2021年9月至10月，为抢救保护地下文物和配合地方基本经济建设，根据《常熟经济技术开发区烨辉路以东一宗地块考古调查、勘探报告》，苏州市考古研究所对发现的古文化遗存及相关区域进行了考古发掘（图二）。本次考古发现古墓葬25座，灰坑2个，累计出土遗物80余件（组）。现将发掘情况简报如下。

图一　赵桥古墓葬地理位置示意图

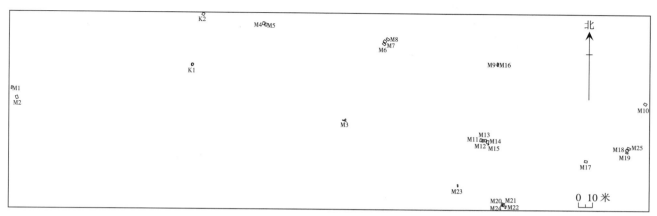

图二　赵桥古墓葬总平面图

一　墓葬及其出土遗物举例

本次发现的古墓葬两三座聚集一处，而整体布局较为分散，可辨形制均为竖穴土坑墓，具体可分双人合葬墓和单人葬墓两种。

1. 双人合葬墓

M4　平面呈南北向长方形，方向16°。墓室北壁较南壁略宽，墓室长2.22、北壁宽1.67、南壁宽1.52、残深0.16米（图三）。

图三　M4发掘照

墓葬上部被严重扰乱破坏，仅残存底部。墓室内填黄褐色土，土质较坚硬，包含较多植物根茎及少量碎砖块等。墓室外侧为竖穴土圹，直壁，平底。墓室中部发现南北向并列双棺痕迹，棺木腐朽无存，可辨残存有棺钉和棺内铺垫的石灰层结构。两棺棺痕内各发现墓主骨骼一具，腐朽残缺严重，仰身直肢。在西侧棺内北端发现铜簪2件，在东侧墓主颈部发现铜耳环1对，腹部发现铜纽扣3颗。

铜簪　2件。形制不同。标本M4-1:1，锈蚀残缺。整体呈细长圆柱形，簪首残缺，簪尾圆润。残长11.2、簪体直径0.2厘米。标本M4-1:2，完整，锈蚀变形。簪首呈如意头形，中空，薄壁，簪体扁平，从簪首至簪尾逐渐收窄为尖锥状。长12.5、厚0.2厘米（图四）。

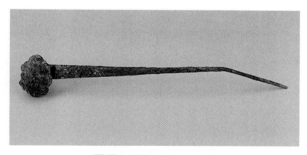

图四　铜簪（M4-1:2）

铜耳环　1对。标本M4:3，锈蚀断裂。可辨整体呈圆环形，扁薄。复原直径1.8、环宽0.15—0.3厘米。

铜纽扣　3颗。标本M4:4-6，均呈圆球形，薄壁，中空，上部有一圆环形穿纽。圆球腹部可辨其为上下合铸而成。大小不一，球径1.1—1.3、通高1.3—1.5厘米。

M6　平面呈东南—西北向长方形，方向315°。墓室北壁较南壁略宽，墓室长2.45、北壁宽1.4、南壁宽1.36、残深0.06米（图五）。

墓葬上部被严重扰乱破坏，仅残存底部少许。墓室内填黄褐色土，土质较坚硬，包含较多植物根

图五　M6 发掘照

图七　M7 发掘照

茎及少量碎砖块等。墓室外侧为竖穴土圹，直壁，平底。墓室中部发现南北向并列双棺痕迹，棺木腐朽无存，可辨残存有棺钉和棺内铺垫的石灰层结构。两棺内各发现墓主骨骼一具，扰乱残缺严重，推测为仰身直肢。在西侧棺内北端发现帽饰 1 件。

帽饰　1 件。标本 M6：1，质地疑为碧玺，完整。椭圆形，一面光平，一面弧凸，似半球形。淡粉色，半透明状，通体可见冰裂纹。长 1.7、宽 1.4、厚 0.6 厘米（图六）。

图六　帽饰（M6：1）

M7　平面呈东南—西北向长方形，方向 315°。墓室北壁较南壁略宽，墓室长 2.36、北壁宽 1.6、南壁宽 1.48、残深 0.26 米（图七）。

墓葬上部被严重扰乱破坏，仅残存底部结构。墓室内填黄褐色土，土质较坚硬，包含较多植物根茎及少量碎砖块等。墓室外侧为竖穴土圹，直壁，

平底。墓室中部发现南北向并列双棺痕迹，棺木腐朽严重，几乎无存，可辨残存有少量棺板、棺钉和棺内铺垫石灰层结构。两棺棺痕内各发现墓主骨骼一具，扰乱残缺严重，可辨葬式为仰身直肢。在西侧棺内墓主胸腹部发现铜纽扣 6 颗，在东侧棺内墓主胸腹部发现铜纽扣 12 颗。

铜纽扣　18 颗。标本 M7：1－18，均呈圆球形，薄壁，中空，上部有一圆环形穿纽。圆球腹部有一道范线，可辨其为上下合铸而成。大小不一，球径 0.9—1.3、通高 1.2—1.8 厘米（图八）。

图八　铜纽扣（M7：1~18）

M10　平面呈西北—东南向长方形，方向 120°。墓室北壁较南壁略宽，墓室长 2.3、北壁宽 1.7、南壁宽 1.5、残深 0.19 米（图九）。

墓葬上部被严重扰乱破坏，仅残存底部。墓室内填黄褐色土，土质较坚硬，包含较多植物根茎及少量碎砖块等。墓室外侧为竖穴土圹，直壁，平底。

图九　M10 发掘照

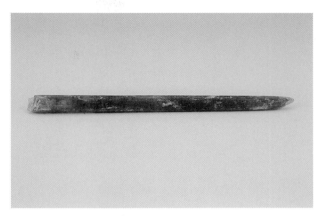

图一〇　玉簪（M10－2：2）

墓室中部发现近东西向并列双棺痕迹，棺木腐朽无存，可辨残存有棺钉和棺内铺垫的石灰层结构。两棺棺痕内各发现墓主骨骼一具，扰乱残缺严重，可辨葬式为仰身直肢。在南侧墓主头部位置发现发簪4件，在北侧墓主胸腹部发现铜钱5枚。

发簪　4件。形制和材质各不相同。标本 M10－2：1，铜质，残缺。现存呈细长圆柱形，残长7.4、直径0.2厘米。标本 M10－2：2，玉质，残缺，黄灰色，半透明状。簪体呈扁圆柱体形，簪尾尖圆。残长11.3、宽0.7、厚0.6厘米（图一〇）。标本 M10－2：3，银镶玉质，微残。簪首玉质，为一镂空雕刻花鸟纹。簪柄银质，前端呈喇叭形，包裹玉质簪首。簪体呈细圆柱体形，簪尾呈圆锥状。簪首宽1.1、厚0.5、通长12.5厘米（图一一）。标本 M10－2：4，银质，鎏金，完整。簪首中心饰一多孔镂空圆球，四周饰三片叶子和一只蝴蝶。簪体窄扁，簪尾圆润。通长8.9、簪体宽0.3厘米（图一二）。

铜钱　5枚。可辨钱文有"乾隆通宝"4枚，另有1枚钱文模糊不清。

M11　平面近似南北向长方形，方向15°。墓室北壁较南壁略窄，墓室长2.3、北壁宽1.39、南壁宽1.45、残深0.36米（图一三）。

墓葬上部被严重扰乱破坏，仅残存底部。墓室内填浅褐色土，土质较坚硬，包含较多植物根茎及少量碎砖块等。墓室外侧为竖穴土圹，直壁，平底。墓室内侧发现南北向并列双棺痕迹，棺木腐朽严重，

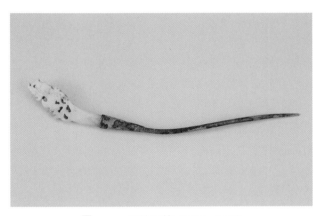

图一一　银镶玉簪（M10－2：3）

图一二　银簪（M10－2：4）

几乎无存，可辨残存有少量棺板、棺钉和棺内铺垫的石灰层结构。两棺棺痕内各发现墓主骨骼一具，保存较好，可辨葬式为仰身直肢。在西侧棺内墓主头部上方发现发簪2件。

发簪　2件。标本 M11－1：1，铜质，鎏金，微

图一三　M11 发掘照

残。簪首正面呈如意形，中空，薄壁，背面饰镂空钱纹。簪首原嵌有宝石，现已不存。簪体宽扁，中部较两端略窄，尾部尖圆，簪柄正面弧形隆起，錾刻缠枝花纹。通长 9.2、厚 0.05 厘米（图一四）。标本 M11-1:2，银质，微残。梅花形簪首，花瓣和花心各有螺旋细丝盘绕，每个花瓣各有两个小孔，疑似原嵌有宝石，现已不存。簪柄呈细针形，近簪首处呈绞丝状，簪尾细尖。通长 7.9 厘米（图一五）。

图一四　铜簪（M11-1:1）

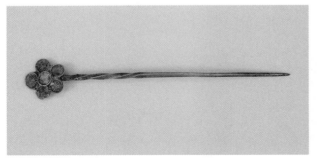

图一五　银簪（M11-1:2）

M18　平面近似东西向长方形，方向 299°。墓室西壁较东壁略宽，墓室长 2.2、西壁宽 1.62、东壁宽 1.53、残深 0.28 米（图一六）。

图一六　M18 发掘照

墓葬上部被严重扰乱破坏，仅残存底部。墓室内填浅褐色土，土质较坚硬，包含较多植物根茎及少量碎砖块等。墓室外侧为竖穴土圹，直壁，平底。墓室内侧发现东西向并列双棺痕迹，棺木腐朽无存，可辨残存有棺钉和棺内铺垫的石灰层结构。两棺棺痕内各发现墓主骨骼一具，腐朽残缺严重，可辨葬式为仰身直肢。在南侧棺痕西端外，墓室西南部发现酱釉陶罐 1 件，在墓主胸腹部发现铜钱 4 枚。在北侧棺痕西端外偏南位置发现釉陶罐 1 件，在墓主胸腹部发现铜钱 1 枚。

釉陶罐　1 件。标本 M18-1:1，完整。小直口，矮短颈，平肩，瓜棱形斜弧腹，平底。酱褐色釉，施釉不及外底，底部、内壁无釉。胎色白中泛黄，胎质轻薄。外底中心刻写"生今之世，尚友古人"。外口径 5.7、底径 8.1、通高 8.1 厘米（图一七、图一八）。M18-2:1，略残，修复完整。小侈口，圆厚唇，矮短颈，溜肩，斜弧腹，底部微微内凹。通体施酱黄色釉，局部脱釉。外口径 5.8、底径 6、通高 11.1 厘米（图一九）。

铜钱　5 枚。可辨有"康熙通宝"2 枚、"雍正通宝"2 枚、"乾隆通宝"1 枚。

M24　平面近似南北向长方形，方向 17°。墓室长 1.68、宽 0.82、残深 0.17 米（图二〇）。

图一七 釉陶罐（M18 – 1∶1）

图一八 釉陶罐底（M18 – 1∶1）

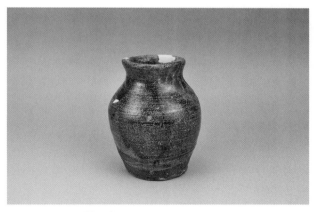

图一九 釉陶罐（M18 – 2∶1）

墓葬上部被严重扰乱破坏，仅残存底部。墓室内填浅褐色土，土质较松软，湿黏，包含较多植物根茎及少量碎砖块等。墓室外侧为竖穴土圹，直壁，平底。墓室中部发现两具棺木痕迹，均腐朽严

重。两棺内各发现墓主骨骼一具，残损腐朽严重，可辨葬式为仰身直肢。墓室及两棺内均未发现随葬遗物。

图二〇 M24 发掘照

2. 单人葬墓

M15 平面呈西南—东北向长方形，方向50°。墓室长 0.94、宽 0.47—0.49、残深 0.06 米（图二一）。

图二一 M15 发掘照

墓葬上部被严重扰乱破坏，仅残存底部。墓室内填浅褐色土，土质较坚硬，包含较多植物根茎及少量碎砖块等。墓室外侧为竖穴土圹，直壁，平底。墓室内侧发现棺木痕迹，棺木腐朽无存，可辨残存有棺内铺垫的石灰层结构。棺内发现墓主骨骼一具，体格瘦小，腐朽残缺严重，可辨葬式为仰身直肢。推测墓主为一幼儿。墓室及棺内均未发现随葬遗物。

图二二　M16 发掘照

图二三　釉陶罐（M16:1）

图二四　釉陶罐盖（M16:1）

M16　平面近似南北向长方形，方向 5°。墓室长 2.25、北壁宽 0.61、南壁宽 0.59、残深 0.21 米（图二二）。

墓葬上部被严重扰乱破坏，仅残存底部。墓室内填灰褐色土，土质较松软、湿黏，包含较多植物根茎及少量碎砖块等。墓室外侧为竖穴土圹，直壁，平底。墓室内侧未发现明显棺木痕迹。墓室底部正中发现墓主骨骼一具，头枕两块板瓦，可辨为仰身直肢。在墓室北端墓主头顶部发现釉陶罐 1 件，在墓主腹部发现铜钱 4 枚。

釉陶罐　1 件。标本 M16:1，带盖，盖裂，修复完整。盖呈圆饼形，子母口，盖面微弧凸，中心饰回首麒麟纹，带桥形纽。罐口微侈，圆唇，鼓腹，斜腹内收，隐圈足。施酱褐色釉，不及外底，内壁满釉。胎色白中泛黄，胎质轻薄。盖直径 13.3、罐外口径 13.1、底径 8.3、通高 10.8 厘米（图二三、图二四）。

铜钱　4 枚。可辨钱文，有"顺治通宝"1 枚、"康熙通宝"3 枚。

M21　平面近似南北向长方形，方向 19°。北壁较南壁略宽，墓室长 2.46、北壁宽 0.96、南壁宽 0.82、残深 0.22 米（图二五）。

图二五　M21 发掘照

墓葬上部被严重扰乱破坏，仅残存底部。墓室内填灰褐色土，土质较松软、湿黏，包含较多植物根茎及少量碎砖块等。墓室外侧为竖穴土圹，直壁，平底。墓室中部发现棺木一具，腐朽严重，仅剩少许棺板，棺板内可辨残存有铺垫的石灰层。棺痕内发现墓主骨骼一具，残损腐朽严重，可辨葬式为仰身直肢。在墓主胸部发现铜纽扣2枚。

二 灰坑及其出土遗物

K1 平面呈圆形，口径1.4、深0.35米（图二六）。坑口大底小，斜壁，坑壁粘带白石灰，底部较平整。坑内上部填土为近现代垃圾，包含有塑料袋、碎砖块等。下部填土为灰褐色花土，较湿黏，夹杂少量碎砖块、石块及较多白石灰。K1应为近现代生产生活中所形成的垃圾坑。

图二六 K1 发掘照

K2 平面近似圆角正方形，方向215°，长1.78、宽1.67米（图二七）。直口、直壁，底部较平整，壁面及坑壁粘带白石灰。上部填土为近现代垃圾，包含有塑料袋、碎砖块等；下部填充物为大量白石灰，呈板结状，厚度约0.35米。K2应为近现代生产生活中的地面回填坑，后废弃填充为垃圾坑。

图二七 K2 发掘照

三 结语

由于厂房建设和开挖取土等近现代建设，赵桥古墓葬所在区域原始地貌扰乱较为严重，墓葬均开口于现代扰乱层下或表土层下，上部均有不同程度的扰乱破坏，现存部分均为墓葬底部结构。

根据以往考古发掘经验，在棺内底部铺垫石灰层或在墓主周围填充石灰包等是苏州地区明清时期墓葬形制结构的典型特征之一，再结合本次墓葬出土的铜钱时代来看，初步推测本次发现的墓葬具体时代应集中在清代康熙至乾隆时期。

本次发掘的墓葬整体上分布散乱，没有明显的统一规划布局，两三座聚集一处，均为小型竖穴土坑墓，以双人合葬墓为主，单人墓相对较少，推测本次发掘古墓葬为以家庭为单位集中埋葬的一般平民墓葬。

本次考古发掘虽然没有重大发现和珍贵文物出土，但这些发现为我们梳理认识清代中期社会下层平民的墓葬形制结构和丧葬习俗等提供了实物材料，具有一定的研究价值。

领　队：闻惠芬
发　掘：张志清　李前桥　杨耀文　王　军
绘　图：孙勇祯　方　芳　于玉杰
拍　照：杨耀文　张志清
执　笔：张志清　李前桥

临沂吴白庄汉墓画像石的空间配置
与图像布局

刘明虎 *

内容提要： 本文主要研究临沂吴白庄汉墓画像石的空间配置与图像布局，以及它们在反映汉代社会等级观念和礼制文化方面的作用。通过分析图像如何有序分布于墓门、前室和中室，揭示其清晰的内容递进、对照与互应关系，并尝试阐述男女墓主尊卑关系对图像组织的影响。

关键词： 吴白庄汉墓　画像石　图像　布局　等级

临沂吴白庄汉画像石墓于 20 世纪 70 年代发掘，是一座东汉晚期兴建的大型回廊式画像石墓。其建筑结构复杂，画像内容丰富且组合逻辑清晰，为了方便深入研究这一历史遗迹，临沂市博物馆于 2018 年整理出版了考古报告《临沂吴白庄汉画像石墓》。该报告系统介绍了吴白庄汉墓的地理环境、历史沿革、发掘过程、墓葬形制、随葬物品以及画像内容等方面的资料，并对吴白庄汉墓的年代和墓主等问题进行了科学推测。这份报告详细阐述了吴白庄汉画像石墓的历史和文化价值，并为本文进一步讨论相关画像石的空间配置与图像布局提供了坚实的基础。

一　吴白庄汉墓的基本信息与特征概述

（一）发掘经历和基本信息

临沂吴白庄汉画像石墓位于山东省临沂市南部，距离市区约 6 千米，坐落于罗庄区盛庄街道吴白庄村西北角。该墓坐北朝南，地面起冢，采用砖石合建墓室，为半地下式建筑。

1972 年底，该墓西南部封土遭到了严重的破坏，导致墓室暴露，当地文物部门组织了抢救性清理工作，为期一个月（11 月 27 日至 12 月 26 日）。然而，由于该墓曾经遭到多次盗掘，墓室被严重破坏，随葬品大多被盗，所剩多数残破，散落于墓室各处和

盗洞中。考古工作者仅收集到一件水晶兽、三件绿松石小兽、部分青瓷碎片和大量钱币。该墓还出土了 44 块画像石，共计精美画面 59 幅，现收藏于临沂市博物馆，均被定为国家一级文物。

吴白庄汉墓画像石的石料俗称为"青石"。2016 年，山东省第七地质矿石勘查院对石材的种类、产地进行了初步鉴定，指出其岩性"多为藻灰岩、泥晶灰岩、白云质灰岩，以藻灰岩为主"，并结合临沂地区沉积地层分布区域的信息，推断吴白庄汉墓画像石所用的石材极有可能就采自距离该墓以南 9.5 千米的庆云山[1]。

（二）墓室建筑的整体结构

吴白庄汉墓东西宽 15、南北长 9、高约 3.5 米，由墓道、墓门、前室、中室、西后室、东双后室、耳室以及回廊构成，整体布局呈现明显的非对称格局，是一座大型回廊式墓葬（图一）。

前室采用了长方形横堂式的设计，由九根立柱和三块拱形过梁将其分割成前、后两部分，共四个相通的开间，并在东西两侧各设一个耳室。前室西侧与西后室之间设有中室，平面为长方形，形制似前室，两开间，其西有一耳室。中室北侧是西后室，其东为东后室。由于东后室前未设中室，因此其位置较西后室前突，并由一道石墙分隔成东、西两间。墓室内设回廊环绕东、西后室，其开口分布在东后室和西后室两侧，并与前室相通。以上建筑结构的组合构成了特殊的横前堂左右后室布局特征，结构相较于其他汉代画像石墓更为复杂。

（三）关于墓主身份的推测

鉴于吴白庄汉墓中未发现任何直接表明墓主身份的文字记录或遗物，其墓主身份仅能依靠现有的考古信息进行推测。《临沂吴白庄汉画像石墓》考古

---

* 刘明虎，临沂大学美术学院副教授。

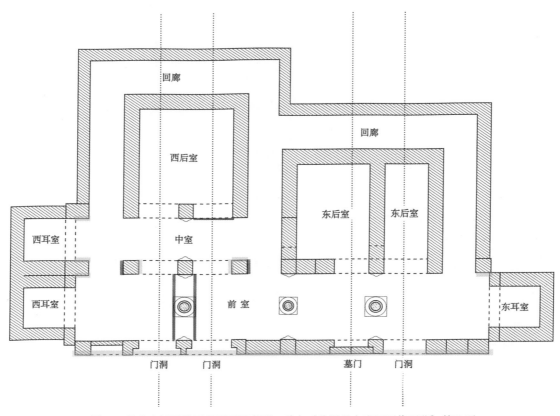

图一　吴白庄汉画像石墓平面示意图，采自《临沂吴白庄汉画像石墓》第 8 页

报告围绕墓内回廊、车马出行图、工程用料和墓葬规模等信息进行了系统分析，认为墓主身份不能直接借助墓中的回廊和车马图像予以确认，但结合石材的用量判断，"一座吴白庄汉墓的用工量应比两座（嘉祥）武氏石室墓之和还要多"，推测"吴白庄汉墓的墓主身份在武氏家族成员之上，应属于二千石级别官员或身份更高一点的人，如果墓主生前没有这样的社会地位，那么他一定属于地方上有实力的大族，经济实力即使不比嘉祥武氏家族强，也不会比武氏家族差，否则没有能力建造这样的大墓，而能拥有虎形水晶坠饰、绿松石小兽和当时还是较为时髦的原始青瓷器也绝非一般人家"[2]。

二　画像内容的布局

吴白庄汉墓画像的内容主要可归纳为三种类型，包括现实生活场景、历史人物故事以及神仙异兽的想象。这些不同类型的画像内容被有序地布置在墓门、门楣、立柱和过梁等处，连贯成繁复的长幅画卷，反映出墓主的生死观和鬼神信仰，并纪念着墓主的成就与德行。

（一）墓门画像的题材内容

吴白庄汉墓共有四个门洞。据推测，东一门洞原为石板封堵[3]。因此，该墓原应有门扉六扇。目前，仅存其中四扇，且具体位置关系不详。四扇门扉表面均刻有铺首衔环。其中两扇的铺首之上分别刻绘了带翼的龙、虎形象。墓门上方的门楣由四块长石构成，长石表面各雕绘一幅画像（西侧两幅损毁，仅残存局部）。这些门楣上的画像以神兽和动物形象为主要内容。神兽方面，有翼龙、翼虎、翼兔、翼鹿等；动物方面，则有马、骆驼、熊、大象、鸟等。

墓门和门楣上的图像构成应以御凶驱邪为主要目的，守护墓主免受鬼怪侵扰。例如东一门楣上刻绘了翼龙、翼虎相戏，后蹲立一熊，熊后一翼兔随奔的场景。熊与带翼神兽的组合，可能与古代的"方相氏"文化有关。"方相氏"源于古代傩文化及驱疫辟邪的观念。《周礼·夏官·方相氏》："方相氏掌蒙熊皮，黄金四目，玄衣朱裳，执戈扬盾，帅百隶而时难（傩），以索室驱疫。大丧，先枢；及墓，入圹，以戈击四隅，驱方良。"郑玄注："蒙，冒也。冒熊皮者以惊驱疫疠之鬼，如今魌头也。时难（傩），四时作方相氏，以难（傩）却凶恶也。"[4]在河南洛阳卜千秋壁画墓后壁上，绘有猪首怪兽与青龙、白虎的组合，有学者认为这个猪首怪兽可能是"方相氏"[5]。洛阳烧沟61号壁画墓前堂和主室的隔墙上，可以观察到熊与红裙小人、朱雀、青龙、白虎的组合，两侧壁面各绘熊、天马、玉璧等[6]。结合以上案例可以推测，与带翼神兽相组合的熊，可能是驱鬼辟邪的神熊或"方相氏"。总的来看，墓门及其上方门楣的图像强调了御凶驱邪的作用，这与该墓建筑结构特征与墓门空间的功能定位是一致的，旨在守护被安葬者的"死后生活"的平静。

（二）前室画像的题材内容

前室门楣、过梁、立柱上现存画面38幅，涵盖题材的类型广泛，包括社会现实生活场景、历史人物故事与神仙异兽的想象。其中，反映社会现实生活的内容最多，包括聚会谒见、庖厨、乐舞、百戏、车骑行列以及军事等题材。如前室东一门楣上雕绘了庖厨场景（图二），画面右起设厨房两间，并生动

呈现了烧火、宰杀等场景。其中，右屋横梁挂篮，二人于灶前烧火做饭。左屋横梁悬挂猪头、猪腿、鱼、鸡等，柱上拴一犬，扑食猪腿，地上置二壶。两屋顶，有两鸟一猴。其左侧有一案，案上、案边均置罐，其左一人似端着碗饮水。案前刻绘二人抬食物，后随二人抬猪。队列后，又有一人持刀牵羊，一人宰狗剥皮，一人操桔槔汲水，一牛树下饮水。汉画像中的庖厨场景，往往并非对现实生活的简单描绘，其中可能还蕴含着祭祀的内涵。朱浒指出，汉画像中"狩猎图常与庖厨图配置在一起，表现的是为祭祀祖先准备'血食'的场面，是人们举行祭祀活动的前奏"，而"庖厨图中刻有很多屠宰牺牲的场面，其内容主要包括屠杀六牲（牛、羊、豕、马、狗、鸡）、剖鱼等等"[7]。这些特征与前室东一门楣画像的后段内容基本相符。

前室的历史人物故事图主要集中在东过梁西面和北壁东一门楣的画像中。东过梁西面的画面，居中刻绘一大树，树右侧有一位穿着冠服的人（图三），两手执锄在田间劳作，田间还有一只飞鸟，似乎是在表现"董永佣耕侍父"的故事。北壁东一门楣的画面，居中刻绘了一座桥，一列车骑队伍正从桥上通过。紧随其后有两列人物（图四），上下两排均

图二　前室东一门楣画像摹本，图像采自《临沂吴白庄汉画像石墓》，第72－73页

图三　前室东过梁西面画像摹本局部，
图像采自《临沂吴白庄汉画像石墓》，第148页

图四　前室北壁东一门楣画像石局部，
图像采自《临沂吴白庄汉画像石墓》，第79页

为头梳高髻的女子形象。上排的三个人中，前一人执戟刺向车队尾车，后两者均持盾和环首刀呈追赶状。下排的四个人，都是右手执钩镶、左手持环首刀，呈追赶状。邢义田将其释为"七女为父报仇"[8]。

"董永佣耕侍父"与"七女为父报仇"的故事，分别展现孝子与列女的主题。《太平御览》引刘向《孝子图》讲董永："父亡无以葬，乃从人贷钱一万。永谓钱主曰：'后若无钱还君，当以身作奴。'主甚悯。永得钱葬父毕，将往为奴，于路忽逢一妇人，求为永妻。永曰：'今贫若是，身复为奴，何敢屈夫人之为妻？'妇人曰：'愿为君妇，不耻贫贱。'永遂将夫人至。钱主曰：'本言一人，今何有二？'永曰：'言一得二，理何乖乎？'主问永妻曰：'何能？'妻曰：'能织耳。'主曰：'为我织千匹绢，即放尔夫妻。'于是索丝，十日之内，千匹绢足。主惊，遂放夫妇二人而去。行至本相逢处，乃谓永曰：'我是天之织女，感君至孝，天使我偿之。'"[9] 董永佣耕葬父，以孝感动天地。"七女为父报仇"的故事并未出现在传世文献中，而是在内蒙古和林格尔东汉晚期乌桓校尉壁画墓中被首次发现。因其画上方有"七女为父报仇"的题记，而明确了画像内容。虽然这一题材出现的原因尚不清楚，但它反映了古代列女思想的流行。

前室神仙异兽题材主要集中在西侧的立柱与横梁上，相关内容由伏羲、女娲、西王母、东王公扮演着主神的角色，围绕在他们周围的是凤鸟、麒麟、三人头鸟、羽人、翼龙、翼虎、玉兔、羊以及其他人兽同体的怪异形象，共同塑造了富有神秘色彩的神仙世界。前室中过梁上的半月形门额，采用透雕方式雕刻一对凤鸟同衔绶带，则彰显了汉人对于凤鸟的崇拜。

（三）中室画像的题材内容

中室涵盖了 13 幅画像，题材类型同样广泛并涵盖了生活场景、历史人物与神仙异兽。

在南壁东门楣上有佩长剑者、荷戟者、执斧者及数名武夫的形象，西门楣则雕绘车骑行列后随持弩、箭武夫的场景，这些画面可能是墓主生前官职

或仕宦经历的写照。

在东壁上层石，中间绘一大树，左刻一人，后梳长发，四目，左手执笔坐于榻上。树右侧另刻一人，戴高冠，佩剑站立，似与四目人物交流。值得注意的是，四目人物形象在汉画像中并不常见。沂南北寨汉墓中室南壁东立柱上层，刻有席坐树下的四目人物，其下榜题为"仓颉"，且对面也坐着一人[10]。吴白庄汉墓的四目人物图虽与北寨"仓颉"画像在构图方面略有不同，但从两者形象、场景的相似度考虑，推断其为仓颉应是合理的。

中室的神仙异兽题材大量出现在北壁东门楣上，该画像分为两层。在上层的右侧雕刻着戴胜的西王母，而左端则是戴高冠的东王公。两位主神均双肩生翼，坐于宝座之上。其间，雕绘羽人、玉兔、兔怪、九尾狐、人首鸟、翼虎等形象。由于中室的画像内容多与前室存在相似性，因此不再列举其他内容。

吴白庄汉墓的东、西后室均没有画像。下文将讨论现存画像题材在上述空间的组织规律，并进一步分析它们的设计意图。

三　画像题材的组织规律

（一）诸空间之间画像题材的递进关系

吴白庄汉墓的画像题材具备清晰的空间递进关系。墓门画像强调了御凶驱邪的作用，涉及带翼神兽和神熊等元素。而前室和中室的画像则更丰富地呈现了社会现实生活场景、历史人物故事与神仙异兽的世界。这种题材布局与东汉画像石艺术的整体发展趋势相一致，而其相关的组织规律仍需进一步探讨。

观察吴白庄汉墓现存图像，可以发现车马出行题材的图像在前室和中室共 9 幅（表一），其中前室有 6 幅，中室有 3 幅。这些车马出行图在前室和中室有序、重复地出现，增强了墓室整体图像组织的一致性。这些图像中，不同空间的车骑队列呈现着不同的轺车、辎车、軿车、导骑与随从配置，映射着东汉时期的礼制文化。汉人普遍认为，皇帝、贵族和各级官吏的车舆与服饰都应根据其地位和身份而定，

以保持礼仪的合宜。《后汉书·舆服志上》记"夫礼服之兴也，所以报功章德，尊仁尚贤。故礼尊尊贵贵，不得相逾，所以为礼也。非其人不得服其服，所以顺礼也"[11]，并详细规定了不同身份人物出行车舆、从骑的种类、数目、装饰以及颜色等内容。

在车马出行图中，门吏或家仆的身姿同样折射出汉代社会中的等级观念和权力结构。吴白庄汉墓六幅车马出行图中，前室北壁东二、西一门楣以及中室南壁东门楣的队列前方均有一人捧盾恭迎，而中室南壁西门楣队列前更有两人跪拜；其他案例则没有门吏或家仆相迎。前后对比可以发现，有跪拜或恭迎的案例更靠近安葬男性墓主的西后室，而无相迎的情况普遍出现在女性墓主的东后室前方。除了"七女为父报仇"这一特定题材可能对图像构图产生了影响之外，这些差异反映了男女墓主之间的等级差异。

车马出行图通常被认为可以反映墓主生前的官职或仕宦经历，但吴白庄汉墓中的车骑出行图可能不直接与墓主的身份相关。《临沂吴白庄汉画像石墓》考古报告结合了安徽宿县（今宿州市）褚兰镇胡元壬墓、永元八年（96）西河太守杨孟元的案例，指出"在没有榜题标明墓主身份的情况下，用

车骑出行图推断墓主身份是要谨慎的"[12]。黄佩贤在研究中同样强调，东汉以后"无论王侯贵族、高级官员、地方豪强或地区小吏，只要死后有经济能力建造墓葬者，都希望以车骑马匹营造威风八面的出行场面，用具体的形象去展示他们心中的丰功伟业，突出生前的威仪与显赫的身份地位"[13]。吴白庄汉墓的车马出行图更应被视为对汉代等级观念和礼制文化的诠释，以及墓主力图彰显自身威仪和显赫身份的象征。类似用意显然也影响了该墓图像的整体布局。

例如，墓门上方东一门楣的场景描绘了一人持钩杖驱象，其后则是骑骆驼的胡帽持鞭者。将大象、骆驼与翼兽组合在一起，表明这些图像元素具备祥瑞神兽的特征。《韩非子·十过》载，"昔者黄帝合鬼神于泰山之上，驾象车而六蛟龙，毕方并辖，蚩尤居前，风伯进扫，雨师洒道"[14]，将大象作为升仙的座驾。在鲁南和苏北地区的画像石中，大象、骆驼与胡人形象的组合可能表示遥远西域的供物，以突出墓主的显赫身份。特别是吴白庄汉墓中出现了大量的胡人形象，以及前室东、西两个过梁下的十六角立柱、中室过梁圆弧上倒刻的狮首，都不属于中国传统样式。这种使用外来元素来彰显墓主尊贵

表一　吴白庄汉墓车马出行图基本信息统计表

序号	位置	内容	备注
1	前室南壁西二门楣	一人恭迎，残一轺车	画像残缺
2	前室南壁东二门楣	二导骑二从骑，一轺车，一辐车、一辇车	
3	前室东耳室门楣	二导骑，一轺车，一耕车，一辇车，一人持金吾步行	
4	前室北壁东一门楣	一辇车，三轺车过桥	
5	前室北壁东二门楣	一人捧盾恭迎，三轺车，二导骑，二提弩持箭步卒，一四帷轺车	后露一人头、一马头
6	前室北壁西一门楣	一人捧盾恭迎，一导骑，三轺车，后残存一半马身	画像残缺
7	中室南壁西门楣	二人跪拜，二轺车，四从骑（？），二提弩持箭步卒，后残	画像残缺
8	中室南壁东门楣	上层：二荷戟导骑，一轺车，二耕车，二持弓从骑，后一辇车，一胡人持刀步行 下层：一捧盾者恭迎，二导骑，二轺车，一轩车，四从骑，四提弩的步卒	一从骑执金吾，一从骑只刻半身
9	中室西壁上	一驾车马，车残缺，二步卒	画像残缺

地位的方式，展示了吴白庄汉墓独特的设计思路。

（二）特定空间内画像题材的对照与互应

吴白庄汉墓的画像内容展现了复杂而多层次的立体组织结构，具体呈现为不同空间区域常出现相似功能的图像元素。以中室为例，西侧的立柱上出现了具备御凶驱邪功能的图像，与墓门空间中的神熊、象、骆驼和翼兽组合有相似的意图。在中室西侧南壁立柱上层和北壁立柱中层（图五），都布置了正面蹲坐的虎面兽身形象。虽然这两者在面容、武器和装饰等方面存在些许差异，但都应被认为是御凶驱邪的"方相氏"。这种相似性并非简单的重复，而是反映了墓室建筑空间的复杂功能划分和定位关系。

图五 中室西侧南北立柱画像摹本比较图，
图像采自《临沂吴白庄汉画像石墓》，第 227、231 页

中室西侧的南、北立柱实际上位于西后室、中室与回廊之间的关键枢纽位置，相关图像的布局可能反映了这三个空间的分割与连接关系，并凸显了回廊结构在整个墓室图像世界的构建中的作用。通过进一步观察回廊与其他空间的交汇点，我们可以扩大观察范围，包括中室南壁东立柱北面图像以及前室北壁东、西两侧的立柱图像。前者位于中室东侧与回廊的相接处，后者则位于前室东侧与回廊连接处。这三幅画像中都包含翼虎、翼龙（或麒麟）等瑞兽图像，而前室北壁东二立柱、西二立柱（即中室南壁东、西立柱）位于前室、中室空间的交汇处，两立柱的内侧图像同样存在翼虎、翼龙（或麒麟）元素。这四处不同空间的交汇点都具备从一个空间进入另一个空间的"入口"属性，即它们都具备"门"的特征（见图一）。相关御凶驱邪图像的布局能够强调以上位置于中室、回廊等各空间的"门"属性，不仅表明了墓室设计者对于前室、中室和后室空间的安全性与隐秘性的关注，同时也反映了围绕建筑空间结构形成的画像内容多层次组织结构。

前文提及，前室中的神仙异兽题材图像以伏羲、女娲、西王母、东王公为主要元素，共同构筑了一个富有神秘色彩的神仙世界。具体而言，伏羲位于前室北壁东二立柱的东面，而女娲位于前室北壁西二立柱的西面，两者正是前室、中室交汇处的外侧图像。这种图像布局在视觉上能够起到标明神仙世界方位的作用。而中室北壁东门楣的画面内容，或许与这一组合有某种重叠关系（见图一）。在后者的画面中，西王母戴胜位于画面右侧，东王公戴高冠位于画面的左侧，两者同样能与前、中室相接处的伏羲、女娲元素相互呼应，形成神仙世界的主要神祇配置。尽管这种重叠关系的确切含义尚不清楚，但它反映了墓室设计者在处理空间布局和图像组合时的高超技巧。

（三）画像内容在男女墓主空间的重复与叠压

通过图一，可较为直观地发现图像内容的重复和叠压集中出现在墓室的西侧区域。该现象表明墓室的设计者更为重视西侧空间的经营，可能与男性墓主被安葬在西后室的设计需求相关，强调着男女墓主之间的尊卑关系。吴白庄汉墓并非中轴对称的布局方式。如图一中的虚线所示，如将墓门与后室门相连，能发现四条明显的南北纵向轴线。其中，西侧的两条轴线连接着墓门和西后室的空间，可能更多地强调了男性墓主的存在。而东侧的两条轴线则分别连接着墓门和两间东后室，映射出女性墓主的存在。

在前室的南壁东二门楣以及北壁东一门楣，有大量展现女性形象的图像。其中，突出表现女性品德的"七女为父报仇"图像正出现在这些区域。此外，这两幅图案在南北进深空间的关系上，是与东后室的两间分别处于同一轴线上的。相比之下，强调男性孝行的"董永佣耕侍父"图像则出现在更靠近西后室的前室东过梁的西面。当然，前室的东侧空间也包含了大量与男性墓主相关的图像内容，但这并不妨碍我们探讨男女墓主之间的尊卑关系对于图像组织的影响。

观察前室、中室车马出行图的辎车、軿车配置，也能发现类似的设计意图。軿车是专供女性使用的，车厢四面围挡以防他人窥视。《释名·释车》云："軿，屏也，四面屏藏，妇人所乘。"辎车，有帷盖的车子，可载物，也可作卧车使用。《释名·释车》载，"辎车，载辎重卧息其中之车也"[15]，同样适合女性使用。通过表一可知，前室南壁东二门楣上的车骑行列配置了一辆辎车，前室东耳室门楣配置了一辆軿车。如果軿车、辎车具备女性用车的属性，

那么这种布局与东双后室的设计相符。而在靠近西后室的中室南壁东门楣上的车骑行列中，设有两辆軿车。这一现象是否意味着在靠近男性墓主的区域，男女墓主的形象与车队出现了某种交会？类似问题尚需慎重思考。但可以肯定的是，辎车和軿车的配置情况反映了男女墓主尊卑关系。

需要说明的是，上述讨论是基于西后室和东双后室的结构特征进行的，假定了墓室的配置可能是为了容纳一男两女墓主而进行的分析和阐释。如果考虑墓门门洞的数量和南北纵向的空间关系，也存在着西后室容纳两位墓主的可能性。然而，这种可能性与车马出行图中辎车和軿车的配置情况相矛盾。当然，仅仅依靠车马配置来推断墓主的安葬情况是不合理的。因此，在没有更为有效支持证据的情况下，上述讨论仅作为一种假设提出，供后续研究者参考和审议。

结　语

吴白庄汉墓画像石的空间配置和图像布局深刻地反映了汉代社会的等级观念和礼制文化的影响。相关画像石采用了递进、对照与呼应等复杂组织手法，形成了内容与空间之间的有机联系，构筑了一个层次丰富且神秘的图像世界。特别是，男女墓主之间的尊卑关系在其中发挥了重要作用。这种复杂的图像组织结构凸显了墓主的生死观念、鬼神信仰、社会地位和身份认同，同时也反映了墓室安葬格局的精心策划。这些画像石是墓主对于"死后世界"的理想构想，并将墓主的身份、信仰和愿望传达给后人。

注释：

[1] 临沂市博物馆编：《临沂吴白庄汉画像石墓》，齐鲁书社，2018 年，第 259、250、51 页。

[2] 同 [1]，第 250 页。

[3] 同 [1]，第 51 页。

[4] 〔清〕阮元校刻：《十三经注疏》（清嘉庆刊本），中华书局，2009 年，第 1838 页。

[5] 黄明兰、郭引强编著：《洛阳汉墓壁画》，文物出版社，1996 年，第 65 页。

[6] 河南省文化局文物工作队：《洛阳西汉壁画墓发掘报告》，《考古学报》1964 年第 2 期。

［7］朱浒：《石上风华》，生活·读书·新知三联书店，2020 年，第 140 页。

［8］邢义田：《格套、榜题、文献与画像解释——以一个失传的"七女为父报仇"汉画故事为例》，邢义田：《画为心声——画像石、画像砖与壁画》，中华书局，2011 年，第 116 – 117 页。

［9］〔北宋〕李昉编、夏剑钦等校点：《太平御览》第四卷，河北教育出版社，1994 年，第 430 页。

［10］曾昭燏、蒋宝庚、黎忠义：《沂南古画像石墓发掘报告》，文化部文物管理局，1956 年，图版 52。

［11］〔南朝宋〕范晔、〔西晋〕司马彪撰，李润英点校：《后汉书》（下），岳麓书社，2009 年，第 1206—1207 页。

［12］同［1］，第 250 页。

［13］黄佩贤：《汉代墓室壁画研究》，文物出版社，2008 年，第 216—217 页。

［14］〔战国〕韩非：《韩非子》，远方出版社，2006 年，第 26 页。

［15］〔汉〕刘熙撰、〔清〕毕沅疏证、〔清〕王先谦补：《释名疏证补》，中华书局，2008 年，第 329 页。

金文的制作及其书写

张 翀*

内容提要：金文作为青铜器上的铸刻文字，首先是铭刻学研究的内容，但因其主要是铸于器上，制作的过程亦需关注。其次，金文之称谓，不仅属于古文字范畴，亦有书法意味，笔者讨论的重点是在书法视域中考察金文如何书写，既包括历史原境的元书写，也包括当下利用金文材料的再创造，意在融汇古今。

关键词：金文 书写 行笔

青铜器上的金文，在书意方面较之甲骨契文浓郁（图一）。这是跟金文的制作工艺有关的，"金文的创作是先把文字书写在软胚上制作模具，然后用烧熔的铜液浇铸。在金文刻范和铸造的过程中，对原来书写的笔画虽有所损益，但仍能更多地保留和显示出书写的笔意"[1]。因为铸造工艺的原因，铭文常铸于鼎、尊等青铜器的内壁，而在斝、爵的鋬下，也往往铸有铭文。学者对铭文的做法多有论述，大体来说以块范法为主。商代青铜器铸铭是在器模或专用的泥模上用朱墨书写铭文后刻出阴文，然后翻制泥芯或用泥捺印成为阳文泥版，黏附到泥芯上，铸后成为阴文。个别阳文铸铭直接于芯上刻制阴文反字，如芯料粒度较粗，可于表层敷泥后再刻文。"从孝民屯出土的有字泥芯看，翻印后的阳文还需经过刻制修整，在字的笔画旁可见清晰的刻槽。从这块泥芯看，铭文笔画凸起的部分在脱范时被破坏。"[2]

铜器上的铭文，称为金文，但吉金款识并不能完全当作金文书法（图二）。清代乃至近现代书人常对此多有混淆，如康有为认为："钟鼎亦有扁有长，有肥有瘦，章法有疏落，有茂密，与隶无异，择而采之，亦河海之义也。章法茂密，以商太己卣为最古，至周宝林钟而茂密极矣。疏落之体乃虫篆之余，

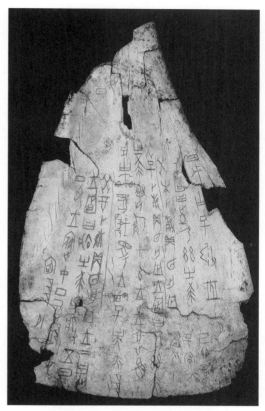

图一 祭祀狩猎涂朱牛骨刻辞

随举皆然。阙里孔庙器以商册父乙卣为最古，焦山无专鼎亦其体。楚公钟奇古雄深，尤为杰作矣。长瘦之体若楚曾侯钟、吴季子逞剑，字窄而甚长，极婀娜之致。齐侯镈钟铭，铭词五百余字，文既古浑，书亦浑美，《诅楚》之先驱也。邿季敦、鱼治妊鼎，茂美扁美，甚近汉篆，寿敦、苏公敦体亦相同，皆可用于秦分体者也。正师戈字如屈玉，又为石经之祖。若此类不可枚举，学者善用其意，便可前无古人矣。"[3]可见即便是把金文视作书法作品，也只不过是泛泛谈其风格，很难进入腠理，进行字形、结体、章法等结构式的分析。是故，金文临写都是出于

* 张翀，中国历史研究院古代史研究所、中国社会科学院甲骨学殷商史研究中心副研究员。

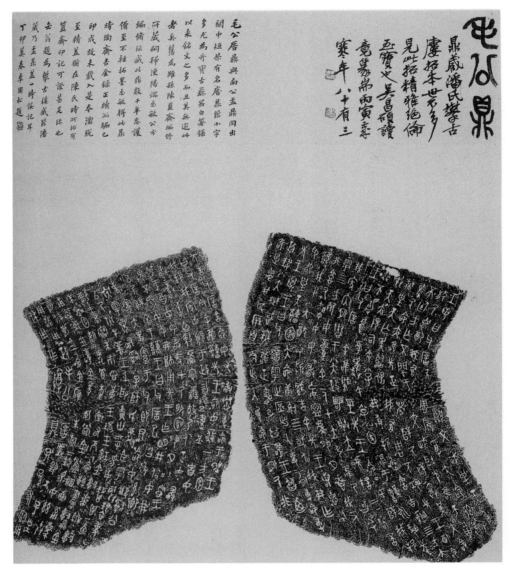

图二　毛公鼎拓片

摹写状态，很难称得上书法范畴。

金文临写，或者称之为金文的书写练习，我们应当认为是对金文资料的再书写，这样有助于我们能够超越"原生状态"，将艺术回归艺术，文字回归文字。尽管书写是以文字为其载体的，但如果不以"情胜"的艺术为先决条件，恐怕会陷入金文材料之中。例如大、小篆之别，亦是限于传统意识，人为制造的书写障碍。

丛文俊指出："大篆的用笔与小篆有很多差异，根源在于笔顺时或有别，而大篆与古文共生，用笔上不能完全泯灭古文蝌蚪笔法的一些动作，以此成为大篆比小篆生动的原因之一。"丛文俊揣摩大篆笔法用了很长时间，把所得拿到古文墨迹中去求证。考虑到修范铸造工艺所能给书写带来的影响，因地制宜地进行变化调整，"包括植入后代篆法的'力弇气长'、近体的'沉著痛快'（作大字时所重）之类，以及铸铭、刻款的某些优胜之点和由锈蚀泐损所造成的'有意识的形式'，希望不落痕迹地取得与'金石气'相类的笔法效果、在不失古雅的前提下如何完成'书卷气'的改造、怎样表现个性，等等。

所有这些，都来自学术研究的心得和对现代艺术的认识，学习古法不是要把写出来的字给古人看、取得古人的认同，而是基于现代人对古典艺术的移情和转化再生，但前提必须是入古、得味，在把握大朴时期的书法美之后再来谈现代"[4]。

临写金文，常有以散氏盘（图三）为学习对象的，但该重器出土时间较早，且现世后屡经椎拓，拓片多有残泐，笔画中断者不少；又因庋藏于台北故宫博物院，很多金文临写者不便观验原器。坊间出版有关金文书法种种，往往只选取书法界口口相传的名品，其实尚未脱离法帖范本的思维。不若检近世出土金文铭刻为善本，字形精确为尚。1963年陕西周原扶风齐家村窖藏出土的日己方组器（图

四），字体秀美，楚楚动人。当然，这不免又回到了清人吴大澂以金石为准的书艺经验上，"吴大澂深研金石之学，形成了以'古雅'为尚的审美观，又以金石作为学习书法、篆刻的范本，在书法、篆刻上取得了较高成就。他于真、行、隶、篆、篆刻等无所不工，尤擅于篆书。其楷书以北碑为宗。隶书师法《张迁碑》。行书师法黄庭坚。篆书宗法商周金文，'写金文为开山鼻祖'，融大小篆为一体，书风平整、规范。治印率先从钟鼎、古玺取法。他的金石研究与书学成就对世人产生了较大影响，时人黄士陵受益最多"[5]。张俊岭所论"融大小篆为一体"，倒是一语中的。不过，大篆、小篆是书法传统称谓，且两者之间界限比较模糊。所谓大篆、小篆，实际上

图三　散氏盘拓片

图四　日己方甗盖铭，采自《陕西金文集成（3）》316，三秦出版社，2016年，第188页

是由于书写媒材不同而引发的书写痕迹面貌有些差异罢了，很难说是用笔发生了翻天覆地的变化。很少有人通过"书于竹帛，镂于金石"等习语去观察媒材所引发书写痕迹的不同，只是注意到材质与文本性质的关系，例如"在陶土上刻写，中国可以上溯到新石器时代，为期至早；骨、甲、象牙、青铜及竹之用于铭刻和书写则可上溯至商代；以石、玉、丝帛及某种金属作为书写材料源于周代初期；书写于木简则始于汉代。某些坚硬耐久、不易磨蚀的材料，主要用于永久性的记录与纪念庆典的铭文，易于湮失蚀灭的材料如竹、木、丝帛之类则广泛用来抄写书籍、文件及其他日用文字"[6]。

金文身上存在相当的书法意蕴，需要对其进行书法学的探讨。这种探讨又非泛泛以风格书体所论

就可以的。这与青铜器纹饰研究如出一辙，借用德国学者雷德侯之语："铜器纹饰的错综复杂暗示其必须就近观赏。"[7]对于青铜器的形制研究，我们大多是沿袭考古类型学的方法，但实质情况却与研究模式有所不同。青铜器形制变化有不少偶发性，有些学者亦将其纳入铜器艺术史的范畴内，陈芳妹指出："青铜器形制的演变，是青铜艺术史的主要内容之一。"[8]其眼光可谓独到。像豆、甗等特殊的器类的演变情况不突出，倒是需要分出更多的亚型，就是很好的证明。

研究书法史时，金文虽然也是不得不考虑的部分，但金文始终不同于书法。就像纹饰不同于绘画（painting），金文也不能与书法画等号。金文更多表现在字体字法上，当然也包括稍后的春秋战国时代的用字，"隶变阶段通用汉字中的古体有些和传世的西周金文结构相同，也有些字与传世西周金文结构相近，看得出是由金文之类的写法演变而来的"[9]。这里的写法，实际是指的字体，即字形是如何写出来的。这种结构性的东西是有继承性的，也就是说跨时代的，"成熟的西周金文后来为秦人所承继，成为秦系文字的基础"[10]。这一用字现象，在以年代学为基本的历史学语境，一般看作有年代学上的缺环。而在艺术学视域下，更多视作复古艺术。

汉字书写问题，很大程度上已经超出文字学、书法学的范畴，特别是不应限于古文字的狭域。甲骨文、金文为主的古文字如何进入书法范畴，是一个长期的课题，但其中也存在一些障碍，部分是由汉字"象"的属性所致。上古文字过于倚重"象"的形态，所以很难抽离出形成书法笔法。尽管丛文俊归纳出"篆引"的笔法，但较之魏晋，显然比较单薄。这不难理解，文字的形态得以呈现必依赖于一定的"形"。所谓的形，是过于依存物象，"文字创造之初，为实物描写，所谓'象形文字'也。摹写者，大都为目所及见之实物，因其物体而描写之，如绘画焉；或依抽象之理想，作为简单符号"[11]。在实际运用中，汉字字形必体现为种种具体的、个别的形态。"象"的"法式"属性，要求汉字字形应该

是恒定不可变异的。在种种具体而微的形态中，线条相对平直、空间相对均整的古文字造型，是汉字之"象"的理想形式。日常文字的书写中，"笔触"是不可避免的现象，毛笔的使用使构成文字的线条产生粗细的变化，也破坏了古文字均等方正的空间造型。对传统文字的观念来说，"笔触"的偶然性、不确定性因素与"象"的"法式"属性相抵触，必须清除掉这种偶然的、不确定的"笔触"，才能保证统一的文字形态——"古式"。古文字时代，在一切正式的场合，书写者总努力压制和消除因为潦草"书写"而带来的"笔触"因素。实际根据相关材料，有学者认为，"春秋末期和战国初期是古文篆体向隶书演变的初期阶段。一般来说，这一时期汉字字形，并没有完全改变古文篆体的结构，只是在书

图五　侯马盟书（局部）

写方法上，一些圆转曲折的笔画，变得相对平直方挺，整个字形由长方，逐渐变为扁方，这一特征，在《侯马盟书》《温县盟书》和长沙《战国帛书》中表现得极为突出（图五）。从整体上看去，每个字形略呈扁方，每一笔画相对篆书弧度减弱，和古文篆体的风貌大不一样。但仔细分析字形的结构和偏旁，则绝大多数仍没有脱离古文篆体的窠臼"[12]。

从书写的角度来看，我们应当感谢秦系文字，使我们在认知西周文字的书写时能够弥补一些缺憾，因为他们的字体几近相同，但所发现的秦系文字写于不同媒材之上，由于时代晚近，书写媒材得以更多地发现或保留，同时又因为用字与同时期的六国文字相比，则相当保守。"秦国地处西周故地，直接继承了西周晚期的文字，直到春秋战国初期，字形结构都没有发生太大的变化，象形意味较浓，与其他诸国文字相比，它的形体是最保守的。因此形体结构复杂可以说是大篆的缺陷之一。大篆的另一个缺陷是某些笔顺不合手写的自然习性。逆笔回笔太多，影响行笔的速度。大篆的第三个缺陷是线条连绵，缺乏明显的节奏感。"[13]秦国铜器铭文的直接传续当为石鼓、诅楚等文字（图六）。出于复古与多种媒材等原因，周及秦的书写之风竟意外地辗转流传下来，"隶变阶段与西周金文和籀文相同相近的古体字，主要是从前此的古文字阶段继承下来的，即旧质要素的孑遗"[14]。

由于历史的原因以及媒材的多样化，秦系文字（或书风）得到丰富。不过，我们需要从字体、书体两个方面去考察。如果混为一谈，则会在制作、书写两个方面都徒增障碍。若从金文字体的角度考察，其随时代的变化反应则相当敏感，"与器形、纹饰相比，铭文的字体、书风更敏感地反映了时间的进展，决定其在铜器分期断代方面的重要性"[15]。但书体方面，则相关的考察较少。方浚益曾按周代金文的书体划分三个时期：西周初，画中肥而首尾出锋者，科斗也，古文体也；西周中叶，画圆而首尾如一者，玉箸也，籀篆体也；春秋战国，其文仍是籀书而体渐狭长，俨然小篆[16]。方氏虽立意"以书势分时代

图六　石鼓文拓本（局部）

之先后"，但具体表述亦仍沦为字体，如古文体云云，其划分也是相对模糊的粗线条。青铜器研究者往往注意对金文静态形态的考察，而忽视对其动态写法的研究，学者刘华夏的考察亦属此类。

我们考察金文形态，需要大致蠡测书写的动态变化，不能只着眼于固定的书写痕迹。这对不太谙书艺者（如学者）是一个难题。不过，我们可以采取相对常见的方法，如比较法。既可以比较常见的高频字，如张懋镕[17]、王帅[18]所做的工作，也可以比较同组器上的相同字。如曾国铜器的曾字，就有书写上面的变化，"甲骨文的曽字'田'形与其上两笔总是相连，当为甑器两耳之形，不是蒸气状，甲骨文的字或作'曽'，字之上部正是两耳之轮廓。至西周金文"田"形与其上两笔始逐渐分离"[19]。

特别是一些特殊的字，不仅能看出书写状态，甚至能看出制作铜铭的反写模范的痕迹，比如铭文颇为常见的反书，即因为制铜器铭文模范的疏忽，将正书制在模范上，一经浇铸，成形的自然是反书

了，"曾太保䛜叔盆'保'字作■，反书；曾太保庆盆作■，'子'旁一斜笔讹夺；此篁'保'字作■，人旁较平常写法略有讹变，'子'侧一斜笔亦讹省。但释'保'字当无可疑"[20]。

此外，我们还可以尝试从书写的角度，观察所谓吉金文字。如篪残钟（《殷周金文集成》0001，图七），笔画流动，特别是末笔长长一竖，其上端一顿，与提按的笔意相仿。首笔应是"S"形，再按笔写下长竖。用享钟（《殷周金文集成》0002，图八），"用"字依笔者习惯先写内中两横再

图七　篪残钟拓片

图八　用享钟拓片

写外竖（右竖）[21]，便于控制"用"字整体宽度，但依照中竖与上短横的交接处，圆点偏右移，故而大概是先写中竖，再写短横，意即末笔是短横。"享"字上部，很可能是依书写习惯先左后右，下部构件可先竖也可先横，最下部件的圆圈，其左上角与右上角均有略粗于其他笔道者。据此可推断为两笔写成，借笔处要更为粗一些。故此推测，先左弯竖行，左上角略粗处即起笔处。行笔至右下角粗处，再起笔接左竖起笔作右弯，写成封闭之圆形。其台钟（《殷周金文集成》0003，图九），"其"字上端是带有装饰性质的衍笔，该字下部，左内倾右竖直，显然是书者的生理习惯所引发的用笔所致，推测是先写左旁转折之后，略有倾斜之势。"台"字，上部一笔写成，故行笔至末端，笔势因而向右转，略呈粗态。其下的"口"部，左右两笔均有向内倾之势，盖为两笔写成。永宝用钟（《殷周金文集成》0004，图一〇），"用"字中间虽然有断，但中竖与内中两横关系却很明显，显然是中竖打破两短横，意即中竖要迟写于短横之笔。天尹钟（《殷周金文集成》0005，图一一），"天"字下左右两短撇，如人之"左右两手"，随意处之，竖左弯，粗劲显然是先于

图一〇　永宝用钟拓片

图一一　天尹钟拓片

右而写，多由惯用手为右手的生理习惯所致。末笔的右短撇，姿态就顺势随形。"乍"字中竖粗浑，显然是起笔。下接上下短横，最后一笔，竖折一气呵成。"元"字，下部左右两笔各有欹侧之势，显然是分写两笔之时各向内微转笔杆形成。天尹钟（《殷周金文集成》0006，图一二），与前器可看出避复写

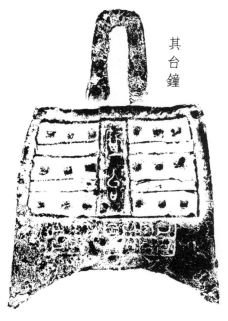

图九　其台钟拓本

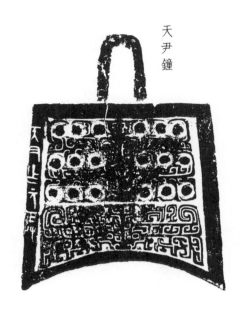

图一二　天尹钟拓片

图一三　自作其走钟铭拓片

法，如"尹""元"字。"尹"字"半框"写法亦不同于前器，末笔锐头，乃是另起一笔。从"天"字左右两撇横，"元"字左撇竖略可以看出漆书的痕迹，亦类蝌蚪文。"天"字的左右两撇与中竖交接之处，又略呈圆状。自作其走钟（《殷周金文集成》0007，图一三），"自"字左右两撇，姿态各略呈侧势，左右先后不可详考。从外框左右两竖向笔画，丰首锐末来看，是分别从左右上方起笔，渐行笔至下端，形成闭合，故此下端略呈尖状，显然不是行笔中刻意所致的弧度。对于后者，可参校同铭"其"字。"乍"字同常例，唯中竖与最上短横交际处凝滞，且有右倾之态。故最末笔必是最上短横，其略有尖状的收笔亦能看出。"其"字最上端的左右枝杈，并非只是衍生笔画，而是用笔行进的孑遗，特别是左边之笔画，起笔由内而外，再回笔顺势向下画出一个"U"形的半圆，行笔至右侧时，已是逆笔。故抬笔另起，补全右边枝杈。"走"字，左下角的部位，以短撇走势，特别是节点的偏向，必然不

能是首笔而写。

从上述我们大概也可以感知，这一方法虽长于书写的动态，但也存在缺陷，如过于琐屑，很难归纳出完善的方法论，且多出自论者的经验。然而人是一个综合体，先验的也并非不是科学。特别是在古代，书写活动是有血有肉的，不能以古文字学家或者书法家来割裂视之。"三代之金石，以及秦汉以降碑版文字，残缺之余，尚幸存于今日，虽非完善，要亦至可宝贵。此等文字之创造，在当时非尽出学者之手，故未能悉合轨则。有由锻工、冶师所为者，亦有出自瓦工、砖匠之手者……古人刻勒绘画、文字于金石之上，其后渐次发达，至于六朝，关于此等著录最多。"[22]金文的书写、制作虽有特定的目的，但其"生产"过程，不仅属于社会生产，也属于艺术生产。只不过那些书者只是艺术史上的无名氏，其书写行为也相对懵懂。然而我们不应该因为缺乏艺术自发性，就将其回避，仅以古文字来看待之。

本文为"古文字与中华文明传承发展工程"规划项目"殷周青铜觥铭文整理与研究"（项目号G3935）的阶段性研究成果。

注释：

［1］何炳武主编：《中国书法思想史》，陕西人民出版社，2008年，第31页。

［2］刘煜、岳占伟、何毓灵等：《殷墟出土青铜礼器铸型的制作工艺》，《考古》2008 年第 12 期。

［3］〔清〕康有为著，姜义华、张荣华编校：《广艺舟双楫（外一种）》，中国人民大学出版社，2010 年，第 35 页。

［4］丛文俊：《我学篆隶书法的点滴体会》，《书画艺术》2006 年第 1 期。

［5］张俊岭：《吴大澂的金石研究及其书学成就》，暨南大学硕士学位论文，2005 年。

［6］钱存训著、郑如斯修订：《中国纸与印刷文化史》，广西师范大学出版社，2004 年，第 26 页。

［7］〔德〕雷德侯著、张总等译：《万物——中国艺术中的模件化合规模化生产》，生活·读书·新知三联书店，2005 年，第 43 页。

［8］陈芳妹：《簋与盂——簋与其他粢盛器关系研究之一》，台北故宫博物院编：《故宫学术季刊》第一卷第二期。

［9］赵平安：《隶变研究》，河北大学出版社，2009 年，第 11 页。

［10］同［1］，第 6 页。

［11］陈彬龢：《中国文字与书法》，武汉市古籍书店复印本，第 9 页。

［12］海萌辉：《小篆不是汉字形体演变过程中的一个环节》，《郑州大学学报（哲学社会科学版）》1988 年第 3 期。

［13］同［9］，第 39 页。

［14］同［9］，第 13 页。

［15］刘华夏：《金文字体与铜器断代》，《考古学报》2010 年第 1 期。

［16］方浚益：《缀遗斋彝器款识考释》，商务印书馆，1935 年，第 22 页。

［17］张懋镕：《同人同铭金文字形书体的差异性研究》，《古文字研究》第三十一辑，中华书局，2016 年；后收入氏著《古文字与青铜器论集》（第 5 辑），科学出版社，2016 年，第 1—14 页。

［18］王帅：《中国古代青铜器整理与研究·西周金文字体卷》，科学出版社，2018 年。

［19］陈伟武：《两件新见曾国铜器铭文考述》，《中山大学学报》（社会科学版）2009 年第 5 期。

［20］同［19］。

［21］为方便，笔画多以楷书笔画称呼之。

［22］同［11］，第 14 页。

汉晋时期龙纹金带扣鉴定研究

何璞诗如 *

内容提要： 鲜卑头是汉晋时期一种重要带具类型，以其独特的前椭后方、前大后小的形制区别于汉晋时期晋式带具及匈奴式带具，汉晋时期饰有龙纹的金质带扣于出土材料中多见为鲜卑头造型，金带扣上的龙纹等也可视为鲜卑头的瑞兽形象。本文选取从刘弘墓、新疆黑圪垯墓、朝鲜乐浪石岩里 9 号墓、辽宁大连营城子汉墓、安徽寿县寿春镇汉墓、云南广南县牡宜遗址 4 号墓、云南昆明羊甫头墓地等七处出土的七例汉晋龙纹金带扣进行对比分析，总结其鉴定要点，认为它们在形制、纹样和工艺上都符合鲜卑头的特点，可以将之归为一类。

关键词： 汉晋　龙纹　金带扣　鲜卑头

一 汉晋时期金质带具相关文献

西汉《淮南子·说林训》说："满堂之坐，视钩各异，于环、带一也。"[1] 可以看出，西汉时期的带具束结方式基本由带环、带钩相互扣结而成。带环应是带扣的前身，至汉代，朴素的带环逐渐演变成为纹饰丰富的带扣，与带钩结合使用；同时也发展出许多带有扣舌的带扣，可与革带单独系结使用。孙机在《先秦、汉、晋腰带用金银带扣》一文中将所有汉晋带扣按照扣针种类分为无扣舌、装固定扣舌以及装活动扣舌三种[2]。刘德凯《汉晋时期马蹄形带具的考古学研究》则抛开形制特点，依据材质、纹样和制作工艺将汉晋时期的马蹄形带具分为四式，从而探索马蹄形带具的发展源流，勾勒出马蹄形带具逐步汉化的图式[3]。而从带扣的发源地及使用者进行分类者，孙机在早期文章中就将中原地区所用带钩带扣与北方匈奴地区所用鲜卑头与"郭落带"区别开来，并将流行于两晋时期的附环带銙与成对的方形圆首带扣称为"晋式带具"[4]。晋式带具属于中原带具系统，其带扣通常形态为长方形圆首，而

鲜卑头为东胡匈奴人带具，形态为前圆后方、由尾至首端逐渐扩大的马蹄形带扣。

若根据带扣的整体形制进行分类，汉晋时期的带扣基本可以分为三类：晋式带具、鲜卑头与匈奴式兽形带头，其中鲜卑头多饰有龙纹，因此也是本文主要讨论对象。鲜卑头实际上就是匈奴人所使用的一种带头，因崇尚"鲜卑"这种瑞兽，而将其形象作为带头上的装饰纹样，因而这种带头被称为"鲜卑头"。《汉书·匈奴传》中提到的"黄金犀毗"，孟康曰："要中大带也。"后颜师古注曰："犀毗，胡带之钩也，亦曰鲜卑，亦谓师比，总一物也，语有轻重耳。""犀毗""鲜卑""师比"实际上都是匈奴文"Serbi"的音译，书中又引张宴说："鲜卑，郭洛带瑞兽名也，东胡好服之。"[5] 再次表明"鲜卑"即匈奴喜好佩戴于带上的一种瑞兽纹样。鲜卑头上雕刻的"鲜卑"瑞兽，多呈龙纹样式。而郭物认为这些鲜卑头上的龙纹并非真正的龙纹，因而还是将这种纹样称为瑞兽纹更为贴切[6]。

目前对鲜卑头的划分不甚准确。根据上述文献，大致可以将其理解为东胡人使用的带具，上有鲜卑瑞兽作为装饰者。但鲜卑头不一定是产于东胡，如汉人用玉仿制的相似形制的带扣又当分入何类？如上海博物馆藏白玉衮带鲜卑头与洛阳东关村夹马营路东汉墓出土的玉带扣，可能就是汉人以玉仿制胡带之形而成，是对胡人的赏赐[7]；还有新疆、云南等汉文化边境地区出土的金质带扣，上面的龙纹也多呈现出汉文化的影响因素，这些金玉带扣皆为"鲜卑头"汉化后的形象[8]。另外，上有瑞兽者并非一定为鲜卑头，如晋式带具许多也缀有瑞兽纹饰。鲜卑头与其他带具根本的区别在于形制。因此，不论材质与产地，我们根据类型学的划分，把所有前

---

* 何璞诗如，华东师范大学美术学院硕士研究生。

椭后方、头大尾小的马蹄形带扣均称为"鲜卑头"，与晋式带具、匈奴式对兽带头区别开来，成为一类独特形制的带具。

二 汉晋龙纹金带扣考古发现

1. 西晋刘弘墓出土龙纹金带扣

1991年4月湖南省安乡县黄山头主峰东南麓的南禅湾西晋镇南将军刘弘墓出土。长9、首宽6、尾宽5.5、厚约0.3厘米，重仅50克。器形整体呈前椭后方的马蹄形，首部长条状穿孔，有活动扣舌。扣身边缘饰有绞索纹，以首尾相接的菱形围绕带扣形成框带，菱形区域内部分尚存绿松石镶嵌，但大部分已经脱落。主体部分是一条舞动的螭龙，龙首向外，头顶两角，口大张，前爪与下颌交会。此龙非蛇形，而是兽形身躯，脚爪健硕有力，尾部分为两叉。龙背部以炸珠工艺点出脊背，龙的身躯及带扣四周镶嵌大小绿松石，其中龙身环绕的正中间以包镶工艺嵌有一枚最大的圆形绿松石，直径0.9厘米。整体造型十分精致（图一）。[9]

2. 新疆焉耆博格达沁古城黑圪垯墓出土汉代龙纹金带扣

1975年焉耆博格达沁古城黑圪垯墓出土。长9.8、最宽处6厘米，重约50克。整体造型也是前椭后方的马蹄形，圆首处有弧形穿孔，装有活动扣舌。该带扣边缘饰绞索纹，以"Ω"状纹饰围绕边缘形成一条框带。主体为一条大龙，周围有七条小龙环绕，饰有水波纹，作群龙戏水状。大龙龙首向外，口微张，露出獠牙，头上似有独角，脖颈细长；龙爪粗壮，爪尖张开。龙身呈"S"形蜿蜒，后脚与尾部缠绕。周围小龙若隐若现于波涛之中，有的仅可见龙首，位于大龙腰部、胸部的两龙首为正面形象，腰部的小龙头浑圆似狮首，还露出两只兽爪；位于扣孔边缘的两头小龙相向而视，为俯视角度；位于大龙尾部及后腿处的小龙为张口侧面形象。整个扣身是由金线掐丝工艺制成，龙身及水波纹勾勒出的金线处缀有紧密排列的细小金珠，龙身及周围还有水滴状凹陷处由金片包镶的绿松石、红宝石等，由

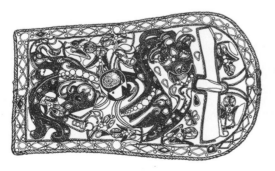

图一 西晋刘弘墓出土龙纹金带扣，湖南省博物馆藏

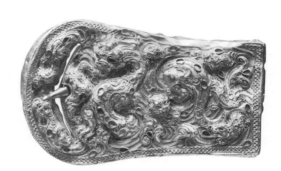

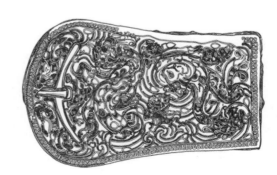

图二 新疆焉耆博格达沁古城黑圪垯墓出土汉代龙纹金带扣，新疆维吾尔自治区博物馆藏

于年代久远，宝石多有脱落，但从残存的痕迹仍能看出其工艺精湛（图二）[10]。

3. 平壤故汉乐浪郡石岩里 9 号墓出土汉代龙纹金带扣

1916 年发现于平壤汉乐浪郡石岩里 9 号墓。长 9.6、首宽 6.6、尾宽 4.4 厘米，整体呈前椭后方的马蹄形，边缘饰绞索纹及"Ω"形回纹，侧边多有残损。弧形扣孔处已断裂，有扣舌孔位，应曾装有活动扣舌。带扣主体纹样共有七条龙，当中一条大龙，周围环绕六条小龙，地纹以细小金珠排列勾勒出云纹、水纹。大龙的龙首呈正面形象，头顶平行两角，张口，龙身细长如蛇，后半段有部分身躯隐于云纹、水纹中。龙爪呈"U"形弯曲，后腿上翻，尾部分为两叉。每条龙的脊背皆用稍大的金珠勾出。龙身及地纹皆以花丝、炸珠工艺填补空白，龙身留有水滴状凹槽，原应有镶嵌宝石，今已脱落不存（图三）。郭物认为，该金带扣应是汉朝皇帝赏赐给当时朝鲜地方政权首领的政治信物[11]。

图三　平壤汉乐浪郡石岩里 9 号墓出土汉代龙纹金带扣，韩国国立中央博物馆藏

4. 辽宁大连营城子汉墓出土龙纹金带扣

2002—2003 年，辽宁省大连市甘井子区营城子工业园区建设过程中发现了大量汉墓。其中，2003M76 为一座高等级的男女合葬墓，时代属西汉晚期至新莽时期。该墓出土了一件制作精美的龙纹金带扣，为大连地区首次发现。龙纹金带扣长 9.5、

图四　辽宁大连营城子汉墓出土十龙纹金带扣，大连汉墓博物馆藏

首宽 6.6、尾宽 4.9 厘米，重 38.27 克。整体造型为前圆后方的马蹄形，扣首有弧形穿孔，有活动扣舌。带扣边缘饰绞索纹，又以首尾相接的菱形围成一圈框带。扣面上共錾刻十条龙，是目前所知龙纹数量

最多的金带扣。主体纹样为一条大龙，周围九条小龙形态各异，群龙在以炸珠和花丝工艺做出的一圈圈水纹中嬉戏。大龙龙首半侧，口微张，头顶两角，整个头部都是由大小金珠镶嵌与花丝工艺结合，显得十分立体。龙身细长蜿蜒似蛇，龙爪纤细，后爪上翻，未与尾部缠绕。每条龙脊背处均以金珠排列勾勒，扣首两小龙用花丝工艺做出龙身，龙身以水滴状绿松石镶嵌点缀（图四）。据谭盼盼等研究，将此带扣于电子显微镜下扫描发现，带扣背面有许多交错平行细纹，认为这件带扣应是由模具锤压成型的；且通过一系列精密仪器的分析，还原出该带扣上花丝和金珠是通过二次加热、逐步焊接的工艺流程制作而成的[12]。

5. 安徽寿县寿春镇计生服务站汉墓出土龙纹金带扣

2009 年 6 月，安徽寿县寿春城计生服务站新建工程工地出土一件龙纹金带扣，长 9.2、宽 7 厘米。整体为前椭后方的马蹄形，近扣首处有弧形穿孔，有扣舌孔位，原有活动扣舌已脱落。带扣边缘饰绞索纹，还有反向花丝勾勒出双边框，框中间是一圈首尾相接的菱形框带，有的菱形框内还残存着镶嵌的绿松石。带扣主体纹样是一条大龙，周围有七条小龙环绕，云气纹托底，整体为镂空透雕而成。大龙呈细长的蛇形，龙首为正面形象，头顶独角，张口，龙爪为三趾，前爪细长伸向嘴边，后腿较粗壮而向上伸展，未与尾部缠绕。周围小龙形态各异，其中扣首的两小龙龙首相对，扣首尖部嵌一宝珠，其他小龙半隐半现于云气纹中。龙首龙身皆为花丝炸珠工艺，龙脊背用大小金珠表现，龙身及周边镶嵌绿松石（图五）。这种炸珠工艺应是采用汞剂掺入事先加工好的金珠，涂抹于带扣主体上再进行加热，待汞蒸发后即完成焊接[13]。从制作工艺的精细程度看，此带扣应属皇家作坊制作。

6. 云南广南县牡宜遗址 4 号墓出土龙虎纹金带扣

2011 年 3 月 10 日至 5 月 15 日，云南省文物考古研究所对云南省广南县牡宜坝子南部的古墓葬进行

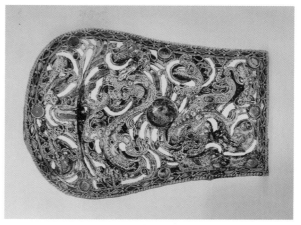

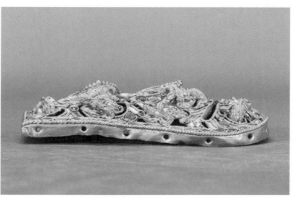

图五 安徽寿县出土八龙纹金带扣，安徽楚文化博物馆藏

了考古发掘，共清理墓葬 7 座，其中封土堆墓 5 座、小型墓葬 2 座，小型墓可能为封土堆墓的殉葬墓。该地区出露地表的封土堆墓葬的规格、级别均较高，M4 的随葬品反映了其级别非同一般，可能为王族墓葬，该墓出土龙虎纹金带扣一件，长 11.6、首宽 7.1、尾宽 5.5 厘米，重 51 克。整件器形也是前椭后方的马蹄形，扣首处有长弧形穿孔，以便系带，与扣孔垂直中间的位置有凹陷，应为活动扣舌安放处，扣舌已散失。扣身边缘饰一圈绞索纹，带扣主体纹样为龙虎相搏，均为锤揲錾刻而成，龙下颌及前腿边缘饰有圆珠纹，龙身有阴线錾刻。龙首与龙爪行进方向相反，作回首状，龙首为侧面像，吻较长，闭口，头顶独角，龙身细长均匀，以一种不太自然的姿势反向扭曲，使龙身呈"∝"状。龙爪强壮有力，为三趾，后爪上翻。虎纹饰于龙纹下方，呈倒立姿态，张口，后爪粗壮有力，尾部呈弧形。

虎眼、龙眼及龙身各处本有宝石镶嵌，然仅存一颗绿松石，其余地方皆脱落，形成空洞（图六）。此带扣龙的形态与上述几枚龙纹带扣大有不同，充满异域风情。

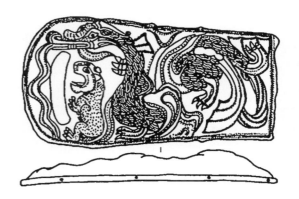

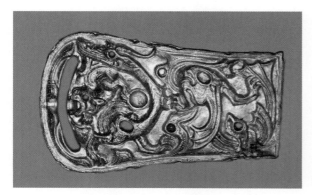

图六　云南牡宜遗址4号墓出土龙虎纹金带扣，
云南省文物考古研究所藏

7. 云南昆明官渡羊甫头墓地采集龙虎纹金带扣

考古工作者在云南昆明官渡羊甫头墓地采集到龙虎纹金带扣一件，器形为前椭后方的马蹄形，只是扣首与扣尾宽度相差不大，几乎呈长方形，扣首有长条形穿孔及活动扣舌的孔位，扣舌散失。这件带扣与云南广南县牡宜遗址出土的龙虎纹金带扣十分相似，主体纹样也是一龙一虎相搏，二者在扣身位置也大致相同。龙首为侧面形象，闭口，头顶有一独角，后脖颈处似有鳍。龙身细长，后半部分的身体蜷曲弧度较大，尾分两叉，形如鱼尾，一叉与身体形成闭环。龙爪较短，后爪伸展。龙首下的虎纹呈直立状，头大身小，虎口大张，后腿有力，踞于地上，虎尾上翘。整件带扣未镶嵌宝石，为整块黄金锤揲錾刻而成（图七）。所饰龙虎纹形态奇异，与汉代典型的龙虎图像有较大差异。根据刘德凯文章的分类，此类由简单锤揲工艺制作的、掺杂虎纹的带扣为汉帝国吸收草原文化的产物，尚处于龙纹带扣汉化的早期阶段[14]。

二　汉晋龙纹金带扣鉴定要点

根据上述七件出土的汉晋时期龙纹金带扣的形制和纹样特点，笔者从尺寸形制、龙纹特征以及制作工艺三个方面对其进行鉴定要点的分析和归纳。

图七　云南昆明羊甫头墓地出土龙虎纹金带扣，
云南省文物考古研究所藏

以上七件龙纹金带扣基本信息汇总在表一，从带扣所属年代可以看出，汉代为龙纹金带扣最集中出现的时期；从出土地可以看出，这种龙纹金带扣往往出现在新疆、云南等汉民族的边缘地区，因此可能是中外文化交融的产物。

（一）尺寸形制

汉晋时期的龙纹金带扣尺寸并不大，扣长一般为10厘米左右，扣首6—7厘米左右，扣尾5厘米左右；整件带扣重量约50克。此类带扣均是前椭后方的马蹄形状，首圆且大，尾部略小且方。近扣首处有长条弧形穿孔，便于系结革带，设有装活动扣针处，但大部分扣舌已散失，仅留有孔位。带扣边缘穿多个小孔，以固定于革带上。带扣整体形制均符合鲜卑头的形制特征。

（二）龙纹特征

汉晋时期龙纹金带扣上龙的数量各异，从一条到十条龙皆有。一般认为，龙的数量越多，对应的带扣等级也越高，然西晋镇南将军刘弘墓出土的龙纹金带扣上仅一条龙，并不见得比大连营城子汉墓

表一　汉晋出土龙纹金带扣信息汇总表

序号	名称	年代	出土地	收藏地	尺寸（单位：厘米）
1	嵌绿松石龙纹金带扣	西晋	湖南安乡刘弘墓出土	湖南省博物馆	9×（5.5－6）
2	八龙纹嵌宝金带扣	汉代	新疆焉耆博格达沁古城黑圪垯墓出土	新疆维吾尔自治区博物馆	9.8×6（最宽处）
3	掐丝焊珠七龙纹金带扣	汉代	平壤故乐浪郡石岩里9号墓出土	韩国国立中央博物馆	9.6×（4.4－6.6）
4	营城子汉墓十龙纹金带扣	西汉晚期	辽宁大连营城子汉墓群76号墓出土	大连汉墓博物馆	9.5×（4.9－6.6）
5	嵌松石镂空八龙纹金带扣	东汉	安徽寿县寿春镇计生服务站汉墓出土	安徽楚文化博物馆	9.2×7（最宽处）
6	龙虎纹金带扣	西汉晚期	云南广南县牡宜遗址4号墓出土	云南省文物考古研究所	11.6×（5.5－7.1）
7	龙虎纹金带扣	西汉晚期	云南昆明官渡羊甫头墓地采集	云南省文物考古研究所	10.5×5.5（最宽处）

出土十龙纹金带扣的当地望族邵党[15]的品级低，因此笔者推测，龙的数量并不是区分带扣品级高低的主要因素。

另外，七件龙纹金带扣中龙纹形象均是以一条大龙作为主体纹样，周围饰小龙或虎纹、花草纹、云水纹等。大龙龙首往往朝向扣孔，除云南出土的两枚金带扣中龙纹的龙首呈侧面形象、做闭口状外，其余五件均是龙首呈正面像，做张口状。小龙形态各异，个别不似龙而似兽。除西晋刘弘墓出土的单龙金带扣上龙纹为短且壮实的兽身外，其余汉代龙纹金带扣上大龙皆为弯折弧度较大的细长蛇身，云南出土的两枚金带扣所饰龙身甚至反向扭曲圈成一个闭环。汉晋金带扣上的龙皆为三趾爪，龙爪形态或强壮或纤细，未发展成固定形态；前爪有的前伸至吻，有的则作走地状，后腿向上方伸展，基本不与尾部缠绕，尾秃且细。

（三）制作工艺

工艺精美、繁缛豪华是汉晋龙纹金带扣的一大特点。锤揲和錾刻是此类带扣制作最主要的工艺，而大部分带扣则采用复杂的镂空、花丝和嵌宝工艺，同时巧妙运用汞的受热挥发性，进行一系列复杂的焊接与镶嵌步骤。带扣边缘的样式较为一致，几乎都是以绞索纹勾边，再以花丝工艺或錾刻出阴线在扣缘进行双层勾边，双勾边之间有连续的菱形纹或"Ω"形纹样填充。除新疆焉耆博格达沁古城黑圪垯墓出土1件、云南出土2件外，其余龙纹金带扣上每条龙的脊背都用紧密排列的大小金珠勾勒出来，扣身各处还密布宝石镶嵌的痕迹，且十分偏好镶嵌绿松石。绿松石作为稀有的宝石而具有奢侈品的属性，其与黄金器物的结合是其礼仪性的现实性表达，同时进一步表达了财富和地位的象征[16]。云南出土的两件带扣工艺较为简单，基本以锤揲加錾刻工艺完成，扣缘处理较为简单，一件没有嵌宝，一件有少量嵌宝。

结　论

通过对比七件汉晋时期的龙纹金带扣，发现在尺寸形制、扣面纹样及制作工艺等方面有着许多相似之处，对以上鉴定要点进行小结如下（表二）。

表二　汉晋时期龙纹金带扣鉴定要点小结

	平均尺寸（厘米）	形制	龙纹数量	龙纹样式			扣缘纹样	其他纹样	制作工艺
				龙首	龙身	龙爪			
带扣1	扣长9—10 首宽6—7 尾宽4—5	马蹄形	独龙	正面形象，张口	除带扣2外龙脊背处皆以金珠勾勒	三趾，后腿向上方伸展	带扣1、4、5为菱形框带；带扣2、3为"Ω"形框带	龙纹、云水纹、花卉纹	锤揲、錾刻、焊接、花丝、嵌宝
带扣2－5			多龙（7、8、10条）						
带扣6、7	扣长11—12 首宽7—8 尾宽5—6		独龙	侧面形象，闭口	无金珠，有鳍		阴线錾刻框带	虎纹、云水纹	锤揲、錾刻、嵌宝

这些龙纹金带扣呈马蹄形，其上有龙、虎纹等瑞兽纹样，在形制样式上均符合鲜卑头的形制特点，可以将其归为汉晋带具中"鲜卑头"一类。扣面上的龙纹形态各异，有的小龙纹样已不完全是龙的样貌。值得注意的是云南出土的两件龙虎纹金带扣，不仅整件器物在尺寸上较其他龙纹金带扣更大，而且扣面上龙纹形态较前五件有一定的差距，另外还出现虎纹掺杂其中。多出土于边疆地区的鲜卑头本身就是中原文化与西域文化杂糅的产物，这种龙形的变异以及一龙一虎的带扣纹饰亦当属多元文化交融后产生的图像类型。

注释：

[1] 〔汉〕刘安：《淮南子》，河南大学出版社，2010 年，第 576 页。

[2] 孙机：《先秦、汉、晋腰带用金银带扣》，《文物》1994 年第 1 期。

[3] 刘德凯：《汉晋时期马蹄形带具的考古学研究》，《东南文化》2021 年第 2 期。

[4] 孙机：《中国古舆服论丛》，上海古籍出版社，2013 年，第 214 页。

[5] 〔汉〕班固：《汉书·匈奴传》，三晋出版社，2008 年，第 1235 页。

[6] 郭物：《作为政治信物的汉晋瑞兽纹带扣》，《故宫博物院院刊》2020 年第 7 期。

[7] 同 [6]。

[8] 褚馨：《汉晋时期的金玉带扣》，《东南文化》2011 年第 5 期。

[9] 袁建平：《金玉之尊——馆藏西晋刘弘墓出土金器、玉器》，《文物天地》2015 年第 9 期。

[10] 王媛媛：《八龙纹金带扣——丝绸之路上的旷世遗珍》，《新疆艺术（汉文）》，2019 年第 2 期。

[11] 郭物：《作为政治信物的汉晋瑞兽纹带扣》，《故宫博物院院刊》2020 年第 7 期；［韩］卢志铉、柳惠仙著，金炯花译：《石岩里 9 号墓出土金制带扣的制作方法考察》，《辽宁省博物馆馆刊》2021 年第 1 期。

[12] 谭盼盼、张翠敏、杨军昌：《大连营城子汉墓出土龙纹金带扣的科学分析与研究》，《考古》2019 年第 12 期。

[13] 许建强：《拂去尘埃见真容——破解安徽寿县寿春镇计生服务站汉墓主人之谜的几件藏品》，《收藏家》2012 年第 12 期。

[14] 同 [3]。

[15] 刘金友、王飞峰：《大连营城子汉墓出土金带扣及其相关研究》，《北方文物》2015 年第 3 期。

[16] 张昌平：《概说古代中国绿松石器的发展及其礼仪性》，《江汉考古》2022 年第 4 期。

浅论南北朝佛寺的区别

任　艳*

内容提要：南北朝时期佛教迅速发展，但性质有所不同，北方重普及，南方重义理，因此佛寺建筑也存在着诸多差异，本文将结合文献和考古材料，对南北朝的佛寺从建寺主体、风格、布局等方面展开对比，以研究其不同特征。

关键词：南北朝　佛寺　布局

佛教自东汉传入，两晋南北朝逐步发展昌盛，在此过程中汉地出现了大量佛教建筑，其中最重要的是佛寺。东汉佛寺数量极少，其分布主要以洛阳与彭城（今江苏徐州）为中心。东汉永平年间（58—75）明帝遣使西域求法，后在洛阳建白马寺，一般认为这是中国最早的佛寺。彭城为东汉光武帝之子楚王刘英的封地，《后汉书》载永平求法之后，"楚王英始信其术，中国因此颇有奉其道者"[1]。三国笮融所建浮图祠[2]即在此地。

西晋佛寺仍以洛阳为中心，《洛阳伽蓝记》载："至晋永嘉，唯有寺四十二所。"[3]西晋时期已有42所佛寺，其中13所均位于洛阳[4]。自西晋始，佛寺不再全由官方建造，民间立寺、僧人立寺逐渐流行。南方吴地最早的佛寺为相传孙权时期所建的建初寺，自此建业佛寺初成气候。东晋政权中心自洛阳迁至建康以后，洛阳佛寺渐衰，南北方各形成佛教中心，南方为建康、北方为邺城及长安。西晋前的佛寺材料较少，因此其建筑特征仍充满争议。东晋至南北朝时期，南北方佛寺大量出现，有万余所，其中文献可考的就有近千所。佛寺建筑趋于繁荣，随着考古材料的不断丰富，其空间布局与特征也逐渐清晰。

南北朝时期，政治分裂，佛教虽日趋发展，但南北佛教性质渐异。因此，南北方的佛寺建筑也产生了不同的发展轨迹。王贵祥《东晋及南朝时期南方佛寺建筑概说》[5]及《北朝时期北方地区佛寺建筑

概说》[6]两文分别考证了文献中所见的南北朝佛寺，并对其分布范围、布局模式进行了讨论。本文将在此基础上，对南北朝佛寺进行横向比较，讨论其在建寺形式、佛塔以及空间布局上的异同，不当之处敬请方家斧正。

一　南北朝佛寺建寺形式的区别

1. 北朝多为皇室造寺，南朝多为民间造寺。

梁启超论及南北朝佛教的发展时说："佛教发达，南北骈进，而其性质有大不同者。南方尚理解，北方重迷信。南方为社会思潮，北方为帝王势力。故其结果也，南方自由研究，北方专制盲从。南方深造，北方普及。"[7]南北方佛教发展的不同趋势势必会影响佛寺的建立，因而北朝佛寺的建立受政治影响极大，而南朝则相对自由。

北魏前期佛教作为敷导民俗、思想教化的工具，政府对于百姓出家和建立佛寺都加以限制。虽经历了太武帝灭佛运动，但此后文成帝重开佛法，北魏皇室佞佛之风大盛。文成帝开武周山石窟，献文帝建永宁寺，造七级大塔，孝文帝在冯太后的影响下，又立建明寺、方山思远寺、报德寺等。《洛阳伽蓝记》载："逮皇魏受图，光宅嵩洛，笃信弥繁，法教愈盛。王侯贵臣弃象马如脱屣，庶士豪家舍资财若遗迹。于是昭提栉比，宝塔骈罗，争写天上之姿，竞模山中之影，金刹与灵台比高，广殿共阿房等壮。"[8]北魏一代，国家所建大寺47所，王公贵族建寺达839所[9]，这些皇室所建佛寺中，更有位于御道旁者，尤其是灵太后所建永宁寺和清河王元怿所建景乐寺，对立于宫城阊阖门南中心御道两侧，地位显赫[10]（图一）。诚然，北朝也曾出现了百姓争相造寺的局面，但是这是由于社会动乱，百姓为躲避战乱调役，或消灾祈福而出现的短暂现象。

---

* 任艳，常熟博物馆助理馆员。

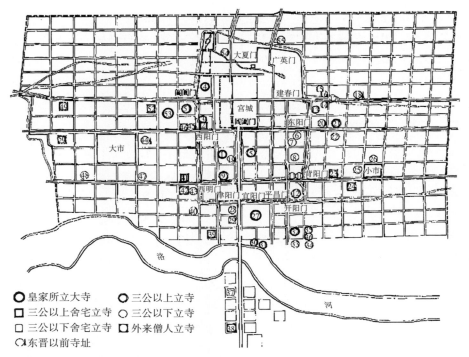

图中图例：
○ 皇家所立大寺　　◑ 三公以上立寺
□ 三公以上舍宅立寺　□ 三公以下立寺
□ 三公以下舍宅立寺　○ 外来僧人立寺
◖ 东晋以前寺址

图一　北魏洛阳主要佛寺示意图，采自《中国古代建筑史》第 2 卷《两晋、南北朝、隋唐、五代建筑》，图 2 - 7 - 1，中国建筑工业出版社，2009 年

不同于北朝将佛教与政治联系起来，南朝统治者对佛教采取宽容的态度，因此南朝佛教义理学发达。南朝皇室大多也提倡和信奉佛教，但在表现形式上不是大起佛寺，而更多的是礼遇僧众，译经释法。宋文帝刘义隆曾访觅高僧释法瑗，"使顿悟之旨，重申宋代"，并敕命其为宗室"戒师"予以奉养[11]。齐高帝萧道成亦为请高僧远下山"躬自降礼，咨访委悉"[12]。南朝皇室所建寺也大多为僧人而立。除此以外，南朝社会各界皆尊崇佛教，士人更是乐于与名僧同流，参与各种佛事活动，包括拜佛、读经、敬僧、请高僧讲法、编纂修订佛经、参与法会、谨守佛教戒律等[13]。在这样的社会环境下，僧人化施所得逐渐丰厚，加之政府提供资金支持佛教传播，大多数佛寺均为僧人所建。《高僧传》中所列非皇家所建的寺院就有 130 所。建康有名的竹林寺、上下定林寺、严林寺等，也都是僧人所立。此外，东晋起流行的士大夫舍宅为寺的风气依旧。总体来说，南朝的佛寺的发展受民间因素影响较多，与皇室政治并无太大关联。

2. 北朝佛寺多在城市，南朝佛寺多在山林。

北朝皇家提倡建寺，大多为祈福，而非真正的修禅讲经，因此佛寺大多以都城为中心，北魏迁都以前，至太和元年（477）平城已有佛寺百余所[14]。孝文帝迁都洛阳之后，更是大兴佛寺，但其对洛阳城内建寺有限制，只允许城中建永宁寺一所，郭内建尼寺一所，其余佛寺只能建在城郭之外。宣武帝即位后，于宣阳门外建景明寺，此后城郭内佛寺数量大增至 500 余所。

由于南朝佛教的自然发展，出现了多个佛教中心，建寺的范围也不局限于都城建康，会稽、庐山、江陵、巴蜀等地，皆佛寺密集。除了部分士人的舍宅为寺以外，南朝大多数的佛寺均为僧人所建，位于秀美的山林里，因而出现了一批山寺聚集地，其中不乏后世的名山大寺的所在地，主要有建康的钟山、栖霞山，会稽的天柱山、若邪山，钱塘的灵隐山以及庐山、涂山等。1999 年，南京钟山中峰南麓发现一处南朝佛寺遗址，通过考察出土的建筑构件和遗物以及与文献比对，发掘者认为该佛寺遗址即为南朝上定林寺[15]。南朝后期皇室受北魏风气的影响，也有为祈福而造寺者，梁武帝时便有七所，其中六所均建于山林，只有同泰寺在城区中，而同泰寺也位于紧邻宫城的鸡笼山，佛寺主体深入山林腹地。

南朝山寺居多，一方面是因为南方的自然地理优势，奇山异水众多，环境秀美。佛教本就有着山居禅观，而佛陀的本生事迹即修道于山林，成道于树下，讲道于园林，在山林间讲经修禅的传统由来已久。另一方面，南朝流行逃避世俗、隐身山林的生活态度和价值取向，南朝僧人与士人交往颇盛，且着意于佛教义理，因此也逐渐浸染了隐身山林的想法。北朝也有山寺，但大多是石窟寺的形式，与南朝类似的用以隐世修禅的山寺较为著名的只有竺僧朗在泰山所建的朗公谷山寺[16]。除此以外，热衷佛教的北魏灵太后胡氏也在嵩山建有闲居寺[17]，但其目的并非修禅，更多的是为了附庸风雅。

二 南北朝佛寺布局的区别

1. 北朝佛寺较为规整，南朝佛寺因地制宜、布局自由。

北朝佛寺多位于城郭之内，临街或依坊曲范围设置，因此布局也受到城市规划影响，表现出规整的轴对称布局的特点。目前，北朝佛寺的考古材料比较丰富，有洛阳北魏永宁寺[18]、大同北魏方山思远寺[19]、河北临漳邺城遗址赵彭城佛寺[20]和核桃园佛寺[21]等遗址，对复原北朝佛寺布局具有较大的帮助。永宁寺遗址为以佛塔为中心的前塔后殿式单院布局，寺门、塔基、佛殿基址均位于中轴线上，这是北魏早期佛寺的基本布局。据《洛阳伽蓝记》载，"去京师百里，已遥见之"，"浮图北有佛殿一所，形如太极殿"，"寺院墙皆施短椽，以瓦覆之，若今宫墙也。四面各开一门。南门楼三重，通三阁道，去地二十丈，形制似今端门"[22]，可见佛寺不仅布局、建筑形式与宫中类似，且体量巨大，气势恢宏。此外，赵彭城佛寺为北朝后期的北齐佛寺，已吸收了部分南朝特征，整体上呈现出多院多殿的特征，佛塔不再位于中心位置，但是依然为轴对称的布局形

式，形制规整。

尽管目前的考古材料有限，还无法复原出一座完整的南朝佛寺的布局，但是根据文献记载以及日韩的相关资料，可以对南朝佛寺的面貌有大体的认知。南朝佛寺具有因地制宜、布局自由的特点。上文提到，南朝山寺居多，往往依自然山水而建，即使是都城佛寺，也往往呈现园林化特征。《高僧传》载，元嘉十年（433），禅僧竺法秀（昙摩密多）"止钟山定林下寺，密多天性凝靖，雅爱山水，以为钟山镇岳，埒美高华，常叹下寺基构临涧低侧，于是乘高相地揆卜山势，以元嘉十二年（435）斩石刊木，营建上寺……禅房殿宇，郁尔层构，殿房禅室，肃然深远"[23]。"乘高相地揆卜山势"表明其建寺之时充分考虑自然山水，考古发现的寺院遗迹也表明其各类建筑依山势砌建，分布于六层平台之上，高低错落。"禅房殿宇，郁尔层构，殿房禅室，肃然深远"，则充分表现了这类山寺的典型特征。而城市佛寺，即使位于平坦之地，也与北朝表现出的恢宏、规整之貌不同，风格自然、开放。具体表现为两个特征：一为园林化的寺院，二为空间布局自由，别院及其他建筑要素众多。如上述梁武帝所建同泰寺，"筑山穿池，奇树怪石，飞桥栏槛，夹殿两阶"[24]，婉转玲珑，俨然一个园林式的空间（图二）。还有直

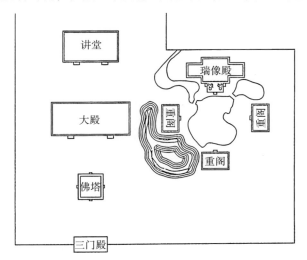

图二 同泰寺布局推想，采自《北朝时期北方地区佛寺建筑概说》图18，《中国建筑史论汇刊》2013年第1期

接"舍苑为寺""舍园为寺"者，如齐武帝舍灵邱苑为法王寺，"临朝夕之浚池，带长洲之茂苑。藉离宫于汉旧，因林光于秦余。回廊敞匝，复殿重起。连房极眺，周堵如云"[25]，可见其保留原有的园林特征。此外，南朝佛寺的建筑要素也相对灵活多样，除了基本的塔、殿、堂外，还有经藏、戒坛、般若台、佛牙阁、译经的专门场所、旁院、石窟、高僧墓地等[26]。

2. 北朝佛塔结构形式多样，南朝佛塔多为全木结构。

佛塔是佛寺的最为重要的组成部分之一，南北朝的佛塔存在明显的区别，北朝主要是土木结构的佛塔，而南朝为全木结构。正因如此，目前在北朝地域内发现了多座佛塔遗存，而南朝的相关研究只能依据大量的文献材料和东亚的相关实物。

北朝佛塔以永宁寺塔为典型，《洛阳伽蓝记》记"中有九层浮图一所，架木为之，举高九十丈"[27]，永宁寺塔除了内部土心与外部的瓦顶，全部采用梁柱式木构架式样。在其木柱间砌土坯构成土心，土心长宽各20米，高至第八层的楼板底面，以使木构梁柱梁架安稳。这种构造的做法借鉴了石窟中塔心柱做法，是中国早期发达的土木混合建筑结构技术的延续。而东晋南朝的大多数佛塔是全木结构样式，傅熹年提到"自百济传入日本后形成的'飞鸟式'建筑无疑是间接地源于中国的南北朝，且以源于南朝的可能性为大"[28]，以日本现存的"飞鸟式"佛塔法隆寺五重塔以及法起寺三重塔来看，南朝佛塔应该中有贯通上下的木质刹柱，中心刹柱外建造木构的多重塔身，为全木质结构，塔身的外观和风格相比北朝的也更加轻盈纤秀。

除此以外，砖石佛塔在北朝也有较大发展，如北魏所建的河南登封嵩岳寺塔，就是一座十五层檐的砖筑密檐塔；怀州妙乐寺塔"方基十五步并以石编之。石长五尺，阔三寸，已下极细密"[29]，当为一座体量巨大的石构佛塔。此外，东魏时所创的郑州超化寺、冀州育王舍利寺内也都曾建有石塔。以上说明在北朝，佛塔建筑在材料结构上都表现出了多样性。

3. 北朝重视礼佛空间，南朝重视弘法空间。

王贵祥提出一座佛寺应当具有三种最为基本的建筑空间：礼佛空间、弘法空间、僧侣空间。其中礼佛空间包括佛塔、佛殿、佛堂、佛像，以及后来用于供奉菩萨的殿堂楼阁等建筑与雕塑类型；弘法空间包括经台、藏经阁、法堂、讲堂，以及后来的戒坛、禅堂等建筑[30]，最常见的是讲堂，即僧人用以宣讲佛法的场所。

北朝早期的佛寺布局，有的以塔为中心，四周匝以廊阁庑房，或为前塔后殿的格局。北朝佛寺经历了以塔为中心到以殿为中心的转变，但无论是佛塔还是佛殿，都属于礼佛空间。北朝佛教一定程度上带有迷信祈福的色彩，无论是皇室立寺还是民间立寺，都以礼佛为主要功能，不重视佛教义理的弘扬，因此弘法空间相对薄弱，到后期随着佛教的发展才出现塔、殿、堂位于中轴线上的稳定布局。永宁寺和思远寺遗址的考古中均没有发现讲堂遗迹。南朝佛教重义理，尚玄讲，因此重视弘法空间之建，几乎每座佛寺都设有讲堂，且地位一度比佛殿更为重要。以大庄严寺为例，《续高僧传》载："庄严讲堂，宋世祖所立。栾栌增映，延袤迢远。至于是日，不容听众，执事启闻；有敕听停讲五日，悉移窗户，四出檐溜，又进给床五十张，犹为迫迮……又于简静寺讲十地经，堂宇先有五间，虑有迫迮，又于堂前权起五间，合而为一。"[31]可见讲堂听众之盛。

三　结语

南北朝佛寺建筑深受佛教发展的影响，由于北朝佛教重迷信，且与政治紧密联系，在皇室的倡导下在都城建立了大批佛寺，其建筑风格、布局也受到正统观念的影响，形制规整，恢宏大气，重视礼佛空间。南朝佛教发展则自然进行，重视义理，因此佛寺多为僧人所建，重视弘法，且受士人隐世之风影响，位于山林，效法自然。诚然，南北朝处于一个佛寺建筑繁荣发展的时期，规模不断扩大，功能逐渐增多，佛寺布局也变得复杂化，而且南北朝的佛教从来都不是单独发展的，在此过程中南北方不断融合，互相借鉴，佛寺建筑的诸多特征也逐渐趋同，至于隋代，渐趋稳定。本文只是就其整体展开对比，而实际上，由于目前考古材料有限，有关南北朝佛寺的研究大量依靠文献材料和东亚其他地区的遗存，有关佛寺布局的研究仍需更为细致化的研究。

注释：

[1]〔南朝宋〕范晔：《后汉书》卷八十八《西域传》，中华书局，1965年，第2922页。

[2]《三国志》卷四十九《吴书·刘繇传》："笮融者，丹阳人，初聚众数百，往依徐州牧陶谦。谦使督广陵、彭城运漕，遂放纵擅杀，坐断三郡委输以自入。乃大起浮图祠，以铜为人，黄金涂身，衣以锦采。垂铜盘九重，下为重楼阁道，可容三千余人，悉课读佛经，令界内及旁郡有好佛者听受道，复其他役以招致之，由此远近前后至者五千余人户。"〔西晋〕陈寿：《三国志》卷四十九《吴书·刘繇传》，中华书局，1973年，第1185页。

[3]〔北魏〕杨衒之撰、周祖谟校释：《洛阳伽蓝记校释》，中华书局，1963年，第4页。

[4]据汤用彤考订，有白马寺、东牛寺、菩萨寺、石塔寺、愍怀太子浮图、满水寺、磐鵄山寺、大市寺、宫城西法始立寺、竹林寺十座，王贵祥据文献又增三寺，分别为魏明帝浮图精舍、兴胜寺及另一洛阳某寺。见汤用彤：《汉魏两晋南北朝佛教史》，中华书局，1963年，第119—120页；王贵祥：《佛教初传至西晋末十六国时期佛寺建筑概说》，《中国建筑史论汇刊》2012年第1期。

[5]王贵祥：《东晋及南朝时期南方佛寺建筑概说》，《中国建筑史论汇刊》2012年第2期。

[6]王贵祥：《北朝时期北方地区佛寺建筑概说》，《中国建筑史论汇刊》2013年第1期。

[7]梁启超：《中国佛法兴衰沿革说略》，《佛学研究十八篇》，上海古籍出版社，2001年，第9页。

[8]同〔3〕。

[9]《辩正论》卷三《十代奉佛上篇》："右元魏君临一十七帝，一百七十年。国家大寺四十七所……其王公贵室、五等诸侯，寺八百三十九所。"〔唐〕法琳：《辩正论》，《大正新修大藏经》第52册，No.2110。

[10]傅熹年主编：《中国古代建筑史》第2卷《两晋、南北朝、隋唐、五代建筑》，中国建筑工业出版社，2009年，第179页。

[11]〔南朝梁〕释慧皎：《高僧传》，中华书局，1992年，第312—313页。

[12]同〔11〕，第319页。

[13]胡伟：《南朝士人与佛教》，苏州科技大学硕士学位论文，2017年。

[14]〔北齐〕魏收：《魏书》，中华书局，1974年，第3039页。

[15]贺云翱：《南京钟山二号寺遗址出土南朝瓦当与南朝上定林寺关系研究》，《考古与文物》2007年第1期。

[16]《高僧传》卷五《义解》："竺僧朗，京兆人也……朗常蔬食布义，志耽人外。以伪秦苻健皇始元年移卜泰山，与隐士张忠为林下之契，每共游处。忠后为苻坚所征，行至华阴山而卒。朗乃于金舆谷昆仑山中别立精舍，犹是泰山西北之一岩也。峰岫高险，水石宏壮。朗创筑房室，制穷山美，内外屋宇数十余区，闻风而造者百有余人。"〔南朝梁〕释慧皎：《高僧传》，中华书局，1992年，第190页。

[17]《魏书》卷九十《冯亮传》："世宗给其工力，令与沙门统僧暹、河南尹甄琛等，周视嵩高形胜之处，遂造闲居佛寺。林泉既奇，营制又美，曲尽山居之妙。"〔北齐〕魏收：《魏书》，中华书局，1974年，第1931页。

[18]中国社会科学院考古研究所：《北魏洛阳永宁寺1979—1994年考古发掘报告》，中国大百科全书出版社，1996年。

[19]大同市博物馆：《大同北魏方山思远佛寺遗址发掘报告》，《文物》2007年第4期。

[20]中国社会科学院考古研究所邺城考古队、河北省文物研究所邺城考古队：《河北临漳县邺城遗址赵彭城北朝佛寺遗址的勘探与发掘》，《考古》2010年第7期。中国社会科学院考古研究所、河北省文物研究所邺城考古队：《河北临漳县邺城遗址赵彭城北朝佛寺2010—2011年的发掘》，《考古》2013年第12期。

[21]中国社会科学院考古研究所邺城考古队、河北省文物研究所邺城考古队：《河北临漳邺城遗址核桃园一号建筑基址发掘报告》，《考古学报》2016年第4期。

［22］同［3］，第3—7页。

［23］同［11］，第122页。

［24］〔唐〕释道世撰，周叔迦、苏晋仁校注：《法苑珠林校注》，中华书局，2003年，第461页。

［25］沈约：《法王寺碑》。

［26］贺云翱：《六朝都城佛寺和佛塔的初步研究》，《东南文化》2010年第3期。

［27］同［3］，第3页。

［28］傅熹年：《傅熹年建筑史论文选》，百花文艺出版社，2009年，第130页。

［29］〔唐〕释道宣：《广弘明集》卷十五，《大正新修大藏经》第52册，No.2103。

［30］同［6］。

［31］〔唐〕释道宣：《续高僧传》卷五，《大正新修大藏经》第50册，No.2060。

苏州地区的佛塔研究

李瑞嘉*

内容提要：苏州有着悠久的历史和文化，其古建筑文化遗存也十分丰富。苏州地区存世的佛塔始建年代大多在魏晋以后，可分为楼阁式塔、喇嘛式塔、宝箧印经塔等多种形制。对苏州地区佛塔的梳理和研究可以为江南地区乃至中国的古建筑、佛教史、民间信仰的研究提供参考和借鉴。

关键词：苏州　佛塔　古建筑　历史

在佛教建筑中，佛塔是最具有代表性的建筑形式之一，其本身并不起源于中国，而是来自印度的"窣堵坡"。随着佛教进入中国，"窣堵坡"从一开始就与中国古代的楼阁建筑相结合，形成了具有中国本土特色的塔。按照建造的目的，佛塔可分为供奉佛像的塔、埋藏舍利的舍利塔、放置经典或刻经的经塔与埋葬僧徒遗骨的墓塔。可见佛塔的营建与当地的佛教信仰密切相关，不仅是民间流行信仰的体现，更是一个地区或国家政治政策与经济发展的产物。

江苏的佛塔在我国的建筑艺术史上有着极重要的地位，其中以历史文化名城苏州的塔最多，且内涵丰富。苏州自古以来就有"宝塔之城"的美誉，其建塔的历史可上溯到1700多年前的三国东吴时期。赤乌十年（247），孙权为报答母恩，在通玄寺中建造了一座13层的舍利塔，这就是苏州历史上最早的塔。此后自南朝至近现代，苏州地区佛塔的修建兴盛不衰，佛教与佛教建筑在这里有着较为完整的发展历程，这对我们探索与研究苏州地区的佛教建筑风格与布局乃至古建筑的保护都具有重要的意义。

一　苏州佛塔的类型

苏州佛塔的类型较为多样，参照罗哲文《中国名塔》中对塔的分类，苏州地区的佛塔可分为楼阁式塔、喇嘛式塔、宝箧印经塔和一些其他形制的塔[1]。另外，苏州还有一定数量的墓塔（表一）。

表一　苏州佛塔信息一览表

名称	年代	地点	类型	文物保护等级
崇教兴福寺塔	南宋建炎四年（1130）	常熟市古城大东门塔弄内	楼阁式塔	全国重点文物保护单位
光福塔	南朝梁大同初年	光福镇铜观音寺龟山顶	楼阁式塔	江苏省文物保护单位
秦峰塔	南朝梁天监二年（503）	昆山市南郊千灯镇	楼阁式塔	全国重点文物保护单位
慈云寺塔	孙吴赤乌年间（238—251）	吴江区震泽镇禅寺山门内庭院	楼阁式塔	全国重点文物保护单位
报恩寺塔	南朝梁代（502—556）	姑苏区人民路北端报恩寺	楼阁式塔	全国重点文物保护单位
瑞光寺塔	北宋景德元年（1004）	苏州西南盘门内	楼阁式塔	全国重点文物保护单位
聚沙塔	南宋绍兴年间（1131—1162）	常熟梅李镇东、浒浦塘畔的聚沙公园内	楼阁式塔	全国重点文物保护单位
灵岩山多宝佛塔	梁天监二年（503）	吴中区木渎古镇灵岩山寺	楼阁式塔	
虎丘云岩寺塔	五代后周显德六年（959）	阊门外虎丘山	楼阁式塔	全国重点文物保护单位
罗汉院双塔	北宋太平兴国七年（982）	定慧寺巷内	楼阁式塔	全国重点文物保护单位

* 李瑞嘉，南开大学历史学院本科生。

续表

名称	年代	地点	类型	文物保护等级
楞伽寺塔	北宋太平兴国三年（978）	虎丘区石湖上方山	楼阁式塔	江苏省文物保护单位
甲辰巷砖塔	无考	相门干将路甲辰巷市桥头的小巷深处	楼阁式塔	全国重点文物保护单位
天平山观音塔	无考	吴中区太湖之滨	楼阁式塔	
宝带桥双塔	南宋绍定五年（1232）	苏州东南宝带桥	楼阁式塔	
寒山寺妙利普明塔	1993年重建	姑苏区枫桥镇寒山寺	楼阁式塔	
灵岩山新塔院墓塔	20世纪末	灵岩山新塔院室内	喇嘛式塔	
灵岩山宝箧印经塔	清以前	接近灵岩山寺的山路一侧	宝箧印经塔	
虎丘塔金涂塔	北宋建隆二年（961）	虎丘塔第三层	宝箧印经塔	
瑞光塔中大小金涂塔	五代至北宋初	瑞光塔第三层塔心的窖穴内	宝箧印经塔	
灵岩山老塔院墓塔（2座）	20世纪初	灵岩山老塔院室内	墓塔	
翠岩寺禅师塔林（3座）	清代	翠岩寺后侧	墓塔	
万佛石塔	南宋绍兴年间（1131—1162）	虎丘区镇湖街道西泾村	特殊形制塔	全国重点文物保护单位

（一）楼阁式塔

楼阁式塔是印度窣堵坡和中国原有的木结构楼阁相结合形成的塔，是中国塔最早的一种形式，其体形最为雄伟高大。苏州地区的塔便是以楼阁式塔为主，最初主要为木构，但难以保存，后来逐渐发展出了砖木混合结构、砖结构和石结构等多种形式的楼阁式塔。

1. 砖木混合结构楼阁式塔

"这种塔远看很像木塔，但它不是纯木框架结构，主要依靠砖砌塔壁荷重，为塔的主要结构。其他塔顶刹柱、腰檐、平座、斗拱、楼板、顶架等是木结构。"[2]平面形制有正方形、六边形和八边形三种。

①常熟崇教兴福寺塔。俗称方塔，位于常熟古城大东门塔弄内。始建于南宋建炎四年（1130），历代修缮，至今保存完好。塔九级，平面为正方形，每面三间，倚柱分隔，底层室内八角形，底层塔身外原有木构回廊，后毁坏，1987年由常熟市古建筑公司修复。二至七层外观方形，各层均有平座，宽0.9—1.1米，在木板上铺砖面，下为"双抄五铺作斗拱"。塔高约67.14米，塔刹位于塔顶正中，置于刹顶柱上，由下至上，依次为覆钵、鼓形束腰、承

露盘、相轮、四只龙头，上悬缆索与顶之飞檐翘角连接，顶上为圆锥形[3]（图一）。

②光福塔。又称虎山寺塔。位于苏州西南光福

图一　崇教兴福寺塔，照片采自江苏省文物管理委员会：《江苏之塔》，江苏人民出版社，1957年

镇铜观音寺后面的龟山顶上。建于梁大同年间（535—545），本名舍利佛塔，原藏有《华严经》和悟彻和尚的灵骨。唐代重建。塔为砖身，木檐楼阁式，作七层，平面方形，重檐复宇，矗立在三层条石包面的台座上。塔体高 22.15 米，塔刹高 8.35 米，总高 30.5 米，底层有回廊，塔身每边长 5.18 米，正南开门，自二层起改为四面辟门。各层有楼板和木扶梯，塔身每层有腰檐平座，每面置柱枋斗拱[4]（图二）。

图二 光福塔，照片采自江苏省文物管理委员会：《江苏之塔》，江苏人民出版社，1957 年

③秦峰塔。始名秦驻山塔，俗称美人塔。位于昆山市南郊千灯镇。南朝梁天监二年（503）建延福禅院和塔，宋代重建。塔为砖木结构楼阁式塔，平面方形，七级，高 38.7 米，每层每面各设一门。塔顶类似伞形骨架结构，塔刹为铁铸，高达 7 米，占全塔五分之一，气势磅礴。塔壁上每层每面镶嵌两尊释迦牟尼佛像，共 56 尊，外槽供信徒参拜[5]。

④慈云寺塔。位于吴江区震泽镇慈云禅寺山门内庭院中。该塔与慈云寺均创建于孙吴赤乌年间（238—251），宋代、明代重修。总高 38.44 米，砖身木檐，六面五级，每边长 7 米。底层有回廊。第二层起，每层均有平座腰檐，并相隔在三面辟门，其他三面为佛龛。塔刹约为塔高的四分之一，铁制[6]（图三）。

图三 慈云寺塔，照片采自江苏省文物管理委员会：《江苏之塔》，江苏人民出版社，1957 年

⑤报恩寺塔。俗称北寺塔，为苏州地区现存最高的塔，位于姑苏区人民路北端报恩寺内。始建于南朝梁代，北宋、南宋时重修，八角九级，砖身木檐。高 76 米，塔身由外壁、回廊、内壁、塔心室组成。各层每面均有腰檐和平座栏杆，过道和塔心室上有砖制藻井。塔的外形，由下至上曲线上升，逐渐收缩，有优美的飞檐和翘起的翼角[7]。该塔所在地原有开元寺，毁于唐末。吴越国显德年间（954—960），忠懿王钱弘俶于开元寺旧基重建寺院，移报恩寺之额，故命名报恩寺[8]（图四）。

⑥瑞光寺塔。位于苏州古城盘门内，为宋代早期南方砖木结构楼阁式塔中比较成熟的代表作，始建于北宋景德元年（1004），大约于天圣八年（1030）基本落成。塔高 53.57 米，塔刹高 9.14 米。

图四 报恩寺塔

图五 瑞光寺塔，照片采自江苏省文物管理委员会：《江苏之塔》，江苏人民出版社，1957 年

八角七级，塔身砖砌，由外壁、回廊、塔心三部分组成。台基为石质须弥座式，塔身每层绕有木构的腰檐、平座。可惜瑞光寺及殿堂早已荒废，仅瑞光塔得以保存[9]。1978 年，在第三层瑞光塔心窖穴内发现了函藏在两层木箱内的真珠舍利宝幢及佛教文物多件，有铜质镀金塔两座，地藏、观音、如来佛等造像九尊，五代的手抄经卷、北宋的木刻《妙法莲华经》和嵌螺钿藏经漆匣[10]（图五）。

⑦聚沙塔。全称聚沙百福宝塔。位于常熟梅李镇东、浒浦塘畔的聚沙公园内。南宋绍兴年间（1131—1162）始建。清代，塔檐、塔顶残毁，塔身逐渐破败倾斜。1949 年后，该塔多次抢修、整修。1993 年，完成塔身纠偏扶正工程。1996 年，大修聚沙塔，恢复宋时风貌。塔高 22.65 米，八面七级，每层施木结构的腰檐、平座，底层有回廊环绕。此外，砖壁体和木构还施有彩绘[11]。

⑧灵岩山多宝佛塔。位于吴中区木渎古镇灵岩山寺内。本为砖塔，全用砖砌，但 20 世纪 90 年代重修后，塔身已建起了盘旋而上的木梯及四周的腰檐与回廊。初建于梁天监二年（503），原作九层，后毁，历代重修，现为七级八面，高 34 米，底径 7 米，向上逐层递收，筒式结构，仅有外壁，内无塔心[12]。

2. 砖结构楼阁式塔

苏州的砖结构楼阁式塔平面多呈八角形，仅有一座袖珍塔平面为四方形。

①虎丘云岩寺塔。原名弥陀塔。位于苏州古城阊门外虎丘山上。云岩寺的历史较为悠久，于东晋咸和二年（327）建[13]，但寺中现存塔的年代却比较复杂，刘敦桢考证认为该塔建于吴越显德六年（959）[14]，为吴越国后期建造的佛塔。塔高 47.7 米，向东北方向倾斜 2.34 米。虎丘塔八面七层，虽是砖塔，但做出仿木结构的楼阁式形制，内部施有彩绘[15]（图六）。

②罗汉院双塔。又叫姑嫂塔、姐妹塔。位于苏州古城东部的定慧寺巷内。该寺初建于唐咸通年间（860—874），初名般若院，五代吴越国时期改称罗汉院。现存双塔为北宋太平兴国七年（982）所建，坐东的叫舍利塔，坐西的名功德塔，比肩而立，形制相同，为八角形平面，七层，高约 33 米。"双塔形制模仿木楼阁砖塔，二层以上施平座、腰檐，腰檐微翘，翼角轻举，逐层收缩"[16]（图七）。

③楞伽寺塔。又称上方塔。位于虎丘区石湖上方山。《苏州府志》记载该塔为隋代创建[17]，但有

图六　虎丘云岩寺塔，照片采自江苏省文物管理委员会：《江苏之塔》，江苏人民出版社，1957 年

图七　罗汉院双塔，照片采自江苏省文物管理委员会：《江苏之塔》，江苏人民出版社，1957 年

学者认为其现在的外观已绝非隋塔原貌[18]。目前根据塔内铭文与结构特征，公认该塔为北宋太平兴国

三年（978）吴越国所建。楞伽寺塔全用砖砌，塔刹早废，高约 23 米，七级八面，每边长 2.4 米，四面辟出壶门，原有回廊环绕，现仅存柱础[19]（图八）。

图八　楞伽寺塔，照片采自江苏省文物管理委员会：《江苏之塔》，江苏人民出版社，1957 年

④甲辰巷砖塔。位于相门干将路甲辰巷市桥头的小巷深处。塔的始建年代已无考，南宋绍定二年（1229）刻绘的《平江图》碑上标记有该塔。苏州市文物部门在维修中曾对该塔塔砖进行热释光测试，得出了塔建于“晚唐至五代末期”的结论[20]。塔仅高 6.28 米，平面八角形，五层，每层有腰檐出挑，门窗方位交错，通体由青砖砌筑，不用寸土块石，不施粉彩[21]。有学者认为其似吴越国后期砖塔，似乎原为寺院大殿前双塔之一[22]（图九）。

⑤天平山观音塔。位于吴中区太湖之滨，塔建在登天平山路的“一线天”下龙门右侧的悬崖峭壁之上。观音塔的年代虽然无从考证，但塔的造型极为奇特，不采用奇数层古塔的传统做法，而是建出四层的偶数层样式。该塔由塔基、塔身和塔刹组成，仅高 3.38 米，全用砖砌，不用寸木，每层原有观音塑像（图一○）。

3. 石结构楼阁式塔

以石制作雕刻的塔建造难度较大，因而这种形式的塔往往规模不大。

宝带桥双塔。宝带桥，别名长桥，南北横卧于大运河和澹台湖之间的玳玳河口，与大运河平行，是中国现存的古代桥梁中最长、保存最完整的一座多孔连拱石桥。双塔一座位于桥北端距离桥头约2米的桥面上，另一座位于桥26与27孔之间东侧的水盘石上，均为宋代建造。两塔形制相似，高约4米，整块青石雕琢而成。底座两层均正方形，下层刻海浪，上层刻云纹，塔身八面五层，底层重檐，余皆单檐。腰檐、平座、栏杆、宝顶雕刻精致[23]（图一一）。

图九　甲辰巷砖塔

图一一　宝带桥双塔之一，照片采自江苏省文物管理委员会：《江苏之塔》，江苏人民出版社，1957年

4. 现代重修楼阁式塔

寒山寺妙利普明塔。又称寒山寺塔。位于姑苏区枫桥边的寒山寺内。寒山寺始建于梁代，原名妙利普明塔院，建寺之初就有塔[24]。可惜该塔早毁，20世纪90年代，仿唐代建筑形式重新修建了普明宝塔，塔平面呈方形，五层，高42.02米，由台基、塔

图一〇　天平山观音塔，照片采自江苏省文物管理委员会：《江苏之塔》，江苏人民出版社，1957年

身、塔刹组成。台基用花岗石 100 余方，塔身采用钢筋混凝土薄壁筒体结构，塔刹全铜浇筑，外贴金箔，显得庄重华贵[25]。

（二）喇嘛式塔

又称窣堵坡、覆钵式塔，是仿照印度窣堵坡建造的形式。这种塔在苏州地区的实例极少，多为墓塔，如灵岩山新塔院中的一座墓塔，高约 5 米，有须弥座，塔身为覆钵式，其上为相轮，正是喇嘛塔的形式[26]。

（三）宝箧印经塔

这种塔的形状似一个宝箧，内藏有印经，故而得名。五代吴越王钱弘俶模仿印度阿育王造塔，也建造了大量藏经塔，因而这些塔又可叫阿育王塔，同时，因塔的外部多涂金，又称金涂塔。

苏州的宝箧印经塔可分为大型和小型两种，大型的塔较少，如灵岩山的宝箧印经塔位于接近寺庙的山路一侧，高 4 米余。其下方台是用砖砌的基础和须弥座，上有石栏杆，每边宽 2 米，台上有逐级收缩的方座，上为塔身，塔顶作宝箧印经塔的形状。经考证，此塔的年代在清以前，形制近于唐塔的风格[27]。

小型的宝箧印经塔为在寺庙中贮存舍利之用，多在其他塔中发现。

①虎丘塔中所出的金涂塔。位于虎丘塔的第三层。铁质，外面鎏金，分底座、塔身和塔顶三部分。须弥座底方形，高 4、边长 11 厘米，塔身高 7.8、边长 11.2 厘米，塔顶中间之刹底已朽酥而脱离，四周作翘角形，有残损，高 6.8 厘米。塔座、塔身至顶部翘角处均铸有佛像，塔座中心凹有一洞，内放金质小瓶，瓶口有盖，口塞纸圈，内有细如小米的舍利子一粒。据题记可知，该塔为北宋建隆二年（961）入塔[28]（图一二）。

②瑞光塔中的大小金涂塔。位于瑞光塔第三层塔心的窖穴内。大小金涂塔各有一座，铜质，大金涂塔通高 36.8 厘米，须弥底座方形，边长 15 厘米，底板上刻有题字。其年代应该为五代至北宋初期[29]（图一三）。

图一二 虎丘塔所出的金涂塔，照片采自苏州博物馆官网

图一三 瑞光塔所出的大金涂塔，照片采自苏州博物馆官网

（四）墓塔

墓塔多建在寺庙周围，有的还能够形成塔林，用于埋葬高僧的骨灰，塔的体量较小，多为石塔，有塔基、塔身和塔刹三部分。

①灵岩山老塔院墓塔。共有两座，大小、形式相同。墓塔建于室内，别具一格，紧靠东、西次间北墙。基座为须弥座式，长 3、宽约 1、高约 1.1 米，

基座上各有两个六角形平面的小塔，似棱柱形，高约 2.4 米。塔的形制较为特殊，有些类似金刚宝座塔[30]。

②翠岩寺禅师塔林。塔林位于翠岩寺后侧。广慧德禅师塔，位于塔院中央，青石筑成，高 3.3 米，单层四方形。塔基边长 1.9 米，上有须弥座、塔身、塔檐和塔刹。塔身边长 0.6 米，四面磨凿光滑，上覆塔檐，中间置二层垒叠的馒头状塔刹。广慧塔的左右前侧，分别建有隆安缘禅师塔和印真铭禅师塔，皆花岗石造，形制几乎一样。高 2.75 米，单层六边形，须弥座高 0.75 米，塔身高 0.7 米，塔尖作宝珠状。三塔形成最小的塔林，位于塔院内[31]（图一四）。另在翠岩寺山门外北侧山坡上，还有一座佛塔，残高 2.02 米，花岗石质，四方形，形式与三塔相近，根据铭刻可知该塔为明中期遗物。

图一四　翠岩寺禅师塔林，照片采自徐文涛：《苏州古塔》

（五）特殊形制佛塔

①万佛石塔。原名禅师塔。位于虎丘区镇湖街道西泾村。始建于南宋绍兴年间（1131—1162），元明两代重建。该塔由石灰石石块砌成，单层，外方内圆，形制十分独特。高 11.2 米，由台基、塔身和塔刹三部分组成。台基南北长 8.77、东西宽 5.1、高 2.4 米，台南边设宽约 1 米的如意踏跺八级，可供上下。塔身朝南辟一火焰形塔门，高 2.1、宽 0.72 米。塔室内刻有一排排浮雕小佛像，佛像高 4.5、宽 3.5 厘米，共计 10800 尊。塔刹为一个石雕葫芦状宝瓶，宝珠顶，下有佛龛，佛龛四周壶门各刻一尊坐佛[32]（图一五）。

图一五　万佛石塔，照片采自徐文涛：《苏州古塔》

二　苏州佛塔的选址与布局

佛塔的选址与布局也是研究苏州佛塔发展的重要问题，从苏州现存的佛塔来看，可分为属于佛寺的佛塔和不属于佛寺的佛塔，其中属于佛寺的佛塔占最主要的部分。佛塔作为佛教寺庙中的重要组成部分，讨论佛塔的选址势必离不开佛寺的因素。佛寺的选址又可分为山林型、临水型和城市型。

山林型的佛寺位于风景优美的山林之中，多选择在山坡的平坦地段或山顶高处，根据山势来建造寺院。苏州这种类型的佛寺较多，如云岩寺、楞伽寺、灵岩寺、光福寺、兴福寺；临水型佛寺选址更靠近河流、湖泊、溪水等，往往依水而建，寒山寺、慈云寺、延福禅寺就是典型代表；而城市型佛寺的地点就位于城市之中，虽处于闹市，但也会在寺院内部营造类似于山林间的幽僻环境，如苏州古城内的报恩寺、瑞光寺（已废）和罗汉院。

苏州佛寺的选址类型是十分丰富的，这也与不同的建寺造塔目的相关。总体来说，中国古代建筑都追求建筑本身与自然环境的交融和谐，讲求天人合一，十分重视外部环境的作用，山林型和临水型的佛寺更能体现这一点。佛教寺院的建造需要体现出僧侣信徒超脱红尘、与世无争的思想，同时还要考虑适合出家人进行修行养性，因而群山翠林之中便是相当理想的场所。这也与苏州的地形地势有关，苏州的山虽然都不高，但山峦地势起伏多变，显得神秘莫测。比如木渎镇灵岩寺位于灵岩山腰，藏于深深的山林之中，从山脚望去几乎看不到。同时，苏州地处江南水乡，多河流湖泊，自古居民便是临水而居，佛寺也不例外，靠近河湖不仅方便生产生活，便利的交通还利于信众们前来礼拜。典型的如慈云寺沿河流呈带状布局，寒山寺正对着京杭运河，坐东朝西。而自佛教传入初期，佛寺即主要出现在城市当中，官方在城中修建佛寺，利于促进民众对佛教的理解与信奉，更便于统治。同时，苏州一带还多"舍宅为寺"的风气，每个级别的信众将各自的住宅建筑作为佛教寺院，以求得到红尘中的安乐[33]。报恩寺、瑞光寺和罗汉院分据苏州城北平门、城西盘门和城东相门，寺中高耸的佛塔遥相呼应，威严庄重，城中佛寺更接近人口的稠密区，能够发挥其广泛的影响。

佛寺的选址很大程度上影响了佛塔，属于佛寺建筑群中的佛塔最初是佛寺中的主体建筑，处于核心地位。唐代以前建造佛塔的寺院都是前塔后殿的布局，因为塔是释迦牟尼的佛家，在佛教信徒的眼里，塔是佛祖的象征，所以进寺必须先拜佛塔，以示敬仰和虔诚[34]。早期的佛塔是整个寺院的中心，有些塔还专门建有塔院（图一六），这种建筑形式符合佛教教义，也适应了佛教信徒绕塔礼拜的要求，佛塔的神圣性得以张扬，也就是说佛塔在进入中国后虽然一定程度上被改造了，但佛教精神性的崇拜

仍然居于主导地位[35]。南北朝时，人们对佛造像的崇拜逐渐兴起，因而佛寺的布局中心也开始有了由塔向殿转变之趋势。到了隋唐，与中国庄玄思想交融的佛教教派——汉传佛教影响愈大，之前的塔院布局变成了回廊式佛寺（图一七），佛塔的位置也不再处于大殿之前，人们对佛塔所蕴含的精神崇拜进一步弱化，以至于后来的一些佛塔已不在寺院之内。而宋代出现的"伽蓝七堂制"规定的汉传佛寺布局中则更未对佛塔作出必要要求，佛殿彻底成为佛寺的中心主体建筑（图一八）。

图一六　塔院式布局的佛寺，图片采自萧默：《天竺建筑行记》，生活·读书·新知三联书店，2007年

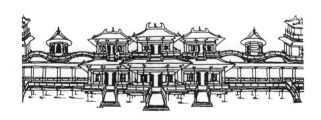

图一七　回廊式佛寺，图片采自傅润三：《漫谈寺院文化》，宗教文化出版社，1999年

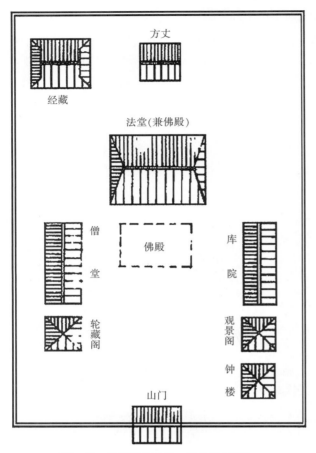

图一八　宋代禅寺布局，图片采自戴俭：
《禅与禅宗寺院布局研究》，《华中建筑》
1996 年第 3 期

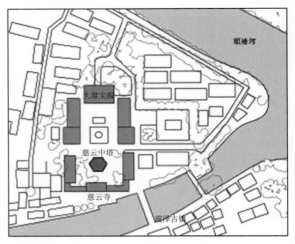

图一九　慈云寺塔位置图，图片采自金兰希：
《江南明清古佛塔特色研究》

苏州现存的大部分佛塔是属于佛寺的建筑，其与佛寺的位置关系展现出多种样态（表二）。慈云寺塔的建造年代相对较早，其遵循了前塔后殿的布局，塔位于佛殿之前，处于佛寺中心的地位（图一九）。

随着人们对佛塔象征的舍利崇拜转向对佛殿代表的佛像崇拜，佛塔逐渐变成了佛寺的附属建筑，有的位于佛殿一侧，如灵岩寺中的多宝佛塔就处在大雄宝殿东侧的塔院之中；有的佛塔则在佛殿的后部，如普明宝塔位于寒山寺的后半部分（图二〇）。

除了单体佛塔外，苏州还有独特的双塔组合形式。"同时在一处建立两座佛塔，即城'双塔'。这种布局一般建于寺院或者佛殿的前端，表示寺院的供奉中心在此处。"[36]但是就苏州著名的罗汉院双塔

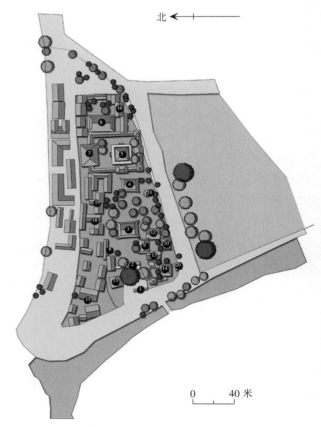

图二〇　寒山寺平面图，图片采自陈丽：
《苏州佛教建筑遗存及现状研究》
1. 照壁　2. 山门　3. 大雄宝殿　4. 寒拾殿　5. 普明宝塔
6. 寒山丈寺　7. 法堂　8. 罗汉堂　9. 大悲殿　10. 弘法堂
11. 钟楼　12. 钟房　13. 碑房　14. 枫江楼　15. 素斋馆
16. 古钟陈列室　17. 佛学院　18. 斋堂　19. 客堂　20. 净房

而言，似乎其并不是寺院的中心，因为苏州双塔所在的罗汉院建于唐代咸通二年（861），初名"般若院"，直到五代吴越王钱镠才将该寺改称"罗汉院"，且此处一直仅有佛寺而无宝塔，到了北宋年间才有人出资兴建宝塔两座，即双塔。可见该寺院在规划之初并不是以塔为中心构建的。此外，前文所述中还有学者推测过甲辰巷砖塔似为原本建在寺院大殿前的双塔之一，但从其形制来看，该塔仅高6.82米，作为佛寺的中心建筑似乎并不恰当。

另外，苏州还有不少佛塔移到了佛寺的外部。从现存的佛塔来看，将佛塔建在寺院以外往往选择在山顶制高点，比如光福塔就位于铜观音寺后面的龟山顶上，楞伽寺塔也建在上方山顶，这样的佛塔虽然精神崇拜的功能被弱化，但其屹立在寺院所处山体的最高处则体现了佛塔作为佛寺的象征存在，发挥醒目的标志作用。这种较为特殊的布局实际上也是苏州因地制宜的建筑传统，这种传统不会恪守于死板的规章制度，而是顺应地形环境，形式灵活，比如苏州山林寺院常按照山势地形安排殿堂建筑，错落有致，将园林景观与重叠的山峦融为一体[37]，又如寒山寺一反佛寺坐北朝南的常态，采用坐东朝西的布局，就是为了面向京杭大运河。可见，苏州佛教建筑的构建与布局非常重视实用功能，所以为了标示佛寺的存在，将佛塔建在寺院之外也就不难理解了。

还有一些佛塔在建造之初就有着特殊的目的与用途，比如万佛石塔始建于南宋绍兴年间（1131—1162），其作为镇湖之物面对太湖，隔湖与光福窑上山相望，目的就是为了消灾镇邪，可惜其附近的秀峰寺现已不存。梅李镇的聚沙宝塔位于浒浦塘畔，南宋绍兴时同样为了镇潮水冲击而建梅林东塔院，内有聚沙塔处于松软的沙滩之上。除了镇水之外，还有用作护城以镇风水之塔。据《常昭合志》载，南宋建炎四年（1130），有僧人用认为常熟西北有山，而东南为湖，客山高而主位低，失宾主之辨，宜于苍龙左角立浮屠以镇之[38]。此塔便是崇教兴福寺塔。可见，这些有特殊用途的塔多根据风水来选址建造，发挥着风水塔的作用。

苏州地区不属于佛寺的塔仅有很少的一部分，如宝带桥的双塔和天平山观音塔，观音塔建在登天平路的"一线天"下龙门右侧的悬崖峭壁之上，有关的记载和考证都极少。而宝带桥双塔则属于苏州地区典型的塔与古桥相结合的组合方式。江南河道纵横，桥和塔常常构成组合景观，例如慈云寺塔东南有一清代石桥禹迹桥，二者相互呼应；宝带桥石塔也和名桥宝带桥及石亭、石狮组成相配合的水乡风景。

综上，苏州的佛塔多属于佛寺建筑，其在寺院中的不同位置反映了塔在佛寺建筑群中的地位。同时，受地理环境的影响，风水塔也是苏州佛塔的一大类型，极具特色的塔桥组合还能起到美化景观的艺术作用。

表二　苏州部分佛塔相对佛寺位置关系表

序号	塔相对寺的位置	佛塔	佛寺	具体位置
1	塔在佛寺中心	慈云寺塔	慈云寺	山门内庭院中
2		秦峰塔	延福禅寺	
3	塔在佛殿一侧	报恩寺塔	报恩寺	
4		多宝佛塔	灵岩寺	大雄宝殿东侧塔院
5	塔在佛殿后部	普明宝塔	寒山寺	
6	塔在寺院之外	光福塔	铜观音寺	后山顶端
7		楞伽寺塔	楞伽寺	西边山顶
8	塔在佛殿前部，但非佛寺中心	双塔	罗汉院	
9		甲辰巷砖塔	原属寺院无考	

三　苏州佛塔的历史与营造风格

苏州建塔的历史悠久，最早在东吴时期孙权就曾为迎接高僧性康在盘门内建造了寺院，后来又为报答母恩在寺中建起了一座十三层的舍利塔。南北朝时吴地佛教兴盛，在佛教徒梁武帝萧衍的影响下，江南建寺造塔之风大兴，大量的佛塔在这时出现，如报恩寺塔、灵岩塔、光福塔、秦峰塔、昆山凌霄塔（已毁）、寒山寺塔等等。隋统一后，文帝笃信佛教，统一规定塔的样式，并下令州郡大量建造，苏州的云岩寺塔和楞伽寺塔就始建于此时。苏州在五代吴越至宋代的三百余年间，除北宋末年曾遭金兵侵扰外，长期处于安定状态，吴越王钱镠和宋皇室都崇尚佛法，这为吴地的佛教发展营造了良好的社会环境，南宋时的《平江图》碑刻中可见当时城内有报恩寺塔、瑞光寺塔、罗汉院双塔、妙湛寺塔、白塔、虹塔等14座塔，城外还有云岩寺塔、半塘寺塔、寒山寺塔、天平山塔、灵岩山塔5座塔。而到了元、明、清三代，苏州的佛塔建造进入了衰退期，不仅塔的数量剧减，建造技术与艺术成就也都无法和前代相比。

从结构上来看，苏州早期的塔都是木结构的，这也符合中国传统的木构建筑形式，但木构的塔大多不易保存，于是南北朝出现了砖石结构的塔，到了宋代，砖石、砖木混合结构的塔已经发展成熟，造塔技术达到了巅峰。这种结构的佛塔形体更为高大，可供登临远眺，而另外一种石质结构的塔则一般较为矮小，大都不可登临。

相对于北方地区的佛塔类型，苏州的佛塔种类较为单一。楼阁式塔是苏州佛塔最主要的类型，这不仅与中国古代楼阁式建筑的传统有关，还受到江南地区地方环境的影响。由于当地风景秀丽，人们自然期望能够登塔领略优美的自然风光，并且江南天气炎热，高塔还能提供纳凉避暑的去处。苏州的楼阁式塔一般还会在底层加一周与塔的平面边数一致的外廊，这不仅起到增强塔的稳定性的作用，还能够美化塔的造型。此外，佛塔类型的单一还与佛教教派相关，江南地区的佛教主要以禅宗为主，采用密檐式塔的密宗在苏州不曾广泛传播，其他形式的如藏传佛教常用的覆钵式塔和同属密宗的金刚宝座式塔在江南地区则更加少见。宋代时禅宗还走向了与理学相结合的道路，江南的佛教摆脱了印度佛教的原型，世俗化特征明显，苏州多风水塔的建造和佛塔重视与环境的配合则是此时佛教世俗化最好的证明。

四　结语

苏州现存佛塔类型多样，构造精湛，用材丰富，不仅数量多，而且质量高，可谓集江南建筑之大成，形成了鲜明的地方特色。苏州佛塔的形成和发展，与当地自然环境有着密切的关系。苏州水系纵横交叉，水网密布，古人利用水系，开凿河道，改造地形，并在此基础上营造建筑，形成了河道、街巷平行的双棋盘建设格局的独特水网城市。在这样的城市环境中，苏州古佛塔既遵循着主流的佛教建筑布局，同时还发展出自身的特色，即不拘一格的选址与相对自由的营造风格，由此可见自然环境对城市和建筑品格的重要影响。

在对苏州地区佛塔的资料收集与梳理中，笔者还发现了大量建造精致却已毁的古佛塔。如姑苏区的开元寺普同塔、昆山市的玉峰凌霄塔、昆山市玉峰山的妙峰塔、太仓市的茜泾广孝寺塔等等，这些佛塔早至北宋，晚到元明，既有传统的楼阁式高塔，还有苏州地区极少见的窣堵坡式塔。可惜的是，今人只能从一些照片资料中，回顾这些古佛塔过去的姿态，这无疑也是苏州佛塔研究的重大缺憾。这样的遗憾启示我们如何探讨、保护、研究、继承和发展历经千百年而形成的传统建筑文化，是一项值得引起重视的任务。这项任务的重视与落实，对于研究和保护古建筑、弘扬优秀传统文化将有重要的意义。

注释：

[1] 罗哲文：《中国古塔》，百花文艺出版社，2006 年，第 14—19 页。

[2] 蔡述传：《江苏古塔概述》，《东南文化》1993 年第 1 期。

[3] 同 [2]。

[4] 徐文涛：《苏州古塔》，上海文化出版社，1998 年，第 75 页。

[5] 同 [4]，第 88—89 页。

[6] 同 [4]，第 81—83 页。

[7] 同 [2]。

[8] 《吴郡图经续记》："报恩寺，在长洲县西北一里半，古为通玄寺……（唐开元中）改名开元……大顺二年（891），为淮西贼孙儒焚毁……周显德中，钱氏于开元寺基建寺，移唐报恩寺名于此为额，即今寺也。"

[9] 同 [4]，第 38 页。

[10] 邹厚本：《江苏考古五十年》，南京出版社，2000 年，第 374 页。

[11] 同 [4]，第 104—105 页。

[12] 同 [4]，第 62—64 页。

[13] 《吴县志》卷三十二："云岩寺即虎丘山寺，晋司徒王珣及弟司空王珉之别业也。咸和二年（327），舍以为寺。"

[14] 刘敦桢：《苏州云岩寺塔》，《文物参考资料》1954 年第 7 期。

[15] 同 [4]，第 21 页。

[16] 倪峰：《宋代建筑艺术探微》，《河南教育学院学报》2006 年第 1 期。

[17] 同治《苏州府志》卷四十："上方寺在县西南十二里石湖上，旧名楞伽寺。隋大业四年（608），吴郡太守李显建塔七成，据山巅。"

[18] 魏祝挺：《吴越国佛塔经幢通考以及形制分布的初步研究》，浙江大学硕士学位论文，2016 年。

[19] 同 [4]，第 67 页。

[20] 刘一鸣：《古建筑砖细工》，中国建筑工业出版社，2004 年，第 116 页。

[21] 同 [4]，第 51 页。

[22] 同 [18]。

[23] 同 [2]。

[24] 《吴郡志》卷五十："吴越太平兴国初，忠懿王妻兄孙承祐重建妙利普明塔，高耸七级。"

[25] 同 [4]，第 109—111 页。

[26] 同 [4]，第 11—12 页。

[27] 同 [4]，第 11 页。

[28] 同 [4]，第 28—30 页。

[29] 乐进、廖志豪：《苏州市瑞光寺塔发现一批五代、北宋文物》，《文物》1979 年第 11 期。

[30] 同 [4]，第 11 页。

[31] 同 [4]，第 69—70 页。

[32] 同 [4]，第 77—79 页。

[33] 陈丽：《苏州佛教建筑遗存及现状研究》，苏州大学硕士学位论文，2016 年。

[34] 同 [4]，第 90 页。

[35] 金兰希：《江南明清古佛塔特色研究》，江南大学硕士学位论文，2019 年。

[36] 同 [35]。

[37] 同 [35]。

[38] 清光绪《常昭合志稿》卷六十："崇教兴福方塔寺，在县治东北。宋建炎四年，有僧文用，谓邑客山高而主位低，请立浮屠以镇之。知县李岂之然其说，遂令建塔。"

翁心存致范梁函九通

田见龙 *

内容提要：笔者近来见到清代翁心存致范梁信札九通，均为未刊文献，主要写于咸丰三年（1853）翁心存以工部尚书兼管顺天府尹之时，内容主要围绕顺天府事务，涉及军火运送、团练督办、匪患缉拿、兵员调遣等事，亦涉及太平天国战事进展以及翁对家乡时局的忧虑。现将这九通信札加以整理，以期有益于相关研究。

关键词：翁心存 范梁 顺天府 信札

翁心存（1791—1862），字二铭，号遂庵，江苏常熟人，道光二年（1822）进士，由翰林院庶吉士历官翰林院编修、右春坊右中允、翰林院侍讲、左春坊左右庶子、国子监祭酒、奉天府府丞兼学政、大理寺少卿、内阁学士，工部、户部侍郎，工部、刑部、兵部、吏部、户部尚书，协办大学士、体仁阁大学士等职；又历充上书房行走、日讲起居注官、经筵讲官、教习庶吉士，实录馆、国史馆、武英殿总裁，上书房总师傅，广东、江西学政，福建、四川、浙江、顺天乡试考官等差使，咸丰九年（1859）因病奏请开缺，咸丰十一年（1861）起复，以大学士衔管理工部事务，充弘德殿行走。同治元年（1862）去世，谥"文端"。翁心存曾历任五部尚书、内阁大学士，在《清史稿》本传中与祁寯藻并称，是咸丰朝政坛的重要人物，其子翁同书、翁同爵、翁同龢后来均身居高位。

范梁（1809—1883），字昂生，号楣孙，一作楣生，浙江钱塘（今杭州）人，道光十五年（1835）举人，道光二十年（1840）进士，以知县分发直隶，长期在直隶、顺天府任职，同治五年（1866）以大顺广道赏加布政使衔，后历官山东盐运使、山西按察使、直隶按察使、广西布政使，光绪九年（1883）去世。翁心存为范梁的乡试座师，范梁考中举人后，与翁心存始终保持着密切的联系，翁心存去世后，范梁与翁同龢、翁曾源等翁氏后辈也交游甚密。

笔者近来得见翁心存致范梁函九通。这九通信函均写于咸丰朝，主要写于咸丰三年（1853）翁心存以工部尚书兼管顺天府事务期间，涉及咸丰初年顺天府属的剿匪、筹饷等问题，对太平天国战争情况也有一定的反映。咸丰三年三月，太平天国开始出师北伐，京畿地区遭受更大的军事压力，翁心存于五月十九日被命兼管顺天府尹事务，此时范梁正任北路厅同知护理霸昌道，在顺天防务上，翁心存对范梁多有倚任。现谨将这九通信札加以整理，以期有益于相关研究。

一

来示具悉。顺义所报蒙古官兵遗下火药一车，本衙门已于十五日奏明，奉朱批交火药局，当即札知该县运送来京，可即添派兵役，小心护送（已札饬该县于篓上加封，并将铅丸秤明斤数封固），并派武弁一员押来，恐城门拦阻也。平谷办团练颇实心，须益勉励之。昌平未知如何，吏部夏君能得力否？北路存兵空虚，全仗团练以辅之乃妙。昨密云禀来，似宁中书办理尚踊跃，顺义、怀柔未知如何。仆特保武清胡令，所以愧励其余，望以此意明日宣示各属也。昌平又有骑马贼之案，须饬上紧缉拿，鄙意牛栏山以西为多，窝家不可不察，若团练得力，不独可察外奸，亦可以清土匪也。日前曾札密云、昌平密查奸细（即邢海山所供，然不得其详，亦无姓名，亦并未见巡防处公文），并嘱治中寄书足下，诚见各属才具平平，恐未必了了也。新署顺义张令其人如何，可密察之。

* 田见龙，中国社会科学院大学博士研究生。

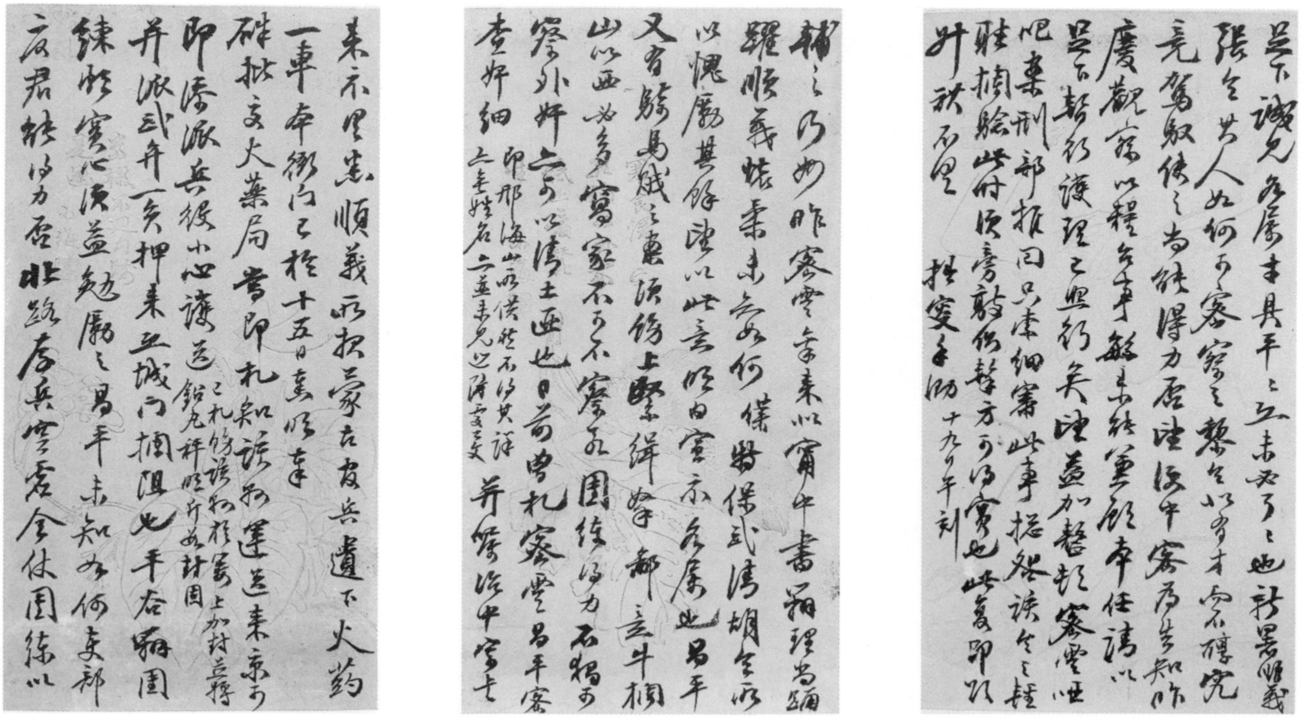

图一 翁心存信札之一

黎令似有才而不醇，究竟驾驭使之尚能得力否？望便中密为告知。昨庆观察以粮台事繁，未能兼顾本任，请以足下暂行护理。已照行矣，望益加整顿，密云哑吧案刑部推回，只索细审，此事总咎该令之轻听拦验，此时须旁敲侧击，方可得实也。此复，即颂升祺，不具。

拙叟手泐。十九日午刻（图一）。

二

楣孙年兄足下：

上年初夏六小儿差旋，赍到惠函，并颁清俸百两，愧荷良多。维时生适以疾在告，不能执笔，而儿子回京即得时疾，自夏入秋，缠绵不断，遂致久稽，复谢，歉甚。嗣阅邸钞，得悉荣补永平，欣慰无似。此邦夙称雄剧，现当防堵吃紧之际，畿察尤须加严。而兵差之骆驿，督征之火迫，尤

复应接不暇，非得大才槃槃如阁下者不能胜任愉快也。春雪已透，海运已来，岛夷闻亦革心，然不能不日切衣袽之戒，此亦事之无可如何者耳。袁浦皖南警报叠至，苏杭风鹤频惊，不能不眷怀乡国，想阁下亦同此情也。生去年春暮头眩气厥，不能支持，日久未痊，只得疏请开缺。幸蒙圣慈鉴怜俞允，得养余年，而痰喘日增，左足疲曳，医治不瘳，枯树婆娑，殆无生意。东华寓庐房主催迫，横街旧邸隘不能容，现已于兵马司中街觅得老屋数椽，养疴习静，半日酣睡，半日读书，惟蒿目时艰，终未能恝置耳。大儿猥以迂儒，谬膺疆寄，得此破碎之区，竭力支撑，殆将岌岌，近稍自振，终未知究竟何如也。专此，复谢，即颂升安，不具。

生翁心存手泐。庚申春分日。

六儿侍笔道谢，散馆在迩，不及作书也。又及（图二）。

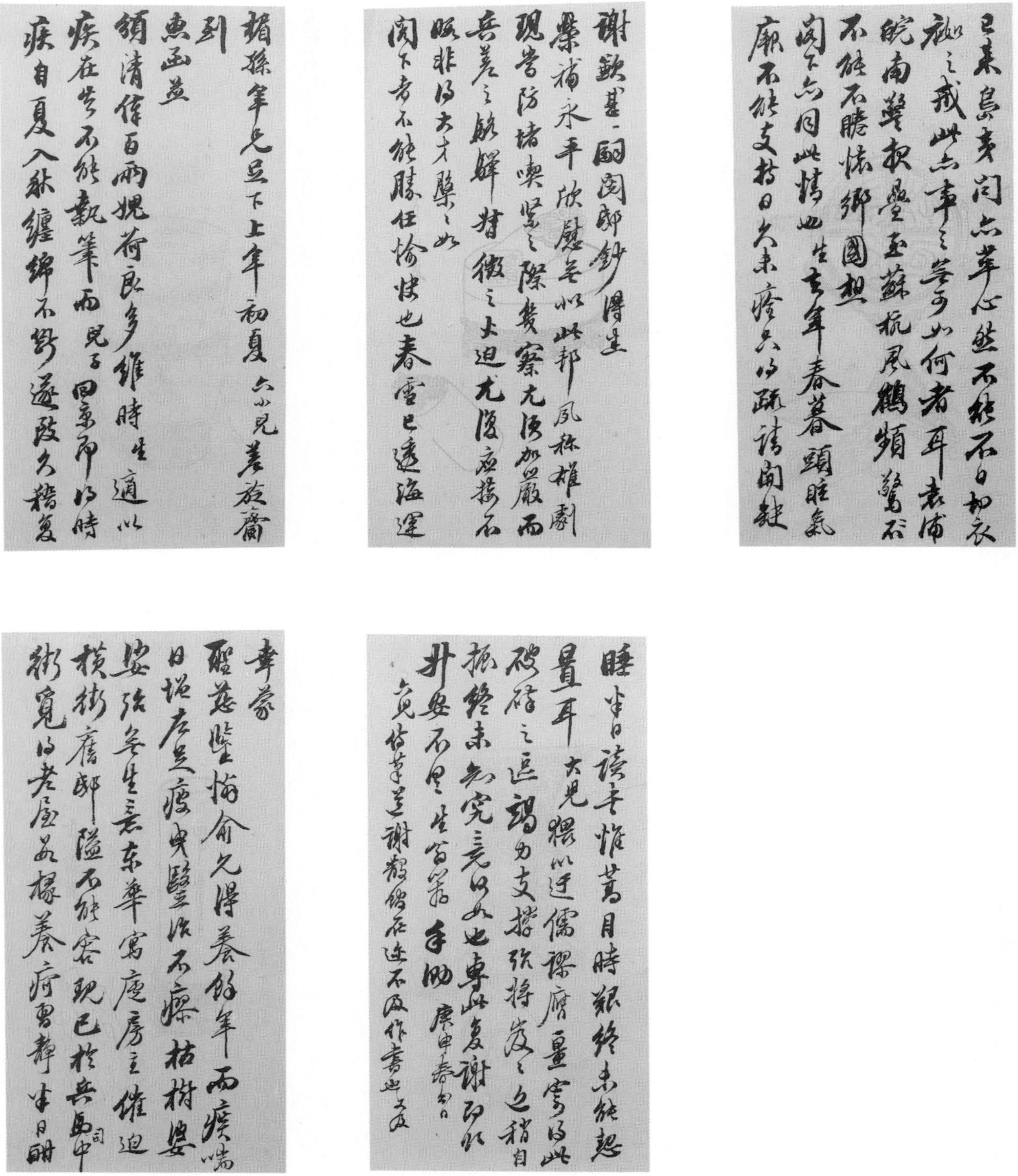

图二　翁心存信札之二

三

手示已悉。勿以查无奸迹便为松懈，更须
饬属认真为要。现在庆观察驻良乡办粮台，北
路交与足下一人弹压，各属靠不住，切须刻刻
留心，勉之慎之。东三盟、热河兵差又来，饬
属妥为照料，不可大意。现在巡防处于都城外
四面扎营，密云、热河兵似须扎在清河等处，
亦足下所属也。顺天府属各营已早奏请暂归兼
尹府尹管辖调遣，惟额兵本少，现在各营禀报，
早已檄调一空，真是有名无实。现调护送军粮，
守卫粮台已甚不敷分派，奈何奈何。粮台两处，
一应巡防，一应征兵，皆责成顺天府，真是应
接不暇，无人无银，措手不及。日与宗大京兆
擘画，心力交殚矣。贼已东窜深州，盘踞城内，
该处民人围之，克斋都统已驰往围剿。参赞驻
涿州，扼要坐镇，可东西驰剿，甚合机宜也。
此复，并颂升祺，不具。

生心存顿首。十五日未刻。

顷又须到京兆署去矣（图三）。

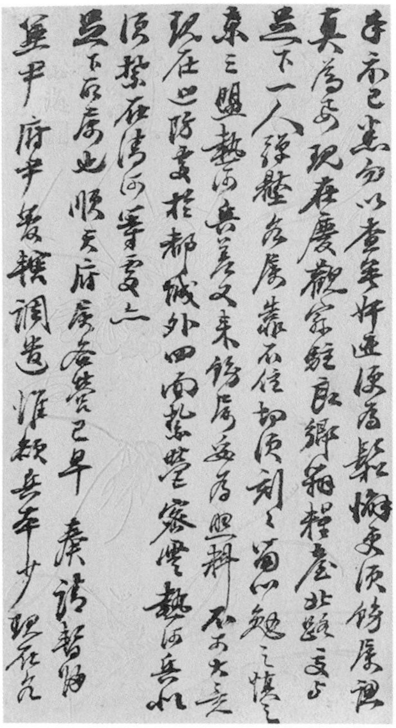

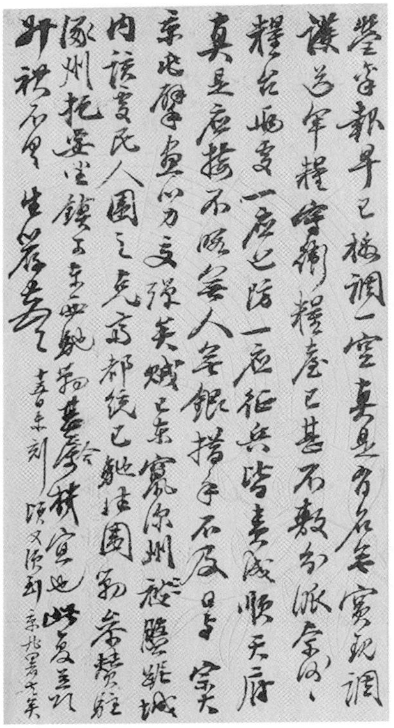

四

楣孙贤友阁下：

前阅邸钞，欣悉著绩宣房，荣膺豸绣，欢
抃奚如。正拟泐布贺笺，适值还云飞至，知春
分一书已往奉达，并谂筹笔储胥，劝输军食，
宣劳海潊，力疾从征，行奏凯歌。叠蒙懋赏，
诗歌杕杜，宴及樱桃，试目俟之。方今内忧外
患迭起交乘，渤海戎防自不得不衣袂日戒，所
患者挪帆倏忽往来，而荷戈者长年不息，将耗
我元气于无形耳。东南半壁不谓，遂决裂至此。
临安甫脱寇氛，婺睦旋复告警，白下既已失律，
朱方又报燔师，平江数百里皆如入周陛。此时
豺虎纵横，鼪鼯奔窜，情形真不堪设想。读来
书道涂传说，将信将疑，感念松楸，眷怀族戚
数语，南望家山，可为同声一哭。然此非独吾

图三　翁心存信札之三

辈桑梓之忧，乃国家之忧也。仆于逆贼甫踞建康时，早经入告矣，连日未得一南音，令人神魂飞越，如何如何。寿州饷源已竭，军士皆食薄馔，战马无刍，多倒枥下。近儿子缮疏呼庚癸于彤廷，词甚激切。然恐无处可拨，拨不时至也，盖它处或尚有雀鼠可以罗掘。皖北则童山焦土，搜括无从矣。区区一书生，惟有以身徇之而已。总之，十年以来，连兵不解，士卒日罢，饷糈日匮，赋敛日亟，民生日蹙，贼势日张。滟波舟流，不知所届。读《小雅》《离骚》诸篇，未尝不痛哭流涕也。仆自恨无才无识，主朝二十余年，无毫毛裨益，驯致时事如斯，万死何足塞责。兹当饰巾待尽之年，百病交作，无药可医。今日适逢先大夫忌日，忽忽五十一载矣，虞峰迢递，何日得从先大夫于九原也。三辅两泽，均调丰年之兆，可喜可喜。此复，即贺大喜，并颂升祺，不备。

（儿辈侍笔，复贺。）

友生翁心存顿首。四月十四日手泐。

再启者：

舍甥候补县丞陆清泰，十年横舍，屡踬秋闱，勉就微官，为贫而仕。分发直隶三年，尚未脱书生迂拘识见，倘蒙上游派隶粮台，务祈曲加教诲，俾得有成，感甚感甚。仆止此一甥，平素视之犹子，倘有不合处，望直言督责之，感切祷切。

生载手泐。

如派在粮台，乞令效奔走之役，勿经手钱粮，尤为万幸。又及（图四）。

五

楣生年兄足下：

前阅荣绾铜符，喜极不寐，日夕以冀五马来都，可快谭衷曲，而迟迟未至，何也？岂因屏当尚阙于资耶？抑以鲤庭趋侍，未能暂离耶？

太翁先生台候违和，想近已康强逢吉。贵友屠君尚在学署否？其用药审慎，服其方当即平复也，念甚念甚。方中如须用参，不妨驰伻示悉，切切。生承乏度支，殊难擘画，索转饷者急于星火，征正赋则茫如捕风，加以圜法紊坏，盗铸滋繁。橐谷之藏不开，若邪之溪已竭，空空妙手，何术补苴，黾俛趋公，益形衰惫矣。专此，布贺大喜，并颂升安，不具。

生翁心存顿首。七月廿四日手泐。

堂上叱名道贺，并候兴居。

再：郑颉苏助教于立秋日遽赴玉楼，可胜怆恻，此君有才无命，信乎天道之难知，想足下闻之必深感愧也。其旅况久在洞鉴之中，现在同人共属为集腋之举，拟归其妻孥，而皆苦于无力。属生为将伯之呼，诚知廉吏清风，囊空如洗，惟望仁人恺恻为怀，尽力作麦舟之赠而已。

生载手泐（图五）。

六

得手书并钞禀，俱见擘画周详，欣慰无似。惟言之匪难，行之实难，一人之耳目心思，岂能遍及，总须有分其任者。北路州县疲顽迟钝者多，此吾所深虑也。昨报将高丽营清河并无奸徒复奏，而英给谏绶又言高丽营有外来游民数百人，皆系男子，凶悍异常，并无妇女，且扛抬木椽而行等语，并及他处之事，奉廷寄令巡防王大臣、步军统领、顺天府五城严查拿究。昌平吕牧，吾甚不放心，须足下亲往一行为妙，至嘱至嘱。逆贼东窜深州，防其伺窥东路。幸胜克斋连获胜仗，杀贼数千人，当可渐就肃清矣。仆尹京已不胜任，又办粮台，真心力俱惫矣。北门管钥，惟君是赖，勉之勉之。

生翁心存拜手。九月十一日亥刻（图六）。

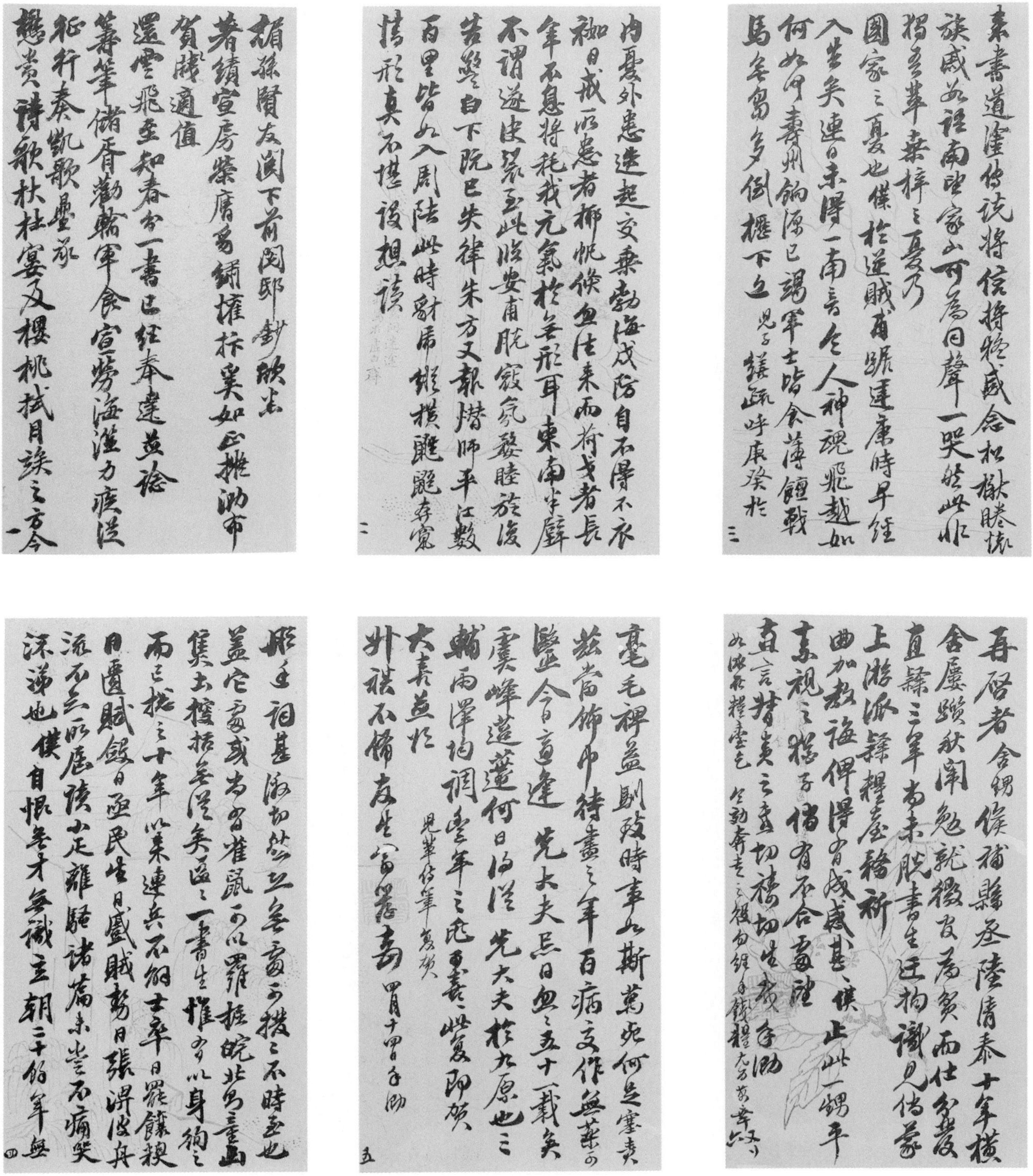

图四　翁心存信札之四

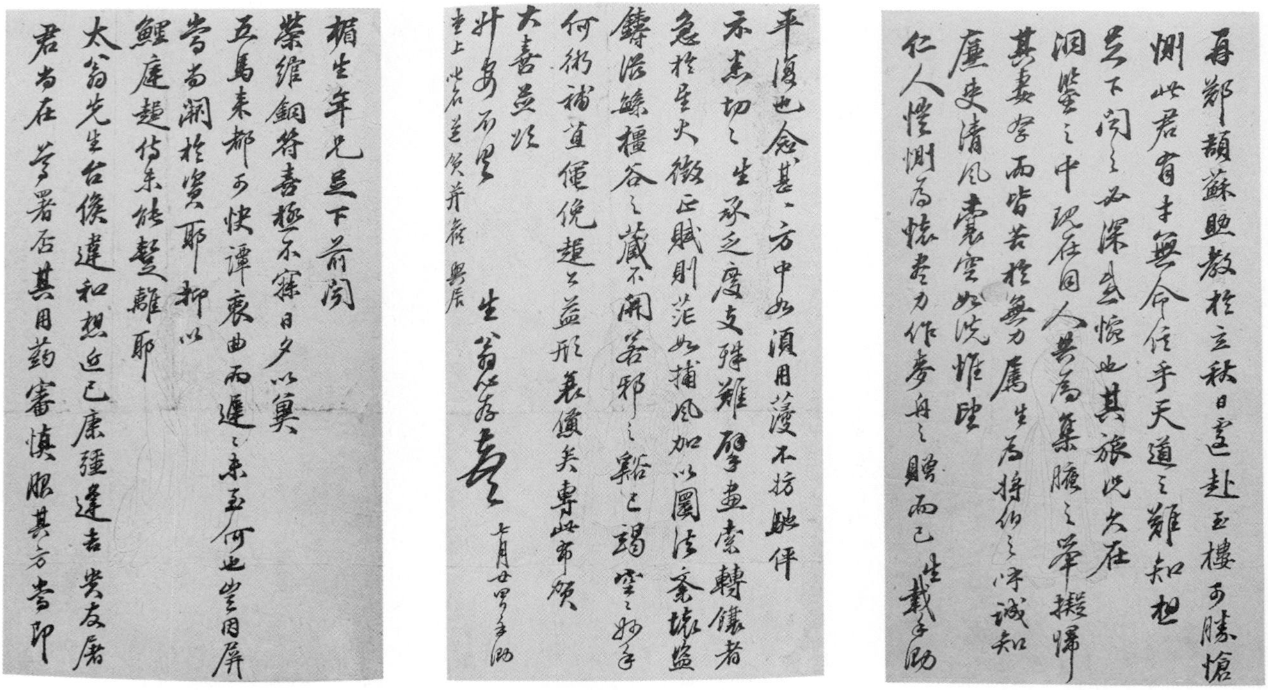

图五　翁心存信札之五

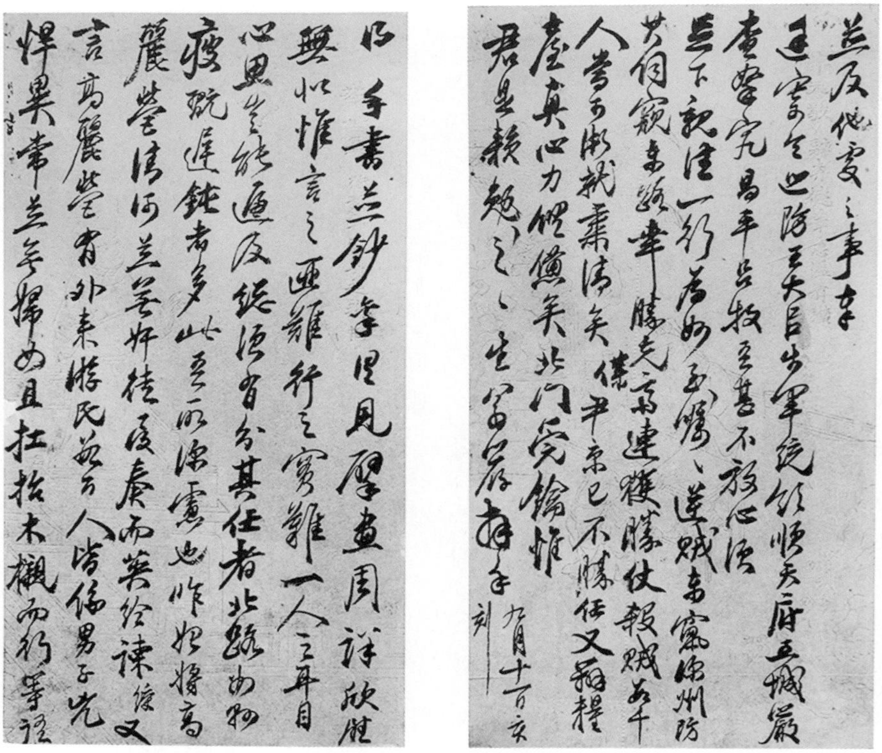

图六　翁心存信札之六

七

来示已悉，此等流民盘诘须严，资遣须速。如果实无为匪不法情事，亟宜速问。从何处来，还从何处去，知照前途，妥为拨役护送，速出顺属境为要。高丽营系昌平、顺义交界处，此项民人必由顺义经过，何以该县竟毫无所闻，合行严饬。（大江洼之案何时可破，须与昌平协力。）此外如有外来形迹可疑者，务须通饬各属时刻稽查，若必待上司饬查，要牧令何为耶？（户部捐米之议顺属断难行，各州县勿喜事。）总之，能力行保甲，境内便可肃清矣。（行保甲须先得民心。）此复，即候升安，不具。

生翁心存拜手。八月廿八日。

天晴后收成如何？民情安帖否？

高牧丁丞已登白简矣。司郊圻者未能严彰瘅以树风声，良用自愧，乃知政成三月，固非大圣人不能也。切须遍告各属，此后务宜痛改积习，振刷精神，毋蹈覆辙，纵不能为古循吏，岂竟不顾考成耶？仆虽不才，然颇能廉以持躬，勤以集事，目不停览，手不停披。子弟家丁从无干豫，苞苴不入，请托不行。是是非非，惟其自取。各属须将从前夤缘取巧之习一概扫除，否则执法相绳，不能曲贷也。又启（图七）。

八

来翰领悉。矿务一事，最为紧要，周萱不过一出名之人，暗中把持者，大有人在也。（何不详请直督入奏，现在天津即有提取矿筋之事，矧闻通省管用乎？）容与杨、朱两公商之。（已革之巩商尚有存矿，现在作何办法？）至讹言殊不可信，须静镇之。昌平办理团练甚好，然须有实济，而经费亦难支持，如何如何。夏吏部在彼如何，尚与民相决否？而称之者言过其实，亦未足过也。昌平兵饷现据该营禀报，已札饬

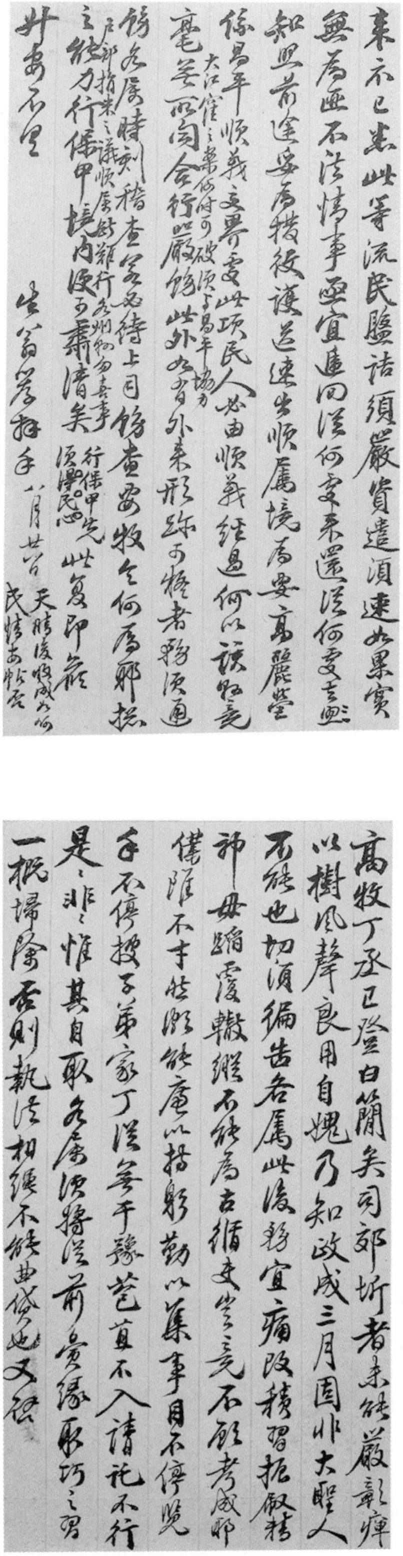

图七　翁心存信札之七

藩司速行发给。此时部库与司库皆万分空虚，而应用之款皆一概不发，则如出一辙，可为浩叹。时逼岁除，值此时势，各属须防盗劫之案，慎之慎之。南路冰合、大城一带尤可虞，曾令固初任直形同木偶，李藻舟亦平平。近大城里坦镇有青州土匪欲来抢劫，已叠札严饬李丞驰往督办，尚未禀覆。（霸州乔牧现又因病出缺。）足下既摄霸昌篆，亦须严札一查也。其陈令一案，容与京兆再商之。西路则布牧愈出愈奇，前有一札查郭牧欠解旗租事，可即日申覆，勿迟。各属旗租须严催，批解不可再迟矣。平谷黑牛竟不肯解，何故？捐输事亦要紧，须严催之。（以加级歆动之，必乐从，能捐别项更妙。）顺天公事如患麻木不仁之症，仆近体亦似此，真急煞也。都中廛税无多，而闾阎愁怨，市井萧条，粮台又岌岌，有不可支持之势。若独流之贼，不迅速荡平，正不知如何度岁。仆病类中风，左体麻木，请假廿日，只得销假，勉强支撑，惟有鞠躬尽瘁而已。草复，即颂升祺，不具。

生心存顿首。腊八日酉刻（图八）。

九

来示具悉。居庸巡查札饬延庆州判税大使一节甚是，容与京兆商行。顺义又有骑马贼抢劫之案，殆一日而三失伍矣。尹令竟不足恃，且非独不善缉捕，又不善办兵差。闻密云兵过顺时几至酿事，总由不善办理、用人不当、用财又啬之故。东三盟官兵将到，可严饬妥办，慎勿大意，至要至要。察哈尔兵三千已全调出征，令调扎清河者，乃密云兵也。闻其管兵员弁尚属驯谨，可密察之，并出示晓谕居民，安堵无恐。其扎营在何处，便中示知。五台滋事一节，系山西恒宜亭中丞由六百里飞报参赞，遂遣培侍郎驰赴紫荆关，及徐察之，乃并无寇警。是民间婚嫁声炮者三，遂讹传寇至耳，岂非笑柄？然伏莽正多，衣袽之戒亦不可忽也。深州之贼负嵎拒守，胜阁学连获胜仗。十九日，城中贼突出若干，设计诱之入伏，佟帅以大炮轰击，毙贼无算，死伤枕籍（藉）。迨夜，贼开南门，向东南窜去。胜克斋带兵穷追，又成不

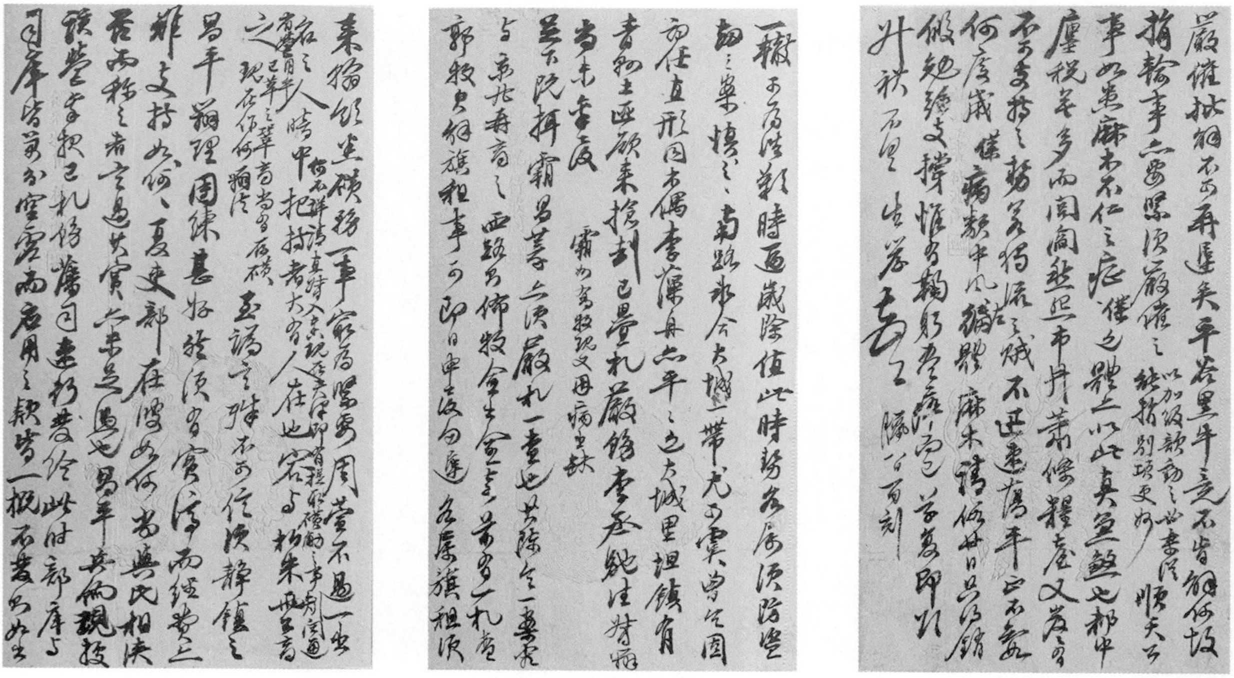

图八　翁心存信札之八

了之局，日内未有报到，意殊悬悬也。粮台已设，杨伯煦亦回署中，积案甚多，亟须清理。生入此月来，时时往府署商办一切，寅起亥息，精力已疲，走檄飞符，谁与代者？头昏目眩，殆将病矣。死便罢休，不死而因公获谴，更不值耳。言之慨然。即候升安，欲言不尽。

生翁心存顿首。廿三日亥正三刻（图九）。

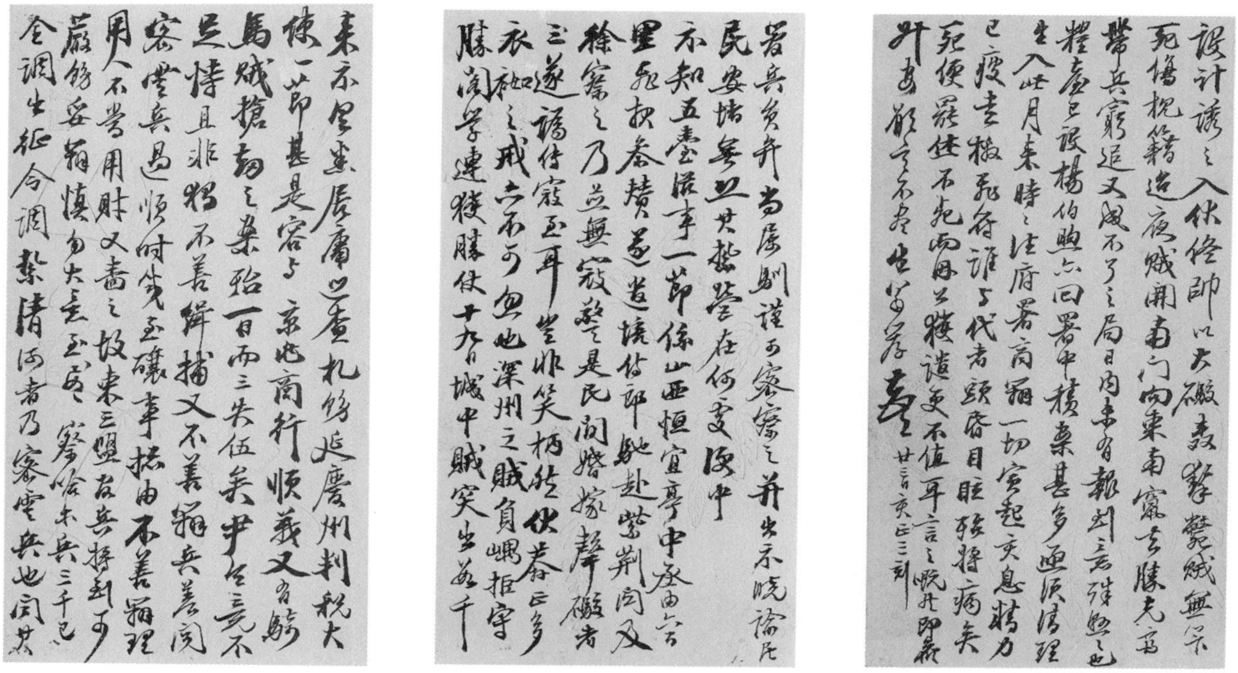

图九　翁心存信札之九

论徐悲鸿的山水画创新意识

黄　戈*

内容提要：徐悲鸿不是山水画家，但作为近代中国极具影响力的艺术大师，对于山水画的发展产生了举足轻重的作用。本文拟从山水画的角度，立足徐悲鸿的创新意识的形成因素、思想基础、理论特色、表现形式以及现实影响等诸多层面，解析和论证徐悲鸿的艺术观念和山水画创新的内在关系。

关键词：徐悲鸿　山水画　创新　传统　中西

虽然今天我们对徐悲鸿（图一）的研究已经达到相当全面而深入的程度，并且也力求趋于冷静和客观，但对其艺术思想的解读仍有许多值得回味和反思的领域，其中徐悲鸿山水画的创新意识就是一个很有趣的课题。

图一　徐悲鸿

说它有趣，在于徐悲鸿并非山水画家，他自己也不否认这一点[1]，甚至对山水画抱有某种消极态度，但徐悲鸿的艺术观以及他推行的学院教育在相当程度上影响了中国画的发展走向，山水画自然也不例外。而围绕山水画"创新"问题的思考，徐悲

鸿有自己的"独见"，"一意孤行"不免有失偏激，但徐悲鸿对近代山水画的影响是不容忽视的现实。

徐悲鸿活跃的年代是创新的时代，除旧布新是时代的主流和趋势，"中国绘画，无论如何是有改进的急迫需要"[2]。山水画无论站在何种立场，都在"创新"中求生存与发展，但以求"新"为目的的"创新"必然给山水画带来前所未有的难题。"新"是相对于"旧"来展开，而这里的"旧"往往特指传统，甚至直指文人画，但山水画本体中很大成分却又包含在传统文人画体系中。

新旧矛盾使那个时代出现了对传统的信任危机，即对山水画本体价值的怀疑。这种怀疑是山水画史未曾有过的。虽然山水画在历史演进中也曾受到外来文化的影响而做出某种程度的自我调整，但是就山水画整体的发展脉络以及价值体系而言，在20世纪前并未发生根本改变，从中也就可以理解中国古代画论中讨论的更多的是"古今""常变"而非"新旧"，多"沿革"而非"革命"。尤其山水画在特定的沿革中会把一个时代的价值认同和形态认同作为典范固定下来流传后世，比起花鸟、人物画，山水画更强调程式的规范与传承。这种创立新法而不失本体的实践方式即我们常讲的"传统出新"，但此种方式在20世纪初就已面临着空前的压力和危机。压力来自时代的变革，而其直接后果就是造成山水画价值认识的危机。它表现在传统规范与创新要求脱节时，往往会出现对原有传统体系的怀疑和动摇。

清末民初的中国画坛，"四王"画派处于发展的末路，五四新文化运动更是把"四王"画派推向过街老鼠的境地，使当时的画家都以贬斥"四王"、董其昌作为标榜自我求新、进步的牌照。抗日战争、

* 黄戈，江苏省国画院研究馆员。

解放战争时期面对民族存亡、国家危难的关头，题材和表现形式上的"局限"使得山水画的发展"不合时宜"。直至新中国成立初期，有关艺术的功能的认识以及政治因素的作用，使得山水画面临着空前的发展压力。此种形势下，山水画变革已不可避免，徐悲鸿则是这种变革有力的推动者。

早在1918年，年仅二十四岁的徐悲鸿就发表了《中国画改良之方法》，明确表达他对当时中国画现状的不满，并提出一系列中国画改良的原因、目的以及方法。文章开宗明义的第一句话就是："中国画学之颓败，至今日以极矣！"[3]使人立即想起康有为《万木草堂藏画目》的著名论断："中国近世之画衰败极矣……中国画学至国朝而衰敝极矣。"[4]

两人将衰败的原因自然都归结为"守旧"，康说："如仍守旧不变，则中国画学应遂灭绝。"徐说："夫何故而使画学如此其颓坏耶？曰惟守旧。"这里的"旧"特指明清以来的文人画。所以康说："夫士大夫作画安能专精体物……固只写山川，或间写花竹……专贵士气为写画正宗，岂不谬哉？"[5]而徐则直接认为"中国画尚为文人末技"。从这些观点中，我们感到徐悲鸿几乎就是康有为艺术思想的继承者。

但康有为等人毕竟不是艺术家，他抨击中国画的最终目的不在艺术本身而在于宣扬维新思想和政治主张。所以，与其说徐悲鸿受到康有为的影响，不如说康有为等人为徐悲鸿确立艺术观念作了很好的时代布景和思想铺垫。

康有为理想化的中国画改良，一是强调绘画的教化功能，"今见善足以劝，见恶足以戒"，二是强调形神兼备，侧重形似，即"非取神即可弃形，更非写意即可忘形也"。

可见康有为的"改良论"与徐悲鸿同出一辙，徐最著名的中国画改良方法几乎就是康有为艺术观最恰当的诠释：古法之佳者受之，垂绝者继之，不佳者改之，未足者增之，西方画之可采入者融之。康有为等一代学者敏锐地发现中国画如同整个中国社会一样日趋"衰敝"，新的视觉资源开拓只有"以复古为更新"和借鉴西方，"合中西而成大家"。康、徐都认为中国画创新要求引入西方的写实技巧，推崇唐宋院体传统，反对文人画等。

从康、徐的艺术主张可知，当时社会的主流价值取向在"创新"，所以近代中国画家常把"创新"与"传统"这两种价值极端对立。同时，我们也应注意到，虽然西方文化的入侵造成民族文化认同空前的动摇，但就山水画本体来说，其并未丧失独立的画种地位。即使经历西方绘画思潮的冲击，大多数山水画家也仍然坚信，山水本体价值的丧失就意味着无意义的"创新"。这就决定了山水画较之人物画、花鸟画显得更为"保守"，在唯新是举的变革时代必然成为"创新"的障碍和攻击的对象。

"中国艺术没落的原因，是因为偏重文人画。"[6]正是有了这样的基调，一切与文人画相关的观念和实践都成为徐反对的对象。徐悲鸿对山水的指摘从一个层面表明了在山水画绘画语言上的原有规范不能支持新的创作实践要求时，原有的程式、画风便成为变革的切入点。例如徐悲鸿指出："董其昌为八股山水之代表，其断送中国绘画三百年来无人知之。"[7]

由此引发的反对临摹以及旧时临摹必备教材《芥子园画谱》也就顺理成章，"承《芥子园画谱》之弊，放弃人天赋之观察能力，惟致意临抚模仿，视自然之美如无睹，其流毒之深，至于浑不似之四王山水之外，不复知画"[8]。这种思想在徐悲鸿其他有关山水的文章中都有所表述[9]。对于画坛陈陈相因的摹古风气，这种颠覆传统文人山水画的论调确实带来了振聋发聩的革新精神，影响到近代山水画家艺术创作的取向。

可以说，近代山水画需要创新并不完全有赖于几个天才画家，而是历史选择的必然。徐悲鸿的创新意识不是偶然的灵感，而是时代的要求。因此，他的成功不仅在于他个人的艺术禀赋，也在于他的艺术主张因社会、政治等非艺术因素而得到接受和传播。他所一直倡导的新国画就是创建一种新的范式。当徐悲鸿认定山水画"不可能对人民起教育作用"时，自然抱有贬抑山水画的态度，而山水画创新的出路在于"即使娱乐品，顶好亦能含有积极意义的东西"[10]。所以徐悲鸿的山水画创新必然围绕山水画的社会价值而展开。

简言之，时代的选择决定了山水画功能的转变，这成为徐悲鸿"创新"意识形成的基调。

他认为中国画家"忽略人物活动而只注意山水，因而发生艺术与生活脱节现象。画艺术所贵，在满足社会的需要，人物活动则最能满足此一需要，而山水则否。……从社会价值上说：人物较山水更容易作鲜明的表现，一言以蔽之曰：人物画为现实的，山水画为超现实的"[11]。从这段他对山水画的观点可以清楚地看到徐悲鸿鲜明的现实主义倾向，强调绘画的宣教功能，因山水画不如人物画那样利于发挥这种作用，所以遭到贬抑。

这种思想在1949年后的政治气候影响下更为明显："艺术需要现实主义的今日，闲情逸致的山水画，尽管它在历史上有极高的成就，但它不可能对人民起到教育的作用，并也无其他积极作用。"[12]徐悲鸿将山水画定位在"闲情逸致"而缺乏"有积极意义的东西"，在当时就遭到许多人的质疑，在今天看来，确实有失之偏颇甚至过激之处。但是，恰恰是徐的这种观念造就了他鲜明的山水画创作原则和创新意识，并广泛影响了新中国成立后山水画整体的发展道路和价值取向。

从山水画的角度讲，徐悲鸿的创新意识体现在以下三个方面。

（一）倡导中西相合的创作观

就山水而言，徐悲鸿的自然主义和现实主义的具体形态就是写实风格的"风景画"。这里徐悲鸿不同以往中西比较的差异性，反而有意拉近中西绘画的共通处，颇有中西相合的"大美术观"的视野和胸襟。他认为"东西古今人才智之不相殊"[13]，这种创新意识的高度绝不是一般山水画家可比的。例如在做画学概念的辨析时，徐悲鸿从不拘泥中西画种的差异，总是宏观地阐发：

中国山水画之高明处，所谓意境，欧洲十

九世纪前是不存在的（单指风景画），但康斯太布尔、透纳两人，就做到。[14]

自然主义有两种含义：中国画的山水、花鸟，法国巴比仲的风景，这种自然主义极好，中外都是有的。自然主义的另一含义，应称作机械的拷贝或模拟，不要把二者混为一谈。[15]

米蒂尤为中国首创印象主义大家，纯以墨气分光彩。……中国大达主义之玩笑正式成员，应为董其昌。[16]

在一系列中西概念转换的背后包含一系列对传统山水画风的质疑和批判。徐悲鸿对山水画与风景画的异同进行对比，梳理出有益改造传统山水画的因素，在徐悲鸿之前未有人做过如此深入而精辟的探究。

这种理论特色集中体现在徐悲鸿收入《中国画改良之方法》的《风景画之改良》一文中，文章强调了西画优于国画之处，目的在于突出革新山水的必要性，另一方面为"衰敝"的山水画指明改良的具体方法。下文一系列的弊端陈述及改良措施都围绕这一中心。

如："……奇美之景象，中国画不能尽其状，此最逊欧画处。"画云法："云贵缥缈，而中国画反加以勾勒。……应改作烘染。"画树法："均不能确定指为何树，……均当一以真者作法。"还有评宋人界画"远近高低如一，去理太远"[17]。

这些具体的改良措施进一步突破了传统的技法规范，借助西方风景画的表现技巧实现山水画的创新，可以说"以西为新"是徐悲鸿改造山水画的主要手段，它为山水画多元化取向消除了中西沟通的障碍，对山水画的创新和现代化转型具有深刻的启示。

（二）直接师法造化的表现手法

徐悲鸿一生坚持、倡导现实主义的审美理想和写实的表现手法，这也是他的艺术思想的核心。他借助写实改造山水画的理论依据来源于两方面：一是唐宋写实传统，二是西方写实技巧。所以他的山水画创新不拘泥中西取法，"故建立新中国画，既非改良，亦非中西合璧，仅直接师法造化而已"[18]。

师造化本是传统命题，而徐悲鸿个人的实践创新就在于用西方成熟的写实技巧——素描，来填补传统山水画直面自然表现手段"贫瘠"所造成的程式化倾向。同时，徐悲鸿对待山水画的创新观念更强调源于作品本身，对理论则抱有"故纸堆"的心态："中国山水画理论，当然有过好药，可惜难于再制。因为它不但需要天才及自然环境，还需社会环境，所以只能当它一去不复返的东西了。"[19]务实不玄虚的创作态度成为徐悲鸿的创新意识中鲜明的风格。即使对传统概念、范畴的理解也带有徐悲鸿个性的解读，使本来玄化的概念变得易于理解和实践。例如，在20世纪30年代，徐悲鸿论中国画的传统命题"气韵"有着不同于古人的理解："气韵之气，产生于画面的轻重变化（意为重视气势的形成），而'韵'为象之变；如晨光熹微、雨雾迷蒙中之山水更为动人。'生动'可分两方面，一指物象姿态之生动，一指作法之生动。"[20]这种解释对传统来说是有违经典的，显得过于大白话，原有的多义性和模糊性变为明确的定义和指向。但是恰恰这种通俗的再阐释直接来源于生活体验，有别于明清以来的临摹式的创作，从这点看，徐悲鸿的直接师法造化就是为了"创新"。

徐悲鸿对山水画特别是明清文人画始终抱有贬抑的态度。他在早期的《中国画改良之方法》中对中国画的改良在细节上提出具体的方案，主要体现在他所主张的"惟妙惟肖"的求"真"原则。这里的"真"与传统概念也有着不同的理解，他更强调对所画对象外在的真实面貌的描绘。"艺术家应与科学家同样有求真的精神。"[21]这里的"真"即强调"艺术以素描为基础"。落实在山水画，以"真情实感"的创作态度避免"八股山水"的"虚情假意"是徐悲鸿选择"直接师法造化"作为创新手段的根本原因（图二至图四）。

（三）山水画审美趣味的生活化、大众化

一直以来徐悲鸿对山水的不满来源于"艺术与

图二　徐悲鸿《沉吟》，1936年作，徐悲鸿纪念馆藏

图三　徐悲鸿《贺江景色》，1938年作，徐悲鸿纪念馆藏

图四　徐悲鸿《漓江春雨》，1937年作，徐悲鸿纪念馆藏

生活的脱节"，"画艺术所贵，在满足社会的需要，人物活动则最能满足此一需要，而山水则否"[22]。

所以徐悲鸿在山水画意境的营造上努力摆脱旧时文人的孤寂淡泊的审美意趣，热情讴歌生活，使山水画具有大众化的平民意识和现代形式。"要创新，就要敢于冲破旧的东西，勇于到人民中间去观察、生活。"[23]

在徐悲鸿看来传统山水画的弊端在于"精神的懒惰"，过于程式化而缺少真情实感，缺乏对现实生活深切的关注。他说："从古昔到现在，我国画家都忽略了表现生活的描写，只专注于山水、人物、鸟兽、花卉等，抽象理想，或模仿古人的作品，只是专讲唯美主义。……可是不能单独讲究美而忽略了真和善，这恐怕是中国艺术界犯的通病吧。"[24]徐悲鸿一直对形式主义持批判态度，这主要针对当时画坛弥漫着山水摹古风，很有时效性，把山水画从"超现实"拉到生活中来，使徐悲鸿山水创新具有浓郁的艺术大众化意识。

值得注意的是，徐悲鸿的山水画创新意识虽然主张吸收外来因素，但根本上坚持的还是中国画自身的价值系统。正如他自己所说："我主张保留旧形式，必须参入新精神；用新形式表现，也须显出旧精神。"[25]

徐悲鸿既认为吸收西画长处可以补救传统缺失之处，而且他也意识到文化环境的差异和中国画自身的文化特性，西画必须"中化"才能适应中国画"创新"的要求，才能发挥积极的作用。因此，徐悲鸿的山水"创新"意识是一种"中西互化"而非"中西融合"的思维模式。

综上所述，徐悲鸿的山水画创新意识有其鲜明的个性，表现在两个方面：

一方面，徐悲鸿以一种激进的反传统面貌来要求山水画在画学观念上的整体转变，借鉴、吸收西方画学来适应中国求新求变的时代风尚。虽然相当多的中国画家不能接受这种"西化"过滤的中国画，但总会为实现国画"现代化"转型的尝试所痴迷，这几乎成了近代以来所有中国画家的情结和梦想。徐悲鸿的山水画论充分地体现着一点：作品要反映时代精神。"与时俱新"是徐悲鸿创

新意识的基石。

另一方面，面对五花八门的现代绘画潮流，徐悲鸿以其坚实的西画技巧和敏锐而坚定的判断力，选择西画中的保守风格——古典主义，从中抽绎出与中国唐宋绘画的写实精神契合之处，倡导新的山水写实画风。拾起失落的传统，创建新风，这既满足了对山水画原有价值的认同，也有利于徐悲鸿树立个人的典范，以中西古典精神的统一化作一种创新意识，可以称为"与古为新"（图五、图六）。

图五 徐悲鸿《喜马拉雅山》，1940 年作

图六 徐悲鸿《喜马拉雅山杉林》，1940 年作

由此可见，徐悲鸿山水画创新意识给我们带来一种艺术观念上的错位：传统派会对徐悲鸿革新山水画使之丧失纯正性而强烈不满，而接受现代艺术思潮的西学派却会对徐悲鸿的保守表示不满，甚至对其西画接受水平、欣赏能力抱有怀疑。而实际上，徐悲鸿的创新意识恰恰就在于对山水画旧有形式乃至精神的改造而非承袭（图七）。早年中国传统艺术的全面修养和后来留学海外的新知、识见，使徐悲鸿的创新有了"内外兼修"的双重资本，一切艺术形式不过是其取资的原料，来实现他个人中国画"新典范"的远大艺术抱负。也许它会带来一些负面作用，但瑕不掩瑜，徐悲鸿的这种特立独行、敢为天下先的艺术精神不正是其创新意识之体现吗？

图七　徐悲鸿《月色》，1942年作，徐悲鸿纪念馆藏

注释：

［1］"悲鸿在回国后曾经谈到过，他固然也画中国的风景画，但他从来不是山水画家。"引自徐悲鸿：《在苏联谈艺术》（1949），王震、徐伯阳编：《徐悲鸿艺术文集》，宁夏人民出版社，1994年，第553页。

［2］徐善编著：《傅抱石谈艺录》，河南美术出版社，1998年，第97页。

［3］徐悲鸿：《中国画改良之方法》，引自王震、徐伯阳编：《徐悲鸿艺术文集》，宁夏人民出版社，1994年，第11页。

［4］康有为：《万木草堂藏画目》，引自郎绍君、水天中编：《二十世纪中国美术文选》，上海书画出版社，1999年，第21—23页。

［5］同［4］。

［6］徐悲鸿：《世界艺术之没落与中国艺术之复兴》，1947年9月4日重庆《世界日报》，转引自裔萼编著：《徐悲鸿画论》，河南人民出版社，1999年，第39页。

［7］徐悲鸿：《中国美术之精神山水》，1947年1月16日，转引自张玉英编：《徐悲鸿谈艺录》，河南美术出版社，2000年，第78页。

［8］徐悲鸿：《中国美术学院筹备志感》，1944年2月22日重庆《中央日报》，转引自裔萼编著：《徐悲鸿画论》，河南人民出版社，1999年，第39页。

［9］徐悲鸿：《中国艺术的贡献及其趋向》（1944年2月1日桂林《当代文艺》第一卷第二期）、《中国美术之精神——山水》（1947年1月16日北平《华北日报·艺术》第三期）等都表述这一观点，转引自裔萼编著：《徐悲鸿画论》，河南人民出版社，1999年，第40页。

［10］徐悲鸿：《漫谈山水画》，1950年2月12日北京《新建设》第1卷第12期，转引自王震、徐伯阳编：《徐悲鸿艺术文集》，宁夏人民出版社，1994年，第568页。

［11］徐悲鸿：《徐悲鸿谈山水画》，1942年12月26日重庆《新民报·晚刊》，转引自裔萼编著：《徐悲鸿画论》，河南人民出版社，1999年，第31页。

［12］同［10］。

［13］徐悲鸿：《答杨竹民先生》，1951 年 3 月 1 日北京《新建设》第 3 卷第 6 期，转引自王震、徐伯阳编：《徐悲鸿艺术文集》，宁夏人民出版社，1994 年，第 603 页。

［14］同［13］。

［15］王震、徐伯阳编：《徐悲鸿艺术文集》，宁夏人民出版社，1994 年，第 779 页。

［16］徐悲鸿：《傅抱石先生画展》，1942 年 10 月 11 日重庆《中央日报》《扫荡报》联合版，转引自裔萼编著：《徐悲鸿画论》，河南人民出版社，1999 年，第 48 页。

［17］徐悲鸿：《中国画改良之方法》，王震、徐伯阳编：《徐悲鸿艺术文集》，宁夏人民出版社，1994 年，第 11 页。

［18］徐悲鸿：《新国画建立之步骤》，1947 年 10 月北平记者招待会书面发言，转引自裔萼编著：《徐悲鸿画论》，河南人民出版社，1999 年，第 76 页。

［19］同［13］。

［20］王震、徐伯阳编：《徐悲鸿艺术文集》，宁夏人民出版社，1994 年，第 767 页。

［21］徐悲鸿：《当前中国之艺术问题》，1947 年 11 月 28 日天津《益世报》，转引自王震、徐伯阳编：《徐悲鸿艺术文集》，宁夏人民出版社，1994 年，第 511 页。

［22］徐悲鸿：《造型艺术之发展及其出路》，1942 年 12 月 26 日重庆《新民报·晚刊》，转引自王震、徐伯阳编：《徐悲鸿艺术文集》，宁夏人民出版社，1994 年，第 422 页。

［23］裔萼编著：《徐悲鸿画论》，河南人民出版社，1999 年，第 88 页。

［24］徐悲鸿：《对中国近代艺术的意见》，1937 年 5 月 12 日香港《工商日报》，转引自裔萼编著：《徐悲鸿画论》，河南人民出版社，1999 年，第 30 页。

［25］宗生（徐君濂）：《徐悲鸿教授画展》（1939），转引自裔萼编著：《徐悲鸿画论》，河南人民出版社，1999 年，第 75 页。

浅议研究型博物馆的研究对象与实现路径

王业鑫 *

内容提要： 近年来，越来越多的博物馆持续强化文博场馆自身的研究水平建设，并提出了研究型博物馆的发展方向。研究型博物馆的建设为博物馆实践提供了理论支撑，对博物馆树立良好学风、保持创新活力及促进人才培养提供了强有力保证。本文通过解读研究型博物馆的定义，思考博物馆与其他科研机构的异同，探讨研究型博物馆的研究对象与实现路径。

关键词： 研究型博物馆　构建意义　实现路径

近年来，博物馆事业空前繁荣，博物馆不再是局限于提供文物保管收藏、展览展示、社会教育服务的公共文化机构，在文化建设中的参与度持续提高，走到了传承中华文明舞台的中央。作为文化收藏与传播机构的博物馆想更好地实现自身社会职能，离不开对馆藏文物史料收藏保管、展览展示、社会教育、场馆管理等各个方面的研究，因此，一些博物馆纷纷提出了建设"研究型博物馆"的办馆理念，以期不断提高博物馆的学术研究水平，更好地为人民群众提供高质量的公共文化产品与服务。

一　何谓"研究型博物馆"

学术研究水平一直是衡量一座博物馆发展水平高低的重要参考，也是博物馆开展一系列展览展示及社会教育活动的前提与基础，提高博物馆的学术研究能力，已成为提升博物馆办馆水平的重要抓手。由国家文物局指导、中国博物馆协会统筹组织开展的国家一、二、三级博物馆运行评估工作将学术研究能力、科研成果置于重要地位。研究型博物馆作为发展战略被众多博物馆采用，国内博物馆的研究水平将得到普遍加强。

（一）构建研究型博物馆是文博行业发展的大势所趋

在文博行业蓬勃发展的当下，构建研究型博物馆已成为不可阻挡的大势。国际博物馆协会（ICOM）在1946年首次公布博物馆定义后陆续更新九次，在1956年的第二次定义将"研究"加进博物馆定义后，此后的历次博物馆定义中，"研究"都是不可或缺的"必选项"，可见研究对博物馆事业发展的重要作用。国内众多博物馆如南京博物院、湖南博物院等积极争取科研事业单位管理身份或设立博士后流动工作站，持续加强研究型博物馆建设。研究型博物馆是当代博物馆多元发展态势的体现，也是博物馆知识构建和传播社会化转型的重要实验田。一方面，博物馆研究能提升业务水平，为展览策划、文物保护修复提供坚实支撑，使展览更具深度与内涵，文物保护更科学有效，另一方面，强大的研究能力有助于博物馆更好地服务公众，通过深入研究阐释文物背后的故事，让公众在参观中获得更丰富的知识体验，满足其日益增长的文化需求。因此，构建研究型博物馆势在必行。

（二）研究型博物馆的内涵

构建研究型博物馆，并以此为办馆思路，首先要明确研究型博物馆的内涵。北京大学宋向光教授指出，研究型博物馆是以学术性收藏为基础，将学术研究及知识传播贯穿博物馆基本业务及社会服务活动的博物馆[1]。沈阳故宫博物院邓庆指出，建立研究型博物院的目的就是要不断研究博物馆建设与发展中的新生事物，研究博物馆建设与发展中存在的各种问题，最大限度地挖掘博物馆的文化内涵[2]。笔者认为，研究型博物馆是博物馆以"学术立馆"

---

* 王业鑫，中国人民抗日战争纪念馆副研究馆员。

为办馆宗旨，将学术研究思维融入文物史料收藏保管、展览展示、社会教育、文化传播、文创开发等博物馆业务和博物馆行政管理等诸多方面，注重研究成果向博物馆实践的转化，推进博物馆公共文化服务水平不断提高。研究型博物馆是以对博物馆业务进行研究为着眼点选择的博物馆发展路径及办馆理念。

（三）研究型博物馆与其他研究机构的异同

科研与学术研究是博物馆的重要职能，但与高校、科研院所等研究机构的研究职能既有相同之处，又有明显的区别。博物馆依托馆内馆藏资源而从事文物史料研究，与历史研究院所、高校的历史文化学院等机构的职能基本相似，特别是在历史学、考古学、博物馆学等诸多方面都有内容交叉，但也有相区别之处。首先，学术研究领域不同。科研院所的学术研究更多体现在学科的史论研究，理论性更强，偏重于形而上的研究；而博物馆的研究则更注重实践，讲求研究成果与实践的融合，偏重于形而下的探索。其次，学术研究的目的不同。科研院所的学术研究更多的是填补学术界研究某一领域的空白，从学理角度来解读某个现象，推动学术创新；而博物馆的研究则需要重视研究成果向博物馆的日常管理、社会教育转化，讲求理论指导实践的积极作用，二者又有明显不同。

二 研究型博物馆的研究对象

研究型博物馆的构建首先要明确博物馆领域学术研究的对象，即博物馆研究的客体是什么？沈阳故宫博物院邓庆指出，博物馆的研究主要包括两个方面的内容，一个是关于博物馆的基础研究，另一个是博物馆的学术研究[3]。研究型博物馆的研究对象应与博物馆的基本业务与职能密切联系，研究的对象应涉及博物馆运行的方方面面。笔者认为，选定研究型博物馆的办馆宗旨，必须要加强对文博史论、行政管理、文物史料、陈列展示、社会教育、传播经营等领域的研究。

（一）文博史论研究

博物馆学的学科建设，从最初归属于历史学、考古学，再到逐步形成独立的学科体系，研究博物馆本体一直是最主要的课题。对于一门学科的研究，少不了对学科发展史及学科理论演进的关注。首先，博物馆学作为一门交叉性极强的综合性学科，对博物馆的发展史以及博物馆研究理论、流派、学术观点等的研究不能忽视；其次，博物馆作为一个新事物，自身的职能也随着社会的发展而不断变化，一些新的内涵和角色也为博物馆增添了新的活力，新出现的博物馆现象也应值得关注和研究；再次，博物馆作为向社会提供公共文化服务的窗口，在我国的文化供给中起到了重要的作用，博物馆作为"舶来品"，在中国文化语境与文化体制下的职能与角色极为值得关注。例如，"博物馆＋革命文化"的革命类纪念馆，作为具有鲜明中国特色的博物馆主体，如何发挥博物馆的职能？依靠财政资金作为业务经费主要来源的中国博物馆，相较于欧美发达国家的博物馆体系又有什么异同？此类有意义的问题值得探讨和研究。

（二）行政管理研究

博物馆要研究的课题很多，其中包括博物馆的行政工作研究[4]。博物馆作为一个面向社会的公共文化机构，为人民群众提供高质量的文化产品与服务，必须要有高效率、善协同的行政管理体系作为支撑。博物馆的行政管理研究涉及两个领域，首先，是博物馆的宏观管理研究，即对博物馆的发展战略、办馆方向等宏观领域的研究，涉及的相关人员多为博物馆领导或为博物馆发展提供建议与咨询的工作人员；其次，是博物馆的微观管理研究，主要以博物馆部门管理为着眼点，提高各部门协同的水平，提升博物馆运维服务效率，涉及的人员主要是博物馆各部门的负责人及相关项目的牵头人。

（三）史料文物研究

文物史料研究是博物馆盘活馆藏资源、开展社会教育、保护利用好优秀文化遗产的必要保证。博物馆的社会教育虽然是以展览展示为载体，但对馆藏文物史料的保护、研究却是所有工作的前提基础，也是知识与文化传播的源泉，更体现了一家博物馆办馆水平的核心竞争力。唯有融合丰富的馆藏史料、深厚的研究积淀以及形式多样的传播渠道，才能发挥博物馆的最大文化效益。该项目的研究主要涉及历史学研究、馆藏资料研究、馆藏文物研究等。

（四）陈列展示研究

陈列展示是博物馆最传统的文化传播方式，博物馆将馆藏文物史料的研究成果通过展览陈列展示的手段进行文化输出和教育传播。陈列展示作为博物馆文化输出的重要形式，必须建立在展览内容的基础之上，选择契合展览主题的展陈方式。陈列展示研究要关注展览展线设计、展柜形式、灯光设计、陈列品组合等多领域内容。近年来，随着文化与科技融合逐步走向深入，博物馆利用科技手段提升展览展陈体验的方式不断增多，VR（虚拟现实）、AR（增强现实）等沉浸式的展示方式被引入博物馆，"文物＋展板＋多媒体＋观众"的观展方式将面临重大变革与挑战，对陈列展示的前沿性研究应及时跟进。

（五）社会教育研究

博物馆教育一直以来被置于文物史料收藏、保管、修复、展示等博物馆职能之后，但近年来有愈发被重视的趋势。过去我们并没有凸显博物馆进行文化征集、研究、展示的目的与意义，也没有搞懂博物馆的史学研究与科研院所之间的差别，没有明确提供社会教育才是博物馆提供公共文化服务的最终目的，因此，必须强化对社会教育职能的研究，针对社会教育手段、受众人群教育喜好、对教育内容和素材的挖掘、提升讲解传播水平、策划精彩社教活动等多渠道进行创新研究，在教学实践中总结工作经验，以更好地指导博物馆社会教育实践。

（六）传播经营研究

对博物馆的传播经营研究是近年来较为时兴的研究方向，博物馆提供文化内容传播不仅仅包含展览展示，还包括博物馆的媒体宣传、文创产品及其他有偿服务。近年来，博物馆的内涵外延不断拓展，展览展示已经不是文化传播唯一的手段，博物馆与其他文化业态跨界融合，对新媒体传播形式的利用，博物馆文化产业崛起，文创产品成为把"博物馆带回家"的重要抓手，博物馆文化传播形态多种多样。博物馆在提供公共文化服务之余，为满足人民群众

差异化、定制化的文化需求，不断完善博物馆自身的服务体验。博物馆商店、餐厅、邮局、影院等都成为场馆的重要配套，相对传统博物馆业务，针对文化传播、场馆经营的研究尚显不足，这也成为当前博物馆研究的重要方向。

三 研究型博物馆的构建意义

研究型博物馆的构建是提升博物馆研究能力与水平的重要举措，是提升场馆核心竞争力的唯一路径，对博物馆提高办展能力、提升社会教育水平、增强博物馆文化的传播力和渗透力，具有十分重要的意义。

（一）指导博物馆具体实践的理论支撑

博物馆顶层设计，将研究型博物馆作为办馆宗旨，对博物馆理论与实践的研究成果将极大提升博物馆运营的理论支撑，同时对博物馆的日常管理实践起到重要的指导作用。博物馆学本身是一门实践性极强的交叉学科，对博物馆的研究一定是建立在充足业务实践基础之上的，通过对博物馆基层实践的总结，探寻博物馆运行的规律，从而更好地指导具体实践。此外，要加强跨学科视野下的博物馆研究，通过不同视角，解读博物馆、理解博物馆、丰富博物馆。

（二）营造博物馆良好学风的重要抓手

构建研究型博物馆，必须培养博物馆内部人员的良好学风。当前，博物馆在文化供给中扮演的角色愈发突出，博物馆的发展日新月异，开展日常工作对于知识的需求达到了前所未有的程度。建设研究型博物馆，有助于引导博物馆工作人员形成良好的学风，形成全馆上下积极思考、勇于探索、干事创业的良好氛围。在具体的博物馆实践中，以学习为解码博物馆工作的突破口，指导博物馆实践，形成朝气向上的工作环境。

（三）激发博物馆创新活力的核心举措

研究型博物馆的落地实施，有助于解放思想，激发创新活力。博物馆学作为一个实践性极强的学科，其研究来源于日常的工作实践，而工作需要创新突破，离不开思考与总结。近年来，我国文博事业迅猛发展，博物馆文化传播新手段不断涌现，文博工作人员唯有时刻保持学习研究的心态，才能满

足时代要求。构建研究型博物馆旨在指引博物馆工作人员将总结与思考变成文博工作的日常，以保持博物馆的持续创新活力。

（四）推进博物馆人才培养的有力保证

构建研究型博物馆，必须做好人才队伍的建设。文物修复等凸显工匠精神的工种，尤其依赖师父对徒弟的技艺传承，充分激发博物馆工作人员老中青群体的不同作用，利用馆内老职工丰富的从业经验、中年职工干事创业的热情、青年职工富有创意和拼劲的工作活力，让学术研究融入博物馆的血液之中，使博物馆各职能部门都能涌现一批相关领域的研究专家，让研究型博物馆名副其实。

四　研究型博物馆的实现路径

研究型博物馆的构建更多的是指向宏观的办馆理念，但在实践中，如果博物馆只有办馆理念，缺少可落地的运行机制和具体的行动抓手，研究型博物馆的发展目标也无从实现，因此，对研究型博物馆的实现路径的探讨更为重要。

（一）学术立馆，革新办馆理念

打造研究型博物馆，要从理念革新入手，强调以学术研究为导向的博物馆发展路径，构建博物馆的学术研究高地。要深刻理解学术研究对于提升博物馆文化产品质量与服务水平的重要意义。研究型博物馆理念应体现在博物馆运营的方方面面，既包含博物馆文物史料收藏保管、展陈设计、社会教育、文创开发、媒体传播等常规业务，也包括博物馆宏观战略管理和微观行政管理，如党的建设、人事管理、财务管理、行政保障、安全保卫等方面的具体内容。业务人员与行政人员都应加强学术研究领域的思考，在实践中总结工作心得，再将工作心得整理为研究成果，最后将研究成果运用于创新实践，为提升博物馆的服务水平提供思想保证和理论保证。特别是行政管理人员要提升学术研究的理念，唯有加强对管理的研究才能更好地为博物馆日常业务服务。例如，不断优化博物馆管理办事流程与运行机制，通过政府采购服务的形式，持续提高博物馆管理的数字化、智能化水平，提升运行效率。

（二）多措并举，培育良好学风

提升博物馆的学术研究水平，必须有切实可行的举措。实施一系列提升学术研究水平的举措，并形成常态化的运行机制。例如，针对馆内在职人员的学术研究需求，博物馆积极搭建研究平台，每年举办博物馆业务相关主题的学术研讨会，出版学术论文集；在馆内征集学术研究项目，并给予一定的研究资金支持；成立学术委员会，博物馆各职能部门推选学术带头人；协调馆内外资源，积极推荐优秀学术研究成果申报国家级、省级社科基金项目以及中国博物馆协会等平台的研究或出版基金，助推研究成果的转化。以文博职称评定为指引，积极为博物馆在职人员评定职称培育土壤，打通晋升通道，激发博物馆研究人员的干事创业热情，营造博物馆良好的学习风气。

（三）绩效改革，激发科研动力

深入推进绩效改革，向学术研究领域倾斜，激发博物馆在职人员的科研热情。事业单位绩效改革持续深入推进，博物馆领域也在如火如荼地开展。学术研究作为衡量博物馆办馆水平高低的重要指标，在进行博物馆在职人员绩效考评过程中，须将该因素置于重要位置。以往，博物馆研究人员的工资薪酬，只能通过职称评级进行兑现，激励手段单一，且容易导致一旦取得一定职称后，干事创业的热情与积极性就大打折扣，无法体现多劳多得的工作导向。绩效考评可以作为正向激励的抓手，将学术研究量化并与绩效工资挂钩，进一步促进博物馆的科研水平提升。经笔者了解，上海博物馆该项工作开展得较为成功，作为全国首批154家文化文物单位文化创意产品开发试点单位之一，上海博物馆创新博物馆经营与分配机制，极大地增强了博物馆在职人员在学术研究及成果转化等领域的工作热情，从而保证了博物馆科研水平稳步提高。

（四）馆校协同，促进学术融合

博物馆与科研院所对学术研究的侧重点略有不同，但从实践性极强的博物馆学着眼，博物馆与科研院所有着资源互补的作用。对于博物馆的学术研究，博物馆工作人员偏重于结合本职工作，是形而下的实践研究；而高校等科研院所的博物馆研究则更多从博物馆学史论，跨学科解读博物馆现象，更多的是形而上的理论研究。因此，为更好地提升博物馆的学术研究水平，博物馆与科研院所应加强学术合作，形成研究层面的资源互补。2022 年教育部、国家文物局遴选并公布一批国家革命文物协同研究中心，通过发挥高校优势，整合各方力量，打造一批具有创新性、示范性、引领性的红色资源研究高地、革命文物保护利用高端智库、革命文化学术交流重要平台和红色资源共建共享中心。此外，博物馆与科研院所还应建立人才流动机制，通过人事调动、挂职、借调等多种渠道，强化二者之间的互动联系，使我国的博物馆事业永葆生机和活力。

（五）成果转化，理论指导实践

博物馆的学术研究成果不能束之高阁，博物馆学作为一个实践性极强的跨界学科，要强化学术研究成果向博物馆的各项职能转化，用学术成果来指导实践。因此，研究型博物馆的建设，不能局限于研究本身，需要将学术研究与展览展示、社会教育、文创开发等工作协调，强化理论研究对具体实践的指导意义。青岛市博物馆以策划原创展览、社教品牌活动为目标，对涉及的历史、文化、展品等进行研究，做到一个项目带动一整条业务链，形成全方位全过程联动，将展览、活动、传播、文创整体打包设计，取得了良好的成效[5]。博物馆的研究成果主要涉及博物馆学的研究和博物馆文物史料研究，前者多转化为博物馆运营管理，后者多转化为以展览为代表的博物馆业务实践，从而构建研究型博物馆的发展理念。

（六）反哺教育，明晰业务导向

博物馆的理论和学术研究与科研院所之间的区别，便是博物馆研究的最终目的和去向是服务于人民群众的社会教育。而学术文章及专著、主题展览、学术讲座、研究课题等都是研究型博物馆的成果形式。2021 年，中国人民抗日战争纪念馆围绕庆祝建党百年主题，在原创展览国内巡展开展时，金牌讲解员走进校园进行现场讲解，邀请馆内抗战史、党史研究专家远赴广西南宁、山东威海等地做了题为《中流砥柱 民族先锋——抗战时期敌后战场对正面战场的支持与配合》《中国共产党早期北京革命活动和旧址遗存》的主题讲座。"巡展＋"模式的创新，推动了纪念馆内其他资源的输出，以输出展览资源为切入点，带动了史学研究、革命文物研究、文创开发经营等纪念馆相关业务的发展，提升了该馆文化传播的影响力、辐射力。

结　语

近年来，博物馆在文化建设中发挥的作用愈发凸显，对博物馆的办馆质量提出了新的要求，"研究型博物馆"已经成为博物馆实现创新发展的重要抓手，学术立馆、研究办馆、科研兴馆成为博物馆可持续发展的最核心动力源泉。学术研究是博物馆的重要职能之一，作为博物馆人，我们要明确研究的对象，了解同样作为研究机构，博物馆与传统科研院所在学术研究上的区别与联系，明晰构建研究型博物馆、提升博物馆学术研究水平的重要意义。在办馆理念上，深入理解提高学术研究能力的重要作用，再着眼实践，让研究成为博物馆培育良好学风的工作抓手，通过一系列导向性政策举措，增强博物馆的办馆水平，从而推动博物馆的可持续发展。

注释：

[1] 宋向光：《研究型博物馆的特点及意义》，《科学教育与博物馆》2021 年第 6 期。

[2] 邓庆：《研究型博物院的理论与实践——以沈阳故宫为例》，《理论界》2009 年第 12 期。

[3] 同〔2〕。

[4] 自庶：《建设研究型博物馆》，《中国博物馆》2004 年第 1 期。

[5] 邱玉胜、史韶霞：《研究型和参与型博物馆的建设思考——关于青岛市博物馆转型发展的探索与实践》，《中国博物馆》2022 年第 1 期。

敦煌展览的另一种模式

——"此心归处：敦煌艺术临摹与精神传承特展"的策展思路与特色

陆 放 王 振*

内容提要：敦煌是中华传统文化的一座宝库，而敦煌艺术临摹与精神传承是其中极具研究价值与展览价值的重要内容。2023 年苏州博物馆"此心归处：敦煌艺术临摹与精神传承特展"围绕临摹敦煌壁画与敦煌写生、敦煌石窟艺术、敦煌学与文献三个方面展开，以张大千、常书鸿、卢是等组成的艺术家群体考察、研究敦煌艺术的历程以及敦煌艺术临摹的早期实践为主线，展现敦煌艺术的独特魅力，传承敦煌的时代精神。该展以其特有的方式诠释展览叙事，增进不同参观群体对中华优秀传统文化的认知，实现文物资源的活化利用。

关键词：敦煌艺术 展览 叙事 临摹

引 言

无论身处敦煌沙海之上，还是居于江南阡陌之地，此心归处是敦煌。随着敦煌遗书和石窟艺术的重新发现，一代又一代的学者和艺术家走进敦煌，此心安处是吾乡，这些先行者与守护人不断从敦煌艺术中汲取中华传统文化的变革力量。同时，敦煌所绽放的时代精神之花引领当代进步潮流，成为苏州博物馆（以下简称苏博）举办敦煌展览的选题思路。敦煌艺术和敦煌事业在发展过程中不断东西融汇、革故鼎新，先行者与守护人传递的文化精神使其成为敦煌的特质，从而保证其长久持续发展。苏博展览着力将"艰苦奋斗""无私奉献""执着的信念与追求""择一事与终一生"等具有当代价值的文化精神弘扬起来，把敦煌的文明新成果传播开来。

一 行走中的敦煌艺术展览与同质化困境

作为东、西方文明交流枢纽上的艺术宝库，敦煌主题展览自新中国成立以来不断更新展陈模式，

受到了世人的广泛关注。1955 年，为庆祝中华人民共和国成立六周年，敦煌文物研究所（敦煌研究院的前身）与故宫博物院在故宫奉先殿举办"敦煌艺术展览"，按照时间顺序展示了敦煌地区自北魏到元代的六百余件文物和辅助展品（如壁画摹本、敦煌莫高窟模型、塑像复制品和照片）。此次展览也是首次将敦煌莫高窟第 285 号西魏窟以 1:1 复原形式在故宫展出[1]。随后几十年，"敦煌艺术展览"还在印度、缅甸、波兰、捷克斯洛伐克和日本相继展出，引起了持久的敦煌风潮，走出国门的敦煌艺术为新中国"圈粉"，为敦煌石窟的宣传与保护工作注入了强大动力。进入 21 世纪，随着各家博物馆临展数量的增加，敦煌主题展览同质化问题逐渐显现。所谓"同质化"，是同类商品在市场中为争夺利益最大化而出现的性能、外观及营销相互模仿。随着现代化信息技术传播和技术普及，博物馆展览不乏同质化表现，如多家博物馆展览内容、形式、模式、展品选择、展示技术、展具造型设计等方面的雷同[2]。近年来在京沪等地举办的"遇见敦煌光影艺术展全球巡展"以及在全国范围陆续展开的"敦煌壁画艺术精品高校公益巡展"，都有一定的社会普及和教育宣传意义，但多数展览仍停留在对敦煌壁画、雕塑等文物的展示上，即使展陈手段增设了虚拟现实（virtual reality，简称 VR）、增强现实（augmented reality，简称 AR）、人工智能（Artificial Intelligence，简称 AI）等新技术内容，还是缺乏对敦煌艺术深层次的文化内涵和精神传承的深入挖掘和创新，容易给观众带来似曾相识之感，流于视觉冲击和感官体验。

---

* 陆放，苏州博物馆助理馆员。王振，苏州博物馆副研究馆员。

2021 年，故宫与敦煌再次聚首，故宫博物院举办了"敦行故远——故宫敦煌特展"，侧重古代丝绸之路文明的考古出土文物及故宫博物院藏相关文物，让更多观众体会与感受古人的智慧与信仰，以及两大公立机构文博事业的蓬勃发展与巨大变化[3]。两个举世瞩目的世界文化遗产确实碰撞出人文精神的火花，强调文化传承的共同使命，并探索了博物馆文化服务的新模式和新路径。2022 年，由北京民生现代美术馆策划并联合敦煌研究院共同主办的"文明的印记：敦煌艺术大展"，是迄今全球规模最大的敦煌艺术展，展出藏经洞文物、壁画临本、彩塑临摹品及创作等共 280 余件，复刻石窟 8 座，侧重敦煌壁画、石窟艺术的流变与宏大主题的详尽解析，从现实的视角出发，力图为敦煌学研究、传承和弘扬打开新的空间[4]。展览将中华优秀传统文化进行创造性转化，也为当代文化艺术创作者提供创作灵感与源泉。

二 "此心归处"展的主题与定位

区别于上述敦煌相关展览的主题设定，2023 年 3—6 月，苏州博物馆举办的"此心归处：敦煌艺术临摹与精神传承特展"（以下简称"此心归处"展）独辟蹊径，围绕敦煌壁画临摹与敦煌写生、敦煌石窟艺术、敦煌学与文献三个方面展开，以张大千、常书鸿、谢稚柳、段文杰、卢是、史苇湘、欧阳琳、常沙娜等艺术家群体临摹、研究敦煌艺术的早期成果为主线，通过敦煌开凿最早的石窟 275 窟（北凉三窟之一）1∶1 复原展示以及展出敦煌藏经洞最早的原始记录稿本叶昌炽《缘督庐日记》等 116 件文物艺术品，有效整合敦煌研究院、四川博物院、浙江省博物馆、苏州图书馆、苏州博物馆等文博单位的藏品资源，展现敦煌艺术、讲述敦煌故事，引导公众追溯敦煌历史、传承敦煌精神[5]（图一、图二）。

该展览集中展出了丰富的敦煌壁画临摹作品，涉及故事画、经变画、尊像画、供养人像、装饰图案等各种类型，涵盖了复原临摹、现状临摹、整理临摹等不同技法。临摹作品中的每一根线条，每一

图一　苏州博物馆"此心归处"展序厅

图二　"此心归处"展展厅内景

笔色彩，都凝聚了一代又一代敦煌守护者的青春和热血，他们通过手中的纸和笔与古人对话，探索敦煌艺术之奥义，让广大观众近距离领略佛陀千年的慈目和飞天动人的身姿。其中包含的文化穿透力和艺术生命力，非融合再生与现实关怀而不能达到，这也是敦煌艺术的时代精神。

三 艺术展览内涵的全景展示

"此心归处"展实现了展览的核心内容，避免敦煌主题展同质化的简单重复，主要路径是采用迭代式展览的主导思维去解决敦煌艺术异地展览去同质化问题。迭代式展览的模型最初源于加拿大新媒体学者凯瑟琳·皮里·亚当斯（Kathleen Pirrie Adams）的策展方式，这一模型描述了相同主题展览可能因其在不同场馆及安装过程中发生变化，其本质上是围绕成功的作品衍生出新的展览[6]。此次迭代式策展把敦煌艺术临摹叙事明线和敦煌精神传承叙事暗线有机结合，并通过借展各大文博单位的珍贵藏品、

结合苏州地区的馆藏资源（唐代敦煌写经、叶昌炽《缘督庐日记》手稿本等）构建起展览的新主题，再结合展览中不同时代敦煌守护人的伟大精神形成阐释新的叙事逻辑，关联起有限的展陈空间和文物展品，最后观众通过参观与展览产生连接与互动。迭代式展览的重要原则在于差异性地再现，再现不等同于重现，而是更强调相同主题展览在不同场馆的变化，其本质是围绕既定展品衍生的新型展览[7]。

（一）以沉浸体验、生动传神的方式解读敦煌艺术临摹的历史源流与实践方法

展览叙事明线：

1. 敦煌壁画临摹与敦煌写生。集中展示张大千、常书鸿、谢稚柳、段文杰、卢是、史苇湘、欧阳琳、李承仙、常沙娜等艺术家的敦煌艺术临摹研究的成果（恢复原貌、客观写生与整理性临摹），通过不同时代艺术家的临摹作品的对比陈列，让更多观众近距离深度饱览敦煌文化宝库这些超越时空、具有永恒魅力的艺术瑰宝。另一方面，让千年敦煌与社会当下产生新的连接，成为年轻人爱上"国潮敦煌"的精神文化地标。"潮流是个圈，复古是主旨"，希冀借此展刮起一阵敦煌潮文化之风。我们如何看待"潮文化"？世界在变，年轻观众看待传统、看待世界的角度也在变。"此心归处"展期间，苏州博物馆通过开展的多种类型的互动交流与快闪活动，努力创新和传播"世界文化遗产"系列展的真正魅力，讲好中国故事。

2. 敦煌石窟艺术。此展项为探寻佛教艺术之旅，通过复原敦煌莫高窟北凉三窟之一的第275窟，展示敦煌石窟考古与保护研究的成果，让观众沉浸式体验敦煌最早的石窟（图三）。敦煌莫高窟的壁画和彩塑，是中华优秀传统文化的代表，也是人类的艺术瑰宝。科学保护和利用好敦煌艺术是当代文博工作者的光荣使命，更为重要的是将文化遗产保护的成果工作有效传播出去，惠及更多的公众。例如，莫高窟第275窟复制窟是敦煌研究院多年美术研究的成果，其复制过程如下：使用莫高窟大泉河的土和鸣沙山的沙，按照古代的配方，采用三沙六土一灰的比例进行混合，这个过程模拟了古代制作壁画墙面的方法，确保了泥板的材质与古代壁画相似。由专业摄影师拍摄石窟的高清照片，再按照洞窟壁画的原尺寸打印图像，修复人员根据打印的图像用画笔在制作好的泥板上忠实临摹，经过轮廓勾线、填色、画面晕染等步骤，最后将分块临摹复制的壁画拼接在1∶1全尺寸复制的石窟木质框架内。为了保持逼真的展示效果，同样需要用河床的黏土修复墙体结构的拼合缝隙，并修补画面。彩塑部分则是单独制作，先后经历骨架制作、泥塑塑造、敷彩、细节处理等步骤。当代人对敦煌壁画和雕塑的复制过程不仅是对古代工匠的高超技艺和审美的致敬，更是一种精心的传承和发展，具有深远的意义。

图三 展厅内复原展示的莫高窟275窟

3. 敦煌学与文献。该展项为"藏经洞专题"，将数字化的敦煌藏经洞与叶昌炽《缘督庐日记》手稿本（苏州图书馆藏）、敦煌写经（苏州博物馆藏）等文献首次合璧展示，展现出敦煌学的博大宏阔（图四）。清代著名金石学家、甘肃学政叶昌炽（苏州人）在其《缘督庐日记》手稿本中，曾留下了关于敦煌藏经洞的最早记录的原始资料（1903—1904），完整记录了叶氏曾建议甘肃藩台将敦煌文物运到兰州妥善保存以及藏经洞文物早期流散情况。1931年由叶门弟子、苏州人王季烈等人从日记手稿辑出十分之四的内容，出版《缘督庐日记钞》，其丰富内容引起学术界的关注。"我心归处"展在展览末尾安排藏经洞流散文物——唐人抄写《金光明最胜王经》卷（吴湖帆旧藏）、《解深密经》卷等敦煌遗

书的展示，着意解读曾因国家积贫积弱，藏经洞出土的珍贵文物被斯坦因、伯希和、大谷探险队等外国探险家所盗运以致无奈流散海外；而令人欣喜的是，随着中国国力日益强大，海外敦煌文献以数字藏品的形式逐步回归，推动敦煌学的研究不断走向深化。

图四 叶昌炽《缘督庐日记》手稿本、敦煌写经等文献合璧展示

"此心归处"展中展示的敦煌壁画涉及故事画、经变画、尊像画、供养人像、装饰图案等类型，涵盖复原性临摹、现状临摹、整理性临摹等多种临摹技法。复原性临摹是指再现壁画初绘时期的造型特点、线条、色泽面貌的一种临摹方法。临摹时要恢复画面的原始面貌，去除历史造成的破损和色彩变化所造成的画面效果。由于敦煌壁画存在大量变色、脱落、起痂、酥碱等病害，使历史原貌模糊不清，造成复原临摹的难度较大。张大千、谢稚柳和卢是的临摹作品多属于复原性临摹（图五）。如四川博物院藏张大千《临摹五百强盗成佛图》卷是敦煌因缘故事壁画的代表作品之一，画面整体色彩对比鲜明，以石青、石绿、朱砂红为主色调，画家采用没骨重彩的绘画技法，将因缘故事淋漓尽致地生动展现。回顾张大千敦煌复原性临摹壁画的工作流程：首先是绷框，从青海招募的生力军——昂吉三知、晓梧格朗、罗桑瓦兹、杜杰林切和夏吾才让五位喇嘛画僧制作和准备画布，将画布拼接得天衣无缝，再绷紧在木框上，为了易于笔墨着色，要涂抹胶粉三次，再用大石磨压七次，才算完工；其次是制色，调制颜料同样非常重要，佛教壁画的颜料大多取自传统

的矿物材料，张大千雇工先将在青海买到的各色矿物颜料磨细，提取出不同深浅的石绿、石青或朱砂，使用时必须用胶水来调和色粉；最后是绘画，敦煌洞窟内光线阴暗、空间有限，壁画由于自然风化和人为破坏而变色、剥落，线条隐晦不清，画家先要在洞窟内上下攀爬，用玻璃纸覆在壁画上勾摹轮廓，然后贴在画布上，映着日光用木炭勾出影子，然后再勾白描墨线，白描线框内有时还写有减字标识以表示应填颜色。如"主"（青）、"工"（红）、"彐"（绿）、"田"（墨）等。勾勒线稿完成后，便是敷色落款。张大千在敦煌的苦心临摹对其绘画艺术走向成熟产生了重要的影响，苏州博物馆藏张大千《翠竹幽禽图轴》《红叶白鸦图轴》是 20 世纪 40 年代张大千敦煌之行后画风转变的有力明证，画作运用敦煌壁画岩彩技法，工写结合，点皴互用，将植物、飞鸟等描绘得甜美柔婉。"此心归处"展策展人特意将这两件作品选入展览，以张大千于敦煌石窟苦苦面壁两年零七个月后对敦煌壁画的深度研究的成果，

图五 1942 年，张大千在榆林窟第十五窟甬道内临摹（罗吉眉拍摄）

进一步呈现复原性临摹的重要意义。张大千对于敦煌石窟实有宣传之功，乃近代弘扬敦煌艺术的先行者。

现状临摹（客观性临摹）带有复制的性质，是将被历史磨损的画面现状比较客观地如实复制，对于任何信息均不放弃的一种临摹方法。常书鸿、段文杰、史苇湘和欧阳琳的临摹作品多为现状临摹，他们开创了敦煌壁画保护与传承的先河（图六、图七）。1944年，段文杰在重庆排队观摩"张大千临摹敦煌壁画展览"后，被敦煌艺术的魅力深深吸引，因此来到遥远的敦煌。他临摹了大量敦煌壁画，

图六 1976年6月2日，常书鸿在莫高窟103窟临摹

图七 1955年，段文杰临摹《都督夫人礼佛图》

总结出壁画临摹的标准、要求与方法。1951年，担任敦煌文物研究所美术组组长的段文杰提出临摹壁画的新规定：为了保护壁画，禁止把纸覆在壁画上临摹，禁止触摸壁画，禁止使用蜡烛。这些新规定更增加了临摹的难度，临摹者想出了新的办法，用镜子将阳光折射进洞窟，再借白纸反光，随着不断移动的阳光，每隔一段时间也不得不移动自己的位置[8]。

整理性临摹是对壁画的残损部分进行有选择性取舍的造型复原手段，使所临摹作品既描绘出完整形象，又带有一定的历史痕迹和壁画现状的肌理效果。常沙娜的临摹作品多为整理性临摹，为敦煌图案学研究与设计艺术实践开辟了崭新的道路，在敦煌艺术进行创造性转化方面厥功至伟。

（二）敦煌师友情缘与敦煌事业精神传承的个案分析相结合，展示叙事暗线串联展览主题的过程和思路

展览叙事暗线：

1. 知己有恩——敦煌师友情缘与时代精神。展览通过原版书籍、师友信札、手绘稿、原始影像与人物照片等文献资料，客观反映近代从事敦煌考察工作、临摹传承事业的文化学者群体。如1927年，中国和瑞典联合组成"西北科学考察团"，其成果有黄文弼《高昌砖集》《吐鲁番考古记》等。1941年10月，国民政府教育部西北艺术文物考察团成员王子云、雷震、邹道龙等，经兰州、武威、张掖、酒泉、安西等地抵达敦煌千佛洞考察；次年7月，卢是经雷震推荐，加入西北考察团的考察活动，担任绘画和摄影工作。考察团绘画、拓片和珍贵照片等资料，现归西北大学收藏。1942年，中央研究院组织"西北史地考察团"，向达代表北京大学参加，任历史组主任，率史语所劳干、石璋如等赴敦煌，考察莫高窟、榆林窟，测绘拍照，兼做敦煌周边古遗址的调查工作，成果有石璋如《莫高窟形》等（图八）。1942年，张大千与大风堂子弟以及受雇佣的青海塔尔寺喇嘛画师群组来到敦煌，其成果有壁画临摹作品、印章与谢稚柳《敦煌艺术叙录》《敦煌石室

记》等文献（图九）。1944年，常书鸿建立敦煌艺术研究所，其成果有临摹绘画、《常书鸿全集》等文献资料。1944年，中央研究院与北京大学联合组建"西北科学考察团"，向达任历史考古组组长，率夏鼐、阎文儒西行至敦煌，考察敦煌莫高窟，并在敦煌佛爷庙、敦煌西北长城烽燧下进行考古发掘工作，其成果是获得汉简数十枚及晋唐文物若干。

图八　1943年，艺术文物考察团卢是（右）与中央研究院西北史地考察团向达（左）合影于敦煌莫高窟

图九　1942年，艺术文物考察团卢是（右二）与张大千（扶小喇嘛者）、中央研究院西北史地考察团劳干（右一）及张心智（左一）、张心德（左二）于敦煌莫高窟外合影

"此心归处"展择其要者，将敦煌艺术最新的研究成果通过展览展示、志愿者讲解与展览相关配套活动的方式更为广泛地传播出去。从"物"的层面上升到"人"的精神层面，将"美与故事"浸润人心，引发公众对传承中华优秀传统文化的使命的思考。叙事暗线与人物关系分为六组内容有序展开：（1）张大千与谢稚柳：半为知己半为师（艰苦奋斗、躬行实践）；（2）张大千与常书鸿：雪中送炭几人知（无私奉献、以诚待人）；（3）张大千与卢是：秋风古道纵马高（执着的信念与追求）；（4）常书鸿与常沙娜：不停跋涉的青春（脚踏实地、实事求是）；（5）常书鸿与段文杰：此生只为敦煌来（择一事与终一生）；（6）史苇湘与欧阳琳：人生乐在相知心（敦煌传承与守护）。

2. 从希腊到中国——文明因交流而多彩，文明因互鉴而丰富。法国学者格鲁塞曾说，旧世界的文明是三种人文主义杰出的产物，即希腊文明、印度文明和中国文明。在鼎盛的历史时代，希腊、印度、中华民族文化已臻于完善的境界。希腊文明从克里特岛或古代东方文化遗产中追溯到它们远古的起源。三次希波战争使希腊发现了印度，希腊文化进入印度，随着佛教的东传，印度又将希腊文化中的许多有益内容传到了中国社会。透过表面的多样性，发现人类思想基本是一个整体，这种思想更加统一。当今的国际社会也日益成为一个你中有我、我中有你的"人类命运共同体"。

凑巧的是，"古希腊人：运动员、战士与英雄——大英博物馆藏古希腊文明特展"也在苏州博物馆西馆同时展出。从古希腊出发，经过佛教起源地印度而到达中国敦煌，这就是"此心归处"展的暗线所关注的丝绸之路上的文明交流互鉴，观众通过展览的动线，从古希腊出发，前往佛教徒理想中的佛教圣地逗留之后（敦煌临摹壁画萨埵太子本生、鹿王本生、尸毗王本生等佛本生故事图、佛传故事图与因缘故事图等的对比研究展示），最终到达北魏、隋唐时的中国（常书鸿、张大千等临摹的敦煌莫高窟与榆林窟大量各类型生动壁画），构成奇妙的世界古代文明之旅，令人印象深刻。苏州博物馆西馆这两个临展的设置可以激发观众的思维和联想，使我们在比较和碰撞中加深对中华文明的认识，同时达到"用已知求未知"的观展效果。

三　体现苏博展览特色的策划团队

与以往苏州博物馆成立的展览项目组项目制运作模式开展工作相比，"此心归处"展除了一如既往地将展览内容与形式设计紧密结合，发挥自身创新优势特色外，更注重借助苏博志愿者与公共教育小组、宣传与推广小组的力量，突破固定范式，创新展览周边，引领导览的新模式。

（一）志愿者与公共教育小组的队伍建设与团队执行力

苏博志愿者与公共教育小组负责特展志愿者招募、内容培训、考核、志愿服务协调，以及展览社教课程与活动的策划、组织与实施。其中，志愿者培训、考核以展览框架、重点文物为核心，加深志愿者对展览主题的把握，特别是对展览所反映和弘扬的"艰苦奋斗""无私奉献""择一事终一身"等敦煌精神的理解与延伸，并与"奉献、友爱、互助、进步"的志愿服务精神相结合，在特展引导、讲解、宣传、社教等多个岗位的志愿服务中充分发挥志愿者的参与性与积极性，让志愿服务的力量融入展览策划的全过程。为配合此次特展，苏博志愿社在馆方策展伊始，便结合"志愿者讲师团"的智慧与经验，群策群力，商讨、制定了周详的服务计划，招募、培训特展服务志愿者（举办《敦煌艺术概览》《敦煌石窟》《守望敦煌——我与敦煌的故事》《敦煌展览策划思路与方案》等四场培训讲座），准备服务材料等，为特展配套的丰富公共教育活动贡献了力量（图一〇）。

社教课程与活动策划主要以儿童和青少年为重点，结合展览内容，组织开展专题导览、校园巡展、课堂教学、手工制作、展厅打卡、专题研学、绘本阅读等多种形式的社教活动，同时加强博物馆教育品牌、教育资源与学校教育的深度融合，在全市小学、中学和职业学校组织开展"印象@苏博"敦煌

图一〇　敦煌乐舞教育活动

主题画创作活动，引领青少年感受敦煌文化的独特魅力，以青少年视角解读敦煌故事，弘扬中华优秀传统文化，彰显文化自信。组织开展盛唐壁画《都督夫人太原王氏礼佛图》人物服装秀等"国潮文化"体验活动、苏州新区一中新疆班"敦煌乐舞"快闪表演等，从不同视角演绎敦煌艺术，引发公众的兴趣与关注（图一一）。

图一一　展厅真人快闪宣传活动

据统计，为期三个月的特展期间，观众参观515455人次，苏州博物馆举办特邀专题讲座 6 场；共招募志愿者 69 人，参与特展讲解人数 68 人，讲解场次 378 场；举办"@苏博"品牌公众教育活动 28场，学校教育活动 8 场。

（二）宣传与推广小组的创新展览周边的有益实践

特展宣传与推广小组前期通过纸媒、电视、广播等传统媒体以及博物馆自身的新媒体平台（微信公众号、视频号、小红书与抖音）对展览进行前期预热与持续宣传，发布《重点展讯：来苏博遇见敦煌，走近兜率天宫》等微信推文 8 篇。国内媒体对展览的相关报道有 35 篇。展览开放期间，苏博通过微博、微信视频号等平台持续发布展览博文 10 篇、视频 18 条，加强与苏博粉丝的交流与互动，增强与公众的社交黏性，传播苏博品牌的核心理念，展示苏博特展的深度内涵。线下则在地铁站、公交车站铺设展览海报，增加特展的曝光率，强调宣传与引流的指示性功能。同时在馆内发放导览手册，并将现场展览以及艺术文物背后的相关数字信息与视频打包上线为云展览，实现线上苏博虚拟展览的提档升级。特展宣传与推广小组还与学校、社区等对接教育课程、专题讲座与"敦煌研学"小程序的预约。

四　采用新的展览技术手段，深化与活化特展主题

"此心归处"展在推广传播方面包含众多的"小心思"，而展厅导览对于观众来说无疑是最直接最有效的手段。除开放讲解员、特展志愿者讲解导览与策展专家现场直播导览等常规方式外（图一二），苏博又特意在年轻人关注的数字化互动体验方面深耕努力，推出了人机互动自助租赁设备、展厅语音导览、"数字敦煌"二维码扫描互动体验等，有效提升了观展服务的水平。专家导览新模式是将音频导览租赁设备升级为人机互动视频直播导览设备，观众可在总台与展厅的主要出入口自助租赁与归还导览设备（图一三）。集专家直播讲解、壁画内容的动画视频解构与衍生为一体的数字化导览新方式，帮助

不同群体的观众更好地理解展览的内涵，欣赏敦煌艺术。设备租赁直播导览与免费微信数字化导览、扫描展签二维码链接 30 余座 VR 虚拟敦煌石窟互动体验的多渠道发力，丰富了观众的观展体验，进一步提升了展览讲解观众的参与度，这类展陈宣传与传播推广的技术手段，深化、活化了展示的主题与场景。这些重要的技术手段的迭代更新，必定为博物馆履行让文物活起来的责任与使命贡献力量。

图一二　特展志愿者讲解导览

图一三　设备租赁导览与互动体验

余 论

对于如何策划好博物馆临展，"此心归处"展的顶层设计思路明确，避免出现展览定位模糊化、展陈叙事同质化、展陈形式雷同化等问题。在馆际合作办展过程中，几个问题值得关注：一是从展览类型上看，以宏大主题展、文化对比展为代表的叙事展览更能凸显合作办展的优势，避免展览叙事的同质化。二是从展览实效上看，馆际合作主办展览需要倚赖策展团队执行力、组织机构协调、学术平台支撑。一部好的电影需要好的导演、演员、剧本，甚至是剧本依托的小说。好的展览同样如此，需要好的策展人、展品展项、内容文本，以及在此之前的学术大纲[9]。三是从参展合作机构看，地方中小型博物馆参与联展、巡展、互展、借展合作更有利于其可持续发展，从而提升博物馆的社会地位与影响力。

相信在未来的发展中，苏州博物馆展览的品牌工作将不断完善与优化，并与其他优秀博物馆在互助合作中交相辉映，共同为弘扬中华文明、践行社会主义核心价值观作出自身的贡献。

注释：

［1］敦煌文物研究所、故宫博物院：《敦煌文物研究所与故宫博物院举办"敦煌艺术展览"》，《文物参考资料》1955 年第 10 期。

［2］陈波：《我国博物馆"同质化"现象成因探析》，《文博》2012 年第 6 期。

［3］《敦行故远：故宫敦煌特展》，敦煌研究院官网，https：//dunhuang. rmxc. tech/clzl/fwzl/dxgy_ ggdhtz. htm。

［4］《文明的印记：敦煌艺术大展》，北京民生美术馆官网，http：//www. msam. cn/cn/exhibition/details/538。

［5］《此心归处——敦煌艺术临摹与精神传承特展》，苏州博物馆官网，https：//www. szmuseum. com/Exhibition/TemporaryDetails/73e88788 – 406b – 4e9e – 92b0 – 009756fe5bbc？ startYear = 2023。

［6］［英］贝丽尔·格雷厄姆（Beryl Graham）著、龙星如译：《重思策展：新媒体后的艺术》，清华大学出版社，2016 年，第 193 页。

［7］吴若明：《虚拟叙事与空间生产：一种迭代式敦煌艺术展的物象再现》，《东南文化》2024 年第 2 期。

［8］《生活月刊》著：《敦煌：众人受到召唤》，广西师范大学出版社，2015 年，第 31 页。

［9］郑奕：《如何讲好博物馆展览中的故事》，《国际博物馆（中文版）》2016 年第 Z1 期。

参与式博物馆社会教育项目设计

——以苏州碑刻博物馆 "一起读碑吧" 项目为例

刘逢秋 *

内容提要： "参与式博物馆"理论由美国博物馆学家妮娜·西蒙（Nina Simon）最早提出，反映了博物馆行业最新发展趋势之一的"参与"。根据这一理论，结合苏州碑刻博物馆的工作实际，该馆设计了"一起读碑吧"参与式博物馆社会教育项目。本文通过案例分析的方式，探讨了参与式博物馆社教项目的设计策略。

关键词： 参与式　博物馆　社教　策略

一　"参与式博物馆"概念和基本理论

2022 年 8 月 24 日，在捷克首都布拉格举行的第 26 届国际博物馆协会（ICOM）特别大会通过了博物馆最新定义："博物馆是为社会服务的非营利性常设机构，它研究、收藏、保护、阐释和展示物质与非物质遗产。向公众开放，具有可及性和包容性，博物馆促进多样性和可持续性。博物馆以符合道德且专业的方式进行运营和交流，并在社区的参与下，为教育、欣赏、深思和知识共享提供多种体验。"在这一新定义中，首次出现了"可及性和包容性""多样性和可持续性""交流""参与""知识共享""多种体验"的字样。

对照 2007 年维也纳国际博物馆协会（ICOM）大会对博物馆的定义："（博物馆是）一个为社会及其发展服务的、向公众开放的非营利性常设机构，为教育、研究、欣赏的目的征集、保护、研究、传播并展出人类及人类环境的物质及非物质遗产。"不难发现，2007 年版博物馆的定义主要从博物馆自身的单一维度出发，描述博物馆的功能、特征及意义；2022 年版博物馆的定义则更多强调公众与社区的参与，强调交流、包容、知识共享、多样性与多种

体验。

国际博物馆协会博物馆学会委员会前主席、荷兰博物馆学家彼得·冯·门施认为博物馆行业产生至今，共经历了三次重大变革：第一次革命提出了博物馆基本从业准备、界定了业务范围；第二次革命博物馆出现了一种新样式，即常说的新博物馆学；"第三次革命发生在 2000 年左右，也就是说，我们正在经历这次革命，正在见证又一新样式的出现，虽然我们还没对它正式命名，但其关键词就是'参与'"[1]。

"参与式博物馆"的概念由美国博物馆学家妮娜·西蒙（Nina Simon）最早提出，反映了博物馆行业最新发展趋势之一"参与"。她借鉴美国著名学者亨利·詹金斯（Henry Jenkins）关于"参与式文化"的概念，编撰了《参与式博物馆：迈入博物馆 2.0 时代》一书，提出在参与式文化背景下，随着自媒体的迅猛发展、多媒体社交方式多样化，越来越多的人习惯于共享、公开、交互、合作的全新媒介文化样式。博物馆迎来了一个关于"参与"的全新挑战与机遇。

关于"参与式博物馆"的定义，妮娜·西蒙（Nina Simon）指出，所谓参与式博物馆（或者称参与式文化机构）是"一个观众能够围绕其内容进行创作、分享并与他人交流的场所。创作是指观众将自己的想法、物品和富有创意的表达贡献给馆方并传递给他人。分享是指人们在参观过程中讨论、重新建构自己的所见所闻，并在回家之后仍有所收获。交流是指观众能与工作人员以及其他观众进行社交，分享自己的兴趣与体悟。围绕其内容是指观众的交

---

* 刘逢秋，苏州碑刻博物馆副研究馆员。

流内容和创意表达都要针对馆方自身的物证与理念"[2]。

根据这一定义，"参与式博物馆"和常见的"博物馆互动体验"得以有效区分。博物馆互动体验项目是博物馆预先架构的、相对结构化和封闭的。而参与的开放性更强，公众能够围绕博物馆的物证和理念，以创作、分享、交流的方式参与到博物馆各项事务中，为博物馆的发展作出贡献。

二 苏州碑刻博物馆"一起读碑吧"参与式项目的实践

苏州碑刻博物馆以明代苏州府学建筑作为主要馆舍，是专门收藏、研究、陈列和复制古代碑刻的专题性博物馆，馆藏碑刻实物1100余件。与其他类别的文物相比，古代碑刻作为博物馆展品有其独特性。首先，碑刻的造型、质地相对单一，其审美价值主要集中体现在书法方面，对于没有书法基础的普通公众来说，很难引发他们的兴趣。其次，碑刻通过石刻文字的方式记载了大量丰富鲜活的历史信息，具有很高的文献价值。但古代碑刻文字多为文言文，繁体字纵向排列，普通公众对其难以辨识和阅读，其文献价值往往被公众所忽略。如何引导公众更好地连接博物馆、更有深度地获得博物馆体验，是苏州碑刻博物馆面临的重要课题。

借鉴"参与式博物馆"的理念，"一起读碑吧"参与式项目甄选认知度较高、话题性较强的碑刻文物作为核心物证，通过观众自助共读的方式，搭建了一个观众创作、分享、贡献和交流的平台，有效传播馆藏文物及其背后的文化信息，得到了观众的普遍认可。该项目自2023年5月正式运营，以共读一方馆藏碑刻碑文作为一期活动，截至2024年7月开展至第二期。现以第一期《义田记》碑共读为例简述其运营概况。

"一起读碑吧"第一期《义田记》碑共读活动历时11周，面向社会公开招募参与者26人，连同馆方工作人员1名，共计27人，组成了学习共同体，一起学习的文物碑刻为馆藏的著名碑刻元代《义田记》碑。学习共同体经过前期举办的"恳谈会"，不仅明确了以"自主＋互助"的方式进行共读活动，还确定了共读内容为元代《义田记》碑的碑文和碑文相关文化常识。为保证共读活动的顺利开展，学习共同体一起协商制定了详细的共读规则。所有参与者须每日完成特定碑文的朗读、每周完成一个特定相关专题的研究，并参与线上互动研讨，最终形成一份每周学习报告。参与者以三人为一组，以周为时间单位轮流担任学习任务的管理者与监督者，被称为"周长"。三位"周长"互相协商分工，负责组织每周碑文相关专题线上研讨会，督促每位参与者完成每日线上朗读特定内容碑文的学习任务，进行线上学习任务完成情况的统计和撰写本周学习情况报告。本周轮值结束，"周长"的身份自动转换为普通参与者，下一组普通参与者则担任下一周的"周长"。苏州碑刻博物馆工作人员负责提供碑文的文本、碑刻实物照片、参考书目等相关资料，确定每日打卡朗读碑文的具体内容和每周碑文相关专题，并组织线下碑刻实物走访活动。除此之外，馆方工作人员作为普通参与者参与碑文朗读相关问题研讨等学习任务并轮值"周长"（图一、图二）。

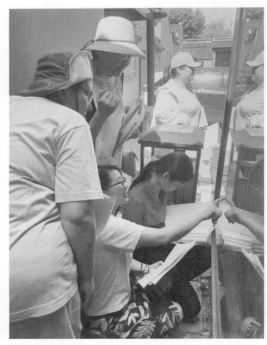

图一 研读碑文

图二　小组讨论

通过 11 周的共同学习，除一位参与者因故退出，一位中途加入进来外，其他所有参与者均完成了全程的共读活动。参与者通过每日朗读打卡一小段内容的方式通读了《义田记》碑全文 4 遍，进行了 11 场次碑文相关专题的研讨，每日碑文朗读打卡学习共计 1485 次、提交学习报告 296 份、进行线上研讨 11 次，开展线下碑刻实物走访活动 3 场次。共读活动结束后，所有参与者均能熟读甚至背诵《义田记》碑全部碑文，并学习了解了 11 个专题的与碑文相关的历史文化知识。尤其重要的是，共读活动加深了参与者之间的交流互动和情感沟通，也加深了参与者对馆藏文物《义田记》碑及其背后历史文化信息的认识与感情，实现了公众与博物馆之间的连接，也实现了博物馆弘扬中华优秀传统文化的根本使命。

三　参与式博物馆社教项目设计策略

苏州碑刻博物馆"一起读碑吧"项目以参与式博物馆的相关理念为指导，结合该馆具体情况进行活动的组织和开展，取得了一定成效。下文尝试结合实例和相关理论，对参与式博物馆社教项目设计策略进行一些探讨。

（一）甄选合适的博物馆物证作为"社交实物"，是参与式博物馆社教项目的关键。以"一起读碑吧"首期《义田记》碑共读活动为例，该活动选择了馆藏著名碑刻《义田记》碑作为核心物证，参与观众围绕《义田记》碑开展共读、研讨和交流。

《义田记》碑陈列于苏州碑刻博物馆农业经济碑廊，元至正十年（1350）刻石，碑文由北宋文人、学者、官员钱公辅撰文，元代大书法家赵孟頫之子赵雍书写。该碑记载了北宋名臣范仲淹购置良田千亩以养济族人的事迹，彰显了范公"先忧后乐"的精神。《义田记》为千古名篇，被清代吴楚材、吴调侯选编的《古文观止》收录，该文行文法度严谨，具有很强的文学审美价值；元代赵雍的书法继承其父赵孟頫的特征，字体圆转遒丽，赋予该碑较高的书法审美价值；而碑文所记载的范公购置义田的事迹及其背后"仁爱""仁有等级"的儒家观念又使得该方碑刻成为传统儒家文化价值观的物证。

根据参与式博物馆的相关理论，社交实物的选择和设计是参与构建的关键步骤之一。所谓"社交实物"，就是指"能够带动社交体验，同时也是观众交流的内容所在"[3]，即观众围绕其参与活动、产生交流的博物馆实物。优秀的博物馆社教实物具有个性化、话题性、刺激性和关联性等特征。苏州碑刻博物馆元至正十年（1350）《义田记》碑作为碑刻文物具有独特性、唯一性；同时又因其文本和相关人物、文化现象知名度较高，与当代中国人（参与者）之间产生了较强的联系性；碑文所体现的"仁爱"及"仁有等级"的儒家文化价值观也具备较强的话题性和一定的刺激性。因此，作为参与式博物馆社教项目的"核心物证"，《义田记》碑能够吸引参与者的持续关注与讨论。

（二）明确的规则是参与式博物馆社教项目的保障。作为一个参与式博物馆社教项目，"一起读碑吧"强调参与者自主互助学习与交流。如何将原本互不相识的一群观众有机整合，围绕一个共同的博物馆实物产生相对有序的互动与交流？"一起读碑吧"通过共读活动前期的恳谈会制定了细致规范的共读规则以确保项目的有序实施。活动组织方明确规定参与者所承担的学习任务，并告知未能完成学习任务而中止活动的后果：参与者每天需针对特定的内容进行朗读打卡，每周需进行线上研讨并提交学习报告，连续三天未进行朗读打卡或连续三次未提交周学习报告者视为自动退出共读活动。活动组织方明确规定学习任务的监督者与管理者的权限及轮流担任学习任务监督者与管理者的参与规则：活动组织方规定按学号对参与者进行分组，每三人为一组，每组推选出一人轮流担任"周长"，负责共读学习的监督与管理。活动组织方明确所有人员（包括馆方提供学习材料和话题的工作人员）都作为普通参与者，平等地参与学习，并互相监督。

在参与式博物馆理论中，强调参与设计的一个重要原则是"给参与者设置一定的限制条件"[4]。一个关于参与的误区是，简单地认为让观众做他们想做的事更容易吸引观众。事实上，限制而不是开放往往更有利于参与。"观众需要一个清晰的角色定位和相关信息，知道自己该怎么参与。"[5]活动组织方明确告诉参与者可以使用哪些资源、需要做哪些事情，落实必要的监督管理，才能够给予参与者强有力的指导以确保活动顺利运转。

（三）开放包容、合作共赢是参与式博物馆社教项目的价值所在。根据参与式博物馆相关理论，参与式技巧的目的是"既能满足观众对积极参与的需求，又能传播馆方的使命，推广其核心理念"[6]。参与式博物馆社教项目设计的重要前提和价值追求是充分尊重和信任参与者，相信参与者能够在一定"支架"的帮助下，自主建构相关知识、价值和意义，进而实现博物馆传播其核心文化和价值观的使命。这一方面要求博物馆（项目的设计方）最大程度地尊重和信任参与者，秉承开放包容的态度，充分接纳活动过程中的多样化和发展变化；另一方面要求博物馆（项目的设计方）要为参与者提供一定的"支架"，提供一定的资源支持和必要引导，确保参与式项目能够达成博物馆自身的使命。

在"一起读碑吧"项目中，馆方给予参与者充分的信任与尊重，由参与者共同自主制定共读规则、轮流担任相关知识的贡献者和传播者进行相关话题研讨、轮流担任学习任务的监督管理者统计和管理

共读情况；特别是馆方工作人员也作为普通参与者全程参与共读活动，使得活动的组织进一步"去权威化"，形成了自主互助学习共同体。参与者在共读的过程中彼此交流，自主建构相关知识和价值；在贡献的过程中获得归属感和价值感。参与人员不同的知识背景和文化结构，为活动带来了多样化和不确定性。例如对话题的研讨带有较多的个人色彩，有些学术性过强，有些又过于浅显，每个人所建构的知识和理念也有所差别。可正是这些多样性为项目增添了多重魅力，使其更具亲和力和丰富性。馆方的"支架"体现在馆方工作人员对于学习任务和话题分享的发布方面，由于具备资源的优势，馆方的工作人员通过学习任务和话题的发布引导了整个共读过程的走向，为参与者提供了引导性任务；另一方面也确保博物馆弘扬优秀传统文化的使命的完成。

四　结语

随着博物馆行业持续推进高质量发展，当前的博物馆行业越来越强调以"人"而非"物"为中心，以观众为中心的观念日益成为业界的主流思想，博物馆变得更加多元和包容。参与式博物馆社教项目打破了一直以来博物馆教育中馆方的权威地位，充分强调了公众的参与性与主动性，这可以看作是博物馆教育的新方向。

苏州碑刻博物馆"一起读碑吧"参与式社会教育项目将博物馆行业的先进理念引入博物馆的日常实践，根据参与式博物馆相关理论，结合本馆具体情况，打造观众深度参与的自主互助共读学习平台。在这一项目中，观众主动参与活动，贡献想法和创意，彼此之间互相启发与推动。观众既是项目的推进者、内容的创意者，也是项目的消费者。对照参与式博物馆理论，该项目初步具备了参与式博物馆社会教育项目的基本要素，并在实践中取得了积极的成效，同时也期望能够为同行进行"参与式博物馆"的探索提供一些思路。

注释：

[1]［美］妮娜·西蒙著、喻翔译：《参与式博物馆——迈入博物馆2.0时代》序言，浙江大学出版社，2018年。

[2]［美］妮娜·西蒙著、喻翔译：《参与式博物馆——迈入博物馆2.0时代》，浙江大学出版社，2018年，第3页。

[3] 同［2］，第39页。

[4] 同［2］，第29页。

[5] 同［2］，第26页。

[6] 同［2］。

浅谈博物馆如何助力"文化养老"

——以常熟博物馆为例

周　苗[*]

内容提要： 当前，我国的老龄化程度正在日益加深，传统的养老观念也在不断发生变化，"文化养老"的概念应运而生。博物馆作为公共文化服务体系中的一环，应积极助力"文化养老"，满足老年群体的精神文化需求。本文以常熟博物馆为例，从馆内、馆外两个角度简要分析博物馆助力"文化养老"的举措，并分析工作中存在的不足及难点。

关键词： 博物馆　老年人　文化养老

当前，我国的老龄化程度正在日益加深。第七次全国人口普查结果显示，我国 60 岁及以上人口已占到总人口的 18.7%，65 岁及以上人口占 13.5%，与 2010 年相比，60 岁及以上人口的比重上升了 5.44 个百分点[1]。妥善处理好老年人的养老问题一直是社会关注的焦点之一。随着社会的不断发展，人们对于精神文化的需求日益增长，传统的养老观念也在不断发生变化。不仅要让老人"老有所养"，还要"老有所乐"，既要保障老年人的实际生活需要，还要关注老年人的精神文化需求，"文化养老"的概念应运而生。2015 年，中共中央办公厅、国务院联合印发的《关于加快构建现代公共文化服务体系的意见》，明确提出要将老年人作为公共文化服务的重点对象，积极开展面向老年人的公益性文化艺术培训服务活动。

博物馆作为公共文化服务体系中的一环，在为公众提供教育资源、陶冶艺术情操、弘扬中华优秀传统文化等方面发挥着重要的作用。近年来，为了更好地服务老年观众群体，许多博物馆相继出台了优惠举措，并开展了诸多具有针对性的活动，以满足老年群体的精神文化需求。常熟博物馆于 2020 年晋升为国家一级博物馆，依托丰富的馆藏文物资源，近年来在展览、社教活动方面进行了许多有益的探索，不断提升公共服务的效能。针对老年观众群体，常熟博物馆近几年也在活动和参观接待等方面做了许多尝试和创新，但受限于场馆设施、人力资源、资金投入等因素，仍存在一些有待改进提升的地方。本文以常熟博物馆为例，从馆内、馆外两个角度浅谈博物馆如何助力"文化养老"。

一　在博物馆内如何服务好老年人

博物馆的场馆是服务老年观众的主阵地，要服务好老年观众群体，就要充分考虑老年人的需求特点，加强场馆配套设施建设，提升场馆的服务效能，丰富活动种类和形式，出台相应的优惠措施，为老年人参观展览、参与活动提供便利。

（一）展馆设施应体现对老年观众的关怀

常熟博物馆为方便老年观众参观，在场馆设施建设上做了不少安排和设计。场馆内设有无障碍通道、通道扶手、缘石坡道等无障碍设施，为行动不便或使用轮椅的老人进入展厅参观提供便利；公共卫生间设有带扶手的坐便器，方便老年观众如厕；馆内公共区域包括展厅内设有休息椅，可供老人休息；光线较为昏暗的书画展厅，地面和台阶上贴有荧光条和文字提示标识，提醒老年观众注意参观中的安全；展厅内还设有全息智能手势互动展示柜、多媒体一体机等数字化体验设备，可供老年观众自助浏览常熟博物馆馆藏文物、精品展览的数字化成果。2021 年，为进一步提升游客服务效能，常熟博物馆完成了场馆设施的系列提升项目：在博物馆公共教育空间不足的情况下，将博物馆南面辅助用房

---

[*]　周苗，常熟博物馆助理馆员。

二楼原古玩市场约 280 平方米的空间改造成为公共教育区域，让其成为展示馆藏精品、开展社教活动的专属区域，为老年观众参与博物馆活动提供了更多的场地空间；同时增设互动展示魔墙（多点触摸交互系统设备），以高清大屏为展示载体，将数字化采集的珍贵文物三维数据、高清二维数据等，通过文字、图片、视频、3D 模型、3D 动画等方式一一呈现，精度达到微米级，使老年观众可以通过大屏，多维度观看因展柜隔离、灯光昏暗等因素而无法观赏到的藏品细节；另外，常熟博物馆还引入自助导览租赁服务驿站，而且不收取租赁费，老年观众可享受馆内展览自助语音导览服务，满足了老年观众对讲解服务的需求。

（二）公共服务应体现对老年观众的优待措施

常熟博物馆秉承人文关怀、服务优先的理念，出台了一系列尊老服务优待措施。展厅服务台处备有轮椅供老年观众免费使用，提供常用的药品；提供老花镜、放大镜等，方便老人浏览宣传册、展览资料等纸质材料；在入口处安排本馆工作人员、志愿者等协助老人实名登记，引导他们顺畅快捷地入馆参观、参加活动。疫情期间，为方便不会使用智能手机的老人们入馆参观，馆方做出特别的安排，60 周岁以上的老人在做好个人防护的前提下，无需预约，凭有效身份证件或纸质辅助行程证明，在入口处完成必要的实名登记、体温测量后就可直接入馆参观，简化了入馆的手续，优化提升了老年观众的参观体验。

（三）展览设计应考虑老年观众特点

展览作为博物馆提供的重要文化产品，在展陈形式设计上要充分考虑各群体观众的观展特点和习惯，使展览形式既美观新颖，又符合观众的实际需求。考虑到老年观众群体视力、体力较差等特点，博物馆展陈人员在设计展览文字说明时，文字背景颜色和字体颜色应作明显的区分，减少视觉干扰，同时也要避免字体过小和间距过于紧凑，尽可能让老年人浏览文字更加舒适、清晰；也可以设计语音解说二维码，让观众通过扫描展品说明的二维码获取语音讲解，减少长时间浏览文字的疲劳感。展品

陈列的间距也应避免过于紧凑，尤其是重点展品可以陈列在独立柜中，避免人员聚集造成推搡、拥挤、踩踏等事件发生，为老年观众营造舒适的观展空间（图一）。

图一　老年观众参观常熟博物馆展览

（四）开展活动应有针对性地考虑老年观众的需求

通过笔者多年的观察，进入博物馆参观的老年观众可分为如下几类：第一类观众本身是历史文化爱好者，对文物收藏、艺术鉴赏等有浓厚兴趣，每次博物馆有新的展览都会第一时间来参观，博物馆开展的讲座等活动也经常报名参加；第二类观众常与家人、朋友等结伴参观，自身对历史文化、人文艺术等有一定兴趣，愿意聆听展览讲解，了解更多知识；第三类观众主要是为了陪伴孩子参加活动来到博物馆，仅在等待孩子活动结束的短暂时间内参观展厅，通常只是走马观花，对博物馆开展的展览、活动并不太关心。

针对不同类型的老年观众，在博物馆策划展览和社教活动时要充分考虑他们的不同需求。

针对第一类观众，要注重增强展览、活动的学术性和专业性，邀请业界的专家学者作为学术顾问，为展览、活动的策划和开展提供必要的学术支撑，打造内涵深厚、专业性强的文化产品。如 2020 年常熟博物馆推出了"钱谦益与虞山诗派文物特展"，展出了馆藏虞山诗派相关古籍文献和珍贵文物，同时邀请到钱文辉、张幼良、管勇、朱原谅、周向东等常熟

文史专家录制了虞山诗派系列微讲座在微信平台推广，还举办了四期"虞山讲堂"关于虞山诗派的公益讲座，吸引了不少老年观众前来听讲，获得了良好的社会反响。2022年，常熟博物馆还开展了"非遗体验季"非遗宣讲活动，邀请苏派砚雕传承人王介玉先生做专题讲座，也颇受老年观众的欢迎（图二）。

图二　"非遗"体验季——《苏派砚雕的特点》分享会

针对第二类观众，博物馆需要推动展览、活动的内容创新，在形式呈现上更加丰富多样，增强与观众的互动，从而引起老年观众的兴趣。比如每年"5·18"国际博物馆日，常熟博物馆都会推出"免费鉴宝"活动，组织文物鉴赏专家为市民免费提供藏品鉴定咨询服务，而老年观众在前来参加鉴宝的人群中都要占据"半壁江山"，同时鉴宝现场也会吸引大批老年观众围观，聆听专家点评，说明这类活动深受老年观众的欢迎（图三）。

图三　常熟博物馆公益鉴宝活动

针对第三类观众，应考虑推出更多适合家庭亲子参与的活动项目，吸引更多老年人主动来到博物馆、了解博物馆。比如2020年重阳佳节，常熟博物馆推出了"我们的节日——感恩重阳 情暖金秋主题活动"，邀请祖孙两代一起参与活动，由孩子们为爷爷奶奶（或外公外婆）绘制肖像画，写上一句想对他们说的话，并将画作送给老人，老人们看到自家孙辈的画作，都笑得格外开心。博物馆工作人员还为每位老人送上重阳糕，为每组家庭拍摄合影，用镜头将温馨的一刻定格下来，成为祖孙两代人共同的美好记忆（图四）。

图四　"感恩重阳 情暖金秋"主题社教活动

（五）为老年人提供发挥余热的平台

近年来，越来越多的老年人参与到各项志愿服务工作中，把志愿服务作为退休后发挥余热的重要方式。近年来常熟博物馆的影响力不断扩大，尤其在2020年晋升为国家一级博物馆后，受到的外界关注越来越多，申请加入常熟博物馆志愿社的人数逐年递增。常熟博物馆自身良好的社会形象以及老年人对传统文化的热爱，这两个主要因素驱动着越来越多的老年人报名加入博物馆的志愿团队中。为了给老年人提供发挥个人价值的机会，常熟博物馆不断优化完善志愿者培训和管理机制，推出适合老年人参与的志愿服务项目，努力为老年人打造理想的"再就业"平台（图五）。

图五　常熟博物馆志愿者在为观众讲解

截至 2022 年底，常熟博物馆志愿社注册的志愿者有 76 人，其中退休人员 16 人，约占总人数的五分之一。老年志愿者活跃在展厅讲解、社教活动辅助、志愿者培训、摄影摄像等服务岗位上，为营造博物馆"接地气、暖人心"的服务氛围贡献着自己的力量。常熟博物馆志愿社定期组织内部学习交流活动，馆方也会组织志愿者们外出参观学习，与其他博物馆的优秀志愿者交流经验，不断提升常博志愿者的服务工作水平。老年志愿者乐在其中，发挥所长，并为博物馆志愿服务工作提出宝贵建议，不断促进博物馆志愿者队伍的成长壮大。

二　在博物馆之外如何服务好老年人

除了要抓好场馆内这一服务主阵地，博物馆还需要加强与社区、老年大学、旅行社、研学机构等的合作，努力搭建博物馆服务的延伸平台，同时积极推进博物馆馆藏资源的活化利用，丰富公共文化服务的内容与形式。

（一）加强与社区的合作

社区是最贴近老年人日常生活的场域，博物馆要利用好社区这个平台，让博物馆的服务渗透到老年人的日常生活中，让老人们的文化生活得到进一步滋养。2021 年起，常熟博物馆推出了"博悟虞山——常熟博物馆志愿者文化宣讲活动"，先后走进常熟市莫城街道安定村、虞园社区、凯文社区等，为社区居民带来了《常熟博物馆十大镇馆之宝》《扇面清风》《良渚第一龙》等诸多主题的文化宣讲活动，吸

引了不少老年人前来参与。此外，常熟博物馆还定期开展"流动展进社区"活动，将常博的精品展览以图文展的形式传播到公众的身边，让更多老年居民近距离了解精美的本地文物及丰富的传统文化知识。

今后博物馆还应加强与养老机构、护理机构等的合作，积极推送博物馆相关宣传资料、文化宣讲活动及流动展览，丰富老年人群的精神文化生活，帮助他们实现"文化养老"。

（二）加强与老年大学、研学机构等的合作

在"终身学习"观念深入人心的今天，"活到老，学到老"已经是大多数老年人生活的真实写照。近年来老年大学日益火爆，开设的课程也更加多样化，吸引了越来越多的老年人参与其中。博物馆可以开展与老年大学的合作，将博物馆作为老年大学的学习实践基地，丰富老年学员的"大学生活"。2019 年，常熟博物馆借举办"颖悟传神——朱颖人先生松鼠题材中国画特展"的契机，在重阳节当天组织常熟老年大学的十多位学员开展了"重阳节绘松鼠"活动，学员们在观摩欣赏画家朱颖人先生作品之后，在绘画老师的指导下，自己动笔绘制了一只只俏皮可爱的松鼠，度过了一个特别的重阳佳节（图六）。

图六　重阳节绘松鼠社教活动

另外，在文旅融合的背景下，博物馆还应加强与旅行社、研学机构的合作，推出适合老年观众的展览、研学游项目，努力推动博物馆老年观众研学

游活动的开展和丰富。

（三）加强馆藏资源的转化利用

常熟博物馆藏有陶瓷、玉器、书画等各类文物 2 万余件（套），依托丰富的馆藏资源，常熟博物馆致力于打造精品展览、社教品牌活动，不断探索馆藏资源的活化利用。

随着数字技术的飞速发展，数字化水平成为衡量博物馆发展的新指标。近年来，常熟博物馆着力推进数字化建设，采购添置各类数字化设备，提升观众的观展体验。2020 年开始，依托 VR 技术，常熟博物馆推出了线上数字展厅，截至 2024 年 4 月已上线展览 26 个。由此，精品展览永不落幕，观众可以不受时间、场地的限制自由观展。对于出行有所不便的老年观众来说，通过浏览数字展厅可以实现足不出户掌上观展，省时又省力。另外，立足微信、微博等宣传平台，常熟博物馆推出了多个系列主题的线上文物介绍专辑，将馆藏文物的知识介绍、研究成果进一步普及与传播，践行了"文化成果与民共享"。在文创开发方面，常熟博物馆也逐步推进，2021 年至 2022 年先后推出了二十四节气明信片、"麻姑献寿"钥匙扣、兔年福历、兔年春节文创礼盒（含有馆藏文物元素的春联、红包、剪纸窗花组合套装），还联合物语常熟和百年老店王四酒家推出元宵伴手礼，引起了良好的社会反响，进一步传播了博物馆文化。

今后，常熟博物馆将继续加强文物数字化、文创开发等，推进馆藏资源的活化利用，让博物馆的文化成果惠及更多老年人。

三　工作中存在的不足与难点

近几年受疫情的影响，常熟博物馆老年观众人数减少了很多，而 2021—2023 年馆方组织的问卷调查的结果也显示老年观众人数有逐年下滑的趋势，这可能与老年人参与问卷调查的意愿不高有一定关系，但也与博物馆工作中存在的不足及难点有关。

（一）对老年人的吸引力还不够

总体而言，常熟博物馆对老年人的吸引力还不够强，老年人参与博物馆相关活动的积极性不高。目前

常熟博物馆社教活动的受众主要是青少年、亲子家庭，面向老年群体开展的活动较少，形式也较为单一，主要还是以展览讲解、公益讲座为主。以往有书刊资料、小礼品赠送的活动就比较能吸引老年观众，像春节前夕的送春联公益活动就很受老年人的青睐（图七）。因此，博物馆很有必要开发一些具有实用性的文创产品作为小奖品用于宣传推广，吸引更多老年人参与博物馆的展览和活动。同时，还要丰富活动形式，开展一些针对老年人的文化沙龙、文物鉴赏公益课，为热爱传统文化的老人提供学习和交流的平台。

图七　公益送春联活动

（二）服务设施有待优化提升

常熟博物馆自 1997 年对外开放以来，已走过二十七个春秋，部分场馆设施已趋于老旧，原有的布局设计已不能满足当前公众对博物馆的参观需求。展馆分为上下两层，但由于没有电梯，行动不便的老年人及残障人士就很难到达二楼参观。另外，场馆内没有设置专门的休息、休闲区域，可供休息的座椅也较少，未配备饮水机、第三卫生间等相应的服务设施，不能很好地满足老年人饮水、休息、上厕所等需求。

（三）与社区的合作机制有待完善

目前，常熟博物馆与社区合作的模式是：馆方负责活动的策划和实施，社区负责提供场地和经费，并招募组织活动的参与者。常博进社区活动以文化宣讲、DIY 手工、流动图文展为主。但博物馆社教部门的力量有限，即便有博物馆志愿者力量的加入，要想进一步扩大活动的覆盖面，就必须借助社会的力量。

博物馆可以负责提供活动的方案及内容、培训活动讲师，让社区自行组织开展活动。同时，也可以吸纳社区居民如老年人作为博物馆文化推广志愿者，辅助社区工作人员开展社教活动，这样一方面可以缓解社教活动人手不足的压力，另一方面也丰富老年人的文化生活，体现他们的社会价值。

四　结语

博物馆是公共文化服务的主要阵地之一，要助力"文化养老"，博物馆需要主动出击，结合自身特色和实际工作，丰富活动形式，增强活动的吸引力，发挥自身优势服务好老年观众。对于存在的问题也要积极探索解决方法，努力营造尊老敬老、爱老助老的良好氛围。同时也要注意借助社会力量，加强馆藏资源的转化利用，让博物馆更加贴近老年人的实际生活，更好地满足老年人的文化需求。

注释：

[1] 数据来自国家统计局官网《第七次全国人口普查公报（第五号）》。

烈士纪念馆的教育多元化与特色化

——以龙华烈士纪念馆为例

贾昕贤 *

内容提要：烈士纪念馆作为承载了革命先烈英勇事迹的载体，如何在当下充分发挥其教育属性成为一个亟待深入研究的课题。本文通过对龙华烈士纪念馆的教育资源开发现状进行分析，在结合实际情况的基础上提出一些针对性的建议，旨在引起讨论和思考。

关键词：龙华 纪念馆 教育 红色

党的二十大进一步强调了文化自信及中国特色社会主义与中国梦的宣传对于弘扬民族精神与时代精神来说有着无法替代的重要作用，烈士纪念馆作为承载了革命先烈英勇事迹的载体，如何在当下充分发挥其教育属性成为一个亟待深入研究的课题。

一 烈士纪念馆与纪念馆教育的相关概念

（一）烈士纪念馆的概念及特点

烈士纪念馆具体是指以特定的某一或者某些英雄先烈作为主题，对事迹、事实等内容进行展出的机构。相较于其他类型的文博展馆，烈士纪念馆最大的特征就在于其有着特定的专题性。烈士纪念馆往往是围绕着某一具体人物或者某一具体事件而建立的[1]。其存在更多的是为了纪念某个人物或者某次事件，因此烈士纪念馆的主体选择较为单一，具有独具特色的个性。其次烈士纪念馆的建设往往与地理空间有着紧密的联系，呈现出独特的地理性。大多情况下烈士纪念馆都是在事件发生地抑或是人物居住地建立起来的，即使在建设过程中客观环境的限制导致纪念馆选择新址，也会尽可能地遵循事件发生的真实情况来进行选择，烈士纪念馆的选择无论何时都会同纪念主题或多或少存在一定的联系[2]。

此外在情感的表达上，相较于一些人文艺术纪念馆或展馆，烈士纪念馆会呈现出更多的客观性。烈士纪念馆的存在是通过真实还原事件本身或者人物的生平来与参观者之间产生紧密的情感联系，从而更好地震撼参观者的心灵，达到精神凝聚的效果[3]。

（二）纪念馆教育的定义及作用

纪念馆教育顾名思义是指通过展出具有时代意义和研究价值的实物以及其他辅助形式来进一步让观众对历史事件产生强烈的认知，从而实现直观教育的目标。随着科学文化水平的不断提升，人们开始愈发关注纪念馆的教育功能，并进一步将学校教育体系同纪念馆之间进行多方位的融合，从而更好地实现有计划的教育活动，达到普及科学文化知识、弘扬民族优秀文化、提升人们综合审美水平的教学目标。充分利用现有的纪念馆教育资源，融会贯通当前的学生及成人教育体系，能够有效地优化现有的教育结构，提高当前的教育效率与教育水平[4]。

二 龙华烈士纪念馆教育宣传资源发展与利用实践

（一）构建以游客为本的服务体系

随着爱国主义教育理念的不断普及，红色主题旅游及教育成为烈士纪念馆发展的重要内容。龙华烈士纪念馆在发展的过程中逐渐意识到红色旅游的功能，认为红色旅游的真正意义在于将娱乐性与教育性结合在一起，从而在真正意义上实现寓教于乐的目标。在服务体系的构建上，龙华纪念馆始终秉承以人为本的理念，将游客的需求作为服务体系构

---

* 贾昕贤，上海市龙华烈士陵园（龙华烈士纪念馆）助理馆员。

建的第一导向，从而有针对性地设计出具有个性化、特色化的旅游服务产品，从根本上提升服务的整体品质。为了进一步满足不同年龄段人群的旅游需要，龙华烈士纪念馆充分发挥现有史料的陈设作用，确保能够为不同人群提供定制化的服务。例如在党史文献研究室、龙华研究室、退役军人事务局审批下，针对不同参观群体制定专门的讲解内容，分为成人讲解词、青少年讲解词、军人讲解词、英文版讲解词等，力求因人施讲，更通俗易懂，让不同群体对展陈内容有更深层次的了解，身临其境地感受中华儿女在上海这片热土上为了革命抛头颅、洒热血的事迹和可歌可泣的悲壮历史。在序厅中还推出体验展，主题为"血与火——新中国是这样炼成的"。体验展以动漫这一青少年喜闻乐见的形式作为载体，聚焦从中国共产党成立到新中国成立这28年的革命奋斗史，让青少年更好地感受党艰苦卓绝的奋斗史和改天换地的斗争史。

此外，为了更好地搜集游客对于龙华烈士纪念馆的意见，馆方在展厅醒目的地方还设有观众留言簿。在游览结束后观众可以就讲解服务、参观感受等提出针对性的建议，让龙华烈士纪念馆的管理者倾听到来自一线的反馈，从而根据不同群体的建议，更有效地改善现有的服务体系，确保能够贴近游客们的真实需要。

（二）多元化的教育宣传模式

新媒体时代的到来让教育宣传模式朝着多样化、科技化的方向不断发展，为了能够从根本上提高青少年主体的学习热情，龙华烈士纪念馆应该充分利用当前的新技术来进一步丰富教育宣传手段。首先在教育宣传模式的选择上，龙华烈士纪念馆应该注重选择以沉浸式及演绎式为主的宣传模式。在以往的宣传工作开展过程中，烈士陵园纪念馆虽然有着大量珍贵的史料资料，但宣传手段的单一性导致很难真正激发参观者的共鸣，难以实现烈士纪念馆的教育目标。演绎化的教学手法能够更好地还原故事的发展经过，从而在思想层面上让参观者身临其境地融入革命故事中，感受那段峥嵘的岁月。沉浸式教学则是近几年来许多烈士纪念馆常见的宣传教育方式，其往往是利用VR、光影设计等一系列的技术手段为参观者们创设不同的感官环境，这样一来能够让参观者切身感受到精神上的共情，从而进一步加强观众的观念认同感。

在实际工作中，龙华烈士纪念馆利用当前的新技术进行了丰富的教育宣传手段创新，从而在具体场景中为观众带来多种不同的视觉冲击和参观体验。例如上海市退役军人事务局组织的三八妇女节主题活动、上海团校青年干部培训班等团队参观中，讲解员以角色扮演的形式与观众进行互动，使观众完成了一次次与英烈穿越时空的"对话"，更好地理解了英烈的思想和他们无悔的抉择。

（三）线上线下联动

在社会各方面力量的支持下，龙华烈士纪念馆收藏有大量的史料资源，其中烈士档案卷宗、遗物等数量已突破三千份。在愈发重视红色教育的时代背景下，龙华烈士纪念馆十分注重线上与线下的联动。线下互动中，龙华烈士纪念馆更加强调贴近人民群众的真正生活，从参观者的实际需要出发，秉承以人为本的理念，为参观者们提供丰富多样的线下活动。在清明节、端午节、国庆节等法定节假日期间，龙华烈士纪念馆也推出了不同类型内容丰富的活动，数以千计的青少年通过一次次讲解、一堂堂党课、一次次手工制作等方式，对英雄精神有了更深刻的理解。以2021年清明祭为例，仅在7天时间内，纪念馆参观量就达到了十万人之多。龙华烈士纪念馆（龙华烈士陵园）首次联合上海市75家烈士纪念场馆，于同一时间（清明节当天9点30分）、不同地点，举行了"我们来看望您"主题祭扫活动，共同表达对烈士的追思和敬意，取得了良好的活动效果。

此外，依托成熟的互联网技术，龙华烈士纪念馆实现了线上线下的有效联动。为了进一步提升线上互动的效率，龙华烈士纪念馆将馆藏的文物资料实现了数字化的管理及展览，这就意味着参观者们在线上就可以对馆内相关的资料进行详尽的了解，这不仅提高了本馆史料档案的管理水平，而且在一定程度上符合后疫情时代线上生活方式的需要。在线上活动中，龙华烈士纪念馆进一步丰富了交流方式，拓宽了交流渠道，为参观者们提供了一个更加高效、畅通的交流平台。例如龙华烈士纪念馆与上海东方广播电台合作，组织诗歌诵读大赛，将大赛的优秀作品选送到电台进行音频录制，并在龙华烈士纪念馆"从哪儿来"红色网络电台进行再次传播，从而实现线上和线下的有效联动，进一步提升与公众的有效互动。

（四）打造特色化的党史学习教育资源

红色教育是烈士纪念馆的重要工作方向，龙华烈士纪念馆近年来紧密围绕着党史学习教育的内容出台了一系列的措施。龙华烈士纪念馆在现有的党史陈列基础上进行了新一轮的陈列改造，进一步深挖党史内容，结合当前最新的时事政策，推陈出新，从而将龙华烈士不怕牺牲、不懈奋斗的历史在现代化的情境下进行充分体现。龙华烈士纪念馆自2018年开始自主研发党课，使党课教育成为本馆的特色品牌项目。经过几年的积累，龙华烈士纪念馆培养了一支能讲、会讲、善讲的红色讲师队伍。2022年，龙华烈士纪念馆红色讲师队伍由原来的10人扩充到

了15人，包括了骨干讲解员及遗址区的相关老师，在保留了原有主题党课《忠诚、奋斗、牺牲》的基础上，研发了主题突出、导向正确、内涵丰富的微党课。截至2022年10月底，龙华烈士纪念馆的红色讲师共为社会公众提供微党课415节，主题党课22节，授课覆盖人数超过2.2万人次。

龙华烈士纪念馆同样重视党史学习教育资源的呈现方式，以生动感人的党史故事为蓝本编排了"龙华魂"等情景剧，从当代的角度去演绎重现，丰富了观众的参观体验，从而让他们更好地了解革命历史，进一步激发大家的民族自信与爱国热情（图一）。

（五）完善校馆共育体系

作为传承党的光辉历史以及奋斗精神的载体，龙华烈士纪念馆致力于传播、弘扬共产党人高尚的价值追求与先进的思想意识。纪念馆通过鲜活的案例，能够进一步激发学生群体的学习兴趣，使其在思想上牢牢树立起爱党爱国的信念。在实际工作中，龙华烈士纪念馆进一步加强同学校的紧密合作，更好地构建馆校共育体系。2022年，龙华烈士纪念馆接待了参加"汇爱萨迦——手拉手藏族青少年看上海活动"的180位沪、藏两地的中小学生，馆方前后共投入了10位讲

图一　"龙华魂"情景剧会演

解员，将展厅的讲解内容设计成有主题、有互动的教育课程，让学生在聆听讲解的同时有思考有启发。同时，在微党课的环节又特别设计了讲述"时代楷模"、援藏干部、复旦大学教授钟扬忠于祖国奉献人民、不懈探索追求的故事，引导学生树立积极向上的理想信念（图二）。

（六）充分发挥烈士陵园的社会教育职能

龙华烈士纪念馆作为爱国主义教育和社会主义精神文明建设的重要阵地，承担着十分重要的社会教育职能，特别是在弘扬爱国主义精神与思想道德的建设方面。龙华烈士纪念馆注重从内容和形式两方面进行创新，如组织党员干部定期针对现阶段的时政热点问题开展专题讨论，鼓励社会大众以各种各样的形式参与到纪念馆的社会实践。在一些重要的节日，龙华烈士纪念馆会针对性地举行丰富多彩的主题活动，诸如成人仪式、入党宣誓、入团宣誓活动等等，进一步激发各类人群参与爱国主义教育活动的积极性。

三　目前的不足与展望

（一）专业性人才不足

龙华烈士纪念馆教育职能的建设离不开专业性人才，然而随着近几年来社教部人员工作岗位的调整，许多专业的讲师离开了原来的教育一线岗位，而新一批的讲师由于实践经验不足，在短时间内还不能完全胜任当前的教育工作，从而影响了纪念馆教育职能的发挥。

针对这一问题，龙华烈士纪念馆从两个方面进行调整。一方面是及时抽调社教部相关业务骨干对现有的团队成员进行针对性的培训，以提升新讲师的专业能力。在多方努力下，历经几个月的时间，最终形成了十多节有关党史的微课程。另一方面，龙华烈士纪念馆将一些专业知识过硬、工作认真负责的讲解员吸纳到管理团队，优化了纪念馆的人才队伍结构。讲解员工作在第一线，有着丰富的工作经验和较强的专业知识储备，因此吸纳讲解员参与管理和决策对纪念馆的服务能力提升具有积极的意义。

图二　"汇爱萨迦——手拉手藏族青少年看上海活动"

（二）场馆吸引力尚待提升

尽管龙华烈士纪念馆的参观人数众多，但是从游客参观的动因来看，更多是出于政府为导向的红色教育目的。在近年来国内博物馆纪念馆高质量发展的大背景下，龙华烈士纪念馆无论是在文化品牌打造还是在科技元素互动性体验上都存在着较大的提升空间。随着人们文化需求的快速提升，依靠单一的传统展出形式很难吸引年轻观众群体的关注。对于观众来说，博物馆教育如果无法真正激发其探索兴趣，那么就很难在脑海中留下深刻的印象，自然也就无法有效地实现教育的目的。

针对这一问题，笔者认为，龙华烈士纪念馆应该进一步完善软、硬件设施，与时俱进，将一些新的科技手段融入纪念馆的陈列展览和教育活动中，进一步加强同观众之间的互动，尽可能地提高观众参与度，从而使龙华烈士纪念馆的教育职能得到充分的发挥。

四 结语

综上所述，本文回顾了烈士纪念馆与纪念馆教育的相关概念，以上海市龙华烈士陵园（龙华烈士纪念馆）作为研究对象，通过对龙华烈士纪念馆教育宣传资源开发的现状进行分析，发现其存在专业性人才短缺、自主吸引力尚待提升的问题，在结合工作实践的基础上提出一些改善性建议，期待其利用现有的教育资源尽可能地发挥纪念馆的教育职能，走出一条具有时代特色的发展之路。

注释：

[1] 周佳：《"双减"政策背景下博物馆教育潜能释放路径探究》，《教育科学》2022年第1期。

[2] 徐松岩：《"一带一路"建设下文博专业学生跨文化交流能力的培养——基于大连地区博物馆教育活动的开展》，《大学教育》2020年第5期。

[3] 袁雅祺：《非遗博物馆教育与服务方式方法研究》，《魅力中国》2021年第5期。

[4] 黄云艳：《博物馆如何发挥社会教育功能》，《中国文艺家》2020年第4期。

征稿启事

　　本论丛由常熟市文化博览中心、常熟博物馆主办，立足常熟，面向国内外，论丛宗旨为：以历史唯物主义为指导，积极宣传党和国家的文物法规与相关政策，及时反映考古、文物和博物馆工作的新发现和新成果，推动文博科学研究。坚持学术性、知识性、资料性兼顾，关注学术热点，开展学术讨论，交流文博专业信息，传播文博知识。以文博工作者和爱好者为主要阅读对象，努力为促进文博事业的高质量发展做贡献。

　　本论丛一年一辑，设置虞山文化研究、馆藏掇英、考古与文物、博物馆学研究等栏目，欢迎国内外作者惠赐文稿。

　　来稿请按照如下要求：

　　1. 稿件文字精练，资料可靠，立论新颖，论据充分。

　　2. 文章标题需提供英文译名。

　　3. 请提供作者信息，包括作者姓名、工作单位、职务或职称、所在城市（不是省会的城市前必须加省名）、邮编，以上信息以脚注形式标注于文稿首页。同时在稿件尾部留下作者身份证号、手机号、电子邮箱和通讯地址。文章如获得基金项目资助，请注明基金项目及编号。

　　4. 文前附中文摘要和关键词。摘要 300 字左右；关键词 3—5 个，以空格相隔。

　　5. 正文以 3000 至 10000 字为宜，字体采用 5 号宋体；正文标题层次不宜过多，层次序号为一、（一）、1、（1）。

　　6. 图片请提供 300dpi 以上的清晰大图；图、表请注明名称、来源及其在文章中的位置。图片编号采用中文数字：图一、图二、图三……图一〇等。

　　7. 数字用法执行 GB/T15835 – 1995《出版物上数字用法的规定》，公元纪年、年代、年、月、日、时刻、各种记数与计量等均采用阿拉伯数字；农历、清代及其以前纪年、星期几、数字作为语素构成的定型词、词组、惯用语、缩略语、临近两数字并列连用的概略语等用汉字数字。

　　8. 注释样式请参考《文物》期刊或《常熟文博论丛》第一辑。

　　9. 在不改变原意的前提下，本论丛有权对采用稿件进行删节、修改。如有异议，请在投稿时声明。

　　10. 本论丛采用匿名审稿制，自投稿之日起 3 个月内未接到采用通知，可另投他刊。来稿恕不退回，请自留底稿。稿件一经发表即按照本论丛付酬标准支付稿酬。同时本论丛有权对网络媒体以数字化方式复制、汇编、发行、信息网络传播本论丛全文。该著作权使用费与本论丛稿酬一并支付。

　　11. 来稿须具有原创性，未公开发表过；文中引用部分，均须做出明确标注或得到许可，如有侵犯他人著作权问题，后果由作者自负。

　　本论丛联系方式如下：

　　地址：江苏省常熟市北门大街 1 号常熟博物馆《常熟文博论丛》编辑部

　　邮编：215500

　　联系人：陶元骏、顾秋红

　　电话：0512 – 52715707

　　电子邮箱：csmuseum@ vip. 126. com